·陕西省普通高等学校优势学科建设项目经费资助

基于马克思主义政治经济学视阈的当代资本主义改良理论与实践研究

Research on the theory and practice of contemporary capitalism improvement based on the viewpoint of Marxism political economy

石高宏　李灵燕　等◎著

中国经济出版社
CHINA ECONOMIC PUBLISHING HOUSE
北　京

图书在版编目（CIP）数据

基于马克思主义政治经济学视阈的当代资本主义改良理论与实践研究／石高宏等著． ——北京：中国经济出版社，2022.4

ISBN 978-7-5136-6897-2

Ⅰ.①基… Ⅱ.①石… Ⅲ.①马克思主义政治经济学-研究 Ⅳ.①F0-0

中国版本图书馆 CIP 数据核字（2022）第 064776 号

责任编辑	贺　静
责任印制	巢新强
封面设计	华子设计

出版发行	中国经济出版社
印　刷　者	北京九州迅驰传媒文化有限公司
经　销　者	各地新华书店
开　　本	710mm×1000mm　1/16
印　　张	26.5
字　　数	418 千字
版　　次	2022 年 4 月第 1 版
印　　次	2022 年 4 月第 1 次
定　　价	98.00 元

广告经营许可证　京西工商广字第 8179 号

中国经济出版社　网址 www.economyph.com　社址 北京市东城区安定门外大街 58 号　邮编 100011
本版图书如存在印装质量问题，请与本社销售中心联系调换（联系电话：010-57512564）

版权所有　盗版必究（举报电话：010-57512600）
国家版权局反盗版举报中心（举报电话：12390）　　服务热线：010-57512564

目 录

导 论 ··· 1
 0.1 选题背景及意义 ·· 1
 0.2 本书主要内容 ··· 2
 0.3 本书创新之处 ··· 8

第一篇 当代资本主义改良理论

1 论当代美国资本主义经济演变的动力学规律
  ——基于马克思资本积累理论的分析 ································ 11
 1.1 对马克思资本积累理论框架的重新梳理 ························· 13
 1.2 垄断资本主义内在矛盾分析 ·· 15
 1.3 资本主义制度下美国政府干预经济的方式和局限性 ········ 16

2 当代资本主义经济体制改良理论和实践考察 ······················ 20
 2.1 马克思对资本主义改良的研究 ···································· 20
 2.2 西方马克思主义学者对资本主义改良的研究 ················· 21
 2.3 垄断资本主义理性化改良理论考察 ······························ 23
 2.4 垄断资本主义理性化改良实践考察 ······························ 29
 2.5 当代资本主义理性化改良成效的检验与评价 ················· 32

第二篇 自由资本主义改良模式

3 模式总体特征 ··· 39
 3.1 引言 ·· 39
 3.2 自由主义改良模式的建立与发展 ································· 40
 3.3 自由主义模式的演变动力探析：两种理论视角的比较 ····· 48

3.4 小结 ································· 56

4 美国 ································· 59
  4.1 引言 ································· 59
  4.2 美国资本主义改良的背景及原因 ································· 60
  4.3 战后"黄金时代"的美国资本主义改良 ································· 62
  4.4 新自由主义时代的美国资本主义改良 ································· 67
  4.5 美国资本主义改良的实质与局限 ································· 72
  4.6 小结 ································· 74

5 英国 ································· 79
  5.1 引言 ································· 79
  5.2 英国资本主义的改良理论与实践基础 ································· 80
  5.3 "民主社会主义"时期的工党改良实践 ································· 82
  5.4 民主社会主义的可持续性分析 ································· 85
  5.5 新自由主义时代的改良倒退及其效应评价 ································· 88
  5.6 后金融危机时代英国资本主义发展趋势 ································· 97
  5.7 对当代英国资本主义改良实质的评析 ································· 99
  5.8 总结 ································· 102

6 加拿大 ································· 105
  6.1 引言 ································· 105
  6.2 加拿大当代资本主义改良的指导思想与主导政党 ································· 106
  6.3 加拿大当代资本主义改良的发展脉络 ································· 108
  6.4 加拿大当代资本主义的改良成效分析 ································· 112
  6.5 启示 ································· 118

7 澳大利亚 ································· 122
  7.1 引言 ································· 122
  7.2 澳大利亚资本主义改良历史基础 ································· 123
  7.3 澳大利亚资本主义改良实践措施 ································· 124
  7.4 澳大利亚资本主义改良成效评价 ································· 127
  7.5 澳大利亚资本主义改良取得短期成效的原因 ································· 128
  7.6 澳大利亚资本主义改良的局限性 ································· 131

  7.7 结论 ··· 133
8 新西兰 ··· 136
  8.1 引言 ··· 136
  8.2 新西兰经济改革 ··· 137
  8.3 新西兰福利制度改革 ·· 143
  8.4 新西兰经济改革的马克思主义政治经济学分析 ······ 145
  8.5 新西兰资本主义改良对中国的启示 ······················· 148

第三篇 保守式协调资本主义的改良模式

9 模式总体特征 ·· 155
  9.1 引言 ··· 155
  9.2 保守式协调资本主义的制度转变 ·························· 164
  9.3 保守式协调资本主义应对欧债危机的改良实践 ······ 170
10 德国 ··· 175
  10.1 引言 ··· 175
  10.2 二战前德国社会保障层面的改良研究 ·················· 176
  10.3 二战后德国社会保障层面的改良研究 ·················· 181
  10.4 德国社会保障层面改良取得的成果 ····················· 186
  10.5 德国社会保障层面改良的不可持续性 ·················· 188
  10.6 总结 ··· 192
11 法国 ··· 195
  11.1 引言 ··· 195
  11.2 社会民主主义推动下的法国资本主义改良 ··········· 197
  11.3 法国资本主义改良中积累的社会结构变化 ··········· 201
  11.4 金融化对法国资本主义的冲击 ···························· 204
  11.5 法国资本主义改良中新的不平等 ························· 207
  11.6 结论 ··· 210
12 荷兰 ··· 214
  12.1 引言 ··· 214

12.2	荷兰当代资本主义改良实践	215
12.3	荷兰资本主义改良成效评价	219
12.4	结论与启示	225

13 瑞士

13.1	引言	228
13.2	瑞士资本主义改良的历史基础	229
13.3	1848年宪法到二战前的瑞士资本主义改良	230
13.4	二战后的瑞士资本主义改良	235
13.5	瑞士资本主义改良的不可持续性	242
13.6	对中国的启示	244
13.7	总述	245

第四篇 社会民主式协调资本主义的改良模式

14 模式总体特征

14.1	引言	251
14.2	社会民主主义国家的福利制度	253
14.3	社会民主主义国家的劳动力市场模式	258
14.4	社会民主主义国家面临的挑战和应对措施	260
14.5	金融危机后的发展趋势	267
14.6	社会民主主义福利国家往何处去	268

15 瑞典

15.1	引言	273
15.2	瑞典社会民主党的建立与转型	274
15.3	瑞典社会民主党的历次改良措施评析	277
15.4	改良的特征与实质	288
15.5	瑞典资本主义改良对中国的启示与借鉴	290
15.6	结语	292

16 挪威

16.1	引言	295

- 16.2 挪威福利国家的构建 ·· 296
- 16.3 挪威的政治改良 ··· 302
- 16.4 挪威福利国家矛盾的根源：资本主义制度结构的危机 ············· 306
- 16.5 结语：福利国家向何处去 ·· 309

17 芬兰 ··· 313
- 17.1 引言 ·· 313
- 17.2 芬兰独立初期的改良政策 ·· 313
- 17.3 赶超战略下的资本主义改良（1940—1989 年） ··················· 314
- 17.4 资本全球化下的资本主义改良变革（1990—2008 年） ············ 319
- 17.5 国际金融危机之后的发展趋势 ······································ 325
- 17.6 芬兰资本主义改良实质评析 ··· 327

18 丹麦 ··· 329
- 18.1 引言 ·· 329
- 18.2 丹麦改良主义的产生 ·· 329
- 18.3 丹麦社民党走向改良主义道路的原因 ······························· 331
- 18.4 丹麦资本主义改良的实践 ·· 332
- 18.5 对丹麦资本主义改良实践的评析 ···································· 342

第五篇　东亚式协调资本主义的改良模式

19 模式总体特征 ··· 347
- 19.1 引言 ·· 347
- 19.2 东亚福利模式的典型特征 ·· 348
- 19.3 东亚福利模式在不同国家的体现 ···································· 350
- 19.4 东亚福利模式面临的挑战 ·· 351
- 19.5 东亚福利模式背景下的中国福利制度分析 ························· 352

20 日本 ··· 355
- 20.1 引言 ·· 355
- 20.2 日本模式的发展历程 ·· 356
- 20.3 日本资本社会化的表现分析 ··· 361

- 20.4 日本资本社会化的实质评析 ········· 369
- 20.5 结论 ········· 370

21 新加坡 ········· 373
- 21.1 引言 ········· 373
- 21.2 新加坡福利模式的特点 ········· 374
- 21.3 新加坡资本主义改良的出发点和原则 ········· 379
- 21.4 新加坡资本主义政治改良的独特包容性 ········· 380
- 21.5 新加坡资本主义改良下的福利问题 ········· 383
- 21.6 新加坡资本主义改良面临的困境 ········· 384
- 21.7 新加坡资本主义改良的具体政策措施 ········· 387
- 21.8 总结 ········· 389

第六篇 启示与结论

22 资本主义改良对中国促进社会和谐发展的启示 ········· 395
- 22.1 有关资本主义国家改良的比较分析 ········· 395
- 22.2 坚定中国特色社会主义的政治立场 ········· 397
- 22.3 坚持以人民为中心的中国特色社会主义市场经济发展 ········· 399
- 22.4 加快转变经济发展方式 ········· 400
- 22.5 实施更加积极主动的开放战略,加强与发展中国家的合作 ········· 401
- 22.6 不断完善社会保障制度 ········· 403
- 22.7 加快社会保障立法工作 ········· 403
- 22.8 社会保障制度建设应与经济发展相适应 ········· 404
- 22.9 结论 ········· 406

索引 ········· 411
后记 ········· 415

导 论

0.1 选题背景及意义

资本主义改良，是指资本主义国家实行的一系列制度变革，是"修理"资本主义的一种方式。20世纪初，西方左翼思潮中有两种看待改良的观点。温和的改良派十分肯定改良，认为资本主义通过不断"更换零件"、不断适应新环境，最后演变为另一种全新的社会机器——社会主义。因此，改良派争当"资本主义病床前的医生"，相信资本主义可以自发地"和平长入社会主义"。激进的革命派则认为，改良只能缓解或转移资本主义的内在矛盾，社会主义只有通过暴力革命才能实现。

20世纪五六十年代，西方世界经历了一个"黄金时代"，经济稳定增长、工资提升、劳资和谐成为这一时期的特征。自80年代起，西方发达国家的资本积累体制发生了重大变革，从政府管制和调控的资本积累体制转变为由新自由主义主导的全球化资本积累体制。新体制引起了这些国家工人收入和福利的增长停滞甚至下降，导致了工人阶级反抗金融垄断资本的阶级斗争。尤其是2008年国际金融危机爆发后，西方发达国家的经济陷入严重衰退，产出、收入和就业都大幅下降。虽然这些国家的政府实施了极其宽松的财政和货币政策，但经济只是从衰退趋势转变为缓慢增长状态，还引起了政府债务危机、民众收入和福利被大幅削减等严重的政治与社会问题。这引发了民众大规模反抗垄断金融资本集团统治所带来的财富和收入分配不公运动。

在这样的背景下，许多左翼学者对马克思的资本主义危机理论产生了兴趣，他们试图从资本主义积累体制内部寻找当前危机和困境的根源。不过，这些学者并不像马克思那样认为资本积累过程的不平等、不稳定和危机倾向不能在资本主义经济体制下得到解决，而是认为可以通过一套政治和经济制度来对其进行缓解。他们相信，"黄金时代"以"政府管制和调控、适度竞争、劳资合作"为特征的调节主义制度结构能实现稳定、和谐的资本积累，从而把当前的危机和困境归结于新自由主义制度变革。相应地，他们主张通过大众民主政治过程推动调节主义制度结构的重建。显然，西方左翼学者并不认为当前危机的根源是资本主义的内在矛盾，他们的思路和改良派是一脉相承的。

为了澄清当代西方左翼理论的错误，也为了探索中国如何在全面小康时代实现经济可持续发展和社会和谐，有必要对当代发达资本主义国家的改良理论与实践进行全面而系统的考察。具体而言，就是通过分析不同发达国家的资本主义改良在一定时期获得成功和最终难以为继的原因，说明在资本增殖法则支配生产体系发展的体制下，宏观调控和制度变革所导致的民众收入和福利普遍、持续提高的前提条件和实现途径，探究改良成效与资本增殖条件变化之间相互作用的关系。

和以往的当代资本主义研究相比，本书具有以下两方面意义。

第一，本书以经典马克思主义的立场与方法评价了当代资本主义改良的相关理论，有助于学术界深化对当代西方左翼理论的理解。西方左翼学者认为，改良可以克服资本主义的内在矛盾，本研究揭示出这一错误认识源自经典马克思主义与资本主义改良主义在立场、观点和方法上的差异。

第二，本书系统研究了主要发达国家的资本主义改良实践，可为相关领域的实践提供决策参考。自二战以来，资本主义国家进行了一系列制度变革，其中有些制度的产生仅仅是为了掩盖或缓解资本主义的内在矛盾，而另一些制度则可能是未来社会形态的萌芽。本研究将二者区分开来，有助于各级政府、各类企业批判性地吸收和借鉴人类社会在资本主义制度下创造的文明成果。

0.2 本书主要内容

0.2.1 对当代资本主义改良理论的考察

本书将当代西方马克思主义经济学与经典马克思主义政治经济学进行了比较。西方左翼学者的理论不能内生地解释资本主义经济为何会在二战结束后从繁荣转向衰退、为什么会发生制度结构的变革。而马克思的资本积累理论则能内生地解释这一发展过程。二战后发达国家的繁荣景象源自科技革命和冷战军备带来的大量投资机会。由于存在庞大的投资需求，寡头间的竞争不激烈，能稳定赚取垄断利润，工人阶级也能借此争取到工资的增长而不威胁资本增殖。但这种高利润、高积累、高工资并存的状况是不可持续的。外部需求刺激的投资和生产扩张所引致的增长最终会使要素价格上涨，从而使利润率下降。可见，20世纪70年代的经济危机是资本主义经济体制内在矛盾发展的结果。

0.2.2 对当代资本主义改良模式的考察

本研究考察了分布于欧洲、北美洲、东亚洲和大洋洲的15个发达资本主义国家的改良实践，分析了它们的共性和个性，将各个国家的改良实践归纳为四种模式：自由资本主义、保守式协调资本主义、社会民主式协调资本主义和东亚式协调资本主义。

0.2.2.1 自由资本主义改良模式

自由资本主义改良模式主要被以英语为母语的西方国家所采用，本书考察的国家包括美国、英国、加拿大、澳大利亚与新西兰。自由资本主义的改良分为两个阶段：20世纪五六十年代的"黄金时代"和70年代以来的新自由主义时代。在"黄金时代"，自由资本主义改良的特点是：仅覆盖部分人口的社会福利计划；在福利分配中广泛运用家计调查；公共筹资的服务只有卫生和教育，公共提供的服务只有教育；多元主义的分散化劳资谈判体制。在新自由主义时代，以里根和撒切尔为代表的新自由主义者竭力推动削减福利支出，尽管采取了诸多淡化消极影响和分化反对人群的策略，他们也只是遏制了福利增长的势头。相比之下，新自由主义者对劳资关系体制的重组取得了实质性的成功，工会的力量受到严重压制，集体谈判的覆盖率也日渐下降，劳资关系开启了个体化时代。在世纪之交，里根和撒切尔的继承者对福利国家发起了新一轮的进攻，即倡导"工作福利"的理念——福利的获取必须以工作为前提。这种社会政策的新理念非但没有帮助穷人脱离贫困，还通过加剧底层劳动力市场的竞争、恶化劳动者的议价能力而塑造了许多"工作穷人"。至此，自由资本主义国家改善劳动者权益的制度要么被拆除，要么已经彻底变质。

关于自由主义国家为何没有通过改良发展出具有普适性的福利制度这一问题，资本主义多样性理论将其归因于这类国家特有的技能结构。这是一种功能主义的解释，完全忽略了历史和劳资矛盾的影响。而马克思主义经济学认为，技能结构反映的是劳资力量的对比。在工业化早期，英美的工人持有专用技能，这为资本家控制劳动过程造成了阻碍。资本家一直在努力推动本国技能结构的转型。二战结束以来，英美陆续将技术工人逐出劳动过程，从而形成了如今以通用技能工人和无技能工人为主的分化技能结构。这种技能结构明显有利于资本家，因为通用技能工人不需要普惠式的福利，无技能工人虽需要普惠式的福利、却无法和通用技能工人团结起来以得到足够的政治势力。可见，自由资本主义改良的非普惠性，不是因为它们的劳动者不需要，而是因为这些劳动者在历史的发展中逐渐失去了争取这种改良的联盟和力量。

0.2.2.2 保守式协调资本主义改良模式

保守式协调资本主义改良模式主要被西欧大陆各国所采用，本书考察的国家包括法国、德国、荷兰和瑞士。二战后到20世纪70年代之前的战后初期阶段，这些国家的经济全面复苏发展，为福利政策的实施奠定了基础。福利政策作为一种社会再分配方式被各国采纳，其旨在通过国家干预来实现公平。70年代后，各国福利政策所带来的财政负担愈加沉重，政府引入自由竞争和自由选择等理念，以形成差异化社会福利体制。这些国家将公民对社会权利的获得与其个人工作绩效联系起来，以职工收入为福利给付基础，根据相应比例缴纳社会保障费用，通过缴纳社会保障费用的多寡来决定其所能享受到的社会福利，发扬了中央政府管理的"合作主义"。同时，这种合作机制也导致这类国家长期处于高失业率状态，失业率与劳动生产率呈现出明显的负相关关系。非自愿失业群体给国家和家庭带来了沉重的经济压力，其产业结构以及劳动力市场结构亟待优化。

20世纪70年代后期保守式协调资本主义改良模式面临一系列挑战。首先，去工业化现象在市场调控下形成大规模的劳动力部门迁徙，最终导致生产力的缓慢发展以及第三产业的崛起，人们对服务业需求的增加间接导致了制造业产品价格的下降，从而使工资薪金降低，导致以此为支撑的社会福利体制受挫。其次，随着女性在劳动力市场角色发生转变，妇女的劳动参与程度大大提高，使照顾老人、儿童的一部分负担落在了政府肩上。离婚率的上升导致单亲家庭的比例增加，这种家庭小型化也给公共财政带来了较大压力。再次，经济全球化趋势使发达经济体的劳动力市场受到来自别国低成本劳动力的挑战。最后，人口老龄化以及为保证就业率的提前退休政策也是财政压力的重要来源之一。

为了应对这一系列的变化，此类国家通过工会与雇主达成一定协议或将合同与政府立法联系起来，使合同能够覆盖未加入工会的就业者。同时，协调程度较高的工资分配使这类国家的工资离差较小，但妇女进入劳动力市场的比例仍然较低，并且其就业率的提高是由男性退出劳动力市场来中和的。在社会保障制度方面，主要采用的是国家给予部分补贴，雇主和个人缴纳一部分保险金，但这种模式使该制度的救济性质较弱。

这类国家的福利制度对我国有着一定的借鉴作用，首先，其权利义务相统一的原则，能够避免国家由于福利政策而陷入高赋税、高失业率的困境；其次，保险金来源的层次化和多元化能够满足不同生活水平居民的需要；最后，由于产业结构不断进行调整，新行业层出不穷，需要制定相应政策从源头上保障雇员的合法权益。

0.2.2.3 社会民主式协调资本主义改良模式

社会民主式协调资本主义改良模式主要被瑞典、挪威、芬兰和丹麦四国采用。社会民主主义国家的社会保障改良制度具有以下特征。第一，普遍主义原则。社会民主主义国家在养老金制度、重大疾病保险、职业工伤保险、子女补助金和育儿假方案等方面做到了全民覆盖、全民受保。第二，性别平等模式。在农民运动、劳工运动和女性运动的多重压力下，女性主义团体为妇女奋斗争取改革，最直接的表现就是女性的政治代表率和就业参与率迅速提高、国家出生率下降。社会民主主义国家的市场体制具有以下特征。第一，社会民主主义国家深刻地证明了把具有竞争性、以增长为导向的经济和社会福利保障紧密结合在一起是切实可行的，其不仅实现了持续稳定的经济增长，而且在进入21世纪以后排在世界最富裕的国家前列。第二，工会密度高且工会运动统一；具有劳资谈判和接受集体协议的职能；国家政府和劳动力市场双方就经济政策以及产业政策等方面进行深度合作，共同决策。第三，地方各级政府拥有独立的政治和财务自主权，它们也是国家不可分割的重要组成部分，一同商议执行国家的立法和相关政策。第四，志愿组织总是处于使问题积极化并发起制度性安排的首要地位，共性是社会保险全覆盖、与收入紧密相关的社会援助政策、公共部门有出资并且提供社会福利服务的责任。

进入21世纪以后，虽然社会民主主义国家面临诸多机遇和挑战，但是实践表明，即使社会民主主义国家间断地出现了经济衰落，其依然实现了赋税高、社会和经济不平等程度低、全面福利体制以及从长期来看"令人满意"的经济增长。在受到全球文化、经济和政治影响后，全面覆盖的公共福利确实能够与正向的经济增长、社会发展和稳定的政治发展并驾齐驱。与此同时，作为一个群体被普遍接受和认可的政治建筑，社会民主主义成就了一种不同于新自由主义的改良模式。

0.2.2.4 东亚式协调资本主义改良模式

东亚式协调资本主义改良模式主要由东亚各发达国家所采用，本书考察的国家包括日本和新加坡。东亚资本主义改良有如下特点。第一，儒家文化深入人心。儒家文化是东亚模式的价值基础，这些国家和地区普遍注重以秩序、规律和集团等为基础的区域共同体建设，把家庭作为福利供给的主体，家庭成员之间有相互提供经济支持和服务照顾的义务。第二，生产主义的战略导向。福利政策的改良和目标是围绕经济发展的目标不断进行调整与变化，以期实现经济快速发展。第三，国家中心主义。社会保障制度一般由政府主导，公民的政治参与度相对较低，等级秩序较为严格，部分人群具有享受福利的优先权。目前，东亚福利模式面临着政府福利态度消极保守和建制结构有待改善的挑战。

中国的福利制度与东亚福利模式具有明显的差异。中国的福利文化既包含了马克思主义社会福利观，也包含了现代西方福利国家思想和中国传统文化。中国的福利制度建设始终保持积极的态度。

有研究发现，尽管这些改良模式各具特色且在一定时期内成效显著，但在不改变资本主义属性及生产方式的前提下，任何局部制度变革都没能克服体制整体的深层次矛盾，从而无法保障民众收入和福利的普遍、持续增长。

0.2.2.5 对中国的启示

社会民主主义等改良主义与科学社会主义有着本质的区别，这些改良具有很大的局限性，不能克服资本主义的固有矛盾。但在认识改良主义本质的基础上，我们也应该看到这种改良在经济发展中的重要性。本书认为，当代资本主义改良的实践对中国具有以下重要启示。

（1）坚持中国特色社会主义的政治立场。西方的政党制度决定了改良主义政党具有根本性缺陷。为了赢得选票，各党派之间经常会出现政策主张趋同的现象，甚至放弃最初的价值理念，背叛工人阶级。作为一个成功的执政党，中国共产党必须在发展过程中始终坚持自己特有的价值理念，一切的理论变革必须以自身的价值理念为基础。

（2）坚持以人民为中心。资本主义改良体现出为资本服务的本性，最终无法避免贫富差距扩大的后果。在社会主义国家，人民权益和经济发展在社会主义制度下并不是矛盾的，人民是经济发展的最大动力。只要让人民充分享受发展的成果，社会主义市场经济就能保持良好运行和稳定进步的动力。

（3）加快转变经济发展方式。首先，从突出速度的高速经济增长向更加注重提高经济增长质量和效益的持续稳定适度增长转变，即由粗放式经济向集约式经济转变。其次，扩大内需与供给侧结构性改革并重。最后，深化科技体制改革，提高中国企业的自主创新能力。

（4）实施更加积极主动的开放战略，加强与发展中国家的合作。金融危机过后，世界需要一条替代性的全球化道路。对于中国来讲，用更加积极主动的开放战略来推动新全球化模式的运行，对中国以及世界各国都必将是一个双赢的结果。同时，也要加强与发展中国家之间的合作，推动更加平等、互利和法治化的世界经济新秩序的建立。

（5）不断完善社会保障制度。一是加快社会保障立法工作。一方面，应该提高社会保障立法的层次性，以全国统一立法取代之前的地方立法，突出国家责任。另一方面，应加强立法的综合性和立法项目的全面性。二是社会保障制度建设要与经济发展相适应。中国应保持社会保障与经济发展的良性循环，避免掉入"福利赶超陷阱"，制定与经济发展相匹配的社会保障政策。三是重视市场机制的作用。市场机制一方面可以避免依保赖保现象，另一方面能准确地把握社会保障需求，并将社会资源进行更有效的合理分配，从而有助于社会保障的社会化与产业化。四是加大人力资本投资。为适应知识经济的发展，在社会保障体系中我们应注重人力资本的投资，普及教育提高全民素质，加大职业培训，使劳动者掌握更丰富的劳动技能，从而使其有能力立足于社会。

0.3 本书创新之处

0.3.1 学术思想创新

本书在学术思想方面的特色和创新表现在：运用经典马克思主义政治经济学的立场、观点和方法，结合当代资本主义的实际发展变化，建立能系统解释资本主义改良成效与资本增殖条件变化间相互作用关系的理论框架。

0.3.2 学术观点创新

本书在学术观点方面的特色和创新表现在以下三个方面。

（1）当代西方马克思主义经济学侧重于分析和解释制度结构与资本积累过程间的功能性联系，认为资本积累过程固有的不稳定、不平等和危机倾向能够通过大众民主政治过程产生的某种制度结构解决，忽视了资本增殖法则对生产力发展以及劳动者收入和福利提高的限制作用。

（2）在不改变资本增殖法则对生产体系发展支配作用的前提下，局部制度变革不可能克服体制整体的深层次矛盾，从而不可能保障民众收入和福利的普遍、持续增长。

（3）20世纪五六十年代，西方发达资本主义经济出现高资本积累率和高收入与福利并存状况的原因并不仅仅在于调节主义制度结构，还在于其资本增殖条件的改善。

0.3.3 研究方法创新

本书在研究方法上的特色和创新表现在以下两个方面。

（1）复杂适应系统方法。运用复杂适应系统理论方法，通过分析政府与市场、实体经济与金融以及国内经济和国外经济间的复杂相互作用过程，揭示资本主义改良在一定时期获得成功和最终难以为继的原因。

（2）比较理论研究方法。运用比较理论研究方法，对经典马克思主义经济学和当代西方马克思主义经济学关于大公司资本主义经济体制运行规律和发展趋势的总体看法、分析方法以及概念框架等进行对比分析，揭示其在"如何通过变革资本主义实现民众收入的普遍、持续增长"等问题上所持立场发生分歧的原因。

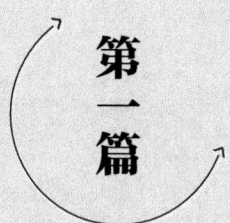

第一篇

当代资本主义改良理论

1 论当代美国资本主义经济演变的动力学规律
——基于马克思资本积累理论的分析

长期以来，在西方学者流行的看法中，往往将马克思资本积累理论解读为预言资本主义必然趋向越来越严重的经济危机和工人贫困化，并最终崩溃。因此，当西方资本主义经济在二战结束后重新获得持续繁荣、工人工资和福利也有所改善后，西方学者就宣称马克思所揭示的资本主义经济规律已不适用于当代了。

20世纪40年代，美国资本主义经济率先走出"大萧条"，恢复了经济繁荣。尤其是在二战结束后的20多年时间里，美国资本主义经济经历了"黄金时代"，不仅获得了持续经济增长，工人工资和福利也实现了持续增长，平均每年增长2.5%~3.0%。此外，美国还通过援助和经济一体化带动了西方资本主义经济的整体繁荣。

"黄金时代"以美国为中心的资本主义经济运行的良好表现使西方学者对资本主义的主流看法发生了深刻变化，认为资本主义经济已通过调整形成了理性运行的新秩序。即使在左翼学者中，对资本主义经济运行的批判性分析也被边缘化了。

许多左翼学者转向研究以美国为代表的当代资本主义制度结构发生了怎样的变化，使其摆脱了马克思所揭示的经济规律。发展出的概念框架包括美国的积累社会结构理论和法国的调节理论等。

积累社会结构理论论证了以寡头垄断、劳资共享等为特征的国家管制型资本积累模式能克服马克思所揭示的资本积累的内在矛盾。其主要逻辑是：第一，寡头垄断市场结构使大公司能联合确定产量和价格，获得由生产率提高产生的"经济剩余"，从而有动力推动生产率的持续提高，为人均收入的持续增长奠定物质基础；第二，通过工人组成工会，与资方进行关于工人工资和福利的集体谈判，使工人工资和福利随着生产率的提高而提高，这既能缓解劳资双方的矛盾，又能缓解生产和消费之间的矛盾。

法国的调节理论所分析的福特制资本积累模式也与上述逻辑相类似。

然而，1968—1973年，上述积累模式出现了危机信号，美国大公司利润率出现下降趋势，资本不再投资于生产扩张，出现资本外逃。美国政府为了应对经济衰退以及工人阶级要求保护工资和福利的运动，通过增加货币供应量和借贷来维持公共投资和社会福利支出，结果非但未能刺激私人资本生产投资的增长，反而使经济陷入"滞胀"，政府也因此积累了巨大的预算赤字，最终陷入财政危机。

在这样的背景下，美国左翼学者重新兴起对资本主义弊病揭示和批判的潮流。然而，他们并不是像马克思那样从资本主义经济体制内在矛盾的发展角度来揭示积累危机发生的制度根源，而是将利润率和积累率下降的原因归结为日本公司和美国公司竞争的加剧以及美国资本的外逃，似乎只要通过政府管制国际贸易和资本流动，就能恢复到"黄金时代"高积累率与高工资率并存的状况。

面对"滞胀"危机和财政危机，美国政府于20世纪80年代初进行了以减税、放松管制和开放市场为特征的新自由主义制度及政策变革。之后，美国公司利润率恢复了上升，但工人收入增长出现了停滞，资本积累率也有所下降。

美国左翼学者将美国工人收入增长停滞和资本积累率下降的原因归结于新自由主义制度结构，并将该制度结构产生的原因归结于金融垄断资本集团力量上升并主导政治决策过程。

新自由主义制度和政策导致美国工人收入停滞及资本积累率下降的具体原因有两个。第一，放松管制导致金融资本对制造业大公司控制权增大，迫使大公司注重短期利润目标和削减成本，从而将生产转移或外包到发展中国家，使美国工人遭受发展中国家廉价劳动力的竞争，削弱了美国工人在工资谈判中讨价还价的能力；第二，金融资本控制权的增大也导致生产企业将更高比例的利润用于分红，从而降低了企业留存利润比例，金融资本倾向于赚取金融投机利润，而不是投资实业，这些都导致了资本积累率的降低。

总之，美国左翼学者认为，"黄金时代"的国家管制型资本积累模式能实现经济的持续增长，以及民众收入的普遍、持续提高，并在这样的认识基础上，将美国经济自20世纪70年代以来出现的工人收入增长停滞和资本积累率下降的原因归结于国外竞争的加剧和阶级力量对比变化等外生于美国经济体系的因素。

显然，美国左翼学者的积累社会结构理论不能内生地解释美国资本主义经济为何会从繁荣转向衰退、为什么会发生制度结构变革。

而在马克思的资本积累理论框架中，无论是市场结构的变化、经济的盛衰循环，还是阶级力量的变化、制度和政策的变化等，都可以被内生地解释。马克思对资本主义经济体制的运行规律和发展趋势的分析及批判远比美国左翼学者全面、深刻、彻底。

之所以如此，是因为马克思从不把特定时间和特定地点的经济表现当作绝对的、永恒的规律，而是将其看作相对的、有条件的。尤其是马克思把资本主义经济体制当作一种内部充满矛盾和冲突的体制，并将其当作一个由其内在矛盾驱动的演化过程来研究，因而能够逻辑一致地解释资本主义经济在长时期中的发展变化。

本书首先梳理了马克思关于资本主义经济演化的完整理论框架。其次，运用该框架分析和揭示以寡头垄断、劳资共享等为特征的国家管制型资本积累模式在促进生产率提高和工人收入提高方面的矛盾与局限性。在此基础上，本书分析美国政府巨额支出、西欧经济重建带来的需求上升等因素在维持"黄金时代"美国经济良好表现方面的作用，并分析这种积累方式的内在矛盾，以内生地解释自20世纪70年代以来美国经济出现工人收入增长停滞和积累率下降等趋势的深层次原因。

1.1 对马克思资本积累理论框架的重新梳理

在马克思所生活的19世纪中叶，经济危机频繁爆发，工人阶级陷入日益加深的贫困和失业困境。然而，马克思在探究这些困境产生的根源、揭示资本主义经济的运行规律和发展趋势时，并没有忽视资本主义曾在相当长的一段历史时期起到非常大的进步作用。因此，马克思把资本主义生产体制当作一种不断发展变化的体制来研究，并建立了能强有力地解释资本主义生产体制在长时期中的演变动力学规律的理论框架。

第一，马克思不把资本主义经济在任何特定时期和特定地区的表现当作绝对的、普适的、永恒的规律发挥作用的结果，而是既深入分析资本主义生产体制的内在动力学规律，又考察特定时期和地区经济各部分的具体条件，并分析内在机制和具体条件相互作用的发展趋向。

如果经济是像机器那样按照设计好的规律运行，就不会出现盛衰周期了。资本主义辩护士总是用片面的、理想化的模型将资本主义解释为驱动经济持续增长的体制，而当资本主义体制陷入经济衰退和社会矛盾加剧时，又总是将其归结于外生因素对资本主义经济体制的暂时冲击，以掩盖其内在趋向衰退的力量。

正如马克思所指出的，"哲学家们只是用不同的方式解释世界，而问题在于改造世界"①。对于一种并非完美的生产体制，只致力于在一个理想的世界中将其解释为完美，无视其妨碍社会生产力发展、加剧社会矛盾的一面，显然会阻碍人类社会探索更有利于经济可持续发展和社会和谐的制度。

第二，马克思把资本主义生产体制当作一种内部充满矛盾和冲突的体制。资本主义辩护士总是试图将资本主义解释为一种持续驱动分工和专业化的发展以及技术进步等，从而驱动生产率持续提高的体制。马克思则揭示了资本增殖目标这一资本主义生产的绝对规律对生产力发展既促进又阻碍的作用。

资本家为获得超额剩余价值（利润），致力于机器的发明、改进和在生产上的应用等能提高生产率的创新活动。但矛盾的是，使用更高效率的机器会导致资本有机构成的提高，从而减少边际剩余劳动时间的增量。资本有机构成的提高还会导致工人工资在国民收入中所占份额的下降，从而使工人的有效需求增长落后于潜在生产能力的增长。这二者都会妨碍资本家通过提高生产率来增加利润，进而妨碍资本家采用能提高生产率的技术创新。

马克思对资本生产体制内在矛盾的分析是复杂的、整体性的，产生于资本主义生产体制的多个领域和层面，包括生产、流通、竞争、雇佣劳动、土地资产、国家和世界市场等方面。矛盾是产生于资本主义生产体制多层面动力的内生冲突，正向和反向的力量都是必要的，并且相互关联。资本主义生产体制的

---

① 中共中央马恩列斯著作编译局.马克思恩格斯选集：第1卷[M].北京：人民出版社，1995：54.

正向力量包括永不停顿地变革技术、开拓新市场和创造新市场的动力,反向力量包括经济周期、失业和社会两极分化等,正反两方面力量内在地关联在一起,并相互转化。

比如,一方面马克思揭示了节约成本的技术创新导致资本有机构成提高,从而导致平均利润率下降和经济衰退。另一方面马克思揭示了资本有机构成提高和经济衰退可能为生产力的进一步发展创造条件:由资本有机构成提高而产生的相对过剩人口为新一轮更大规模的资本主义发展创造了条件;周期性出现的经济萧条通过大幅度的资本贬值和资本集中,为生产规模的扩大和社会生产力的发展创造了空间。

第三,马克思把资本主义生产体制当作一个由其内在矛盾驱动的自我变革过程。他既揭示了资本主义经济并非平滑地、无摩擦地运行在持续增长的轨道上,也分析了资本主义经济体制克服资本积累阻碍的多种途径,包括资本输出(利用国外资源和市场)和战争等。并且,马克思对克服资本积累阻碍的途径进行了辩证的分析:它们在克服特定阻碍和限制的同时,可能创造新的、更深层次的阻碍和限制。

马克思之所以能全面、深刻地揭示资本主义生产方式的运动规律和发展趋势,是因为他洞察了资本主义生产体制内外部各种相互矛盾的力量之间复杂的相互作用。

1.2 垄断资本主义内在矛盾分析

虽然以寡头垄断、劳资共享为特征的制度结构能够克服马克思所揭示的资本积累的内在矛盾,但问题在于,寡头垄断市场结构能确保公司间关系从竞争转向合作,确保大公司选择不变价格、提高生产率、提高工人工资和福利吗?积累社会结构理论在分析寡头间关系和策略选择时,是运用结构—功能主义方法论,通过博弈分析方法进行的单向度分析。

比如,斯威齐提出拐折的需求曲线理论说明,寡头间通过长期博弈学会了协同行动,"保持价格不变"成为寡头稳定的策略。这样,如果公司通过采用更高效率的机器来提高生产率和降低成本,就不会像竞争市场结构中那样导致利润率的下降,而只会增加公司获得的利润。

又如，法国调节学派指出，工人工资随着生产率提高而增长的工资策略，使生产扩大能得到消费增长的支撑。

而在马克思的资本积累分析框架中，企业间关系是竞争还是合作，不是由市场结构决定的，而是动态变化的，这取决于相对于投资获利机会来说，资本是否过剩。公司要通过更大规模的生产来增加利润，就必须降低单位产品成本，而这又要求资本有机构成提高，还要求产量的增长率高于投资的增长率。资本有机构成提高，一方面导致工人失业率的上升，从而限制在职工人要求提高工资的谈判能力；另一方面导致工人工资在国民收入中所占份额下降，从而使工人购买力的增长率低于投资增长率和产量增长率。

假设寡头有能力在增加产量后保持产品价格不变，那么只有要求购买力的增长率至少与产量增长率相当，才能消化增加的产量。显然，由利润增长目标所决定的工人购买力增长率并不能满足这一要求，即使工人工资随生产率提高而发生增长。

在这种情况下，企业要想将增加的产量销售出去，就不得不降低产品价格，而这又会导致利润率下降，甚至投资的边际利润为负。

可见，以"寡头垄断""劳资共享"为特征的积累社会结构并不能克服马克思所揭示的资本积累内在矛盾，即资本增殖目标与生产率提高和工人工资增长等社会目标的矛盾。

即使寡头能联合控制产量、价格和创新方向，它们的利润最大化选择也不是增加投资和提高生产率，而是减少投资，提高产能闲置率，减少产量和维持价格不变，以保持现有的利润率。

1.3 资本主义制度下美国政府干预经济的方式和局限性

通过前文的分析了解到，在寡头垄断市场结构下，大公司并没有动力持续提高生产率，以及工人工资和福利。那么，"黄金时代"美国资本主义经济表现出的高利润率、高积累率、高工资率又是如何实现的呢？

这同样可以在马克思资本积累分析框架中得到解释。马克思采用逐次逼近的方法来解释资本主义经济体制的运行规律和发展趋势。他在论证一个封闭的私人资本主义经济体系必然趋向平均利润率下降和资本过剩后，又分析了克服资本积累阻碍的多种途径，如新产业的创造和新市场的开拓等。

包括美国在内的西方资本主义经济在20世纪30年代陷入大萧条，经济停滞，工人失业率非常高。在这样的背景下，凯恩斯提出，政府可以通过赤字支出来刺激需求，恢复经济增长。

但是，在美国资本主义经济体制下，政府不拥有生产要素所有权，也不拥有企业所有权或控制权，财政收入只能来源于税收和发行国债。在大萧条背景下，政府的财政收入是非常有限的，因此可用于刺激需求的财政支出也是非常有限的，远不足以恢复经济增长。直到1940年，美国还有超过1/5的非农产业工人失业，人们的实际收入比10年前减少了10%。

真正结束了大萧条的是二战的爆发。自1939年欧洲参战后，军火及其他军需物资的订单大量流向美国。随着1941年美国参战，政府支出终于达到了凯恩斯建议的水平，战争期间的总军事支出高达1万亿美元，美国经济也因此摆脱了大萧条。

二战结束后，尽管美国成了世界上最富有的国家，经济却又一次陷入了停滞。虽然美国公司在二战期间赚取了丰厚的利润，但是由于美国国内产业体系的成熟和外部世界的贫困，美国公司找不到足够多有利可图的投资机会，出现大量过剩资本。

在这样的背景下，美国政府开始制造"共产主义威胁论"，提出大规模重新武装美国和欧洲国家的政策。这在20世纪五六十年代产生了持续增长的、庞大的热战和冷战军事支出，为美国公司创造了大量投资获利机会。同时，美国政府对西欧的经济和军事援助，以及推动的美欧经济一体化，为美国公司扩张创造了持续增长的国外需求。

在冷战期间，由于外部"共产主义威胁"，美国政府得以成功地对富人和大公司征收很高的边际所得税用于军备竞赛。在政治和经济分离的体制下，美国政府并没有直接投资军事产业，而是通过军事订购合同和研发补贴、私人公司投资和经营军事产业创造大量获利机会。

政府庞大的军事开支创造了巨大的需求，使寡头间竞争缓和，并能稳定地赚取垄断利润。正是得益于政府庞大的军事支出，美国公司通过组织更大规模的生产来提高生产率，降低成本，赚取了更多的利润。

在这种高积累率和高利润率的经济条件下，美国工人通过有组织的工会力量，成功地争取到工资和福利的增长，且未威胁到资本增殖目标的实现。

该时期的军事—工业复合体看起来可以自我维持。政府庞大的军事开支为私人公司创造了丰厚的利润，刺激了投资和生产扩张，反过来促使政府可以征更多的税，支持军事工业的进一步扩张。

然而，当利润率和积累率转向下降趋势时，这种良性循环就会走向反面。

而高利润率、高积累率、高工资率并存的状况是不可能始终存在的。由于公司利润的增长和工人收入的增长是由外部需求刺激的投资及生产扩张带来的，而不是在不增加生产要素投入的情况下仅仅由生产率提高带来的，这最终会对供给缺乏弹性的自然资源和人力资源造成价格上涨的压力。当自然资源和人力资源价格的增长率超过生产率的增长率时，利润率就会呈现出下降趋势。

在 20 世纪 70 年代，由于原油等自然资源价格急剧上涨，再加上美国工人工资提高，美国公司利润率下降到可接受的水平之下，资本不再投资到生产扩张上，而是转移到欧洲货币市场进行金融投机。在这样的经济条件下，政府采用扩张性的货币和财政政策就不能再起到刺激生产投资的作用。并且，在经济衰退和资本外逃的情况下，政府税收相应减少，不得不削减公共投资和民众福利支出，或通过大量举债积累庞大的财政赤字。

在资本主义经济体制下，政府代表公众利益干预经济的内在矛盾在于，政府要想增加就业和提高工人工资，就必须通过增加公共支出来为私人资本创造投资获利机会以刺激生产扩张，这样一来，政府税收就会转变为资本利润，而这些被私人占有的利润只有在经济中存在投资获利机会时，才会再投入生产扩张中。因此，当生产扩张导致利润率下降时，工人阶级就会遭受投资减少和生产收缩造成的失业率上升和工资率下降，同时还会遭受政府税收减少导致的福利支出削减。

正如马克思所指出的，"生产剩余价值或赚钱，是资本主义生产方式的绝对规律"[①]。在这种生产方式下，通过国家法律和政策提高工人工资和福利必须以不妨碍资本增殖目标为前提。并且，政府要想实现提高生产率、充分就业、提高工人工资和福利等社会目标，就必须为资本增殖创造新的投资获利机会和条件，而这又会产生新矛盾，创造新的、更深层次的资本积累阻碍。

---

① 马克思. 资本论[M]. 北京：人民出版社，1975（原著1867）：679.

本章运用马克思资本积累理论框架对美国当代资本主义经济演变过程的考察和分析表明：在 1968—1973 年，美国经济就已出现利润率下降、积累率下降、工人工资率下降和资本外逃趋势，且这些趋势是美国资本主义经济体制内在矛盾发展的结果。

之后发生的美国公司在全球布局产业链，以及美国政府转向通过提高利率、放松管制和减税来吸引资本流入美国等，都是资本增殖这一资本主义生产方式的绝对规律和资本主义经济演变的支配性力量发挥作用的结果。

自 20 世纪 80 年代以来，尽管美国政府成功吸引资本大规模流入美国，却未能恢复高资本积累率，大量资本集中于金融投机，其原因在于，美国国内缺乏足够多的实业投资获利机会，而不是金融投机导致了资本积累率降低。

在不改变生产所需资本由私人所有和支配、生产投资由资本增殖法则支配的前提下，生产体系的发展变化不可能被控制在普遍、持续增进民众收入的轨道上。

参考文献

[1] 马克思. 资本论[M]. 北京：人民出版社，1975（原著1867）.

[2] 李灵燕，石高宏. 马克思主义垄断资本主义理论的当代发展研究[J]. 中共杭州市委党校学报，2015(1):46 – 55.

[3] 中共中央马恩列斯著作编译局. 马克思恩格斯选集：第 1 卷[M]. 北京：人民出版社，1995.

[4] 李灵燕. 马克思和熊彼特关于创新与资本主义关系的理论比较[J]. 经济纵横，2014(5):35 – 40.

[5] SWEEZY, PAUL M. Demand Under Conditions of Oligopoly [J]. Journal of Political Economy, 1939.

2 当代资本主义经济体制改良理论和实践考察

2.1 马克思对资本主义改良的研究

资本主义的诞生带来了一系列的社会变革。一方面，财富越来越集中在资本家手中；另一方面，无产的劳动者面临着日益加重的工伤、失业、疾病、贫困等多方面的折磨，在不堪忍受的条件下，其往往会采取罢工、捣毁工厂机器乃至革命的方式来抗争。为了缓和社会矛盾，统治者被迫采取了一些社会保障措施。对此，马克思首先肯定了其必要性，但也对其影响进行了批判。

首先，马克思揭露了资本主义社会建立社会保障是为了更多地榨取剩余价值。马克思强调，资本主义的社会保障只是资本主义生产与发展的一个存在条件，因为那些需要救济保障的贫民能够满足资本主义经济繁荣时对劳动力的需求。马克思说："需要救济的赤贫形成现役劳动军的残废院，形成产业后备军的死荷重。它和相对过剩人口一起形成财富的资本主义生产和发展的一个存在条件。……因此，产业后备军的相对量和财富的力量一同增长。但是同现役劳动军相比，这种后备军越大，常备的过剩人口也就越多，他们的贫困同他们所受的劳动折磨成反比。最后，工人阶级中贫苦阶层和产业后备军越大，官方认为需要救济的贫民也就越多。这就是资本主义积累的绝对的、一般的规律。"[1]

其次，马克思揭示了资本主义社会保障基金的真正来源是剩余价值。马克思认为，社会保障"是资本主义生产的一项非生产费用，但是，资本家知道

---

[1] 马克思. 资本论:第一卷[M]. 中共中央马恩列斯著作编译局, 译. 北京:人民出版社, 2004:142.

怎样把这项费用的大部分从自己的肩上转嫁到工人阶级和下层中产阶级的肩上"。因此,"在工人自己所生产的日益增加的并且越来越多地转化为追加资本的剩余产品中,会有较大份额以支付手段的形式流回到工人手中,使他们能够扩大自己的享受范围,有较多的衣服、家具等消费基金,并且积蓄一小笔货币准备金。但是,吃好一些,待遇高一些,持有财产多一些,不会消除奴隶的从属关系和对他们的剥削,同样,也不会消除雇佣工人的从属关系和对他们的剥削"。①

最后,马克思揭露了资本主义社会的社会保障带有欺诈、虚伪的成分。比如,对于济贫院,马克思揭露说:"为了这种目的,也为了'根除懒惰、放荡和对自由的奢望',同时也为了'减轻济贫税、鼓励勤勉精神和压低手工工场的劳动价格',我们的忠于资本的埃卡尔特提出……把需要救济的贫民关进'理想的习艺所'。'这种习艺所应当成为恐怖之所。'在这种'恐怖之所',这种'理想的习艺所'里,'每天'应当劳动'14 小时,不过其中包括适当的吃饭时间,因此净剩的劳动时间是整整 12 小时'。"……"需要救济的贫民的'恐怖之所'在 1770 年还只是资本灵魂的梦想,几年以后,它却作为工场手工业工人自身的庞大的'习艺所'矗立起来了。它叫做工厂。但是这一次,理想在现实面前大为逊色"。②

2.2 西方马克思主义学者对资本主义改良的研究

20 世纪 50 年代,随着福利国家在欧美兴起,西方马克思主义学者对资本主义改良进行了广泛研究,并形成了以下不同的观点。

英国新左派认为,资本主义改良应视为对工人阶级进行社会控制的工具,它服务于资本积累的长期利益。这是一种最接近马克思主义经典作家的观点。改良参与确保资本主义形式的劳动力生产和再生产。不能否认改良给工人阶级带来的好处,但它们在很大程度上是确保资本利益的副产品。因此,不难理解改良可能由保守主义或自由主义精英发起,也不难理解改良通常不进行跨阶级的收入再分配。

---

① 马克思. 资本论:第一卷[M]. 中共中央马恩列斯著作编译局,译. 北京:人民出版社,2004:714.
② 马克思. 资本论:第一卷[M]. 中共中央马恩列斯著作编译局,译. 北京:人民出版社,2004:318-319.

马克思主义的女权主义者认为，应重视家庭这一劳动力再生产场所的内部关系对于理解改良的重要性。在工业时代，基于性别刻板印象的家庭模式非常有利于资本积累，因为这可以压低男性工人的劳动力再生产成本。出于意识形态的考虑，资本主义无法对作为私人领域的家庭进行直接干预，只能通过福利政策来对这种家庭模式进行支持。

上述两种观点揭示了资本主义改良的阶级属性。然而，它们无法解释资产阶级为何用这种同时惠及无产阶级的方式来实现自己的目的，因为它们显然低估了其他客观条件（如阶级斗争、资本主义基本矛盾）对资本家行为的约束。

20世纪70年代，福利国家成为资本主义改良的主要措施，越来越多的西方马克思主义者以福利国家为研究对象开展了对资本主义改良的分析。克劳斯·奥菲认为，福利国家通过管理资本主义经济的社会和政治后果而成为避免经济危机的一种制度形式。资本主义经济的成功与福利国家的长期生存不可分割，后者既是该国财政的最终来源（通过增加税收和促进借贷），又是大众忠诚和国家合法性的基础（通过提供福利服务和保障充分就业）。用福利国家来管理危机的问题是，资本主义发展的动力表现出一种不断发展的趋势，使商品的价值形式瘫痪，从而危及国家的主要收入来源。因此，国家必须进行"行政性的再商品化"，但这又会使商品交换关系越来越难以维持。可见，福利国家的主要矛盾是再商品化策略影响着广泛的去商品化过程。

詹姆斯·奥康纳以美国国家垄断资本主义为例研究了福利国家的矛盾。他认为，资本主义国家有两个基本功能：促进积累与维护合法性。如果经济增长足以使合适的人受益，那么两个基本功能并不冲突。但是如果经济增长乏力，资本主义国家的这两个基本功能之间的矛盾就会显露无遗：在资本积累的过程中势必破坏社会和谐的条件，而社会和谐的实现在一定程度上要求抑制资本逻辑。

伊恩·高夫则认为，虽然福利国家的功能之间存在着矛盾性，但是福利国家仍然具有一定的稳定性，因为矛盾的两个方面往往在某些地方是重合的，两者之间存在一定的张力。高夫从税收与社会工资的角度分析了福利国家对资本积累的影响。他认为，福利国家支出是对剩余价值的一种扣除，这对资本积累会产生负面影响。但福利国家可以降低劳动力成本、增加有效需求，这对资本积累又会产生正面影响。因此，福利国家对资本积累的影响取决于正负效应的相对大小。

显然，这些学者并不是像马克思那样认为资本积累过程的不平等、不稳定和危机倾向不能在资本主义经济体制下得到解决，而是认为可以通过一套政治和经济制度来对其进行缓解。他们相信，"黄金时代"以"政府管制和调控、适度竞争、劳资合作"为特征的调节主义制度结构能实现稳定、和谐的资本积累，从而把当前的危机和困境归结于新自由主义制度变革。相应地，他们主张通过大众民主政治过程推动调节主义制度结构的重建。

2.3 垄断资本主义理性化改良理论考察

巴黎公社运动到俄国十月革命等一系列事件表明，资本主义国家的无产阶级已经开始意识到自己的阶级自主性。民众尤其是工人阶级对社会公平的强烈诉求引发了大大小小的工人运动，以追求社会生产体制的变革。但是，自恩格斯逝世以来，有些理论家认为社会的变革也可以通过对资本主义进行逐步改良来实现，暴力革命并不是唯一手段。这些思想被称为"改良主义"，改良主义属于左翼思潮，但由于其并不以马克思主义为唯一直接思想来源，也时常以资本主义改良的指导理论的面目出现。

2.3.1 伯恩施坦的修正主义

伯恩施坦作为修正主义的集大成者，以"修正主义之父"的称号被载入世界社会主义运动史册。其修正主义的思想使改良主义理论化、系统化，试图为当时实践中的改良主义提供理论依据，消除德国社会民主党理论与实践之间的矛盾，主张将德国社会民主党变成"改良的政党"。他提倡民主，反对通过激进暴力打碎现存的国家机器。伯恩施坦用20世纪初流行的进化论为修正主义辩护，提倡平稳、缓慢地渐进，要"促成和保证现代社会制度在不发生痉挛性爆发的情况下过渡到一个更高级的制度"①。

和其他社会主义者一样，伯恩施坦试图回答的是如何向社会主义过渡这一问题，但他的论证基础是所谓的"资本主义社会形势已变，马克思主义已过时"的论断。伯恩施坦对改良主义及其合理性问题的阐释是整个伯恩施坦改

---

① 马克思. 资本论:第一卷[M]. 中共中央马恩列斯著作编译局,译. 北京:人民出版社,2004:122.

良主义理论的核心。具体而言，主要体现在以下两个方面。

第一，否定武装斗争的革命策略，提出"和平长入社会主义"。伯恩施坦认为，不能通过发动革命来夺取政权主要有两方面的原因：一方面，资本主义的发展已经脱离了马克思当年制定革命策略所根据的那些前提，同时社会政治环境发生了极大变化，社会改良斗争也能取得巨大成就，其变化也表明资本主义还有很强的生命力，不会发生马克思和恩格斯认为的导致崩溃的普遍性危机；另一方面，就当前资本主义的发展状况而言，即使无产阶级通过发动革命夺取政权，也没有办法完全取代资本主义的生产方式。伯恩施坦认为，尽管不能通过发动一次革命就实现社会主义，但是可以实现"和平长入社会主义"。在他看来，社会主义的实现不是一蹴而就的，而是要"一部分一部分地实现"。既然社会主义可以"一部分一部分地实现"，那么社会民主党的策略也应进行调整。伯恩施坦指出"社会主义民主党既不要期待，也不必盼望现存经济制度的即刻崩溃。应当做的，而且是今后长期所应当做的，是在政治上把工人阶级组织起来和训练他们运用民主，为国内的一切适于提高工人阶级和在民主方向上改造国家制度的改革而斗争"[①]。

第二，无产阶级取得胜利的唯一途径是改良。在分析了马克思、恩格斯关于社会主义实现前提的理论后，伯恩施坦认为，现实社会并没有为社会主义者提供革命的条件，但却提供了通过和平改良的方式夺取政权的现实可能性。在经济上，伯恩施坦认为资本主义的发展并不像马克思所设想的那样，社会结构日益划分为无产阶级和资产阶级两大对立阵营，中间等级消失，资本越发集中，经济危机愈演愈烈。而真实的资本主义却呈现出下面的景象：社会结构没有两极分化，中间等级日益发展壮大；资本集中没有达到一定的程度，大企业的发展并没有排斥中小企业的发展；经济危机虽然偶有发生但是并不构成普遍危机。在政治上，一方面，产业民主已经在发达资本主义社会出现，工会和集体工资谈判覆盖了越来越多的企业，这增强了工人与资本家抗衡的力量，代表着一种民主的扩大和实现；另一方面，随着选举权的普及，穷人、妇女和少数族裔的权利逐渐得到保障，这些现象的出现也为"和平长入社会主义"理论提供了现实可能性。基于此，伯恩施坦认为，通过工会实现产业民主，通过参

---

① 马丁内. 垂而不死的新自由主义[M]. 高静,译. 北京:当代世界出版社,2009:233.

与议会选举实现政治民主，分享社会财富，必然是实现社会主义的一条道路和一种可能性。

尽管伯恩施坦的"修正主义"理论具有明显的局限性，也存在一些弊端，受到了马克思主义学派的各种批判，但不可否认的是，伯恩施坦敏锐地察觉到了主要资本主义国家在政治经济方面发生的新变化，准确地预计到资本主义仍然具有很强的生命力，其理论也对当时的社会主义民主运动产生了深远影响，我们也应当客观、公正地评价伯恩施坦以及他的"修正主义"思想。

2.3.2 考茨基的中派主义

随着20世纪初欧洲各国政治经济的发展，改良主义在相对发达的资本主义国家的工人阶级政党中成为主流思潮，而以俄国为代表的专制势力比较强大的国家主张通过激进手段完成社会革命的社会主义者产生的影响越来越大。在东西方社会主义运动的分化中，考茨基既反对右派的改良主义，即以伯恩施坦为代表的修正主义，又反对左派的革命行动，其理论被称为"中派主义"。

考茨基的中派主义理论以当时德国的政治经济现实为依据，强调俄国的革命模式并不适用于当时的德国。因为俄国不仅经济发展落后，而且政府专制脆弱；而当时德国的专制势力、军国主义、封建传统还相当强大，且工人阶级也有合理合法的途径维护自己的权益，他们还有通过改良斗争改变自己命运的希望，绝大多数人还在维护这个制度，希望社会能够平稳地完成转型。事实上，对于20世纪初的德国，如果不想放弃革命信念，而又要实事求是地考虑社会现实发展，那么社会主义者的唯一选择就是中派主义。中派主义是20世纪初德国工人运动的现实反映。

从历史发展的角度看来，德国社会民主党在20世纪初已经从要求制度替代的无产阶级革命政党转变为主张改良的社会主义政党，进而又转变为在资本主义制度内主张改良的政党。在完成这些转变后，社会主义革命的目标早已被抛弃。从革命的社会主义意义上来说，欧洲的社会主义运动已经失败。但是，当初无产阶级所追求的目标已经实现了大部分，这些成就绝不是仅仅靠无产阶级政党通过合法、改良手段就能取得的。无产阶级的革命宣传，甚至是革命实践，都向统治者施加了巨大的压力，促使他们让步。因此，中派主义者的改良运动也是实现欧洲社会进步的因素之一。

2.3.3 19世纪改良主义政党的改良思想

无论是法国的可能派、德国的讲坛社会主义还是英国的工联主义、费边社会主义，其共性在于都提倡渐进改良而非暴力革命，并在全世界的资本主义改良运动中发挥着重要影响作用。

法国的可能派主张将理想目标分成若干阶段，提出集中力量争取眼前可能实现的某些要求，把自己的政策称为"可能的政策"，故称"可能派"。可能派主张不经过革命，而是通过可能的、逐步的改良来变革社会，主张运用普选权，争取议席，实行市政社会主义，并提倡由国家干预，使垄断资本转变为社会所有的公用事业。

德国的讲坛社会主义产生于19世纪下半叶的德国，后流传于西欧国家和美国。讲坛社会主义者主张由国家经营公共事业，如铁路、矿山、交通等；同时，主张通过国家立法，利用财税政策以裁制垄断经济，调整劳资关系，缓和对立阶级之间的矛盾。

英国的工联主义，得名于英国工人联合会，产生于18世纪后半叶，并于19世纪中期开始广泛传播。工联主义者要求改善工会工人的经济条件和法律地位，认为劳资利益是协调一致的，反对暴力革命，主张通过合法抗争维护工人的利益。

费边社会主义，简单来说就是"渐进社会主义"，是社会主义思潮的一支，产生于19世纪后期的英国，是由主张采取渐进措施对资本主义改良的一部分知识分子提出的，费边社会主义对欧洲社会主义运动产生了重大影响。费边这个名字来源于古罗马将军费比尤斯，他以在第二次布匿战争中采取拖延战术而闻名。费边社会主义者拒绝马克思主义的革命学说，建议逐步过渡到社会主义社会。费边社会主义提倡通过"渗透"策略来传播其思想，即影响集体主义的自由政治家和激进的社会活动家。费边社会主义者是英国福利国家思想的先驱，早在20世纪初就为引入最低工资制度、全民医疗保健制度而四处奔波，还支持土地租金国有化。然而，早期费边社会主义者也曾为英国帝国主义辩护，将其视为国际主义改革的渠道。

2.3.4 凯恩斯主义与资本主义改良

在二战中，西方发达资本主义国家（除美国）均遭遇了物质资本的大量损毁，元气大伤。欧洲大陆百业凋零，各国经济亟待恢复。以美国为首的资本主义国家为了快速恢复国家经济，首先要缓和资本主义的基本矛盾。其中改良主义者对古典自由主义意识形态作了两次重要修正：第一，凯恩斯主义经济学派揭示了成熟资本主义经济体系的停滞趋势，并论证通过政府宏观调控解决经济周期问题，实现充分就业、稳定经济增长的必要性和可行性；第二，美国进步时代的改革家修正了19世纪古典自由主义意识形态，以论证通过法律规范和约束大公司内外部集中化权力的行使，使其服务于公众利益增进的必要性、正当性和可行性。

经过两次世界大战洗礼后，自由主义政治浪潮风靡西方世界。古典的自由主义旨在恢复政治民主、尊重人性、自由贸易等，但在国家经济方面存在局限性。为了确保市场的正常运转、保证经济快速恢复至战前水平，特别是在劳动力就业方面，必须实行国家干预，凯恩斯主义应运而生。

凯恩斯主义代替了古典自由主义，并发展为一种新的社会秩序，它最基本的特征是：系统地运用国家权力，对国内市场进行干预，以实现充分就业、金融系统稳定、市场充分竞争、收入再分配等宏观经济的正常发展。在凯恩斯的宏观经济调控思想的影响下，20世纪30—70年代在全球范围内形成了国家干预经济发展的潮流。

自1936年凯恩斯发表《就业、利息和货币通论》开始，以国民经济总过程的活动为研究对象的宏观经济学迅速发展起来。经过凯恩斯主义经济学家的补充完善，在面对成熟资本主义经济体系停滞时，形成了主张国家干预并采用扩张性的经济政策——财政和货币政策，通过增加需求以促进经济增长和保证就业的经济学思想。具体的宏观经济政策有扩大政府开支、实行财政赤字、稳定物价和汇率等。凯恩斯主义认为，资本主义经济危机的根源在于需求的不足，可将公共开支作为一种解决经济危机的可行性手段。

凯恩斯主义主张通过政府宏观调控保证经济的稳定发展，认为市场不是万能的，不仅要发挥"看不见的手"的作用，还要充分发挥"看得见的手"的作用，因为市场体制本身存在难以避免的缺陷，诸如社会的两极分化带来的社会矛盾、资本的逐利性导致地区间发展的差异化、资源的盲目配置以及过剩危机的出现等，所以国家必须从整体上对市场加以调节。而且国家的宏观调控具有较强的可行性，具体在于一个国家可以通过立法来保证具体政策的制定和实行；另外，一个强大的中央政府和坚实的财政资金作为后盾可以保证宏观经济政策的实施。

凯恩斯撰写《就业、利息和货币通论》的目的正是促进改良。根据奈格里的分析，凯恩斯十分关注阶级斗争，其著书立说就是想用一种资产阶级能够接受的方式来劝说他们改善工人境况。资本主义国家对经济进行干预调节是为了资本主义再生产的顺利进行，为资产阶级谋取最大利益。所以资本主义国家对经济的调节是有限的，并且在资本增殖法则支配生产体系发展的体制下，通过宏观调控和制度变革实现民众收入和福利普遍、持续提高只是暂时性的、局部的调整。国家的干预调节要符合垄断资产阶级的利益，是属于各种不同利益集团的垄断资本家互相争斗产生的合力作用的结果，而不是人民群众的最大利益和经济发展的客观规律反映。从这个意义上讲，宏观经济学以及宏观经济政策就是一种改良。

凯恩斯提倡国家干预而批判自由放任的意识形态，是出于对工人阶级自主性爆发所产生的崭新情况的直觉性理解。根据奈格里的解读，凯恩斯在《就业、利息和货币通论》中提到"需求"是为了"提到工人阶级，是为了提到找到自己政治身份的群众运动，也是为了提到起义和颠覆资本主义制度的可能性。凯恩斯是一个头脑清醒且智识过人的保守主义者，他准备好了面对他知道即将到来的战斗。正是绝望所滋生的紧张感让政治获得了给它自己提出一个完整且系统的意识形态命题的力量。这是凯恩斯主义意识形态出现的必要条件"。

换句话说，凯恩斯著书立说的根本目的是促进改良。作为一名资产阶级经济学家，凯恩斯以一种其他资产阶级能够接受的逻辑设计了一套吸纳工人阶级的方案，以此来实现改良资本主义。因此，就这一点而言，发端于凯恩斯的宏观经济学是一种改良理论，而宏观经济政策也是一种改良实践。

2.3.5 新自由主义与资本主义改良

20 世纪 70 年代，石油价格冲击、越南战争以及金融危机相继出现，当时的主流理论凯恩斯主义在应对这一局面时显得力不从心，尤其是布雷顿森林体系的瓦解，标志着凯恩斯主义学说"黄金时代"的终结。新自由主义代替其成为主流理论。

新自由主义是在复兴古典自由主义的基础上，以反对和抵制国家干预市场、以推崇市场自由为主要特征的经济思想。以撒切尔和里根为代表对新自由主义的推崇,以及"华盛顿共识"的形成,标志着新自由主义从思想理念到政策主张的转变。

在经济方面,新自由主义继承了古典自由主义经济理论关于自由经营、自由贸易等思想,反对任何形式上的国家干预,更加强调金融与银行的作用。新自由主义认为,市场是最佳的、可以自我调节的社会结构,在供需规律的指引下可以实现资源的最佳配置。但由于垄断组织的存在,并且贸易全球化使世界上出现了国际垄断集团,严重破坏了自由资本主义的经济结构,导致中小企业以及广大劳动者的利益受损。为了保护市场竞争和劳动人民利益不受压榨,美国进步时代的改革家通过法律规范和约束大公司内外部集中化权力的行使,来注重劳工利益,缓解劳资矛盾。

资本主义国家的诸多改良措施使资本主义内部资产阶级和无产阶级之间的矛盾得到缓解,尤其是对人权的尊重也超出了马克思主义学者关于资本主义矛盾的理解,并使资本主义国家超越了列宁认为的"帝国主义是资本主义的最高阶段",甚至有人提出"新自由主义全球化是资本主义的最高阶段"[①]。

2.4　垄断资本主义理性化改良实践考察

在梳理了关于垄断资本主义及其改良理论后,本书对其理论的应用——20世纪前半期对垄断资本主义经济和政治结构所实施的主要制度调整——进行分析,并揭示这些经济和政治变革的本质,分析这些经济和政治变革是否从根本上改变了资本和劳动间非对称的权力关系,以及资本增殖法则和竞争强制性规律对经济运行的主导性作用。

2.4.1　反托拉斯(反垄断)法的本质

1890年,美国颁布的《谢尔曼反托拉斯法》(以下简称《谢尔曼法》)是世界上第一部现代竞争法。《谢尔曼法》通过美国标准石油公司等几起大案件树立其威信,且美国最高法将合理规则贯彻于《谢尔曼法》中,认为应当制裁通过排斥竞争而获得的垄断地位,但通过竞争获得的垄断则不违法。由此,

---

① 马丁内. 垂而不死的新自由主义[M]. 高静,译. 北京:当代世界出版社,2009:103.

《谢尔曼法》成为真正意义上维护"竞争"的立法，偏离了保护小企业和工人的初衷。在威尔逊执政期间，受到其新自由主义经济政策的影响，美国相继出台的《联邦贸易委员会法》和《克莱顿反托拉斯法》都表现出一种更坚决地执行反托拉斯行动的决心。

美国出台反托拉斯法的立法考虑主要有以下三点。

第一，社会上当时对垄断的政治和社会谴责十分激烈，相比之下，自由经济学家为垄断所做的辩护不被大多数人理解和接受。因此，反托拉斯法具有对政治民主与经济民主的崇尚，以及对集中势力的美国式怀疑的象征意义。

第二，当时石油、铁路、矿产等产业中所结成的托拉斯的巨大势力让美国政府和国会感觉受到威胁，它们担心这些巨头对社会的操纵能力会超过政府、撼动国家的政治根基。

第三，对竞争的道德与哲学追求促成了反托拉斯法的采用。当时的美国自由主义思想弥漫，整个社会普遍认为自由公平的竞争会为所有人提供机会，而这种平等的竞争机会是美国政府应当保障的基本人权。

总的来说，尽管美国的反托拉斯法内生于美国崇尚自由公平的宪法理念，但却是政府干预市场经济的利器。在资本主义制度下，竞争的结果必然是垄断的出现，而垄断又将导致资本地位的提升，从而削弱工人阶级的地位，这也是资本主义制度无法调和的矛盾。同时，美国坚信的自由市场经济又强烈反对国家对市场进行干预，这也构成了反托拉斯法和资本主义制度下市场经济的矛盾。因此，美国的反托拉斯法实践总是面临着维护竞争秩序和干预经济之间的两难困境。

2.4.2　福特制资本主义的本质和内在矛盾

二战之后，随着以福特公司为代表的建立在流水线和可互换零部件技术上的生产方式——福特制（或福特主义）——在欧美流行，资本主义经历了一个新的繁荣时期。

福特制（或福特主义）包括以下几点特征。①生产技术的革新。福特制将零件互换、钢冲压件、连续流动零件制造和移动装配线结合起来，极大地提高了标准化产品的劳动生产率。②科层制的形成。为了实现更有效率的组织，基层管理者专门负责监督并研究关于生产的技巧，以保证新生技能留在管理者手中，而工人只需要根据指令完成任务，使工人丧失了对劳动过程的控制权。③资本积累和调节方式发生变化。劳动生产率的提高伴随着工资的提高，由此带来的消费能力又保证了下一轮产品的顺利产出。同时，工会组织和国家的干预也对工人福利、社会稳定提供了保障，有利于经济的发展。④阶级关系的变化。劳资关系的焦点从争夺劳动过程控制权到为就业保障和工资决定而谈判，最终形成了以集体谈判制度为核心的劳资关系体制。⑤福特制在世界范围内的普及引领了20世纪60年代世界经济的快速发展。

尽管福特制的推广极大地带动了生产率的提高，但是福特制本身也存在一定的缺陷，再加上资本主义的内在矛盾，导致了20世纪70年代福特主义的危机。在60年代末和整个70年代，由于上一次技术革命浪潮的潜能被消耗殆尽，福特主义失去了正常运行所必需的外部条件，生产和消费之间的正反馈也荡然无存。于是，福特主义引发的新危机使发达资本主义国家又开启了长达20年的经济结构调整。

2.4.3 罗斯福新政与宏观经济政策：资本主义国家干预经济生活的本质

罗斯福新政是美国历史上一次重要的资本主义生产体制改良，是美国统治阶级面临大萧条的危局为稳定资本主义制度而对生产关系进行的局部调整，也是国家垄断资本主义全面干预社会经济的一次尝试。罗斯福新政为美国走出1929年大萧条做出了重要贡献。其主要措施有：整顿银行与金融体系，放弃金本位制，实行通货膨胀，刺激工业生产和投资；联邦政府兴办各项公共工程，推行"以工代赈"；对工业生产进行调整，防止无序竞争引发的产能过剩，加强了政府对生产的控制与调节；调整农业政策，通过发放经济补贴稳定农产品价格；建立社会保险制度，关注社会福利事业；通过立法，提高劳工在生产中的地位；等等。首先，罗斯福新政通过国家对市场的全面干预减缓了经济危机带来的负面冲击，使社会生产得到了较快恢复。其次，罗斯福新政加速了美国国家垄断资本主义的形成，调整了资本主义生产关系，缓和了阶级矛盾，在一定时期内延长了资本主义制度的寿命。

二战以后，资本主义完成了向国家垄断资本主义阶段的过渡，垄断资本迫切地希望与国家进行联合，以实现自己的利益。凯恩斯主义正是迎合了垄断资本的这一需要，逐渐成为发达资本主义国家制定宏观经济政策的指导理论。依据凯恩斯主义制定的宏观经济政策成为资本主义国家重要的繁荣稳定器，西方各国在近20年的时间内再也没有经历20世纪30年代那样的严重衰退。

然而，无论是罗斯福新政还是凯恩斯主义经济政策，都是出自资产阶级政治家之手，代表着资本家的利益。其本质不过是利用政府支出和信用体系在时间上拖延、在空间上分散经济危机的负面冲击，根本无法解决资本主义的基本矛盾。宏观经济政策并没有如凯恩斯主义者所言的"终结了经济周期"，而是使经济衰退采取了新的表现形式——生产停滞伴随着通货膨胀。同时，简单地扩大财政支出虽然能在短时间内刺激生产、减少失业率等，但是通货膨胀和物价的快速上涨又产生了新的危机。可见，罗斯福新政与宏观经济政策并没有触及资本主义的基本矛盾，仅仅是缓和了社会矛盾。

2.5 当代资本主义理性化改良成效的检验与评价

本章通过对西方垄断资本主义生产体制理性化改良理论和实践进行批判性考察，分析和揭示其实质及局限性。接下来，本章希望通过分析当代资本主义积累体制实际演化过程的动力学规律，来检验西方发达资本主义国家所做的局部制度调整是否从根本上改变了资本主义生产体制的控制权结构、内在矛盾和运行规律，即通过考察当代资本主义积累体制的实际运行和演化规律，对资本主义改良成效进行经验检验并给予评价。主要从以下两个方面展开研究。

2.5.1 20世纪五六十年代资本主义"黄金时代"经济繁荣机制考察

第二次世界大战过程中的战时科技直接催生了战后的第三次科技革命，资本主义国家纷纷调整生产关系，以求恢复生产力，这也直接导致了20世纪五六十年代近20年的资本主义经济"黄金时代"的出现。在"黄金时代"，经济发展出现了前所未有的增长速度，西方资本主义国家经济迅速恢复并超过战前最高水平。经过"黄金时代"的高速发展之后，战后繁荣的有利条件被消耗殆尽。以两次国际石油危机为导火索，欧美经济体陷入了"滞胀"的尴尬局面，直到1982年才开始全面复苏，进入低速增长时期。

资本主义"黄金时代"的出现，主要有以下四方面原因：第一，第三次科技革命极大地提高了生产效率；第二，生产与资本的高度集中，为实现现代化经济奠定了基础；第三，通过运用财政政策、货币政策、立法和推行国有化，政府对经济进行宏观调控；第四，福利制度的推行缓解了资本主义的内在矛盾，降低了无产阶级的对抗情绪，并提高了生产积极性。除此之外，在经营管理方面发生的深刻变化、国际市场的不断扩大、国际垄断资本的联合、相对稳定的国际政治环境等都是资本主义经济繁荣的重要条件。

根据马克思主义的经济周期理论，资本主义的基本矛盾决定了危机爆发的必然性，并且这种矛盾是资本主义制度与生俱来的，在资本主义内部无法调和。马克思认为，经济危机爆发的直接原因，是无限扩大的生产能力超过了市场上有支付能力的需求，资本主义危机通常会表现为生产过剩，从而促使资本家急剧缩减产量，导致大量工人失业，以往的资本主义体制会阻碍资本主义的进一步发展。在这种情况下，为了使利润率恢复正常，资本家会被迫在不触及自身利益的前提下对生产关系加以调整，解除其对生产力发展的阻碍。由于这种调整不能损害资本家的利益，它常常伴随着资本与劳动的冲突以及不同职能资本之间的激烈斗争，是一个长期动荡的过程。可见，资产阶级被迫对生产关系进行调整及这种调整的有限性，是资本主义经济出现经济危机并且存在周期的根本原因。另外，资本主义生产关系的调整并不是理性化改良资本主义的反映，而是迫于历史情形。可以发现，每次的资本主义变化都伴随着资本主义国家的内部危机。所以资本主义的变化与特定的历史条件相关，其本质在于：当资本主义制度面临"外部威胁"时，资本主义政府可以动员大规模的资本，并将其应用于为资本积累创造良好的外部条件。

2.5.2 新自由主义全球化资本积累体系的生成和运行机制以及内在矛盾考察

为了摆脱经济衰退和"滞胀"困境，20世纪70年代末以来，以美国为首的西方发达资本主义国家进入了新自由主义阶段，并将这种资本主义的新秩序以相当快的速度强加于世界。新自由主义是一种学术思潮，也是一种意识形态；是一种政策主张，也是一种经济体制。其本质是国际金融垄断资本向全球扩张的理论体系。

管制资本主义的核心概念是有效需求，而作为资本主义的新阶段，新自由主义制度主要对供给侧产生影响，两者有极大区别。经济自由化、财产私有化和市场去管制是新自由主义改革的主要内容,具体表现在以下三个方面:在经济理论方面,新自由主义复兴了市场原教旨主义,试图让市场重新脱离社会的束缚。在政治理论方面,否定公有制,否定社会主义制度以及否定国家对市场和经济干预,尤其是放松国家对金融市场管制。在战略和政策方面,新自由主义极力推崇经济自由化、私有化和全球化,企图实现资本在世界范围的自由流动。

全球化和金融化作为新自由主义时代的两大特征,在经济一体化发展趋势下,资本的全球化流动为发达国家的资本积累创造了有利条件。一方面,新自由主义宣称,欠发达国家或地区可以通过借助发达的资本主义国家的资本和技术输出实现国内经济的发展,进而缩小世界范围内的贫富差距。正是在这种发展主义意识形态的掩护下,新自由主义国家通过劝说或强制使世界各国接受其全球化主张。另一方面,私有制和市场原教旨主义被认为是自由民主和高效配置资源的前提,正是在这样的理论假设前提下,新自由主义坚决反对国家对市场的干预,并大幅缩减福利支出和税收。事实上,这些都是新自由主义为了实现掠夺性积累所采取的新伎俩。新自由主义应该理解为资产阶级统治力量的"复辟",它重新确立了一种有利于资本和资产阶级统治的新规则。因此,在新自由主义体制下,虽然剩余价值的生产获得了有利条件,但是剩余价值的实现会屡屡遭受困难。新自由主义这一内在矛盾和资本主义制度的基本矛盾共同导致了资本主义生产的周期性危机爆发,即2008年美国爆发的金融危机,并在全球化的背景下导致了全球性的金融危机。

参考文献

[1] 马克思. 资本论:第一卷[M]. 中共中央马恩列斯著作编译局, 译. 北京:人民出版社, 2004.

[2] GINSBURG N. Class, Capital and Social Policy[M/OL]. London:Macmillan Education UK, 1979.

[3] FERGUSON I, LAVALETTE M, MOONEY G. Rethinking Welfare:A Critical Perspective[M]. London:SAGE, 2002.

[4] FOLBRE N. The Rise and Decline of Patriarchal Capitalism[M/OL]// WICKS-LIM J, POLLIN R. Capitalism on Trial. Edward Elgar Publishing, 2013.

[5] 奥菲. 福利国家的矛盾[M]. 郭忠华,译. 长春:吉林人民出版社,2006.

[6] 奥康纳. 国家的财政危机[M]. 沈国华,译. 上海:上海财经大学出版社,2017.

[7] 高夫. 福利国家的政治经济学[M]. 古允文,译. 北京:巨流图书公司,1995.

[8] 伯恩施坦. 社会主义的前提和社会民主党的任务[M]. 殷叙彝,译. 北京:生活·读书·新知三联书店,1965.

[9] 贺敬垒. 伯恩施坦改良主义理论路径批判[J]. 马克思主义理论学科研究,2016,2(1):80-93.

[10] 沈丹. 伯恩施坦修正主义思想研究[M]. 北京:中央编译出版社,2014.

[11] 多斯桑托斯. 新自由主义的兴衰[M]. 赫名玮,译. 北京:社会科学文献出版社,2012.

[12] 费洛,约翰斯顿. 新自由主义:批判读本[M]. 陈刚,译. 南京:江苏人民出版社,2006.

[13] 中国社会科学院"新自由主义研究"课题组. 新自由主义研究[J]. 马克思主义研究,2003(6):18-31.

[14] 马丁内. 垂而不死的新自由主义[M]. 高静,译. 北京:当代世界出版社,2009.

[15] 王中美. 竞争规则的国际协调与统一[D]. 厦门:厦门大学,2004.

[16] 仰海峰. 生产方式的转变与资本主义社会形态的变迁[J]. 党政干部学刊,2008(12):11-15.

[17] 刘晓君. 福特制(Fordism)的百年[J]. 自然辩证法研究,2001(3):62-66.

[18] 李君. 简述罗斯福新政及其启示[J]. 前沿,2006(3):167-168.

[19] 黄若迟. 战后西方经济"黄金时代"的出现和结束(上)[J]. 历史教学,1993(11):23-27.

[20] 张荐华. 关于资本主义经济的长周期理论初探[J]. 世界经济,1982(10):34-40.

[21] 银锋. 新自由主义体制与美国经济运行的矛盾与危机:对世界金融危

机的再思考[J]. 经济问题,2010(2):111-116.

[22]陈刚. 应当另有选择:评《新自由主义——批判读本》[J]. 中国图书评论,2007(7):81-84.

[23]丁为民. 新自由主义体制下经济增长的矛盾与危机:对当前金融危机的再思考[J]. 经济学动态,2009(3):48-54.

[24]奈格里,王行坤,张雪琴. 凯恩斯和资本主义的国家理论[J]. 政治经济学报,2020,17(1):173-198.

第二篇

自由资本主义改良模式

3 模式总体特征

3.1 引言

一般认为，美国、英国、加拿大、澳大利亚和新西兰五国的资本主义制度可以用"自由主义"来概括。当然，现实中很少有一种理想化的模式，任何一种类型划分都不能在广泛的分类范围内密切反映特定制度的特征。即使自由主义价值观有广泛的影响，也不一定能得出任何国家在其概念或做法上是完全自由主义的结论。然而，可以合理地说，这些国家更符合自由主义模式，而不是社会民主主义模式或基督教民主主义模式。

自由主义的一般假设是，市场既可能是解除人类枷锁的工具，也可能是自立与勤奋最佳的保护壳。只要不加以干预，市场自律的机制就会确保所有想要就业的人有工作，并确保自身的福利。19世纪，古典自由主义的理念是对政府权力的强烈怀疑和对自我奋斗的充分肯定。20世纪以来，随着市场体系的扩展，人们的生活越来越受到经济周期的影响，不少劳动者因为发生变故而失去了为市场提供劳动的能力。只有在这样的环境压力下，自由主义才有接受社会权利的必要性。自由主义不得不承认，并非所有人都能凭借个人力量抵御市场经济的风险，只有必要的政府干预才能维护公共利益。正如弗里德曼所言，"二十世纪的自由主义，以福利和平等之名，倾向于赞同古典自由主义所极力反对的政府干预和家长主义政策之复苏"[1]。

英国是其余四个国家自由主义传统的起源。自由集体主义则最能概括英国战后繁荣时期的福利共识，因为其缔造者凯恩斯和贝弗里奇都是自由主义者，

---

[1] 许宝友. 美国社会福利制度发展和转型的政治理念因素分析[J]. 科学社会主义, 2009(1): 141-146.

而"集体"一词则强调战后福利收益和服务供给的公共性和普遍性以及制度在国家层面的统一性。美国由于没有左翼政党，一直保持着自由主义的特征，强调公共福利干预的目的是恢复个人和家庭自我承担福利并且防止其对公共支持的依赖。英、美两国在自由主义国家的谱系中分别居于两极的位置；加拿大在一定程度上效仿了美国，但福利制度的普遍性有所增强；澳大利亚则由于20世纪80年代工党的连续执政也呈现出一定的集体主义元素。鉴于此，本章主要以英、美两国为典型案例概括自由主义国家改良的特征及其自70年代以来的重组，并试图与资本主义多样性学派对话，以解释这一重组发生的原因。

3.2 自由主义改良模式的建立与发展

3.2.1 福利国家的"黄金时代"

美国福利国家起源于大萧条时期，当时的美国垄断资本为了应对经济危机，竭力推进国民养老金制度的建立。英国福利国家则起源于二战期间政府发布的《贝弗里奇报告》，该报告宣称要在战后的英国建立"从摇篮到坟墓"的福利制度。然而，由于自由主义传统根深蒂固，两国政府实质上主要关注补缺型福利，即通过再分配将资源转移给最贫困的人。工人权益的增长与工资结构在很大程度上要归因于生产领域的分配斗争。

（1）社会政策

自由主义社会政策的特征主要表现在以下几个方面。

第一，社会福利计划的覆盖面是部分的。与社会民主主义国家强调福利的普遍性不同，自由主义国家提供的是补缺型福利，关注的是老幼病残等弱势群体，社会政策的目的是在市场和家庭均无法提供福利时编织一张社会安全网。在美国，大部分福利支出被应用到老年福利领域。老年、遗属、残障保险（OASDHI）是最重要的社会保险计划。在1935年社会保障法案颁布的所有项目中，只有养老保险成为全国性项目。虽然英国由于有工党的存在，其社会福利覆盖面较广，但也远不如贝弗里奇设想的那样普遍，比如对于社会保险而言，相当一部分人要么没有被完全覆盖，要么缴费记录不充分，社会救助仍扮演着重要角色。

第二，家计调查发挥着重要作用。家计调查是公民在享受福利前必须经历的资格审查。通过家计调查，政府得以筛选出"值得帮助"的人。由于起源于英国济贫法传统，家计调查往往有污名化贫困人口的倾向，受助人会被贴上"懒惰"的标签，这避免了社会权利无条件的扩张。美国是继承济贫法传统的典型，美国福利国家一直把重点放在贫困人口的救助上，社会救助这一最低层次的安全网织得相当完满。在英国，缴费型社会保险津贴的增速落后于通货膨胀的速度，以家计调查为主要特征的社会救助很快就占据了英国社会保障体系的中心，这与贝弗里奇的设想背道而驰。

第三，除了卫生和教育以外没有公共筹资的服务，除了教育以外没有公共提供的服务。美国的医疗生产资料主要是私有的，筹资则是通过雇主或个人购买私人医疗保险。截至1965年，美国政府对医疗体系的介入主要体现在医疗照顾制度（Medicare）和医疗援助制度（Medicaid）上，二者解决了老年人、残疾人和贫困家庭的医保问题，而其他中产阶级家庭的医疗保障通常由保险市场提供。英国的医疗服务最为发达，于1948年通过税收融资建立了向全体国民提供免费医疗服务的国民保健服务（NHS）。在教育方面，美国于1958年立法规定了联邦政府对基础教育的责任，各级政府必须对公共教育进行补贴。1965年，美国政府进一步明确了基础教育财政的方向与原则是关注贫困家庭和不利背景的儿童。1944年，英国将教育财政投入的重心转移到了中央财政，建立了包括初等教育、中等教育在内的公共教育体系。

奥康纳认为，资本主义国家必须履行两个基本的但常常是矛盾的职能——积累和合法化：一方面，国家必须尽力维持或创造使有利可图的资本积累得以进行的条件；另一方面，国家必须尽力维持和创造使社会和谐发展及意识形态上统治的条件。在社会政策领域，积累职能表现为通过公共服务降低劳动力再生产的成本；合法化职能表现为通过赡养非工作人口缓解社会矛盾，并规训劳动力后备军。自由主义国家主要关注弱势群体的社会保障与社会救助，证明其社会政策主要完成了合法化职能。在后文中我们将看到，这一特点在新自由主义时代得到了进一步加强。

（2）劳资关系

社会政策调节了劳资之间和劳动者内部的收入分配，然而仅通过再分配系统不能决定一个国家工人权益的高低。尤其是在自由主义国家，补缺型福利制度无法惠及所有工人，而生产领域的斗争才是工人权益改善的直接原因。

20世纪初，随着美国垄断资本主义的发展，工人纷纷要求建立工会、改善工作条件，参与罢工的人数不断攀升。1935年，美国国会通过了保护工人结社权利以及鼓励集体谈判的《瓦格纳法案》，这也是罗斯福新政的重要组成部分。二战以后，美国"黄金时代"的劳资关系体制开始进入巩固期。其间，《瓦格纳法案》被《塔夫脱—哈特莱法案》所替代，后者成为应对工人运动最重要的工具，该法案剥夺了工会一些极具战斗性的运动手段（如行业总罢工、静坐和间接抵制等），并清洗了工会中的激进分子和共产主义者。与此同时，美国公司的规划能力进一步提升，这赋予了其形成和实施新劳动管理结构的能力和灵活性。产品市场呈"核心—外围"的二元结构，这一二元结构的核心是垄断企业，外围是竞争企业，二者相互依存。随之衍生出来的是分割的劳动力市场。首先，垄断企业与竞争企业的分割。由于垄断企业的规模大、行业集中度高，具有极高的利润率，工人的产品附加值更高、工作也更稳定；垄断企业一般从事技术创新，对工人的技术要求更高，而竞争企业工人的工资则较低、工人流动性较大，一般从事半技能性、标准化的工作。其次，垄断企业内部存在两个互相隔离的劳动力市场，主要部门的工人从事专业的、管理的和技术的工作，从属部门的工人从事围绕企业内部特定的监督和形式化的工作规则进行相对重复的、程序化的工作。劳动力市场分割是美国企业分化工人的重要手段，不同部门的工人经历了极为不同的生产关系，因此产生了不同的政治态度，进而阻碍了其阶级意识的形成。正如大卫·戈登所言，"尽管分割并没有消除阶级政治，但它确实分裂、重塑和疏导了工人阶级"[1]。工人之间分化的利益以及工会领导的保守性使他们无法对《塔夫脱—哈特莱法案》采取组织化的抵抗，也没有像保守主义和社会民主主义国家那样形成行业层面或全国层面的集体工资谈判。

英国在"黄金时代"的劳动力市场格局经历了两个阶段。在20世纪50年代以前，劳资关系制度是根据长期衰落的旧产业设计的。为了缓解市场竞争和劳资纠纷，部分企业的谈判在行业层面展开。这一时期，英国的劳资关系符合其集体自由主义的传统。"集体谈判双方几乎不把谈判看作具有强制性的法律

---

[1] GORDON D M, EDWARDS R, REICH M. Segmented Work, Divided Workers[M]. Cambridge University Press, 1982:73.

合同，而仅将其视为名义上的约束力。法律完全超出了其本身的做法，规定雇主联合会和工会之间的谈判将不具有直接强制效应"。[①] 国家起着似是而非的作用，尽量避免干预劳资谈判，而仅仅是通过一些辅助性立法致力于提出和支持自愿性集体谈判，或是只包含那些不被集体谈判所保护的工人，只处理没有包含在集体协定中的问题。从50年代开始，随着英国经济的重心从旧产业转向一系列福特制产业，以行业议价为基础的制度开始解体。由于充分就业和劳动过程发生转变，工厂权力从企业转向车间，劳资冲突更激烈了，且大部分发生在车间内部，没有得到工会的批准和控制。政府开始通过收入政策的延续和立法干预劳资关系来限制工会的势力。然而，两种方式都激起了工会的强烈反对。直到撒切尔夫人上台时，国家在劳资关系谈判中基本上处于"弃权"的状态，而劳资调节机制基本上处于工会的主导下。

与美国相比，英国的工会更具有战斗性，这不仅体现在他们受到的限制更少、组织了更加激烈的劳工运动，也体现在他们往往能够实现自身工资增长和福利扩张的诉求。"黄金时代"是保守党与工党交替执政的时期。在工党艾礼德政府执政期间（1945—1950年），工会与政府达成社会契约，英国职工大会（TUC）同意采取工资节制政策以换取社会保障的扩张。在其继任者保守党执政期间（1951—1964年），工会同样以工资政策作为武器保卫了福利国家，使社会福利稳定增长。到了20世纪60年代中后期，工会领导人越来越不能限制普通工人的斗争行为，而作为谈判代表的车间管理员的谈判影响力也越来越大。谈判的分散化阻碍了社会工资的执行。1964年上台的工党政府曾两次试图与工会达成政治交换，TUC也敦促其成员工会限制工资，但两次时间都没有超过一年。1970年上台的保守党政府试图将谈判制度化，但由于不理会工会对社会政策的考虑，尝试也以失败告终。1974年工党政府采取了三次制度化这一社会契约的尝试，工会领导人也表现出与政府合作的意愿，但劳工运动的控制难度阻碍了这种合作，最终政府限制工资上涨的愿望破产。直到70年代末，英国工人工资的上涨在大部分时候都高于劳动生产率的上涨。然而，频繁的罢工对社会生产造成了破坏，英国工会渐渐被视为"走走停停"的"英国

---

① 鲁塞弗尔达特，菲瑟. 欧洲劳资关系:传统与转变[M]. 佘云霞，赵炜，傅麟，等，译. 北京:世界知识出版社, 2000:51.

病"的根源。

英国和美国的工人力量存在巨大差异。英国的工会势力强大,且法院的权力有限,很少挑战立法机构,再加上工党的加持,工会可以通过政治途径争取保护性的劳工立法。而美国工人则很难通过立法斗争改善工人权益。这一方面是因为工会势力较弱、工会领导人妥协性较强;另一方面是因为法律条文的解释权掌握在极端保守又高度独立的法院手中,这使美国工会始终无法冲破《塔夫脱—哈特莱法案》的束缚,自身利益的改善依赖于垄断资本的意愿。然而,两国劳资关系的特征是相似的。我们可以从英国和美国的例子中概括出自由主义福利国家的劳资关系的特征。首先,由于长期存在的自愿主义传统(voluntarism),工会坚持自力更生,并未积极引入政府力量以促成欧陆国家那样的法团主义政策谈判。其次,二战结束后,两国的工资谈判逐渐走向去中心化,谈判仅在公司层面进行,工人并未站在整个阶级的角度参与斗争,劳动力市场的灵活性较强。

3.2.2 福利国家的重构

二战结束至20世纪70年代,资本主义世界经历了空前的经济繁荣。在生产领域,资本—劳动比和劳动生产率同步增长;在分配领域,工资率和劳动生产率同步增长。然而,70年代以来,支撑战后繁荣的一系列基础正在悄然崩塌。首先,随着通信技术和交通运输技术的发展,全球化时代来临,跨国公司成为主流,资本有了在全球部署生产基地的能力,这为资本提供了一条"退路",全球化提高了资本同政府和劳工的谈判能力。其次,主要发达国家都经历了去工业化进程,工人阶级的主体从传统产业工人转向新兴服务业劳动者,而后者对资本的认同更强,也更难以组织起来。由于服务业无法带来生产率的提高,政策决策者陷入了充分就业、财政平衡与收入平等三者必须放弃其一的"三难困境"[1]。最后,家庭模式发生了转变。在后工业社会中,服务业的兴起使女性的劳动参与率上升,这使双职工家庭成为常态,由此产生了诸多新的对社会服务的需求,特别是在照料儿童和老人的分工方面。70年代的两次石油危机成为压垮"黄金时代"体制的最后一根稻草,发达国家纷纷陷入"滞胀"

---

[1] IVERSEN T, WREN A. Equality, Employment, and Budgetary Restraint: The Trilemma of the Service Economy[J]. World Politics, 1998, 50(4): 507-546.

的尴尬局面。保守主义势力趁此登上英美两国的政治舞台，它们致力于缩减福利国家，以缩小政府的规模和范围，减少税收，为盈利活动开辟了更多机会，建立了不受阻碍的劳动力市场。

（1）社会福利制度的紧缩

保守主义势力的福利改革目标就是把对剩余社会项目的资助转向递减方向，以限制社会政策的再分配效应。

美国的里根总统在提交给国会的每一份预算中都很明显地表示了想要削减公共社会福利的愿望，但是他对福利国家的直接攻击在很大程度上并不成功。在执政的第一年里，里根在许多经济状况调查项目中削减了5%～10%的预算，从那之后，反对的力量逐渐加强，并且在1983年之后，对一些项目进行了边际扩张。1983年，美国政府出台了一项重大的养老金改革政策，以弥补社保信托基金的不足，并对老年人医疗保险的Medicare计划进行了微调。然而，在两个案例中里根都未能取得根本性进展或把它们转向私人部门供给。由于无法大幅削减项目，里根对福利国家的影响主要来自改变税收政策。削减政府收入造成了一种"赤字文化"，这种"文化"实际上把重要的国内新举措从政治议程中抹去了。鉴于美国福利国家的不发达本质，这不是一个微不足道的成就。此外，税收负担更加累退。虽然1986年的税收改革法案免除了许多最贫困家庭的所得税义务，但自1980年以来，低收入和中等收入群体的总体税收负担有所增加。里根的政策并没有缩小福利国家的范围，而是削弱了福利国家的再分配效应和未来扩张的潜力。

撒切尔政府也表达了希望社会保障性质发生重大转变的愿望。撒切尔政府的政策结果是多样化的。在一些政策领域，撒切尔政府可以说是已经做出了重大改变。市政住房的私有化尤其引人注目，因为有100多万套住房（约占公共住房存量的1/6）出售给了租户。此外，英国政府还对公共养老金进行了重大改革。国家收入相关养老金计划（SERPS）被削减，政府的新个人养老金制度构成了另一个主要的私有化举措。政府对公共教育进行了重大改革，尽管扩大私营部门作用的努力基本上失败了。撒切尔政府削减了一些主要的社会保障福利，主要是改变工资和物价调整前通胀的基数。最后，用于资助社会项目的税基变得不那么累进。然而，撒切尔政府改革国民保健制度的反复尝试导致其政治上付出了高昂的代价，尽管这些改革充满阻碍，但最终得以实施反映出政府认识到医疗私有化不太可能成功。1985年，对社会保障制度的一次受到高度赞扬的审查只产生了所提到的养老金改革，而该制度的其余部分仍基本存在。最后，在撒切尔主义十年之后，英国社会支出占国内生产总值（GDP）的比例几乎没有变化。可以说撒切尔政府的举措虽然明显具有重要性，但如果说它们为英国福利国家带来了根本性重组，那就有些夸大其词了。

英国、美国紧缩政策的削减效果如表3-1所示。

表3-1 英国、美国紧缩政策的削减效果

紧缩类型	英国	美国
养老保险	高	低
住房保险	高	高
收入支持	低	低
保健	低	低/中等
残疾/疾病	低/中等	低/中等

资料来源：皮尔逊. 拆散福利国家［M］. 舒绍福，译. 长春：吉林出版集团，2007.

（2）劳动力市场的去组织化

20世纪80年代，里根政府打着提高劳动力市场弹性以增进劳动力市场效率的旗号，开始执行去管制的政策。里根对劳工运动最著名的进攻就是于1981年取缔空中交通管制员组织，并且将右派任命为国家劳资关系委员会（NLRB）的官员，NLRB的去工会化态度使工会在进行组织活动与雇主谈判时困难重重。比这些对劳工组织的直接攻击更严重的是其他行动的间接后果：在给定的失业率的基础上通过降低实际最低工资和削减失业保险来加剧劳动力市场的竞争。资本也借此开始了对工会的反攻。经济环境的变化加剧了劳工运动先前存在的弱点。较低的工会密度和极度的权力下放，使流动性日增的雇主更容易在工会之间挑起争斗，也更容易在没有参加工会的工人与参加工会的工人之间挑起争斗。一些企业追求所谓的"人际关系/劳资关系"（HR/IR）策略，试图绕开工会在工厂或公司层面与工人合作；另一些企业单方面强化管理者权力，引起了工会的激烈反抗。在协调层面，企业将谈判与以前的协调形式相分离。在车间层面，管理层大幅减少职位分类，以更灵活的导向进行生产重组。除了对全职工人推行更长和更弹性化的工作时间外，一些美国公司还尝试增加对临时廉价劳动力的使用。

缩减工会势力是英国撒切尔政府的核心议题，这一议题得到了积极追捧，并取得了相当程度的成功，越来越多的限制性法律削弱了工会作为集体政治力量的能力。政府经过精心策划，并与主要工会展开了激烈斗争，这场斗争最终以1984—1985年全国矿工工会的重大失败而告终，劳工运动自此转入守势。撒切尔执政初期极高的失业率使政府在这场冲突中起到了至关重要的推动作用。工会力量基础——罢工的威胁的能量在萧条的劳动力市场中被大大削弱了。在这种情况下，随着政府承诺避免与劳工进行任何艰难的谈判，工会的影响力减小。自1979年以来，工会会员人数减少了1/5。尽管有些人认为，劳动力的疲软可能不会比高失业率持续更久，但有证据使这一预期落空。工会组织水平的急剧下降将削弱劳工运动重新确立自身利益的能力。工业的落后使英国在国际竞争中非常脆弱，工会为适应这一挑战所做的努力使英国工会大会（TUC）内部产生了严重分歧。一个新重点是灵活的工厂层次安排取代了旧的法团主义模式的工会行为。这种转变几乎没有留下关注国家和政治问题的空间。的确，要让工会恢复20世纪60年代末70年代初的影响力是很难想象的。

（3）迈向工作福利国家

里根和撒切尔都在就任期间对多个社会福利项目发起了进攻，但是只在少数几个领域获得实质性的成功，他们对福利国家的影响是开启了制度性紧缩的进程，使国家的社会福利支出增长势头得以遏制，随后以不被选民反对的方式逐渐减少。20世纪末，为了去除救助对象的福利依赖①，两国政府在提倡"工作福利"②方面展开了许多尝试。如美国《1988年家庭支持法案》规定政府要为领取救助者提供培训和就业服务，以激励他们回到劳动力市场。克林顿上台后强调，"不能让一个能够工作的人永远依赖福利"，"如果你们能够工作就必须工作"，因为"你们不可能永远依靠救济过日子"。其签署的《个人责任与工作机会协调法案》用贫困家庭临时补助（TANF）代替了抚养未成年子女家庭救助（AFDC），TANF的领取条件是一定时间的工作活动。在英国，新工党政府也推出了一系列社会投资战略，将社会支出从被动的收入保护转向对当

---

① 实际上，"福利依赖"的背后是提供服务的企业骗取政府补贴。参见奥康纳. 国家的财政危机[M]. 沈国华，译. 上海：上海财经大学出版社，2017：153.

② 工作福利即"以工作为目标的福利"，强调社会政策的目标应该是鼓励或促使人们从福利转向有偿工作。

前和未来劳动力的生产性投资上。比如,"青年人新政"通过为青年人提供接受补贴的就业、环境工作、志愿工作或全日制教育等四种选择,避免他们待在家中领取给付,从而改善他们的工作前景。

工作福利项目体现出与传统社会政策全然不同的社会福利理念,传统社会政策为公民在劳动力市场之外提供了临时避难所,而工作福利则驱使他们尽快返回劳动力市场。虽然工作福利成功削弱了流行于受助人群中的福利依赖文化,并提高了他们的就业率,但并没有改善他们的处境,减贫效应并不显著,被救助对象往往困在就业质量较差的劳动力市场底层,成为"工作穷人"。有研究发现,由于以找到工作为救助条件,受助者不得不接受更低的工资、更差的工作环境和更临时性的工作,这加剧了劳动力市场底层的竞争,进而恶化了所有劳动者的谈判条件。此外,以找到工作为条件使雇主对职业能力的要求渗透到福利项目的设计中,雇主反过来也会通过调整自己的岗位设计来吸纳工作福利项目提供的临时劳动力,二者的互动实际上形成了对雇主的隐性补贴。可见,工作福利的兴起意味着自由主义国家构建社会安全网的职责正在减弱,培训劳动力、促进产业后备军形成的功能却在加强。

3.3 自由主义模式的演变动力探析:两种理论视角的比较

3.3.1 技能结构是原因吗:资本主义多样性理论批判

为什么自20世纪80年代以来自由主义国家社会福利逐渐紧缩、工资谈判日趋解体?解释这一现象的主流学派是资本主义多样性(VOC)学派。VOC学派改造了威廉姆森的资产专用性理论和贝克尔的人力资本理论,结合制度互补性的概念解释了不同类型福利制度的形成。根据资产专用性(可移植性)的差异,技能可分为专用性技能和通用性技能,专用性技能只在特定领域的生产中起作用,而通用性技能则可以适应不同行业的生产。专用性技能又可分为企业专用性技能和行业专用性技能。不同国家的企业由于选择了不同的产品市场战略,因此,其需要不同类型的技能。比如,美国的软件公司和金融机构要求劳动力具有高水平的通用技能;德国汽车工人的任务由于涉及大量机械操作的知识,因此需要专用性技能。通用性技能为企业在激进式创新中带来比较优势,而专用性技能为企业在工艺改善式创新中带来比较优势。

人们在对自己的技能进行投资时，通常考虑的是未来的回报与风险。专用性技能在特定领域之外毫无用武之地，理性的工人为了避免未来在面临行业衰退时无法调整工作，不会投资专用性技能。可见，要想说服工人投资专用性技能，必须对这种技能进行某种保护。具体而言，就是要降低工人在经济萧条时失业的可能性，或者防止工人因为失业而使收入急剧下降。因此，依赖于专用性技能的企业需要为工人提供各种社会保障以降低工人的风险。为了减少成本，企业还会积极地游说国家建立全国层面的福利制度，以使自己的福利支出社会化。另外，已经学习了专用性技能的工人自然会支持任何能够保护其价值的制度与政策，不管这些制度和政策是来自企业还是国家。于是雇主和工人便在社会保障方面存在一致利益，这促使他们结成强大的跨阶级联盟，从而积极促进国家通过社会福利相关的法案。相反，由于很容易在其他企业或行业找到工作，通用性技能工人对社会保障并没有强烈的偏好，而就业保护和失业保护还会削弱工人投资通用性技能的积极性，因此，依赖于通用性技能的企业也不支持社会保障。如果一个国家主要的产品市场战略是基于通用性技能的，那么这个国家会缺乏社会保障。类似地，劳动力市场上的工资谈判也有保护专用性技能的功能。工资协议不仅压缩了职业内部的收入不平等，而且使工资不会随着经济周期而剧烈变化，专用性技能工人因此更可能计算出技能投资带来的终身收入加成。

根据 VOC 学派的理论，一个国家依赖于专用性技能的企业越多，对社会保障和工资谈判的支持就越强烈。因此，自由主义福利国家近 40 年来的变迁是越来越多的企业转向利用通用性技能的结果。经验事实印证了这一理论解释，盎格鲁—撒克逊国家一直注重形成通用性技能的高中/大学教育，但形成专用性技能的职业培训体系十分不完善，接受职业培训的工人寥寥无几。然而，该理论在解释英语国家的现象时也存在某些缺陷。首先，隐含的假定通用性技能来自学术训练，而专用性技能来自职业训练，VOC 学派忽视了几乎没有技能的工人——在英美他们被称为"通用"工人。其次，英美拥有通用性技能的工人——医生、律师和教授——并没有如 VOC 学派设想的那样乐意在劳动力市场上自由流动，而是积极地巩固自身的市场地位。不过，他们抵抗劳动力商品化的方式不是求助于国家，而是通过组织行业协会有效地控制市场准入、培训和工作条件。更重要的是，VOC 学派的理论存在两种方法论上的缺陷。一方面，VOC 学派忽视了长时段历史的路径依赖作用。换句话说，VOC 学派把福利制度的不同归因于技能结构的不同，而没有追问欧陆国家和英语国家为何演化出了不同的技能结构。另一方面，由于以理性选择理论作为自己的理论基础，VOC学派展现了一幅和谐的劳资关系图景，似乎现有制度安排都是劳资双方平等协商的产物，这显然不符合社会历史的基本事实。因此，只有强调历史和劳资冲突的马克思主义政治经济学才能真正解释自由主义国家的现象。

3.3.2 技能结构与劳动过程：马克思主义政治经济学的解释

制度不是瞬间创造出来的，也不是随时可以丢弃的，而是长期创造和打破的，过去的制度制约了现在的制度，也制约了未来的制度。回顾英美两国技术形成体制和劳资关系的演化有助于我们理解当前的技术形成体制、劳资关系和福利国家制度。① 资本主义的历史就是工人和资本家争夺对生产过程控制权的历史。在前资本主义时代，城市中存在着一批独立从事手工业的工匠，他们通过行会的形式组织起来维护自己的市场地位和物质利益。在资本主义诞生之初，工匠开始被资本家所雇佣，但他们在很大程度上保持了自己在生产过程中的自主性。马克思将这一现象称为"劳动对资本的形式隶属"。在进入机械化大生产时代后，各国生产过程的演化路径开始趋异。德国的工匠作为小企业主进入手工业部门，而在英美社会的工业化早期，工匠则作为技工被引入工厂。

（1）英国：从技工控制到去工业化

19世纪中叶，英国的国家政策以及市场条件都鼓励技工采取控制生产的策略。到了下半叶，技工成为英国企业进行劳动控制的关键，承担了培训、监督以及保证生产流程畅通等管理职能。资本家依靠熟练工人进行劳动控制，让每个工厂乃至整个英国经济都获得了低固定成本的好处。在英国工业巅峰时期，技工控制得到了进一步巩固，并成为资本家和熟练工人关系和谐稳定的基础。技术工会十分注意维持自己的市场地位，如阻止雇佣非工会成员，限制劳动力的自由流动，其中最重要的是把握对技能培训的话语权。技术工会还努力限制学徒工的数量，以免减弱了技能的稀缺性。实际上，这也是德国技工采取的策略。不过，两者也存在不同之处：德国有正式的技能资格认证体系，规定企业给学徒提供高质

---

① 本节关于英美技能体制与劳资关系的历史叙述整理自以下文献资料：威廉·拉佐尼克. 车间的竞争优势[M]. 徐华, 黄虹, 译. 北京：中国人民大学出版社, 2007：171-174；西伦. 制度是如何演化的[M]. 王星, 译. 上海：上海人民出版社, 2010：89-92。

量的培训，而作为交换，学徒工必须在一段时间内就职于该企业，即从企业最初投资培训的高成本阶段一直到学徒工的劳动贡献和生产能力超过其工资所得的阶段；而英国工会则不太关心培训的质量，也没有建立技能资格认证体系，由此企业会想方设法在培训上走捷径，甚至将学徒工视为易剥削的廉价劳动力，这使年轻人越来越感觉做学徒工没有前途，加速了英国技工群体衰落。

英国资本家一直在设法扩大自己在车间的权力。比如，到19世纪末，英国机械制造业雇主联合会曾通过大规模的封厂运动迫使机械工人行会在经营管理权上做出了诸多让步。然而，他们发现自己依然在生产中依赖技工。尽管学徒制的衰落使技工逐渐减少，但一战期间旺盛的工业需求再次赋予了他们空前的权力。20世纪二三十年代，在机械行业，英国企业从美国引进了批量生产机械，从而可以用半熟练工替代技工，并且在1922年粉碎了正式集体谈判。但是，和批量生产技术相配套的管理模式似乎在英国水土不服。其中一个表现是，英国管理者坚持用公司福利或合作伙伴关系来赢得工人的信任并提高生产率，因此他们多采用计件工资制而不是美国式的固定工资制，也不对车间生产进行直接监督。一线的监督依靠车间代表间接完成，车间代表将工人从混乱无序的状态中凝聚起来进行生产。二战以后，车间代表成为英国劳资谈判的关键角色。直到六七十年代，英国还在借助车间代表模式，继续回避建立合理的车间管理结构，创建了一种一体化的生产协作体。可见，即使到了大批量时代，工人仍然掌握着车间生产的控制权。首先，车间谈判是在实践管理基础上进行的，车间代表在解释实践惯例上具有相当大的操纵权力。其次，如果资本家想要引进新技术，工人要么阻止，要么和资本家重新协商对自己有利的报酬率。

在争取车间权力的同时，英国资本家也在寻找其他保证自己利润率的方法。他们发现，既然车间的利益冲突不可避免，那么可以从事一些"生产"过程不在车间进行的行业——服务业。二战结束后，随着战后重建的进行，英国工业蓬勃发展，其就业比重在1955年达到顶峰（47.9%），但随后开启了缓慢的去工业化进程。至1984年，英国工业的就业比重仅为34%，公共服务行业的就业人数就相当于整个制造业就业人数总和的3/4（430万∶580万）。去工业化现象在20世纪下半叶的欧美发达国家极为普遍，在英国表现尤甚。1955—1983年，英国是工业就业人数下降比例最多的国家。如图3-1所示，1955—1981年，英国的工业就业人数所占比重下降了9.7%（从36.1%下降到 26.4%）。

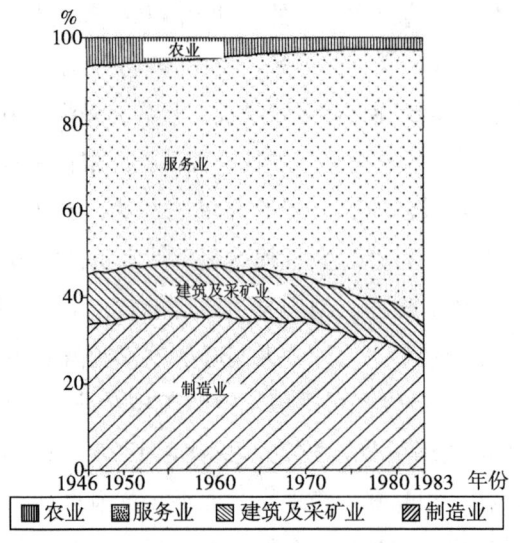

图 3-1　1946—1983 年英国各行业就业人数比重

资料来源：www.ons.gov.uk。

去工业化如何才能实现利润率的修复？在一定程度上，服务业的白领——会计、律师、销售员——似乎是 19 世纪工匠的现代翻版，他们同样会通过建立协会来控制本职业劳动力的流动、工资和任期。不过，这些现代工人贵族的膨胀在三个方面有利于资本家。首先，批量生产时代的工人有能力通过切断关键生产线或关键工厂的运行使整个公司陷入瘫痪，而服务业的白领却无法以此作为威慑手段。其次，由于从事脑力劳动，服务业的白领通常在身份认同上和体力工作者划清界限，这也导致其更难与产业工人联合起来①。最后，由于服务业的白领是自由意志主义的忠实信徒，对再分配政策不感兴趣，也不会对福利国家有所需求。

车间中的技工控制奠定了英国世界工厂的地位，但也是其工业衰落的原因。在美国进入大批量生产时代后，英国仍然依赖于技工控制。即使引入了福特制的批量生产技术，英国也由于各种社会环境的制约无法效仿福特制的管理结构，转而依赖车间代表的间接监督以控制生产。由于始终无法巩固其在车间

---

① 相反，技术工人、车间代表等中间阶层在身份认同上是向产业工人靠拢的。

的权力，英国资本家转向服务业，这培育了一大批更易于规训的中间阶级。

（2）美国：大批量生产与去技能化

二战以后，虽然美国也经历了工业重要性的不断下降，但是如果采用对数指数与英国相比较，就会发现，在英国就业指数持续下降的同时，美国工业就业指数却在波动中保持稳定（见图3-2）。这反映了美国制造业与英国制造业有不同的演化路径。

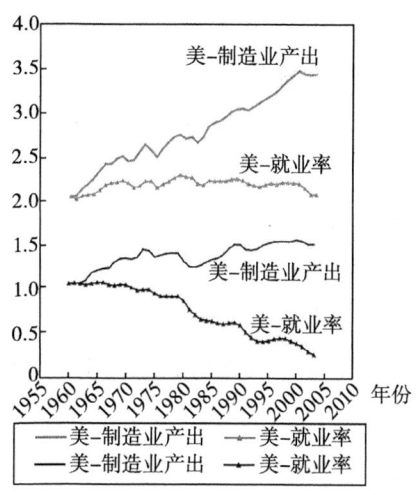

图3-2 1955—2010年英美制造业的产出与就业指数

与英国一样，在19世纪末20世纪初，美国技术工会与雇主之间的冲突不断，但两国面临的环境不同。首先，美国的技术工会出现得较晚，技工势力较为薄弱。这是因为美国技工主要是欧洲移民，在美国独立战争以后，欧洲各国开始立法阻止本国技工外流。而相比之下缺乏技能的移民却数量庞大。其次，美国很早就开始了技能替代型技术的探索。早在19世纪中叶，美国就形成了一种将机械化与可互换零件相结合的制造技术，被称为"美国体系"（American system），在美国体系的基础上，美国企业又发展出了大批量生产技术（mass production）。大批量生产技术通过工作重组和标准化生产实现了生产过程的理性化，从而减少了对技术工人的依赖。到了19世纪下半叶，随着机械化的加快，在批量生产中，技术工人和准技术工人之间的界限变得越来越模糊。

不过，正如英国的例子所证明的，大批量生产技术并不必然带来竞争力的提升，还需要解决新技术伴生的问题。第一，如何建立并巩固新的劳动控制系统？虽然技能替代型技术使雇主减轻了对稀缺技术工人的依赖，从而削弱了行业工会对生产的控制力，但是在没有行业工会的工厂里，这还不足以迫使工人屈从管理方设定的生产节奏。只要仍有技术窍门保留在工人手里，手工技能替代性的技术变革就会提升技术工人妨碍生产的能力。此外，技术变革虽然废弃了旧的手工技术，但却催生出了新的手工技术。因此，一方面，企业将掌握关键技能的技术工人吸收进管理层（即使他们的技能即将被替代），培养他们的人事管理能力，使他们更有效率地监督半技能工人的工作。另一方面，企业让基层管理者开展动作研究，对生产技能进行解构和编码，确保新生的手工技术掌握在管理者手中。第二，如何增强企业的规划和协调能力？新技术意味着产量和企业规模的剧增，为了协调不同部门、不同工厂的生产，美国企业对销售系统、管理组织进行了大量投资，增加了对经理、工程师、会计、律师等职业的雇佣①。第三，如何避免工人的消极怠工？当工人降格为机器的附庸后，其努力程度就变得越发重要了。虽然流水线技术的引入使工头的监督变得十分简单——只需惩罚面前工件堆积如山的工人即可，但是仅靠这一"大棒"的威胁会增加工人的流动性，进而增加雇佣的交易成本和培训成本。福特公司的效率工资制解决了这一问题。1914年，福特在高地公园厂宣布了5美元日工资政策（是当时市场价格的2倍）。在效率工资制下，即使没有严密的监控，工人也比过去工作得更努力了。自此，美国福特制生产方式最终形成。福特制奠定了美国工业领袖的地位，同时也使美国企业得以顺利完成去技能化过程，把技术工人彻底边缘化，随之而来的是美国技能结构的分化。从事"执行"工作的是无技能或半技能的工人，他们的受教育程度低；从事"概念"工作的是工程师、经理、会计或律师，他们一般在校学习时间长，有较高的学历。

（3）中产阶级的崛起对福利国家的影响

在新的技能结构背景下，工人阶级的构成并非像VOC学派描绘的那样都是掌握通用技能的工人，而是呈现出不断分化的态势：一边是无技能的普通工人，一边是高学历的中产阶级，而熟练工/技工则慢慢消失。20世纪80年代以来，

---

① 拉佐尼克. 车间的竞争优势[M]. 徐华，黄虹，译. 北京：中国人民大学出版社，2007：417。

经济学文献中捕捉到的大量就业极化现象①正好印证了这种阶级构成的变化：中产阶级和普通工人的就业份额不断增加，而熟练工/技工的就业份额不断下降；相对于熟练工/技工，中产阶级和普通工人的实际相对工资不断上涨。

由于技能工人持续衰落，中产阶级不断崛起，英国和美国对福利制度的支持度出现了大幅下降，主要原因有以下两点：首先，从利他主义角度考虑，中产阶级比技术工人缺乏支持普惠型福利国家的动机。作为新的工人贵族，中产阶级与普通工人的社会距离要大于技能工人与普通工人的社会距离。技能工人与普通工人共同从事体力劳动，往往是在一个车间中工作，同时技能工人还会经常扮演组织工人运动的角色，这使其的生活方式、消费习惯与普通工人接近，使双方更容易对彼此身份产生认同感。而中产阶级白领是在办公室中工作，从事脑力劳动，其日常生活充斥着消费主义文化，这使他们很难对一线的普通工人产生共情。其次，从利己主义角度考虑，中产阶级也没有支持具有再分配效应政策的动机。由于技术进步持续进行，技能工人的技能可能会被逐步淘汰。出于这种担忧，技能工人会支持政府对普通工人进行转移支付，防止自己沦为普通工人时收入降低。而中产阶级白领则没有这方面的顾虑，因为他们从事的是认知型工作，其劳动力市场与普通工人劳动力市场是分割的。因此，普通工人无法动员中产阶级组建一个联盟。可见，即使普通工人对普惠式福利制度有需求，他们也缺乏足够的政治力量去争取这一制度。

3.3.3 讨论

通过追溯英美技术工人与雇主关系的演变，本节展现了英美两国在工业化过程中不同的演化路径。在工业化早期，为了吸引具有高技能的工匠放弃小生产者的地位进入工厂，两国资本家都允许他们对生产过程进行直接控制。在英国，技工控制减少了管理和协调等间接成本，为英国工业提供了竞争优势。但英国也因长期依赖技工控制培养了庞大的利益集团，当英国资本家试图夺回车间控制权时，受到了技工的强烈阻挠。于是，英国通过产业转移来摆脱对技工的依赖。其结果是工业的重要性下降，服务业不断扩张，阶级结构也发生了变

---

① 有研究指出,美国的就业极化现象出现得更早,大概在20世纪60年代就开始了。见BÁRÁNY Z L, SIEGEL C. Job Polarization and Structural Change[J]. American Economic Journal：Macroeconomics, 2018, 10 (1)：57-89.

化，技工不断减少，服务业劳动者不断增加。在美国，技能替代型技术很早就生根发芽了，技工的组织性也没有英国强。美国通过将批量生产技术和新的管理结构进行组合，成功将技工赶出了车间。相应地，美国的劳动者分化为两个群体：一边是大量可替代性强、没有技能的"通用"工人；另一边是意识形态上亲资本、掌握着可移植性强、高学历的白领阶层。英国和美国工业化虽演化路径不同，但殊途同归，均摆脱了技工对生产过程的控制，实现了资本主义的转型。这种转型带来的结果是，传统工人阶级力量式微，中产阶级崛起，从而削弱了对更完善的福利国家的支持。

3.4 小结

在资本主义的"黄金时代"，英国和美国的福利国家是相似的——非普惠型的社会政策和去中心化的劳资谈判制度（尽管美国表现得更加自由主义），这和欧陆国家全覆盖的社会政策和集中谈判制度形成鲜明对比。在进入新自由主义时代后，英国和美国又几乎同时开启了社会政策的紧缩和劳动力市场的去组织化。VOC学派认为，英国和美国的这一系列新变化是由于他们的工人普遍持有通用技能，不再需要国家帮助他们维持劳动力的去商品化。然而，这一解释忽略了英国和美国存在着大量没有技能的工人这一现状，也没有追问当前的技能结构反映了怎样的社会关系。本章通过对历史的梳理表明，英国和美国的资本家一直在努力推动本国技能结构的转型，它们之所以没有普惠型的福利国家体系，不是因为它们的劳动者不需要，而是因为在历史的发展中这些劳动者逐渐失去了争取它的联盟和力量。

参考文献

[1] 许宝友. 美国社会福利制度发展和转型的政治理念因素分析[J]. 科学社会主义, 2009(1): 141-146.

[2] 金斯伯格. 福利分化[M]. 姚俊, 张丽, 译. 杭州: 浙江大学出版社, 2010.

[3] GOUGH I, BRADSHAW J, DITCH J, et al. Social Assistance in Oecd Countries[J]. Journal of European Social Policy, 1997, 7(1): 17-43.

[4] 孙洁. 英国的政党政治与福利制度[M]. 北京:商务印书馆,2008.

[5] 郑春荣. 英国社会保障制度[M]. 上海:上海人民出版社,2012.

[6] 高建民. 美国基础教育财政发展史研究[D]. 保定:河北大学,2004.

[7] 江洋. 合法性危机与财政危机:美国马克思主义者对马克思经济危机理论的继承与发展[J]. 马克思主义与现实,2014(4):139-146.

[8] 郭瑞芝. 冷战期间的美国工人运动研究(1945—1991)[D]. 西安:陕西师范大学,2015.

[9] GORDON D M, EDWARDS R, REICH M. Segmented Work, Divided Workers[M]. Cambridge University Press, 1982

[10] 鲁塞弗尔达特,菲瑟. 欧洲劳资关系:传统与转变[M]. 佘云霞,赵炜,傅麟,等,译. 北京:世界知识出版社,2000.

[11] 哈迪. 英国劳动法与劳资关系[M]. 北京:商务印书馆,2012.

[12] 吕楠. 自由主义·合作主义·新保守主义·第三条道路:英国政府劳资观的嬗变与思考[J]. 当代世界与社会主义,2008(3):98-103.

[13] MARES I. Taxation, Wage Bargaining, and Unemployment[M]. Cambridge University Press, 2006.

[14] HOWELL C. Trade Unions and the State: The Construction of Industrial Relations Institutions in Britain, 1890-2000[M]. 2. print. and 1. paperback print. Princeton, NJ: Princeton Univ. Press, 2007.

[15] HATTAM V C. Labor Visions and State Power: The Origins of Business Unionism in the United States[M]. Princeton: Princeton University Press, 2014.

[16] IVERSEN T, WREN A. Equality, Employment, and Budgetary Restraint: The Trilemma of the Service Economy[J]. World Politics, 1998, 50(4): 507-546.

[17] 皮尔逊. 拆散福利国家[M]. 舒绍福,译. 长春:吉林出版集团,2007.

[18] PIERSON P, SMITH M. Bourgeois Revolutions? The Policy Consequences of Resurgent Conservatism[J]. Comparative Political Studies, 1993, 25(4): 487-520.

[19] 麦克唐纳,里奇,科茨. 当代资本主义及其危机[M]. 童珊,译. 北京:中国社会科学出版社,2014.

[20] 霍尔,索斯凯斯. 资本主义的多样性[M]. 北京:中国人民大学出版社,2017.

[21]李丹,徐辉. 欧美国家的工作福利政策及其启示[J]. 厦门大学学报(哲学社会科学版),2008(4):99-105.

[22]HUDSON J, KÜHNER S. Towards Productive Welfare? A Comparative Analysis of 23 OECD Countries[J]. Journal of European Social Policy, 2009, 19(1): 34-46.

[23]张浩淼,仲超. 工作福利在我国社会救助改革中的适用性分析:基于典型福利国家实践的比较与启示[J]. 经济社会体制比较, 2019(4): 118-127.

[24]PECK J, THEODORE N. "Work First": Workfare and the Regulation of Contingent Labour Markets[J]. Cambridge Journal of Economics, 2000, 24: 119-138.

[25]IVERSEN T, SOSKICE D. An Asset Theory of Social Policy Preferences[J]. American Political Science Review, 2001, 95(4): 875-893.

[26]LEWCHUK W. Fordist Technology and Britain: The Diffusion of Labour Speed-Up[Z], 1989.

[27]MARTIN R, ROWTHORN B. The Geography of De-Industrialisation[M]. London: Macmillan Education UK, 1986.

[28]ROWTHORN R. De-Industrialisation and the Balance of Payments in Advanced Economies[J]. Cambridge Journal of Economics, 2004, 28(5): 767-790.

[29]HOUNSHELL D. From the American System to Mass Production, 1800-1932: The Development of Manufacturing Technology in the United States[M]. The Johns Hopkins University Press, 1984.

[30]布雷弗曼. 劳动与垄断资本[M]. 方生,朱基俊,吴忆萱,等译. 北京:商务印书馆, 1978.

[31]ACEMOGLU D, AUTOR D. Skills, Tasks and Technologies[R]. NBER Working Paper, 2010(16082).

[32]LUPU N, PONTUSSON J. The Structure of Inequality and the Politics of Redistribution[J]. American Political Science Review, 2011, 105(2): 316-336.

[33]ALT J, IVERSEN T. Inequality, Labor Market Segmentation, and Preferences for Redistribution[J]. American Journal of Political Science, 2017, 61(1): 21-36.

4 美国

4.1 引言

美国是由50个州和1个直辖特区组成的联邦共和立宪制国家。在历史上，美国最初是印第安人的部落所在地，16—18世纪，英国、西班牙等西欧国家相继移民到这里。英国前后在美国大西洋沿岸建立了13个殖民地。这些殖民地长期遭受英国的残酷统治，当地居民苦不堪言，久而久之双方产生了巨大矛盾。1775年，北美殖民地人民奋起反抗英国殖民暴政，爆发了美国独立战争，华盛顿领导各州获得了这场战争的胜利。1776年7月4日，美国通过《独立宣言》，华盛顿任总司令，美国正式诞生。1787年通过美国宪法，成立联邦制国家。美国在独立后开始拓展边疆领土，自东向西慢慢开拓到太平洋沿岸，逐渐占领了极为广阔的领土。此外，美国的经济形态也发生了很大变化。美国北部的资本主义经济迅速发展，工业革命后工业生产能力得到极大增强，而美国南部实行的却是种植园奴隶制度，黑人奴隶人数众多。终于在1861年南北方因利益争夺使矛盾激化，南北战争爆发，战争以林肯为代表的北方联邦获得胜利而告终，资产阶级统一全国。南北战争之后，美国的资本主义经济迅速崛起，开始全面实行自由资本主义，走上了快速发展的道路。美国先后完成了两次工业革命，经济实力大增。19世纪初，美国开始对外扩张，经过两次世界大战后美国奠定了在全球资本主义国家中的霸主地位。从20世纪中期起，以美国为首的资本主义国家和以苏联为首的社会主义国家开始了长达近半个世纪的冷战，两国争夺世界霸权，一时间美苏"平分天下"。1991年，苏联解体，这标志着冷战结束，美国自此成为世界第一强国。其后，美国的互联网行业得到极大发展，并引领了整个世界的高新技术产业，加快了又一轮科技革命的进程。如今，美国作为发达的资本主义国家，其综合实力位居世界第一，也是现在全球唯一的超级大国和最发达的经济体。因此，美国是资本主义变革的典型代表，以美国为对象研究资本主义新发展具有借鉴意义。

美国资本主义虽然经历了多次经济危机和金融危机，但是一次次地在资本主义调整和改良中"幸存"下来。马克思虽然得出了资本主义必将走向灭亡的结论，但他也表示，资本主义只有达到一定的成熟和发展阶段后才会走向灭亡或被颠覆。当代美国日益发达的经济和社会生产力水平是美国资本主义不断进行自我调节、改良与完善的结果。本章通过对资本主义改良的原因和实践进行分析，探讨资本主义改良的实质，得出美国资本主义改良是建立在资本主义私有制基础上的局部调整，它不能改变资本主义社会的基本矛盾，也不能改变资本主义终将被社会主义取代的命运。

本章接下来的部分结构安排如下：第二部分是美国资本主义改良的背景及原因，分析美国资本主义改良的必要性；第三部分是战后"黄金时代"的美国资本主义改良，介绍了二战后美国资本主义在生产力、生产关系、上层建筑等方面的积极调整，分析了资本主义改良的实践成效；第四部分是新自由主义时代的美国资本主义改良，介绍了新自由主义改良的产生及其欺骗性与不可持续性；第五部分是剖析美国资本主义改良的实质，揭示资本主义改良的局限性；第六部分为本章的结论和对促进中国特色社会主义发展的启示。

4.2　美国资本主义改良的背景及原因

美国资本主义改良是对自身进行自我调节、完善和发展的过程，体现出了在一定的社会背景和历史状况下美国资本主义对于自身的反省和调整，以及对社会存在的发展问题提出的解决办法。

4.2.1　生产力发展的客观要求

一定的生产力需要一定的生产关系与之适应。美国先后经历的三次科技革命都可以印证这一观点。在 18 世纪 60 年代爆发的第一次工业革命中，蒸汽机作为动力被广泛运用，大机器代替了手工劳动，工场制度代替了作坊制度，生产力得到极大提高。同样地，19 世纪 70 年代到 20 世纪初，以内燃机的出现为代表的第二次工业革命标志着社会进入"电气时代"，在一定程度上避免了

20世纪30年代资本主义经济危机的周期性影响。20世纪40年代开始的第三次科技革命,也给美国生产力的发展带来了全面深刻的影响,并直接促进了90年代美国新经济局面的出现。总而言之,科技革命促进了工业化发展,提高了社会生产力,加快了美国资本主义经济的发展,使美国后来居上,逐步领先于其他资本主义国家。在三次科技革命中,资本主义生产力的发展促进了资产阶级结构的变化,也从根本上推动了资本主义制度的改良与调整。换言之,生产力的迅速发展使资本主义生产关系不再适应其生产力的发展,这就要求资本主义生产关系做出相应调整,否则资本主义社会就会出现越来越多的发展问题和社会危机乃至走向灭亡。美国资本主义改良就是在这一经济背景下发生的。

4.2.2 生产关系变革,稳定社会、维护统治的现实要求

美国资本主义之所以发生新变化,是因为社会生产关系的巨大变革。这场资产阶级变革,包含经济运行变革和经济关系变革两大方面。马克思主义政治经济学对美国资本主义的影响在很大程度上体现在强化国家资本对经济运行和经济关系的干预上。当然,美国资本主义不可避免地具备资本主义国家的一般特性。比如,资本主义的本质是美国资本家仍然压迫工人,剥削其剩余价值,久而久之,这种阶级矛盾逐渐变得不可调和,甚至影响了社会稳定,威胁美国资本主义的统治秩序。在这种情况下,美国资本主义改良不得不做出妥协和选择。例如,保证工人阶级的基本工资、提高社会福利、扩大失业保障比例等,通过一系列措施减少资产阶级和工人阶级的社会矛盾,促进社会稳定,以维持美国资本主义的统治秩序。值得注意的是,这种资本主义改良是在资本主义制度框架内进行的局部调整,资产阶级控制国家机器的本质没有丝毫改变。

4.2.3 对抗社会主义的需要

美国资本主义改良也受到社会主义产生和发展的影响。从20世纪初期到20世纪中叶,从俄国第一个社会主义国家出现,到包括中国在内的一批社会主义国家成立,社会主义思潮不断传播,社会主义逐渐壮大,并成为可与资本主义相抗衡的强大政体。社会主义制度所具有的强大优越性及其在经济建设中所取得的巨大成就,都令资本主义惊叹甚至恐惧。加之同一时期美国资本主义

陷入经济危机和社会动荡，资本主义改良成为必然之举。

历史上，社会主义从建立之初就是资本主义的强大竞争对手。冷战时期，以苏联为首的社会主义阵营和以美国为首的资本主义阵营就进行了长达近半个世纪的较量。即使在21世纪相对和平、经济和政治秩序较为完善的年代，美国仍然时常对社会主义国家采取制裁和压制手段，充当"世界警察"角色，试图限制和破坏以中国为首的社会主义国家的发展。当然，美国资本主义也在不断改良，以期适应世界形势的变化，维持其世界霸主地位。

4.3 战后"黄金时代"的美国资本主义改良

第二次世界大战以来，美国逐渐进行资本主义改良，国家干预经济日渐凸显。这种改良和自我调整从生产力到生产关系，从经济基础到上层建筑，在生产、分配、交换、消费各个环节均有所体现。下面从四个角度对美国资本主义改良的实践进行分析。

4.3.1 宏观调控的加强

亚当·斯密的《国富论》奠定了美国资本主义自由经济的市场化发展基础，市场自发地调节经济，政府不干预市场运行。然而，随着资本主义生产的不断发展，这种单纯的市场调节模式的弊端也逐渐暴露出来。第一，市场机制不能保证全部社会资源的合理配置，造成一部分社会资源的滥用和浪费；第二，市场的自发性、滞后性、盲目性等弊端导致市场经济不能保证宏观经济的有效运行；第三，单一的市场竞争机制容易造成社会资源的分配不均，进而带来严重的贫富差距和两极分化，并且缺乏再调节和再分配的功能。随着生产的社会化与生产资料的私人占有之间的矛盾加剧，经济危机的爆发也就不可避免了。1929—1933年的严重经济危机就是在这种矛盾下爆发的。以这次危机为例，政府开始综合运用财政政策和货币政策进行宏观调控，罗斯福新政中整顿银行与金融业、颁布《全国工业复兴法》、对减耕减产的农民发放补贴、推行"以工代赈"、兴建公共工程、建立社会保障体系等措施都旨在稳定社会经济。

美国资本主义改良的一个重要经济政策调控手段就是财政政策的制定和实施。在经济过热、通货膨胀时期，政府可以采取增加税收、减少财政支出的方式给经济"降温",降低经济过热的不良影响;同样地,在经济不景气、通货紧缩时期,政府可以通过增加财政支出、减少税收的政策拉动消费,促进国民经济的增长。此外,通过改变税收制度,如采用累进税制,将集中国家大多数财富的资本家、高收入群体的收入通过福利保障等再分配制度转移到低收入者手中,从而减少财富分配不均、缩小收入差距。因此,通过财政政策进行国家宏观调控和国民收入的再分配,既有利于激发劳动者的生产积极性,促进经济发展;也有利于缩小贫富差距,缓和阶级矛盾,维护美国资本主义的统治秩序。

可见,在美国当代资本主义的发展历程中,政府宏观调控将市场调节和计划调节结合在一起,综合运用财政政策和货币政策等一系列强有力的经济手段干预资本主义经济,从而逐渐降低经济萧条的危害。此改良措施已成为美国市场经济正常运转的必要条件,也成为资本主义生存和发展必不可少的条件。

4.3.2 国家干预下的劳资妥协

在国家的干预下,美国的劳资双方达成了一定程度的妥协。1935年的《瓦格纳法案》为劳资集体谈判提供了第一个法律框架,从而批准了通过工会组织部分取代原子化劳动力市场。该法案还设立了NLRB,作为国家对构建劳资关系的永久干预组织。然而,1947年《塔夫脱—哈特莱法案》却禁止了二次抵制、政治献金等提升工会政治影响力的关键策略。此外,麦卡锡主义将共产主义者和其他左派人士从工会运动中清洗出去,这使美国成为唯一缺乏有影响力的左翼政党的西方发达国家。

可见,在法律层面上,美国的劳资关系改良程度是相对较弱的。首先,劳资谈判的集中程度很低,正式的工资合同基本上只在企业层面上存在。相比之下,同时期的欧洲却盛行行业层面甚至全国层面的工资合同。其次,工会覆盖率从未超过半数,大多数劳动者在不受工会保护的企业中工作。最后,由于缺乏有影响力的左翼政党,工会的政治影响力受到极大限制,这使其无法在全国层面展开行动。

法律的限制使工人无法调用足够的资源实现阶级团结,但并不能阻挡关键部门的工人争取经济让步的尝试。二战结束初期,垄断企业的工会组织了一次次激烈的罢工，这使美国政府意识到政治高压不能带来稳定的劳资关系。因此，NLRB 开始在垄断部门的劳资谈判中支持工人的诉求。最典型的事例是 1948 年通用汽车公司与全美汽车工人联合会的谈判。在这次谈判中，政府授意通用汽车满足汽车工人联合会的要求，包括工资按照年增长系数和生活调整成本加以设定；同时，公司制定由公司出资、经理与工会共同管理的雇主福利计划。此后，汽车行业的谈判成为所有大公司劳资谈判的模板。

4.3.3 公私混合的福利制度

截至 20 世纪 70 年代，美国福利制度的主要特征是政府提供必要的社会救济，而养老和医疗福利保障通过政府与公司广泛而深入的合作来完成，其中政府在促成公司养老和医疗计划方面发挥了重要作用。

基于资格审查的社会救济被认为是最能体现美国福利制度自由主义特征的福利项目。这些项目服务于最贫穷的人群，补助的资金来自政府一般税收，它们并不像社会保障福利那样慷慨。虽然这个计划具有明显的针对性和向下再分配性，但领取人的待遇相对较差，资格标准和福利水平因州而异，行政障碍通常很高。收到的福利是污名化的，有时甚至是不人道的。

广泛的公私混合是美国养老与医疗保障制度的显著特征，但两者公私混合的形式并不相同。由于缺乏全民医疗保险，美国主要依赖雇主来资助医疗保障。但由于许多失业者、不稳定工作者和老年人没能获得雇主医保，政府便向几乎所有的老年人和大部分残疾人及穷人提供医疗保险来填补这些空白；美国政府还向几乎所有的老年人提供退休金。多年来，核心项目社会保障一直是美国预算中占比最大的一项。并且，即使员工已经获得了公共退休金，雇主也会为他们提供公私养老金计划作为补充。因此，公私医疗保险分别服务于不同的人群，而公私养老保险则互为补充。

当欧洲国家把早期的私人福利机构转化为公共福利机构的时候，美国政府却在大力补贴和塑造私人福利。首先，正如上一节中提到的，通过支持工会的福利要求，政府促成了公司福利计划的兴起。其次，通过税收减免，美国政府为雇主出资的医疗保险和养老金提供了实质性激励。政府还对雇主养老金和医疗保险进行监管。最后，政府通常把自己的福利责任（主要是社会服务）委托给非政府部门来完成。

4.3.4 战后"黄金时代"改良的不可持续性

美国战后"黄金时代"的资本主义改良,从表面上看以寡头垄断、劳资共享等为特征,其主要逻辑是:第一,寡头垄断市场结构使股份制公司能够通过联合和兼并确定产量和价格,获得由生产率提高产生的"经济剩余",从而有动力推动生产率的持续提高;第二,通过工人组成工会,与资方进行关于工人工资和福利的集体谈判,使工人工资和福利随着生产率的提高而提高,这既能缓解劳资矛盾,又能缓解生产和消费之间的矛盾,实现了战后经济的高速发展。但现实的情况是,垄断股份公司和联合体的短暂商议价格与产量是不持久的,所有的企业都能够一直持续这一状态吗?事实上,垄断寡头保持产量上升和价格不变的前提是,至少要求劳动力工资和购买力的增长率与产量的增长率一样,这样才能解决生产过剩的问题,消费掉多余的产量。但现实是,工人工资并不会随着产量的提高和生产的扩大同步增长,这就造成了所谓的"生产过剩",所以企业为了将过剩产能销售出去会压低价格,致使利润率下降。总结来看就是,美国战后这种垄断企业的发展模式在制度内部就存在问题,即资本扩张、增殖目标与工人工资同步提高的矛盾。

美国经历的战后繁荣依赖于一系列的外部条件。二战为许多企业提供了高速发展的机会和源源不断的需求订单,二战之后美国政府将许多战时企业廉价出售,这为企业兼并和扩张提供了条件。另外,美国在战后积极推行"共产主义威胁论",美苏冷战揭开序幕。美国在世界各地扶植代理人和发动代理人战争为美国公司创造了大量的投资获利机会。同时,美国政府对西欧国家的经济和军事援助,以及推动的美欧经济一体化,为美国公司扩张创造了持续增长的国外需求。在美苏冷战的军备竞赛中,美国政府并不直接参与生产军事装备,而是将其外包给军火商等私人公司,并且强有力的补贴使私人公司获得了战争装备销售的双重利润。美国政府在军事物资、战争资源等其他生产品上大量而广泛的需求也给了众多垄断企业机会,从而使这些寡头之间竞争不激烈,能稳定地赚取垄断利润。正是由于政府庞大的军事支出,美国公司得以通过组织更大规模的生产来提高生产率,降低成本,赚取更多的利润。在这种高积累率和高利润率的经济条件下,美国工人通过有组织的工会力量,成功地争取到工资和福利的增长,同时又未威胁到资本增殖目标的实现，所以就形成了所谓"军事工业复合其他工业"的循环这种看似和谐的关系，即政府的对外政策和局部代理人战争为企业提供充足的市场，企业在获得高额利润的同时可以快速扩张，同时政府可以通过更多的税收进行进一步的扩张。

但是当企业利润率和资本积累开始下降时，危机就出现了。正如调节学派所说，企业利润率的下降是"黄金时代"消失的重要原因，这一说法有一定的道理，但是调节学派并没有从资本主义内部寻找原因。该学派认为的福特主义积累模型具有错误的假设。其认为产出消费平行增长，并将资本积累的动力归结于消费和特定的组织形式。但是资本主义真正的驱动力是积累，这一点马克思已经明确表达了出来，所以调节学派的出发点是不正确的，其忽视了资本主义发展的本质。而布伦纳认为的企业间的竞争加剧更是从微观主体寻找的切入点，并不能解释整个大环境的变化。20世纪70年代，由于原油价格上涨，再加上美国工人工资一直处于高位，美国公司利润率下降到可接受的水平之下，资本不再投资到生产扩张领域。"黄金时代"的消失看似是中东石油价格上涨等客观外部因素导致的，实际上是美国战后垄断主义经济脆弱性的根本展示。

战后美国的这种高利润率、高积累率、高工资率本质上是马克思所说的资本家逐利的根本性和过剩生产，只不过这份过剩生产并不会因为劳动力没有获得与之相适应的消费水平而转向危机，而是把过剩生产的剩余传递给了海外市场。因此，在自然资源和市场萎缩、国内劳动者并不具备消费能力的情况下利润率降低，大量减产，危机就开始了。资本主义政府的运行规律恰恰是：企业获利—政府增加税收和福利政策—工人生活改善才能继续生产。而在危机时期，政府没有大量的税收来源，就会削减公共投资和民众福利支出，或通过大量举债积累庞大的财政赤字。因此，工人在福利降低、失业率升高的情况下更加无力进行消费，由此形成恶性循环。

马克思认为，政府在处理企业获利、提高生产力和充分就业三者关系上会有不可调和的矛盾，这是任何一届政府都不能解决的，是资本主义经济结构内部深层次的原因。

4.4 新自由主义时代的美国资本主义改良

由于原有改良模式从 20 世纪 60 年代末开始损害资本积累,越来越多的美国资本家将"黄金时代"体制视为问题的根源。自进入新自由主义时代以后,"黄金时代"体制被逐步废除,工人福利被大幅削减,工资增长开始停滞不前。从这个角度看,新自由主义是美国政治经济的急速右转,是资本主义改良的倒退。然而,正如奥菲所说,发达资本主义的本质特征意味着它总是需要某种形式的改良。新自由主义也是如此,在拆除了原有的改良模式后,新自由主义提出了自己的改良措施,即通过金融体系改善工人处境。

4.4.1 新自由主义对"黄金时代"体制的侵蚀

"滞胀"危机爆发以后,资产阶级越来越将原有的资本主义改良视为问题的根源。20 世纪 80 年代,新自由主义开始了对"黄金时代"体制的进攻,主要体现在以下两个方面。

首先,劳动力市场的去组织化。这一方面已在 3.2.2 中以美国为例做阐述,在此将不再赘述。

其次,不断削减福利和转移社会风险。里根政府通过模糊紧缩政策的负面影响、分化反对福利削减的团体和为受福利紧缩影响的人提供过渡性补偿成功遏制了福利支出的继续扩张。克林顿政府则将原有的社会救济与工作挂钩,迫使受助者接受更低的工资、更差的工作环境和更临时性的工作。企业则不断卸下对其员工的福利责任。越来越多的公司养老金计划从现收现付制转向完全基金制。前者意味着工人可以得到数额确定的养老金,而后者则意味着工人的养老金数额完全取决于基金投资收益,这实际上是将公司的风险转嫁给了工人。公司医疗保险也在发生同样的事。雇主不愿意再为员工家属提供保险,同时要求工人支付更大份额的保险费用。另外,1974 年的《员工退休收入保障法案》使雇主不再愿意参加多雇主医疗保险计划,只愿意员工在一个公司范围内分担风险。由于雇主可以自由降低保险程度和保险范围,医疗成本的风险从保险公司和雇主身上转移到工人及其家属身上。

4.4.2 金融主导型积累体制下的资本主义改良

金融化是美国新自由主义的一个重要特征,这意味着金融资本逐步取得了对产业资本的霸权，同时原来只从事生产性活动的企业也越来越多地参与到金融投机中。在金融主导型积累体制下，美国试图通过金融体系对经济做出让步、改善工人处境，这是新自由主义时代美国资本主义改良的主要特征。

首先，为了抵消工资停滞带来的收入不平等，美国通过信贷民主化来维持工人原有的生活水平。早在"滞胀"危机时期，美国政府就开始通过大量发放消费和小额信贷来缓解日益扩大的收入分配问题。自那时起，信贷渠道成为一个政治议题，政府被认为不能以种族、性别等因素为由限制公民获取信贷，而让每个人都有平等获取信贷的权利则被认为是政府的责任。从20世纪90年代开始，随着金融管制彻底解除，美国政府向工人发放了大量的按揭贷款来帮助工人实现住房自有。自此，自有住房成为美国工人保障收入稳定的重要方式，当工人面临收入的负向冲击（生病、失业、退休）时，工人可以通过出售房产来换取现金。可见，房产成为原有福利制度的替代品。

其次，公司将自己对工人的养老责任通过养老基金投资转移给了工人自己。1978年，美国《国内税收条例》第401K条款的引入鼓励人们将养老金存款用于股票市场投资。20世纪80年代后，越来越多的养老基金开始交由专业的基金经理管理，后者将基金投资于股票、商业票据等风险资产，根据投资者的偏好来调整整个投资组合的风险水平。这背后的原因是金融化影响下风险观念的转变，即应该通过多样化的投资组合来降低投资风险，因此评价投资是否审慎取决于投资者的策略而不是投资结果本身。这条核心原则甚至被写入了规范雇主养老金的《雇员退休收入保障法案》。在20世纪八九十年代，养老基金一直占美国风险投资的40%~55%，在新经济泡沫时期，风险资本总量大幅膨胀，养老基金仍保持着其主导地位。

4.4.3 新自由主义改良的欺骗性与不可持续性

新自由主义拆除了原有的劳资关系和福利制度，转向试图通过大众信贷和大众投资来维持工人生活水平。然而，这种改良并没有真正地发挥对工人做出经济让步的作用，带有很大的欺骗性与不可持续性。

（1）养老基金投资的欺骗性与不可持续性

著名管理学家德鲁克认为，养老基金使工人成为美国资产的真正所有者，因此是有利于工人的。然而，事实证明，养老基金非但不利于工人，反而加紧了资本对工人的剥削。

首先，作为一个主要的机构投资者，养老基金是金融主导型积累体制的关键一环，而这将导致不利于工人的"股东价值最大化"公司治理原则进一步加深。新古典经济学家认为"股东价值最大化"公司治理原则可以提高企业的效率，然而这种效率的提高实际上是以牺牲工人利益为代价的。在股东价值运动的驱使下，公司董事会用股票期权来激励职业经理人，而职业经理人则通过"裁员＋分红"来抬高公司股价。随着养老保险的基金化，大量工人养老储蓄涌入股票市场，导致"股东价值最大化"被越来越多的公司作为治理原则。可见，无数汇集起来的工人养老储蓄通过金融市场转化为金融资本，用于对其他工人进行金融掠夺。因此，退休员工所获得的养老基金收益要么来自正在工作的劳动者所创造的新价值，要么来自通过金融信用系统对工人家庭未来价值的占有。即使美国工人整体上在短期内通过养老基金受益，也是因为金融系统将国外劳动者的剩余价值转移到了国内。然而，由于养老基金将工人建构成为一个投资者主体，单个工人很难意识到这一行为会对其所在的阶级有害，从而巩固了金融资本对工人阶级的支配地位。

其次，在金融系统面前，工人家庭的信息获取困难、组织形式分散，以及社会权力弱小，因此很难与资本抗衡，资本能够轻易剥夺工人家庭的储蓄。1980—1989 年，许多美国雇主利用《雇员退休收入保障法案》的漏洞共攫取了大约 200 亿美元的额外养老金资产。在安然公司由财务造假引发的股价下跌中，加利福尼亚州公务员养老基金损失了 5 亿美元。

最后，工人通过养老基金进行投资是为了保障自己的收入稳定性，但股票市场本身的不稳定性使他们无法达到这一目的。股市不可能持续繁荣，这意味着工人的养老储蓄会遭到周期性的缩减。Burtless 的计算很好地解释了热衷于风险投资的养老基金是否可以给工人带来稳定的退休收入。计算结果显示，仅仅由于退休时股市行情的不同就会给退休收入带来巨大差异。有幸在股价高企时退休的工人可以获得巨额养老金，而那些在股市崩盘后不幸退休的工人则只能获得微薄的退休收入，即使养老基金采取保守的投资策略，最高退休收入也是最低退休收入的 3 倍以上（见图 4-1）。

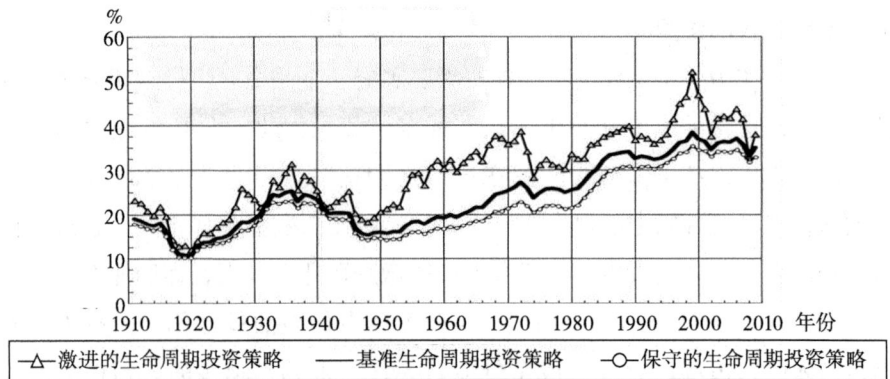

图 4-1 1910—2010 年退休年份与养老金替代率的关系①

资料来源：BURTLESS G. Can Improved Options for Private Saving Offer a Plausible Substitute for Public Pensions? [J]. Politics & Society, 2012, 40 (1): 81-105。

(2) 信贷民主化的欺骗性与不可持续性

与养老基金股市投资一样，信贷民主化也无法真正改善工人的处境。首先，劳动者借贷的目的是保持更好的收入稳定性，但为了给劳动者提供更多的信贷，又必须放松对金融的管制，这使劳动者正在参与的金融活动变得越来越不稳定。在战后"黄金时代"，美国政府采取了一系列干预政策来降低住房按揭市场的风险，其中最重要的干预政策就是通过联邦住房贷款银行和联邦住房管理局等机构将住房债务转化为与养老基金债务相匹配的流动金融资产，从而消除了银行资产负债表中的期限错配。同时，购房者借款必须满足严格的要求，比如，信用等级、住房支出/收入比，以及贷款金额的上限，借款人必须接受资格审查和资产评估，这些措施降低了抵押贷款的违约风险。此外，美国住房金融的市场细分在住房金融和金融系统的其余部分之间设置了防火墙，避免住房金融市场的危机蔓延到整个金融系统。

虽然这些监管降低了抵押贷款市场的风险，但是也限制了信贷的供给。进入新自由主义时代以后，由于传统福利制度被侵蚀，越来越多的劳动者转向通过购房来保障晚年的收入稳定性。于是，对按揭贷款的需求越来越大。为了释放更多的信贷供给，美国开始放松金融管制。第一，允许美国金融公司将其业

---

① Burtless 的计算假设工人每年拿出 4% 的薪水进行养老基金投资，并假设养老基金采用罗伯特·席勒设计的生命周期投资组合策略。在实践中，养老基金采用的策略往往比席勒的策略风险更高。关于计算的更多细节参见资料来源。

务重组为综合金融平台，从而使资本能够在所有重要的金融部门之间自由流动。第二，允许投资银行和其他金融公司进入住房抵押贷款二级市场。其中，私人证券化机构发行的住房抵押贷款证券将风险集中在债务抵押债券评分较低的部分。而商业银行和投资银行则从商业票据市场借入短期资金，然后将其用于购买由长期次级抵押贷款构成的债务抵押债券。通过这些措施，抵押贷款得到了充足供应，却也重新创造了期限错配风险。可见，美国试图以提供信贷的方式来保障家庭收入，其结果却是增加了金融系统的不稳定性，为金融危机创造了必要条件。美国住房状况报告（2010）这样描述抵押贷款市场的结局："抵押贷款债务总额从1999年的不到6万亿美元激增至2009年的超过10万亿美元（实际美元），但当泡沫破裂时，房屋净值从2005年的14.5万亿美元跌至2009年的6.3万亿美元，抹去了一半以上的住房财富。"[①]

而且，工人借贷是为了维持原有的生活水平，但这种无奈之举却加重了资本对自己的剥削。借贷同时在消费领域和生产领域加重了剥削。消费剥削是一种古老的"二次剥削"手段。马克思曾在《共产党宣言》中这样描述消费领域的剥削："当厂主对工人们的剥削告一段落，工人们终于领到了用现钱支付的工资的时候，马上就有资产阶级中间的另一部分人比如房东、店主、高利贷者等等，纷纷奔向工人们了。"当代资本主义消费信贷使这种古老的剥削手段以新的形式回归。金融资本看到了新自由主义下工人收入的不稳定性，便借助自己的信息和财产优势为工人提供信贷，从而将工人的工资直接作为自己的利润来源。在生产领域中，债务可以作为一种对工人的训诫手段，它会增加失业对工人生活水平的影响。如果工人承受着沉重的债务负担，且他们仍需要劳动力市场收入来继续借贷和偿还现有债务，那么他们的失业成本可能会增加。反过来，这将降低工人在工作中讨价还价的能力，并加剧了收入的不平等。随着工人借入更多贷款以维持生活水平，将会形成不平等加剧、工作不稳定和债务增加的恶性循环。

---

① 资料来源：美国住房情况报告 2010，https://www.jchs.harvard.edu/research-areas/reports/state-nations-housing-2010.

4.5 美国资本主义改良的实质与局限

美国经过资本主义改良，使上层建筑更好地适应了经济基础，生产关系更好地适应了生产力。但是，近一百年的改良历程和历史实践可以证明，美国资本主义改良并没有实现全社会贫富差距的缩小，反而使两极分化愈演愈烈。总体而言，虽然这场改良由于顺应了历史发展和现实条件的客观趋势，有利于国际贸易和经济全球化的发展，但它没有改变美国资本主义私有制压迫剥削的本质属性，也没有改变美国的生产社会化和私人占有之间的基本矛盾，更没有改变美国资本主义的最终归途和命运。

4.5.1 改良没有改变资本主义基本矛盾

美国资本主义的根本性质决定了国家生产资料和劳动产品采取私有制的形式，这也是美国资本主义的生存基石以及赖以发展的根本。所以大资本家一直推崇私人占有，剥削工人阶级。资本主义一直是私有制的保护伞，是私有制的社会形态，然而资本主义的生产却是社会化的，所有工人都参与其中，因此这两者就产生了矛盾和冲突。工人阶级要求获得同等的所有权等权利，但是资产阶级不会放弃自己的利益，这是由资产阶级的本质决定的，这些冲突加剧了社会矛盾乃至发展成经济危机。虽然应该承认，美国资本主义在改良中出现了合作制经济、允许员工持股等新的资本主义经济形态，但是这些新形态并没有构成很大比例，也没有在资本主义经济中占据主体地位，丝毫没有动摇资本主义私有制的经济基础。

历史和实践告诉我们，随着美国资本主义经济的不断发展，虽然生产社会化的水平不断提升，但是社会资源逐渐往少数资本家身上聚集，劳动工人得到的实际利益并没有如宣称的越来越多，因此美国资本主义社会的矛盾会更加激化。资本主义改良只是在外在形态和组成结构上予以微调，它只能暂时缓解矛盾，而不可能做出根本性的改变。

4.5.2 改良的目的是维护资产阶级利益

美国资本主义的最初形式是对工人阶级的残酷剥削与压迫。二战后美国进行资本主义改良，开始尝试改善劳动生活条件、减小阶级对垒、缓和社会矛盾等一系列措施与方法，可以发现，这些改良与调整在一定程度上促进了经济社会的发展，但是我们应该清醒地认识到，资产阶级仍然是美国社会的操控家，资本主义的本质并没有发生改变，它仍然是资产阶级控制社会的手段，资产阶级运用资本主义手段统治美国的政治、经济等各个方面。

例如，经济危机时期"罗斯福新政"对经济的宏观调控，是为了降低经济危机给资本主义带来的影响与破坏，拯救资本主义的生存。大资本家采取并购、重组等措施，将私人企业改制为国家控股；或者采取大规模征税、发行国债等手段，极大地增加了国民收入，因此也提高了财政支出水平，于是国家更有能力承办私人资本无法实现的大型投资和生产任务，这样做实际上有利于资产阶级的商品获得更大的流动，保护的仍然是资本家的利益。政府大修水利、加强交通等基础设施建设，实际上给私人资本进一步扩大生产规模提供了物质基础。政府加大教育和科研方面的投入，也为私人资本提供了前沿的科技条件和社会化大生产必要的劳动素质。国家对经济的宏观干预和调控促进了经济的恢复，也更加巩固了资产阶级的统治地位。可以看出，美国资本主义这些改良手段的根本目的是维护资产阶级的统治地位，根本利益也是属于资产阶级的。另外，资产阶级表面上对工人阶级权利的维护也是无奈之举，其目的是安抚工人、保障在阶级斗争中自己的政权不会覆灭。在几次工业革命中，工厂生产不断发展，无产阶级也逐渐壮大，其思想也相应取得进步，学会更自觉地抗争资产阶级的暴政，这种对抗变得更有组织性、纪律性、计划性，斗争形式包含了经济、政治等多个层次。面对自身的利益受到严重威胁，资产阶级如果仍不妥协，就会有被推翻的风险，因此它们采取更狡猾、更隐蔽的手段妄图削弱工人阶级的反抗意识，从而巩固自身的统治地位和阶级利益。

4.5.3 改良以霸权主义和强权政策为支撑

资本的本质就是扩张的、贪婪的，它的存在和进一步发展要求资本不断进行对外扩张，在全球领域内不断寻找适合发展的领土和空间。在早期资本主义发展过程中，资本进行扩张的主要方式是血腥掠夺，二战后伴随民族意识的觉醒和社会主义国家的强大，资本主义和社会主义的力量差距逐渐缩小，为了在保护自身实力的同时对外扩张，美国资本主义的扩张方式有所改变，将以往的原始侵略转变为一种表面和平的隐蔽形式，但是资本的属性没有也不可能发生改变。

进入21世纪后，美国作为世界上最强大的国家，资本的本质进一步显现，其不满足于自己的势力范围，妄图在世界上拥有更大的话语权，以阻止和它相抗衡的国家崛起，美国资本主义的霸权性质又有了新的表现。从伊拉克战争、叙利亚战争，到美国与世界多个主权国家（地区）开展的贸易战，以及美国单方面退出《中导条约》《维也纳外交关系公约》等"退群毁约"行动更是数不胜数，这些干涉他国内政、实行单边主义等霸权主义行为都是美国资本主义全球扩张的新形式。美国倚仗世界霸主地位和经济、科技优势，充当"世界警察"，疯狂掠夺社会主义国家资源，强悍地输出高污染性垃圾和高耗能制造业，妄图发展更多的经济附庸国。

4.5.4 改良无法避免周期性经济危机

美国资本主义虽然加强了对国家经济的干预和指导，但是不能从本质上改善市场的自发性、盲目性、滞后性等弊端和缺陷，因此无法从根本上摆脱资本主义的周期性金融危机和经济危机。

进入20世纪90年代以来，伴随着科技革命和技术进步，美国资本主义经济形态也发生了相应改变，传统商品经济向金融化、信息化、国际化的现代商品经济转变，私人垄断也转变为国家垄断，这使美国资本主义系统内部隐藏破坏性极大的危机和不平衡。随着互联网规模的扩大和信息、金融工具的广泛传播与应用，包括金融自由化的推广都纵容了投机行为，很多实物资本也转而投向金融、房地产等投机场所，实体经济向虚拟经济的转移增多，这些都增加了系统风险。房地产等市场泡沫也会影响国家的经济状况，金融风险向更难调控、更高级别方向发展，这些因素都会使美国资本主义的政府干预与调节微不足道。

4.6 小结

综合以上研究可以发现，美国资本主义改良对经济、政治、社会等多个方面均制定了改革方法，使美国最终极大地减弱了几次经济危机的负面影响，并进一步促进了经济社会的进步，缓和了社会的紧张局面，有利于社会回归稳定。值得肯定的是，美国资本主义改良有一定的积极意义，它促进生产关系与生产力相适应，上层建筑与经济基础相适应；促进了资本主义经济的快速恢复和发展，使美国继续保持世界经济实力的首位；在一定程度上，美国资本主义改良也顺应了时代发展的要求，有利于加快全球化脚步。

然而，分析美国资本主义改良的实践与实质可以看出，不管是哪种形式的改良与变革，都是对美国资本主义市场经济的微调，只能暂缓但无法完全避免资本主义危机的迫害，美国资本主义社会的矛盾仍会逐渐激化。美国资本主义改良不能改变资本主义私有制的本质特性，也不能改变资本主义一直代表的是资产阶级的利益，更不能改变资本主义终将被社会主义所取代的命运。

继往开来，对比中美，美国是当前世界上最大的发达国家和资本主义国家，而中国则是当前世界上最大的发展中国家和社会主义强国，两国在国家性质和制度建设上具有本质的不同。但是，美国在资本主义改良中获得的有益经验也值得中国学习借鉴，甚至结合本国的具体国情和实践经验加以利用，有利于完善中国以市场化为导向的体制机制，同时促进改革开放中的现代化建设，当然，美国在资本主义改良中的一些弊端和缺陷也是值得我们关注与防范的经验教训，要加以警戒。具体启示有以下几点。

第一，注重集体利益，建设社会主义核心价值体系。美国的一次次经济危机、金融危机和资本主义的经验教训告诉我们，盲目追求个人主义忽视集体的共同利益不利于社会发展。极端个人主义往往会造成人的自私自利、无视社会道德甚至践踏法律尊严，容易引起投机行为，最终危害全社会的和谐、稳定与发展。中国在市场经济和现代化建设的实践中，应该始终把物质文明和精神文明放在同等重要的位置，在发展经济的同时加强公众的思想道德建设和精神文明建设，宣传和培养正确的价值观，提高个人素质，鼓励群众将集体利益和个人利益统筹兼顾，更好地结合起来，培育良好的社会风气，从而符合中国的社会主义发展要求。

第二，防范金融风险，加大金融市场监管力度。当前"互联网＋"发展迅猛，互联网金融业也日新月异，金融创新与金融工具与日俱增，这些在提高工作效率、带来很大便利的同时，也给金融监管造成了很大的压力与挑战。美国资本主义的几次经济危机和金融危机告诉我们，银行等金融机构监管乏力、金融资本巨头恣意操纵金融市场、金融监管不能与时俱进、国家包庇或者处罚力度不够等问题，都可能造成金融泡沫乃至危机的出现，极易引起社会动荡和社会恐慌，威胁社会秩序。

中国在2018年成立了由国务院金融稳定发展委员会、中国人民银行、中国银行保险监督管理委员会、中国证券监督管理委员会组成的"一委一行两会"的新型金融监管架构，致力于新形势下加强金融监管，维护金融市场安全和稳定。这有利于防范金融泡沫，维护金融市场秩序，促进社会稳定和国民经济发展。

第三，促进实体经济与虚拟经济协调发展。美国2008年国际金融危机后的资本主义改良侧重的是对虚拟经济的调控。因为这次的金融危机具有金融虚拟化的特点，损失最多的是虚拟化资产，实际资产则没有受到太大损失。美国长期实行量化宽松的货币政策，使得资产证券化发展突飞猛进，甚至开始脱离了实体经济，这与虚拟经济应该和实体经济相辅相成的经济发展规律严重相悖，资本家为了追逐暴利开始出现投机行为，最终造成了严重的金融泡沫，引发了金融危机。虚拟经济是在普通民众承担极大风险的情况下少数资本家获利的行为，与金融发展的规则严重不符，它造成了社会资源分配的严重不平衡，破坏了实体经济的进步。虚拟经济的社会消极影响和连锁反应极大，必须引起我们的警惕。

1978年以来，中国的金融市场建设后来居上，逐渐建立了较为全面的资本市场体系，债券市场和股票市场进步较快，这些成就离不开中国特色社会主义市场经济和现代化建设给实体经济打下的坚实基础。这些积累也为股票市场的发展和民间资本的注入提供了巨大的条件支持，反过来，资本市场和民间资本也促进了集资融资，增强了实体经济活力，促进了实体经济发展。但是随着资本市场的蓬勃发展，我们也要注意吸取美国资本主义改良和金融危机中投机倒把、资本市场制度不健全、监管不力等的经验教训，防范境外的投机行为和股市、房地产泡沫，注意合理地发展虚拟经济，使之与实体经济相辅相成、金融经济为实体经济服务，规范市场秩序，维护金融市场环境，共同促进中国的市场经济发展和现代化建设。

总的来说，中国在改革开放和社会主义市场经济体制的建立中取得了巨大成就，虽然中美两国国体不同，但是美国在资本主义改良过程中取得的经验和教训值得中国借鉴。中国应以史为鉴，结合美国资本主义改良给中国经济建设与发展的重要启示，坚持为实现中华民族伟大复兴的中国梦和"两个一百年"奋斗目标而不懈奋斗。

参考文献

[1] 劳赫威. 大萧条与罗斯福新政[M]. 陶郁,黄观宇,译. 南京:译林出版社,2018.

[2] 郭瑞芝. 冷战期间的美国工人运动研究(1945—1991)[D]. 西安:陕西师范大学,2015.

[3] 罗森伯格. 当代积累的社会结构中的劳工问题[J]. 马克思主义研究,2012(12):67-75.

[4] STEVENS B. Blurring the Boundaries:How the Federal Government Has Influenced Welfare Benefits in the Private Sector[M]//The Politics of Social Policy in the United States. Princeton University Press Princeton,1988:123-148.

[5] PIVEN F F,CLOWARD R. Regulating the Poor:The Functions of Public Welfare[M]. Knopf Doubleday Publishing Group,1993.

[6] HACKER J S. The Divided Welfare State:The Battle over Public and Private Social Benefits in the United States[M]. Cambridge:Cambridge University Press,2002.

[7] HOWARD C. The Hidden Welfare State:Tax Expenditures and Social Policy in the United States[M]. Princeton,N.J:Princeton University Press,1997.

[8] MORGAN K J,CAMPBELL A L. The Delegated Welfare State:Medicare,Markets,and the Governance of Social Policy[M]. New York:Oxford University Press,2011.

[9] BOWLES S,GORDON D M,WEISSKOPF T E. After the Waste Land:Democratic Economics for the Year 2000[M]. Routledge,2015.

[10] 黄世雄. 战后美国国家垄断资本主义的发展及其后果[J]. 安徽大学学报,1963(1):15-33.

[11] 布伦纳. 全球动荡的经济学[M]. 郑吉伟,译. 北京:中国人民大学出版社,2016.

[12] 奥菲. 福利国家的矛盾[M]. 郭忠华,译. 长春:吉林人民出版社,2006.

[13] QUADAGNO J. Creating a Capital Investment Welfare State:The New A-

merican Exceptionalism:1998 Presidential Address[J]. American Sociological Review, 1999, 64(1): 1-11.

[14] 霍尔,索斯凯斯. 资本主义的多样性[M]. 北京:中国人民大学出版社, 2017.

[15] 皮尔逊. 拆散福利国家[M]. 舒绍福,译. 长春:吉林出版集团, 2007.

[16] PECK J, THEODORE N. "Work First": Workfare and the Regulation of Contingent Labour Markets[J]. Cambridge Journal of Economics, 2000, 24: 119-138.

[17] SHEILS J F, HOGAN P, MANOLOV N, et al. Paying More and Losing Ground: How Employer Cost-Shifting is Eroding Health Coverage of Working Families[J]. International Journal of Health Services, 1999, 29(3): 485-518.

[18] KRIPPNER G R. Capitalizing on Crisis: The Political Origins of the Rise of Finance[M]. Cambridge, Mass: Harvard University Press, 2011.

[19] LANGLEY P. In the Eye of the "Perfect Storm": The Final Salary Pensions Crisis and Financialisation of Anglo-American Capitalism[J]. New Political Economy, 2004, 9(4): 539-558.

[20] 彼得·德鲁克. 养老金革命[M]. 北京:东方出版社, 2009.

[21] 马慎萧. 劳动力再生产的金融化:资本的金融掠夺[J]. 政治经济学评论, 2019, 10(2): 125-141.

[22] VAN DER ZWAN N. Financialisation and the Pension System: Lessons from the United States and the Netherlands[J]. Journal of Modern European History, 2017, 15(4): 554-584.

[23] BLACKBURN R. Enron and the Pension Crisis[J]. New Left Review, 2002, 14: 26.

[24] BURTLESS G. Can Improved Options for Private Saving Offer a Plausible Substitute for Public Pensions? [J]. Politics & Society, 2012, 40(1): 81-105.

[25] KIM Y K, LIMA G T, SETTERFIELD M. Political Aspects of Household finance: Debt, Wage Bargaining, and Macroeconomic (in)Stability[J]. Journal of Post Keynesian Economics, 2019, 42(1): 16-38.

5 英国

5.1 引言

19世纪二三十年代,英国完成了工业革命,并享有"世界工厂"的声誉。它的商业和运输业得到大幅度扩张,资产阶级的权力也日益强大。这时,资产阶级通过1832年的议会改革取得政治上的统治地位,工人阶级在这场议会改革中选择了支持资产阶级,但结果是一无所得,于是工人阶级开始制定普选宪章。列宁评价《英国宪章》为"世界上第一次广泛的、真正群众性的、政治性的无产阶级革命运动"。宪章运动标志着英国无产阶级在历史上一个时期开始成为独立的政治力量,为同资产阶级的政治斗争开辟了道路。虽然宪章运动以失败告终,但其所取得的经验和教训,对以后国际工人运动起到了很大的借鉴作用,也为英国工人阶级争取了一些权益,为避免再发生如此大规模的工人运动,资产阶级政府对工人阶级的斗争也做出了很大让步。

从19世纪中后期开始,首先,英国经济进入了一个发展的黄金时期,工人的生活质量也因此得到提高;其次,英国社会走上法制化的轨道,工人的权益在法律上得到保护;最后,英国工会的力量逐渐加强,为工人生活提供了一定保障,解除了其后顾之忧。在这些因素的影响下,早年尖锐的阶级矛盾得到缓和,整个社会向着更加和平公正的方向发展。因此,工人阶级慢慢放弃通过暴力革命的方式来争取政权,而是主张在不触动资本主义经济制度的范围内,通过资产阶级的议会民主,采用和平的、渐进的、缓慢改造的方式,使资本主义和平地过渡到社会主义。

后来,这种改良主义的思想在英国慢慢发展,并被多数人认同,从而出现了不同的理论思想来指导后来的工人运动,实现了社会稳定。

5.2 英国资本主义的改良理论与实践基础

5.2.1 英国资本主义改良理论考察

(1) 工联主义

工联主义，得名于英国联合会，在19世纪中叶宪章运动衰落后开始广泛传播，主要代表人物有G.奥哲尔以及英国工党的早期领导人亚历山大·麦克唐纳。工联主义主张将工人运动限制在一个经济斗争的范围内，主张改善工会工人的经济条件与法律地位，主张阶级合作，劳资利益协调一致，并通过工会来争取普选权以及建立劳动法。它把提高工人工资水平、缩短工人劳动时间、改善工人劳动环境当作主要目标，并提出"做一天公平的工作，得一天公平的工资"的口号。他们反对进行推翻资本主义制度的政治斗争，推崇的是合作与改良，将合法谈判作为工人阶级斗争的根本手段。

这种理论在早期一直受到革命者的批判，此时的工人阶级被认为是资产阶级收买了的"工人贵族"。马克思、恩格斯也曾将这种现象归结于特定的历史条件，即英国当时在世界上的工业垄断地位提高所带来的超额垄断利润，并分享于工人阶级。他们认为，一旦这种垄断地位丧失，工人阶级就会重新站起来进行无产阶级革命。从历史发展的事实来看，英国在二战后已经丧失了这种工业垄断地位，但并未爆发革命性的工人运动，随着战后经济的恢复，这种迹象变得更加渺茫，其他国家的工人运动也是趋于缓和的状态。因此，可以看出，从工联主义开始，英国的资本主义改良思想已经在整个社会中起着重要的指导作用，维持着资本主义社会的稳定发展。

(2) 费边社会主义

费边社会主义是在英国资产阶级内部出现的一个主张改良主义的思想学派。在19世纪末期，为顺应英国的工人运动以及劳工贫困现象，一部分英国资产阶级内部的知识分子组成了一个具有社会主义性质的团体组织，即费边社，试图寻找一条改革社会的道路，消除社会贫困与不平等。其主要代表人物有悉尼·韦伯和萧伯纳。他们将休谟、李嘉图、边沁、密尔等的理论，功利主义等庸俗进化论，乌托邦社会主义等理论进行了融合和改造，提出了新的理论——费边社会主义理论。该理论承认社会主义取代资本主义的必然趋势，但其认为，有助于社会进步的变革只能是渐进的、温和的、合乎宪法的，所以人们不必诉诸阶级斗争和暴力革命，只需依靠英国现有的民主国家机器，逐渐消灭土地和工业资本的私有制，使之属于国家，再通过各种机构逐步进行改革，最终改变社会的资本主义性质。

除了支持循序渐进的社会变革计划外，费边社还提出了一项"渗透"政策，即社会成员在政府官员中宣传费边的社会主义观点，寻求他们的理解和支持，动员和鼓励社会成员加入工会及基金的其他组织，以扩大费边社会主义的影响。然而恩格斯在1893年曾说："费边派有相当清醒的头脑，懂得社会变革必不可免，但是他们又不肯把这个艰巨的事业交给粗鲁的无产阶级单独去做，所以他们惯于自己出来领导无产阶级。"[①] 但不管怎样，费边社会主义是在特定历史条件下促生的缓和社会矛盾的思想体系，为保持社会稳定、避免暴力革命的发生起到了很重要的作用，也为工党执政期间的执政纲领提供了很多参考性意见，同时奠定了英国工党民主社会主义思想的理论基础。

5.2.2 当代英国改良主义的实践基础

（1）两党政治的形成与发展

英国两党制形成于17世纪，起初是指自由党与保守党之间的轮流执政，但在第一次世界大战前后，工党的崛起使英国两党制发生了重要变革。战争的发生加速了帝国主义的经济衰退，爆发了阶级矛盾，日益完善的工会运动和代表它的工党也要求改善工人阶级的待遇，再加上战争的规模巨大，致使自由党不得不放弃多年的自由主义政策，利用国家机构来干预经济的运作。自由主义破产了，自由党摧毁了自己的理论基础，内部经历了几次大分裂，从而丧失了执政党的地位。与此同时，工党在大战期间得到了空前的发展，其理论逐渐系统化，继承了旧工会的工联主义，采用了费边社会主义，形成了以社会主义和核心改良主义为特征的思想体系。1922年，工党在大选中所获得的下议院票数超过自由党，成为英国第二大党。1945年，工党以绝对多数席位上台执政后，保守党与工党轮流执政的格局被确定了下来。

两党制并不意味着英国国内的政党只有两个，其实质是一种多数党政治，

---

① 马克思,恩格斯. 马克思恩格斯选集:第四卷[M]. 中共中央马恩列斯著作编译局,译. 北京:人民出版社,1997:718.

但出于两方面原因：第一，英国议会中只有两个党具有竞争议会多数席位的权利；第二，公众承认两党成为英国政治制度中不可缺少的因素和国家机构实际的组成部分。这样，英国的议会政治就形成了两党轮流执政的格局。在议会中占多数席位的政党成为执政党，组织负责内阁制政府，直接行使国家权力；在议会中占次多数席位的政党成为在野党，行使反对和监督职能，并起着"后备政府"的作用。

（2）政党政治改良的阶段划分

二战结束以后，随着两党轮流执政，英国的政治、经济以及社会福利制度也随之发生较大变化。其中，1945年、1979年、1997年以及2010年这四个重要的年份既是政党政治发展过程中的重要标志，也是社会经济演变过程的重要转折点。本书将这四个时间段划分为四个重要的历史阶段，分别为"民主社会主义实践""撒切尔新自由主义""第三条道路"以及"后金融危机时代"。本书在这个阶段划分的基础上，从演化经济学角度对当代英国政党政治改良理论以及成效进行考察。

5.3 "民主社会主义"时期的工党改良实践

工党是英国工人阶级运动的产物。1900年，英国工会和一些社会团体建立了工党。工党出身决定了它的政治地位，它是不同于保守党和自由党的、代表劳工利益的政党。1918年，工党宣布了其社会主义目标；同年2月，工党在费边社主要领导人悉尼·韦伯的协助下编写了党章，并通过了议会，其中最重要的就是关于公有制的党章第四条。该条款明确指出："要使从事体力或脑力劳动的工人获得他们的全部劳动成果并享受最公平的分配，从而使生产、分配和交换手段的公有制和可以实现民主管理及控制企业与公用事业的最佳体制成为可能。"[①] 这就是所谓的工党党章的"公有制条款"，使工党拥有了明确的"社会主义"纲领。工党政府开始执政后，以此为基础，对英国政治、经济以及社会进行了具有划时代意义的改良运动。

5.3.1 工党的"民主社会主义"政治主张

1945年，艾德礼工党政府执政，它以党章第四条为前提，倡导民主社会

---

① 石雪荣. 试析"第三条道路"的民主特质[J]. 宜春学院学报，2009，31(5)：5-7.

主义，坚持国有化、充分就业、更合理的财富分配、较大范围的社会福利等目标，站在工人阶级立场上，高举"社会主义"旗帜，开始了社会主义的初次试验。

艾德礼工党政府组织经济计划局、中央经济计划部以及工业部门国民生产顾问委员会三个机构尝试计划经济模式，对国内各大部门的生产加以详细规划指导。但由于工党政府首次执政缺乏经验和对新形势的判断、选民基础薄弱，党内新矛盾逐渐暴露，在1951年、1955年、1959年三次大选中工党接连失败。到1964年，保守党出现执政危机，此时威尔逊工党政府结合20世纪中期第三次科技革命的爆发，提出将科学技术与民主社会主义相结合，以达到现代化的社会主义目标，这使人们对实现社会主义有了一个重新认识，让工党重新走上执政舞台。

威尔逊政府主张实现社会主义应该是温和的、渐进的，可以通过不断教育，积极争取选民支持，夺取政权，反对暴力革命的方式。具体可以从生产力与生产关系两方面来考虑如何实现社会主义：一方面，国家应该培养一批优秀的科学人员，将其科学成果应用于企业实践，从而推动生产力发展；另一方面，在生产关系的变革问题上应采取混合式公有制，如国营工商业、合作企业、地方国营工商业与公司合营等方式，并对不同的企业采取不同的国有化措施。具体实践过程体现为，英国在这一时期成立的技术部为国家经济发展提供了很多建设性意见，如信息服务中心、国家生产计划设计、制造业创新技术以及计算机开发利用等方面的信息支撑，在很大程度上发挥了科学技术在社会发展中的积极作用。

5.3.2 国民经济管理：凯恩斯主义与国有化

第二次世界大战落下帷幕后，为了达到经济平稳发展以及提高就业率的目标，从而预防20世纪初的经济危机，工党政府在执政期间将其民主社会主义思想与凯恩斯主义相结合，以国家干预需求管理替代自由放任，从而实现充分就业、经济增长、物价稳定以及国家收支平衡的四大宏观经济目标。凯恩斯主义认为，发生失业与经济危机的最根本原因在于有效需求不足。因此，宏观调控成为解决该问题的"一把利刃"，即政府运用财政政策和货币政策来刺激消费，增加投资，扩大支出，降低利率，以弥补有效需求的不足，这其中以财政政策为主。而这一系列政策要发挥作用的关键在于政府要有足够的财政收入，高财政收入取决于高税收，高税收的可操作性又是基于企业良好的经济收益。在这一点上，工党的民主社会主义者认为，国有化的实行可以解决战争给英国经济带来的工业技术落后、企业经营分散和缺乏投资动力等问题，从而提高经济效率，使企业家的投资收益上涨。

20世纪40年代末，执政党政府提出并落实了一系列用于英联邦经济复苏的企业国有化改制政策，提出了八项重要的国有化法令，将英格兰银行、煤炭、航空公司、有线电报与无线电报、运输业、发电厂、煤气厂以及钢铁行业实行国有化。即使1951年丘吉尔保守党政府重新执政，也仍然保留着国有化政策。英国经济在这段时间经历了高速增长，直到70年代，英国经济同其他国家一样由于石油危机等因素进入了"滞胀"时期。1974年，再次上台执政的威尔逊工党政府将国有化作为摆脱"滞胀"危机的重要手段，从而迎来了国有化的第二次浪潮，比第一次国有化所涉及的行业更加广泛。

5.3.3 建设"福利国家"

工党政府执政期间"福利国家"的建设不仅仅是一种社会政策，也反映了该时期工党的政治和经济目标。一方面，工党成员大力宣传改良主义思想，宣称福利国家就是要达到充分就业、收入平等化和全民福利，进而把福利国家"打扮"成社会主义；另一方面，福利国家的思想符合凯恩斯主义调节总需求的理论，国家的福利支出可以在社会上维持一定的消费、投资和就业量，从而在发生危机时，提高有效需求，阻止经济活动的减少。

在这一时期，工党政府以《贝弗里奇报告》里的福利国家蓝图为依托，对英国福利事务、国民福利的供给以及国民收入再分配的参与等方面进行了空前力度的干预，用一个完整的福利体系与服务网络，向民众提供了"从摇篮到坟墓"的福利保障措施。运用财政与金融政策，鼓励一些企业在经济萧条的区域建厂，并引入新兴工业，以解决英国民众失业问题；以《国民保险法》与《国民补助法》构成社会保障的主体，建立一种由国家直接经办、高度统一的社会保障体系；对英国所有医院实行国有化，形成医院、家庭医生以及地方卫生服务三大系统，为英国所有民众提供免费的医疗服务；针对贫困阶层人民的住房问题，政府接受卫生部大臣比方的想法，由政府统一建房，然后再出租给贫困人民，但在实践中，政府对实际问题的复杂性与艰巨性估计不足；在教育方面，艾德礼政府并未做出重大突破，直到威尔逊执政时期，威尔逊政府认为，接受教育是每个公民的权利，是社会公平的一种体现，因此，政府不断加大在教育方面的支出，并建立了开放性大学，向广大英国民众授课。

5.4 民主社会主义的可持续性分析

工党的民主社会主义实践经过经济、社会以及政治方面的一些改良后，使英国资本主义进入战后一段时间的繁荣阶段。同时，在凯恩斯主义理念下，工党与保守党在这一时期的价值取向出现趋同。在工党看来，凯恩斯主义是改造社会的手段；在保守党看来，凯恩斯主义是治理经济危机、发展经济的手段。所以在这一阶段，保守党认可福利制度，接受有限的国有化方案，承认某种程度的"计划经济"。这也被称为战后英国著名的"共识政治"（Consensus Politics）。然而，民主社会主义的实践就其改良目标——"社会主义"而言，并未实现，只是使英国社会具备了某些社会主义的因素，如国有化、社会福利、经济计划等。随着时间的推移，民主社会主义在经济、社会方面的改良也逐渐显现出弊端。

5.4.1 民主社会主义不可持续的表现

（1）英国经济呈现"走走停停"的"英国病"特征

凯恩斯提出的刺激内需，往往需要政府以财政政策调控为基础，辅之以货币政策，这样可以在较短的时间内根据市场需要来刺激或收紧需求，通过对需求的刺激，能够在一定程度上提高就业率，而减少通货膨胀则由收紧需求来实现。英国在大选前将这一财政政策与定期选举相结合，为实现充分就业和改善人民生活质量，政府当时执行宽松的财政和货币政策。而两党政治的竞争经常会使扩张性政策过头，以致大选之后经常出现通货膨胀与国际收支不平衡的情况，紧接着政府就会面临用削减投入和控制支出来抑制通货膨胀，结果是又常常导致失业增加。待到新一轮大选时，也就意味着新一轮经济扩张的开始，如此"走"与"停"重复上演。

另外，国有化也是"英国病"进一步激化的一个主要原因。首先，不可否认，国有企业为20世纪五六十年代英国经济繁荣做出了重要贡献，但是在进入 70 年代后，国有企业对英国经济发展产生了许多负面影响。一方面，国有企业具有企业的性质，要求获得一定利润；另一方面，国有企业所有权归政府所有，受政府的监督和限制，要承担更多非营利性的社会责任。国有企业这种"公共性"与"企业性"之间的矛盾随着国家进一步对国有企业干预的加强，使企业内部的激励与创新机制逐渐下降，经济效率越来越低，企业亏损现象明显，国有企业工业价格上涨速度快于整个工业，盈利则低于整个工业的平均水平，导致整个国家经济陷入停滞。同时，随着国家对经济干预的加强，公共服务机构的规模开始扩大，工会成员大量增加，工会的主体大多是国有垄断行业的工会，工会代表有权代表工人与雇主进行谈判，这种权力的不断扩张造成工会对劳资双方自由讨价还价权力的滥用，不仅影响到政府的一些政策制定、加速通货膨胀，还直接关系到英国大选的结果。

这种"英国病"现象更直接的反映是，20 世纪 50 年代到 80 年代，英国爆发了七次经济危机，其中以 70 年代由石油短缺引起的价格上升等因素导致的"滞胀危机"最为严重。此时，再用凯恩斯的需求管理政策对经济运行进行指导，使本就供给不足的生产要素价格上涨，同时使居民约束方程中，由资本主义固有矛盾造成的已经供给过剩的产品的购买量下降，导致过剩更加严重。在不断发生的经济危机冲击下，英国的失业问题也日益严重。1950 年失业率为 1.6%，到 1970 年达到 2.7%，1980 年后更是一直维持在 10% 以上，成为 30 多年来第一个失业率达到两位数的国家。

（2）财政危机

从 20 世纪 50 年代初到 70 年代末，英国庞大的福利支出造成了一系列问题。第一，"福利国家"基金的很大一部分来自税收。随着 20 世纪后期福利支出的增加，英联邦公民需要承担的税负也大大增加，中低收入群体感到税负过重。第二，政府在福利方面消费支出的增长幅度超过了固定资本形成额的增长幅度，庞大的福利支出同整个经济发展争夺资金，进而影响到私人垄断组织的资本积累和技术更新投入，削弱了扩大再生产的基础。第三，福利的普适程度导致人们福利依赖思想日趋严重，不愿就业与故意失业的人越来越多，严重影响劳动生产率的提高与经济活力。这些问题也影响着英国经济的发展，进而影响福利供给所依赖的基础，在失业人数不断增加的情况下，国家仍然不断加强的福利国家建设使政府不断陷入财政危机，高成本的社会福利国家建设难以为继，工党的民主社会主义呈现出整体的衰落趋势。

5.4.2 民主社会主义不可持续的根源

英国民主社会主义不可持续的根源在于，含有大量民主社会主义因素的改良措施无法与英国本身的多元主义劳资关系体制形成良性循环。在多元主义劳资关系体制下，企业与工会之间缺乏长期的协调机制，工会与工会之间的关系也是松散的，这导致了英国政策制定者无法成功地用社会福利来降低工资增长与遏制工人罢工，同时也会使政府在试图维持充分就业时造成宏观经济不稳定。

在北欧和欧洲大陆的某些国家，工会与政府之间的政治交换是调节工资的重要策略。在政府的调节下，行业或全国层面的工会与雇主联合会签订工资合同，将未来几年的工资增长限制在某一水平以下。作为交换，政府承诺未来几年增加对工人的社会福利。二战以后，英国开始效仿这种工资调节策略。直到20世纪60年代初，英国的工资谈判体系都是混合的，包括行业层面和企业层面的谈判，这使英国具有效仿这种策略的制度基础。工会和雇主联合会之间的行业谈判确定了每周的基本工资率。虽然车间中的工人代表（车间管理员）对工资的确定具有一些影响，但行业层面仍然是谈判的主要场所，车间管理员的权力受到有效限制。此外，工会联盟的中央领导层也愿意配合这种策略。他们极为成功地抑制了工资上涨，并阻止了运输和总工会等更激进的工会实现工资上涨的企图。

然而，英国劳资谈判体制本质上仍然是多元主义的，它与欧洲其他国家的劳资谈判体制存在两个重要区别。首先，英国工会一直秉持自愿原则，认为政府对劳资谈判的介入应该尽可能地小。因此，工会对集体谈判的认可既没有依靠法律的协助也没有对这类法律提出要求。换言之，并没有成文的法律对工会在集体谈判中的责任和权力进行明确规定。其次，车间管理员在最基层的工资决定中一直具有潜在的重要性，但高层工会缺乏约束车间管理员行为的有效手段，而这也是最重要的。20世纪60年代后，生产方式的改变提高了企业奖金支付的重要性，增强了车间管理员的权力，行业和国家层面的工会领袖限制工人斗争意愿的能力开始下降。

鉴于英国劳资谈判体制的多元主义特征，即使政府和资本都愿意与工会就工资及福利问题达成交换条件，工会也仍然可以不兑现承诺；即使工会领导层愿意号召工人节制工资以换取社会福利，车间管理员也仍然可以私自发起罢工来迫使企业提高工资。因此，尽管英国的福利国家较为发达，甚至很早就产生了像国民保健体系（NHS）这样带有普遍主义色彩的福利制度，但它的福利国家没有像欧洲其他国家一样成为限制工资增长和工人罢工的工具。到20世纪90年代，英国已经有20万个或更多的车间、工段或小组，其中有2000家左右的工厂因薪酬决定而分裂。1965—1966年，由于工厂水平的工资增长和工资浮动，工资率和小时收入增长了2倍于正常水平。

多元主义劳资关系体制还会使英国在追求维持充分就业时带来宏观经济问题。为了通过宏观经济政策成功地刺激经济增长和充分就业，雇主和工会的行为必须是可预测的，只有这样，分配冲突才是可控的，才能缓解卖方劳动力市场上的通货膨胀压力。然而，在没有接受工资增长和福利扩张之间的权衡的情况下，有组织的劳动力不可能轻易地被"包含"进更广泛的经济管理结构中。在缺乏竞争力的工业体系中，如果缺乏可持续的工资节制措施，维持充分就业就会导致经济增长的"走走停停"，这正是20世纪五六十年代英国的情形。当需求扩大以维持就业时，进口增加，潜在出口转向国内市场，国际收支危机也受到威胁（还经常会引发英镑危机和更高的利率，这表明"全球化"对英国来说也是个问题）。考虑到货币贬值经常因保护英镑的贸易和储备作用而受到抵制，政府的反应总是一样的：减少需求，增加失业率，为周期中的另一个"走"阶段创造条件；反过来，用来调节这些波动的收入和支出政策也经常打击正式的福利提供。

5.5 新自由主义时代的改良倒退及其效应评价

5.5.1 "撒切尔主义"：改良倒退的开端

英国呈现出的"英国病"问题与福利国家危机导致国际社会对工党治理英国经济的行为缺乏信心。像《华尔街》《经济学人》等著名金融杂志都发表文章，将英国描述为必然陷入经济退化，政府变成一种使全部财富荡然无存的政权。为解决当时英国存在的社会经济问题，西方社会在20世纪六七十年代涌现出各种各样的社会思潮，像新左派思潮、激进主义、新法西斯主义、新右派思潮等，其中以新右派思潮对改良产生的影响最大。以撒切尔夫人为首的保守党在接受新右派思潮的基础上，提出"撒切尔主义"主张，反对国家干预，强调市场的力量，鼓励竞争。从而对凯恩斯主义的战后共识发起挑战，以应对"滞胀"危机进而治疗"英国病"。以撒切尔夫人为首的保守党深受英国新右派思想"自由的经济，强大的国家"的影响，反对一切形式的"社会主义"，极力推行所谓的"民众资本主义"，以维护资本主义的私人财产权为最终目标。撒切尔对英国工党的民主社会主义也是深恶痛绝，认为其是"集体主义、社会主义、中央集权下的经济控制"。1979年，撒切尔夫人率领保守党在大选中获胜，从此开始了英国经济社会领域的一系列改革。

（1）私有化、自由化与金融化

撒切尔保守党政府上台后，在宏观经济方面，坚决放弃了战后双方达成的"一致政策"，拒绝了凯恩斯倡导的需求管理政策，认为政府是通过经济损失干预经济的，反对其以充分就业作为主要经济政策目标。在市场经济中，人民普遍持有一个观点，即失业人口是无法完全消除的。政府人为地维持充分就业将牺牲企业自由和经济增长，所以应当允许市场力量来决定"自然"的就业水平。强调政府应采取以货币主义为主的"供应管理"，将反通货膨胀作为贯穿始终的宏观经济目标。主要做法是通过私有化来削减公共借款与开支，进而为政府减税提供可能，从而使利率下降，控制通货膨胀。

在微观经济方面，主要体现在三种措施上。第一，大力推行私有化，政府严格控制对亏损企业或者利润较低的国有企业的财政资助，使其实现财政自给，并且将社会的基础设施和一些国有企业卖给私人投资者，政府的一些业务承包给私人企业。第二，金融业的自由化，政府减少对金融市场的管制，实行自由贸易，将市场与公司从国家管制的体系中解脱了出来，为资本货物的跨国流通扫清了障碍，并鼓励个人购买企业的股票，提道："工党让工人反对业主，保守党则让工人成为业主，办法就是购买股票。"[①] 第三，工会改革政策，撒切尔夫人批评工会经常垄断劳动力市场，破坏均衡的工资率，使工资水平居高不下，引起通货膨胀和失业的增加。这就是撒切尔政府利用出台一系列工会法律、废除收入政策、放弃"充分就业"承诺、镇压工人罢工等手段对抗和

---

① 王捷．撒切尔主义的工会战略[J]．西欧研究，1990(3)：13-18,64.

削弱工会,并给英国的劳资关系带来重大变化的原因。英国由二战后建立的法国主义模式下的三方谈判机制转为强调市场个人主义体制。

(2) 拆散福利国家

撒切尔政府对社会政策的调整主要表现在从福利取向型向市场取向型转变,以削减社会福利开支为主要目的。根据货币主义理论,高的福利支出与工会集体谈判制度是造成"工资刚性"、劳动力成本上升以及通货膨胀的重要因素。为了解决这一问题,撒切尔政府引入了福利市场机制,打破了各级政府的垄断,提高了效率,拓宽了消费者的选择范围,并根据人民生活的基本需求,制定了英国社会常规的价值取向方法,以市场为导向应对福利国家危机。

在公共住房领域直接采取私有化的方式,虽然产生过无家可归者增多等问题,但是这一改革降低了政府的财政支出,增加了住房福利领域的市场因素,削弱了地方政府对福利住房的垄断权力,促进了劳动力的流动,为建立竞争性劳动力市场解除了后顾之忧,使政府直接从供应和管理住房的责任中摆脱了出来。教育领域采用"内部市场化"方法,一方面,政府采用立法的形式,扩大学校的管理权和家长的选择权,使学校从当局的垄断中解放出来;另一方面,政府实行"国家课程"和"国家评定",加强中央政府对教育的管理。社会保障方面则是改革战后的"普适性原则",实施"选择性原则",在养老金、疾病与残疾、妇产等保障项目上都加强了雇主的责任,改变了以往由国家统一付费的制度,强调雇主按照工资给予补助,国家则重点负责监督与补救的功能,其资助的重点是低收入者,对有能力工作却未从事工作者减少有关津贴发放,使社会保障能够真正起到帮助穷人的作用,同时,进一步强调个人的责任与义务。

(3) "撒切尔主义"的成效检验与评价

撒切尔夫人的一系列执政政策,重新塑造了她所代表的政党和整个国家,树立了自由经济和小政府理念的权威。在此期间,英国通货膨胀率在1980年之后的六年间下降了2.4%,1985年前后平均保持在5%的比率。[①] 市场化程度的提高使企业竞争更加活跃,大大提高了英国的劳动生产率,在1987—

---

① 资料来源:https://zh.tradingeconomics.com/united-kingdom/inflation-cpi。

1989 年达到 6%~7%①，这一比例高于同期大多数西方发达国家，除了日本和意大利外，英国同期生产效率最高。这些都是撒切尔夫人不可磨灭的功绩。

然而，撒切尔夫人在执政初期，将执政重点放在控制通货膨胀上，采取了严厉的货币主义政策，制定了中期金融战略（MTFS），对于货币供应量增长速度和公共支出的减少，建立了严格的财政纪律。MTFS 的执行导致利率上升，从而吸引了大量国外投资，使英镑汇率居高不下，英国企业在国际上的竞争力变弱，从而加深了进口替代，使这一阶段本国制造业产量增长还不到 0.5%，导致英国损失了相当一部分的制造业基础。虽然后来保守党重新制定了较之前放松的货币政策，但在新自由主义不干预思想下，制造业并没有得到很大程度的恢复。

制造业的衰落导致失业人口不断增加。金融自由化造成 20 世纪 80 年代金融市场的混乱状态，国内越来越多的企业加大对外投资，这加速了国内经济衰退，进一步加剧了失业。1970 年英国的失业人数为 60 万人，1980 年为 130 万人，到 1986 年上升到 329 万人，失业率高达 11.8%。② 对于就业人口来说，由于这一时期撒切尔政府对工会力量的不断削弱，工资谈判越来越有利于雇主，工人大都只能接受低工资。随着政府减少公共支出，削减社会福利，社会保障体系遭到破坏，这些失业人员大都陷入了贫困。这些因素导致英国这一时期收入不平等现象不断加剧，在家庭方面，10% 的最高收入家庭所占的份额，从 1979 年的 20.4% 增加到 1990 年的 26.0%，而最低收入家庭所占份额从 1979 的 4.2% 下降到 1990 年的 2.9%。国民收入中，工资所占份额在 1980 年超过 68%，但 1990 年降到 65%，1996 年再降到 61%③，不平等的加剧使资产阶级与工人阶级之间的矛盾不断激化。另外，制造业衰落引起了服务业的加速扩张，从而产生了一大批中产阶级，中产阶级的工资收入与工人阶级的工资收入差距不断拉大，到了 90 年代中产阶级工资收入是工人阶级工资收入的 50 倍左右，进一步加剧了这一时期劳工阶级的内部不平等。

可见，撒切尔主义的本质是在维护资本主义的私有制以及资本的积累增

---

① 资料来源：https://www.ceicdata.com/zh-hans/indicator/united-kingdom/labour-productivity-growth。

② 资料来源：https://zh.tradingeconomics.com/united-kingdom/unemployment-rate。

③ 资料来源：国际劳工组织数据库。

殖，虽然资本流动和积累问题可以在一定时期内得到解决，但这是由于高失业率、低福利和严重的收入距离差造成的，这导致了劳资矛盾不断被激化，最终撒切尔政府未能在 1997 年大选中连任。

5.5.2 "第三条道路"：工党的新自由主义转向

(1) 工党转变的时代背景

首先，撒切尔主义并未解决英国的社会经济问题。二战后，凯恩斯主义的民主社会主义政策对战后英国恢复社会发展起到了很好的作用，但面对 20 世纪 70 年代的"滞胀"危机问题，凯恩斯主义出现失灵现象，传统的福利制度也使国家财政不堪重负，并滋生了公民懒惰、依赖等不良风气。政府的过多干预成为经济发展的障碍，过分追求公平严重阻碍了经济效率的提高。以撒切尔夫人为首的保守党上台执政后，宣称自由市场可以解决任何问题，从而大规模实行私有化、削减福利支出、强调市场竞争等措施，但这一系列措施并未解决经济的低速增长和居高不下的失业率，还加剧了不平等。正是传统民主社会主义与新自由主义在兼顾公平与效率方面的失败，证明了单纯的国家干预与自由放任是行不通的。这就要求新的执政者对国家与市场重新做出评价，如何将公平与效率这一对看似矛盾的目标统一起来，解决社会经济问题。

其次，随着 20 世纪 90 年代初的冷战结束和东欧剧变，世界共产主义运动走向低谷。在这种情况下，东欧与俄罗斯一些国家加速了市场化进程，一些效仿苏联的发展中国家，纷纷转向市场经济。这些变化引起了各国社会党与左翼思想界，对其思想与价值取向、纲领及策略进行反思与调整。社会党中"社会自由主义"的兴起，德国的"红绿联盟"，英国的"新工党理念"，以及"既非自由放任又非福利国家"的"荷兰模式"等都反映出了这样一种潮流。

最后，全球化与知识经济带来了严峻的挑战。20 世纪 90 年代以后，信息技术革命迅速发展，卫星通信、全球移动电话、信息高速公路的建设让各发达资本主义国家在经济上几乎融为一体，各国家（地区）之间的联系日趋紧密。再加上冷战以后，大多数国家市场经济的转型为资本主义获取了大量的原材料供给，巨大的投资机会，大量劳动力等敞开了大门，极大地推动了全球化浪潮，使世界经济无论是资本的全球化、金融的全球化，还是生产与销售的全球化、市场的全球化，都达到了一个前所未有的水平。全球化为国家之间的合作与共同发展奠定了一定的基础，但国际金融资本的投资炒作，跨国公司的不断扩张，各国政府既要寻求经济活力以求国际竞争力，又要加强宏观调控减少或者避免自由市场的破坏性；既要鼓励境外生产以降低成本，又要顾及国内的失业率。第二次世界大战后一度盛行的凯恩斯主义、撒切尔主义都无法解决这些问题，未来适应新时代的要求，西方政治家迫切需要寻求一个新思路以及解决问题的新途径和新方法。

在上述背景下，工党开始对自己以往的政策主张进行反思。20世纪70年代，英国工党传统的民主社会主义模式暴露出了诸多弊端，不再适应新形势的发展要求，也难以符合民众预期，最终导致其在1979年大选中失败。金诺克在这时临危受命，担任工党新一届领袖。面对困境，金诺克初期并未急于进行政策转型，而是采取了比较平缓、谨慎的改革措施，政策理念沿用以前。但1987年大选的再次失利，引起了金诺克对工党政策的深刻反省和调整，他认识到，要想重新获得公众的支持，就必须执行更加温和务实的方针，所以他开始慢慢地裁撤不得人心的左翼政策，如放弃公有制目标，改变了高度的国家干预，承认市场的力量以及否定传统的普惠制福利政策。但具体付诸实施的政策措施并不多，因此始终未得到大部分选民的信任。但金诺克对工党政策的这一系列反思，对工党传统的民主社会主义模式发起了全面挑战，为后来工党的重新执政奠定了基础，人们也习惯将金诺克及其以后的工党称为"新工党"。

（2）"新工党"的政治立场

"新工党"的政治定位通常被称为"积极的中央"或"断然的中间立场"，它不是简单的理念抛弃与调和，而是一种新的理念重组，从民主社会主义与撒切尔主义的理论中汲取生命力。具体的实践体现在以下几个方面。

一是修改党章第四条。布莱尔政府取消了党章第四条中公有制与更大平等的内容，取而代之的是"关于社会、民主、平等、伙伴关系的价值观"；不再将"社会主义"视为其最终目标，而是将民主社会主义演化为社会民主主义，更加强调的是民主而不是社会。

二是支持创新、权力分配和新的监督。在20世纪80年代末，西方社会提出了"公民社会"的理论。认为这有利于政治监督和平衡对政治权力的影响，是"第三条道路"理论的发展和英国工党政府应该从管理到治理的转变。一方面，更新中央与地方的关系，维护权力向地方下放，拉近与市民的距离，使市民与当地居民不同才能更加有效地提高地方的积极性、主动性和创造性。另一方面，强调对话与合作，传统政治模式是一种国家高度管理的治理模式，而"新工党"政府则在寻找合作与对话的道路，其管理方法比过去更具协商性和互动性。"全国政策论坛"加强了党的决策与社会基层的直接对话。

三是建立合作包容的新社会关系。20世纪80年代以来，新自由主义改善了经济效率，但其主张的"个人主义"破坏了社会团结，"第三条道路"则强调"个人与社会"的统一，提出建立合作包容的新型社会关系，使每个人和团体都能参与到社会中。这体现在两个方面：一方面，在尊重个人价值的基础上，倡导建立共同体意识，意味着承认相互依赖，把相互性和个人性结合起来，承认通过合作能更好地迎接变革和不安定的冲击；另一方面，协调资本与劳工的关系，提倡双方建立共担风险、共享利益的关系。

(3) 新工党"第三条道路"的改良实践

撒切尔保守党最终未能促进经济稳步增长，反而出现了严重的失业和不平等问题，引起了选民普遍不满，以及经济全球化与知识经济的挑战和挑战的结束，都显示出旧的民主社会主义与撒切尔主义不再适应时代发展。此时，以布莱尔为首的英国工党在金诺克政府政策反思的基础上，于1997年提出"第三条道路"理论来适应新形势变化需求，获得大选胜利。"第三条道路"代表了一种现代化的社会民主主义，它是介于传统工党的民主社会主义与新自由资本主义之间的一种新经济发展模式，是在新形势下为工党注入新的活力和进行的改良。其一方面认识到了传统工党民主社会主义所倡导的国家干预与福利政策的弊端，另一方面认识到了撒切尔主义所导致的英国社会的不平等现象。此外，在面临经济全球化的发展趋势下，"第三条道路"对英国社会发展模式进行了重新规划。

首先，在经济政策上，布莱尔工党政府倡导的"第三条道路"试图用一种平衡的目光来看待国家与市场，其放弃了"市场是恶的"伦理判断，认为市场是中性的，是配置社会资源的有效手段；并接受了撒切尔政府关于私有化的措施，宣称在经济政策领域不会发生根本性变化。从工党执政实践中，也很难看出其与保守党的差别。在经济手段与目标上,其放弃了凯恩斯主义的开支计划,并以控制通货膨胀为主要目的;在对市场化的态度上,新工党政府被认为是私人部门,而非政府,站在创造财富与产生就业的最前沿,从而极大地促进了经济增长与就业,并加大了对小企业的支持力度;在税收政策上,未沿袭传统工党政府以提高税收来保证高社会福利支出的做法,而是继承了撒切尔保守党的低税收理念,以促进企业竞争发展;在金融体制方面,将原来由国家财政负责规划掌控的货币政策交由英国中央银行负责,将原来由英国中央银行负责监管的商业银行与一些金融机构交与政权和投资委员负责。这样一来,强化了中央银行在货币政策上的独立权,提高了金融市场的灵活性。

其次,在国际关系上,新工党提倡"新国际主义立场"。冷战结束后,随着经济全球化浪潮的发展,国际社会出现各种各样的新问题、新矛盾。此时,布莱尔政府提出"新国际主义立场",开始弱化传统民主社会主义的合作互助、反对霸权、使用民主方式解决国际问题的国际外交观点,将政策主张放在了维护本国利益的基础上,并追随美国脚步,以"维护民主和适应全球化"为借口,干涉他国内政,要求其他国家同样奉行他们所认为的具有普适性的自由、民主等传统价值理念。在这场普世观的全球推广中,西方发达国家采取政治、经济等施压手段,迫使发展中国家实行对外贸易自由化、放弃资源国内保护政策、开放价格、放松国家对劳动力市场的控制、开放金融市场等以自由放任市场经济为特征的新自由主义措施。

最后,在社会政策上,建立"社会投资国家"的新型福利模式是布莱尔工党政府在社会政策改良方面做出的最大变动,其抛弃了传统工党的平等与普遍主义,适应新时代环境的变化,改消极福利为积极福利,使福利国家成为一个社会投资国家,在具体的政策实践中与保守主义的差距越来越小。第一,由全民福利、救济型福利转向以资源人力开发为核心。本着"在可能的情况下尽量在人力资本上投资,而最好不要直接提供经济资助"的原则,通过实现高等教育的普及化、融入信息技术教育的现代化、继续教育以及技能培训等方法,鼓励人们通过就业而非依赖财政救济来改善生活,从而促进英国民众的就业能力与就业率,提高个人进入市场和冒险创业的能力,缩小社会不平等差距。第二,宣扬"不承担责任就没有权利"。这是布莱尔的"第三条道路"中心思想,强调社会与个人关系的和谐融合。社会是个体生存和发展的起点,个人对社会的贡献是社会发展和个人幸福的源泉。有人认为,虽然他们有权获得社会保障保护,但是他们有义务以及必须参与社会劳动,权利的范围取决于义务的大小。

(4)"第三条道路"改良实践的成效与评价

从理论思想上来说,"第三条道路"力图寻找政府与市场、公平与效率、权利与责任之间的最佳组合,来应对资本主义发展中的问题以及适应全球化条件下资本主义的新发展,而这种努力将发展成为一种回应全球秩序变迁的政策框架,可以说是资本主义在自我调整与改良历程中的一次重要之旅。

但就政治立场来讲,"第三条道路"采取了折中主义的态度,改革目标不明确,党内评价也是褒贬不一。"新工党"删除党章第四条、限制公共支出、偏向资方利益等做法在一定程度上延续了撒切尔夫人的新自由主义政策。这使大多数党员认为,新工党背离了传统民主社会主义的传统价值观与基本原则,不再属于工人阶级。从而导致工党在2010年大选时比2005年直接减少了近400万工人阶层的选票,对这些工人阶级来讲,工党这一时期的政策主张与实践只是白白地浪费了13年。

从社会经济实践效果来看,"第三条道路"实践初期,在一定程度上恢复了英国经济,失业率也得到一定控制。但任何政策都有其失效性,随着时间的推移,不利性会一点一点地暴露出来。这主要表现在,在经济全球化的背景下,英国金融自由化程度不断提高,跨国公司数量不断增加,新国际主义立场实践也为其扫清了资本与劳动力流动的障碍,使英国不断调整产业结构,更加倾向于利用发展中国家的廉价资源与廉价劳动力,造成国内制造业"空心化"程度不断加深。金融化同时也促使了虚拟经济的高涨和实体经济的低迷,进而导致20世纪初国内失业率的上升。工党政府基本延续撒切尔主义的私有化与自由市场模式,也进一步拉大了社会贫富差距。在美国金融危机与欧洲债务危机的影响下,英国结束了长达63个季度的经济增长期,公共财政恶化,企业破产率、失业率、通货膨胀率等不断攀升,人民生活水平不断下降。那个被认为可以解决一切问题的"第三条道路"在面对这些问题的情况下,并没有带领英国彻底摆脱困境,导致国内民众不满情绪持续累积。

5.6 后金融危机时代英国资本主义发展趋势

5.6.1 经济开始缓慢复苏

英国资本主义在"民主社会主义""撒切尔主义"以及"第三条道路"的改良下使英国的政治、经济等不断地从困境中走出来，虽然会出现各种各样的社会经济问题，但改良的思想是一个不断进化的过程，为以后英国的发展提供了宝贵经验。2010年大选后，保守党与自由民主党组建成联合政府开始执政，这也是二战后英国首个联合政府，尽管两党在理念与政策方面有一定的差异，但根据以往成功与失败的经验，仍然使英国经济在国际金融危机后的几年内实现了较为强劲的增长。

从2013年开始，英国经济持续向好。2014年，经济复苏的势头得到一定巩固，经济增长率达到2.8%，不仅高于欧盟1.4%的平均水平，而且高于德国1.6%和法国0.4%的增长率。在经济转好的形势下，失业率不断下降，到2014年下降为6.2%。良好的经济得益于卡梅伦政府在金融危机爆发后，不断调整国内宏观经济政策，实施了以促增长为核心的反危机措施。

第一，财政紧缩与刺激措施并用。执政之初，受国际金融危机与欧洲债务危机影响，英国的财政赤字和债务问题十分严重，在联合政府时期，卡梅伦采取措施降低福利成本，抑制公共部门工资增长，并严惩逃税和漏税行为，这大大缓解了英国的经济压力，使财政赤字占GDP的比重从2009年的10.8%下降到2015年的5.9%。[①] 同时，为抵消紧缩政策对经济增长的不利影响，政府还采取了增加基础社会投资、为购房者提供融资便利、降低公司税等刺激经济增长的措施。

第二，采取"量化宽松"的货币政策刺激经济增长。通过购买资产（主要为政府债券）向经济注入更多流动性，并通过英国央行和财政部联合启动"贷款换融资计划"，鼓励银行增加对个人及中小企业的贷款和融资，刺激个人住房消费和企业投资，进而促进经济增长和就业。

第三，采取多种措施促进就业。为青年就业提供支持和帮助；为自主创业

---

① 资料来源：根据OECD数据库（https://stats.oecd.org/）所提供数据计算得到。

人员提供资金和技术支持，鼓励自主创业；为求职者和招聘者提供信息，降低求职和招聘成本；鼓励求职者参加各种形式的非正式工作，不断积累工作经验，增加就业机会。

第四，以务实的态度积极发展对外经贸关系。在欧债危机的冲击下，作为英国传统市场的欧洲对英国产品需求下降。为扩大出口，英国政府积极发展与金砖国家的经贸关系，并从促进本国金融业发展的需求出发，抓住人民币国际化的机遇，通过不断深化与中国的合作来巩固自己伦敦金融中心的地位。在具体实践上，英国率先加入了中国所倡导的"亚投行"。

这些措施展示了卡梅伦政府较强的经济治理能力，使英国经济形势稳步转好、财政赤字稳步下降、就业形势继续好转。也是凭借这些因素，在2015年大选中，保守党获得超过半数6个席位的多数赢得大选胜利。虽然经济在复苏，但这一过程仍然面临着一系列问题，尤其是债务负担依旧沉重（但低于欧元区）、通货紧缩开始显现、贸易逆差居高不下、长期的低利率政策缺乏可持续性以及劳动生产率增长缓慢。在卡梅伦执政的第二期，这些问题能否得到解决依旧是个未知数。

因此，可以看出，在国际金融危机之后，英国政府在经济、社会以及对外政策上，相比危机之前的经济体政策更加灵活、更加务实，政府的管理能力也不断增强。但随着经济全球化趋势的不可逆转，未来所面临的问题与挑战也会越来越复杂，这也就要求执政党不断地适应新形势，做好判断。

5.6.2 后金融危机时代英国工党的变革与困境

金融危机爆发后，向右倾或者是向新自由主义靠拢的"第三条道路"逐渐失灵，工党开始对自身的政治理念进行反思，他们认识到对市场和全球化的认知过于"自由化"，使传统的工人阶级生活方式在市场化与全球化中被迅速进行的经济改革所破坏，不再相信工党代表他们的利益。在此背景下，英国工党在领袖艾德·米利班德和杰里米·科尔宾的带领下，政治理念实现不同程度的"左转"。

以米利班德为首的工党发起了"蓝色工党"运动，宣扬"互惠、互助、团结"的理念，强调要赢回蓝领支持、限制资本力量、重视社会作用等做法，试图走出"第三条道路的理论困境"。但是他们并没能拿出认可度高且操作性强的完整方案,所提出的"全民国家政党"理念也未能达成共识写进竞争纲领。公众对米利班德政府的管理能力也持有不信任态度。因此,工党未能在2015年大选胜出。

新一届领袖科尔宾认为,唯有政党边锋才能化解其政治危机。因此,在创新方面,科尔宾提出反对财政紧缩、反对社会不平等、推行国有化、提供公租房、提高富人税收、增加社会福利以及兴建基础设施等措施。这些措施对年轻选民来说耳目一新,但如果对工党历史有足够了解就会发现,这些措施与20世纪40年代到70年代时期的执政理念大同小异。

科尔宾的这些政策逐渐背离了20世纪90年代以来工党所推行的超越"左"与"右"的政策路线,未得到工党内老一辈领导者的支持,布莱尔更是说科尔宾的当选是一个"选举灾难",并在2016年举行的脱欧公投上,以其"领导不力"为由逼迫其下台,但最终科尔宾仍然以高票数获得连任。这进一步表示了工党内政策"左"转趋势不可逆转,也反映出了工党内分歧的严重性。

工党在金融危机以后进行的这一系列调整与改革,逐渐缓和了与工会的关系,吸引了众多继承组织,使其支持率有所回升,在几次大选中有很突出的表现。但其在后金融危机时代并没有提出系统性的理论,变革没有具体的方向,党内分歧严重,造成工党危机重重。因此,在未来,工党需要进一步进行理论变革,整理出系统化体系,并加强党内合作,从而为下一次执政做充足的准备。

5.7 对当代英国资本主义改良实质的评析

英国资本主义通过其独特的政党政治与社会经济改良政策,化解了一次又一次经济危机与社会矛盾,重新为资本主义发展注入了活力,但最终又不可避免地出现了新问题、新矛盾。因此,我们要从英国资本主义改良的演变过程出发,既发现其改变的一面,也发现其不变的一面,从而寻求资本主义改良的实质,对英国资本主义发展有一个更清楚的认识。

5.7.1 从英国资本主义改良的社会观演变看改良的实质

从资本主义改良的演化过程中可以明显地看出,随着两党轮流执政,两党政策趋同化越来越明显,工党的社会主义观变化最为明显。1918年,工党在党章第四条中明确提出要实行"生产资料、分配手段和交换资料的公有制，实现最可行的公平分配"。二战以后，工党开始执政，主张民主社会主义，希望通过一系列国有化措施和凯恩斯的需求管理政策，把公有制扩大到足以使社会能够控制经济发展，从而实现对英国资本主义进行彻底的改造，达到他们心目中的社会主义。但随着国有化的不断发展，其弊端不断暴露出来，"滞胀"危机与福利国家危机也随之而来，工党在1979年的大选中失败。

因此，这一时期的改良政策只是使英国社会具备了一些社会主义因素，是一次带有社会主义色彩的重大实验。1979年以后，撒切尔保守党实行了与民主社会实践期间完全不同的政策主张，带领英国走出危机。而此时的工党在经历几次大选的失败后，开始对工党内部政策进行反思，逐渐出现"右转"倾向，直到1997年，布莱尔工党政府重新执政，以"第三条道路"为理论指导，将传统的民主社会主义改为社会民主主义，不再追求社会主义对资本主义的整体性制度替代，而是回到了对资本主义性质的维护。社会经济主张大多还是沿用了撒切尔主义的主张，如削弱劳动运动、削减社会福利、实行私有化等。

可见，工党的政治思想正在与保守党在某些方面达成一致，工党不再追求社会主义对资本主义的替代，或者将社会主义视为一个很长远的目标，开始注重对资本主义的管理与治理。因此，英国资本主义改良的本质是保守党与工党在不触动资本主义制度的前提下，通过政治、经济以及社会方面的改良来使资本主义制度更加完善。而对资本主义来说，它也有着源源不断的改良动力，这从后金融危机时代的经济发展趋势中就可以看出来。

5.7.2 从经典马克思主义政治经济学的角度看改良的实质

从社会观演变过程中可以看出，英国资本主义的改良始终是在资本主义框架内进行的，而在资本主义框架内进行的改良始终存在马克思主义政治经济学经典理论所描述的社会矛盾。

（1）生产社会化与生产资料私人占有的矛盾始终存在

实行生产资料的劳动产品私人占有，是资本主义的本质属性，也是资本主义的根本所在。资本主义社会生产以工业生产为主，生产规模不断扩大，分工日益精细，生产具有社会性，然而生产资料集聚在少数人手中，这样一来，生产的产品便不是属于那些真正使用生产资料与生产产品的广大劳动者，而是归资本家所占有。资本家对财富追求的欲望驱使其在竞争中逐渐提高生产力，致使生产的资本与过程越来越社会化，生产过程对整个社会的触及面更加广阔，社会分工越来越细致，相互依赖和联系更加紧密。随着个人生产被边缘化，社会生产与资本主义控制的不相容性变得更加明显，马克思、恩格斯在《共产党宣言》中还特别分析了资本主义基本矛盾的发展和体现，指出这一矛盾导致了经济危机和无产阶级贫困，从而为资本主义的瓦解奠定了理论基础。通过对英国资本主义发展进程的研究可以看出，随着科技革命、知识经济以及全球化的到来，资本主义的生产越来越具有社会性，但生产资料的私人占有未曾发生改变，每一次矛盾的激化都伴随着严重的经济危机与社会不平等现象，而在资本主义范围内的局部改良政策只是缓和矛盾、解决危机的无奈之举。

（2）国家政权始终代表着资产阶级的利益

二战后，尽管英国资本主义国家在资本主义运行的政治、经济以及社会方面进行了大幅度的改良，但不管是工党还是保守党执政，统治国家的仍然是资产阶级。在费边社的影响下，工党最早是由英国资产阶级内部的知识分子组成的一个具有"社会主义"性质的政党，因为他们认为知识储备不足的工人阶级不能带领工党最终取得改革的胜利，所以工党发展到现在依旧是由资产阶级领导。这些由资产阶级领导的政党，随着两党政治的发展，政策趋同的演化，国家政权对资产阶级利益的维护越来越明显，这从"撒切尔主义"的大规模私有化、工党"第三条道路"中社会经济政策对新自由主义的接纳和"社会民主主义"的变革中就可以看出。而对资产阶级利益的维护不能从根本上改变劳动人民受剥削的地位，也就无法避免由资本主义基本矛盾所引发的经济危机与社会贫富分化。

（3）福利政策始终是矛盾的缓和剂

从英国社会福利政策发展可以看出，从普惠制的"福利国家"到强调权利与责任的"社会投资国家"的福利模式变化，福利制度随着社会发展逐渐趋于合理化、系统化，并在一定程度上维持了危机过后人民的经济生活，增加了就业机会，提高了就业能力。但从马克思主义政治经济学的理论出发，资本主义的福利政策是一种更加隐蔽的剥削，它是资本主义国家出于整个资本主义经济发展的需要，而采取的保护工人阶级的一种措施，从而缓解了资产阶级与工人阶级之间的矛盾，麻痹了无产阶级的阶级意识，有效避免了阶级斗争的发生，为资本主义生产所需的劳动力提供源源不断的动力，更好地维护了资产阶级的统治。

5.8　总结

本章从英国资本主义改良的背景与基础理论出发，根据当代英国政党政治变化以及社会演变过程，将英国的资本主义改良过程分为"民主社会主义实践""撒切尔主义""第三条道路"以及"后金融危机时代"四个阶段。通过对每一个阶段的政治、经济以及社会政策改良和改良成效的分析发现，英国的两大执政党对当代英国资本主义经过近一个世纪的政策改良，两党政治主张在一定程度上趋同形势越来越明显，主张资本主义制度框架下的改良，更加强调对资本主义的管理与治理；经济政策更加具有灵活性，从国有化到私有化再到混合经济，从主要强调财政政策到货币政策再到后金融危机时代的财政政策与货币政策同时发挥作用；社会福利政策更加合理化、系统化，从普惠制的"福利国家"到强调权利与责任的"社会投资国家"。这种改良措施的变革创新也是英国经济在后金融危机时代能强劲复苏的一个重要原因。但从每一阶段改良之后英国出现的经济危机、福利危机和不平等现象以及马克思主义政治经济学出发，我们应该认识到，这种改良始终是在资本主义框架下进行的，不可能克服资本主义体制内部社会化生产与私人占有之间的矛盾，国家政权也始终代表资产阶级的利益，福利政策更是掩盖资产阶级剥削、更好地维护资本主义发展的一种手段。

参考文献

[1] 马克思,恩格斯. 马克思恩格斯选集:第四卷[M]. 中共中央马恩列斯著作编译局,译. 北京:人民出版社,1997.

[2] 石雪荣. 试析"第三条道路"的民主特质[J]. 宜春学院学报,2009,31(5):5-7.

[3] 赵金子. 英国工党的民主社会主义理论与实践探索研究[D]. 长春:吉林大学,2014.

[4] 孙洁. 英国的政党政治与福利制度[M]. 北京:商务印书馆, 2008.

[5] 毛锐. 撒切尔政府经济与社会政策研究[M]. 济南:山东人民出版社, 2014.

[6] 苏星. 论英国国有化、私有化与政府管制体制改革[D]. 济南:山东师范大学, 2003.

[7] FLANAGAN R J, SOSKICE D W, ULMAN L. Unionism, Economic Stabilization, and Incomes Policies: European Experience[M]. Washington, DC: Brookings Institution, 1983.

[8] 哈迪. 英国劳动法与劳资关系[M]. 北京:商务印书馆, 2012.

[9] 萨松. 欧洲社会主义百年史(修订版)(上下)[M]. 姜辉,等,译. 北京:社会科学文献出版社, 2013.

[10] RHODES M. Desperately Seeking a Solution: Social Democracy, Thatcherism and the "Third Way" in British Welfare[J]. West European Politics, 2000, 23(2): 161–186.

[11] LOWE R. The Welfare State in Britain since 1945[M]. 3rd edition. Houndmills, Basingstoke, Hampshire; New York, N. Y: Red Globe Press, 2004.

[12] 王捷. 撒切尔主义的工会战略[J]. 西欧研究, 1990(3): 13–18,64.

[13] 郭静. 政党轮替的政策价值[M]. 北京:中国社会科学出版社, 2010.

[14] 张雪琴. 新自由主义与2008年的金融和经济危机:评大卫·科茨的《新自由主义的兴衰》[J]. 政治经济学评论, 2015, 6(5): 214–224.

[15] 汤普森. 社会民主主义的困境[M]. 贺和风,朱艳圣,译. 重庆:重庆出版集团, 2008.

[16] 盛红生. 英国政治发展与对外政策[M]. 北京:世界知识出版社, 2008.

[17] 王尧. 吉登斯"第三条道路"理论及其实践价值探析[D]. 长春:吉林大学, 2013.

[18] 伯纳姆,赵开开,苏童. 新自由主义、危机与去政治化的矛盾[J]. 国外理论动态, 2018(5): 49–56.

[19] 窦兆珩. "第三条道路"社会福利思想研究及对中国社会保障制度建设的启示[D]. 济南:山东建筑大学, 2016.

[20]吴韵曦.从"科尔宾现象"看英国工党的变革与面临的挑战[J].当代世界与社会主义,2017(2):139-144.

[21] SWANK D. Social Democratic Welfare States in a Global Economy: Scandinavia in Comparative Perspective[M]// GEYER R, INGEBRITSEN C, MOSES J W. Globalization, Europeanization and the End of Scandinavian Social Democracy? London: Palgrave Macmillan UK, 2000: 85-138.

[22]王展鹏.英国发展报告(2014—2015)[M].北京:社会科学文献出版社,2015.

[23]何秉孟.重拾"第三条道路"?金融危机后美欧的政治思潮与经济选择[J].国外社会科学,2014(6):4-10.

[24]罗星.从替代到超越——战后英国工党社会主义观的演变[D].北京:中共中央党校,2016.

[25]中共中央马恩列斯著作编译局.马克思恩格斯选集:第三卷[M].北京:人民出版社,1995.

[26]沈鑫雨.刍议当代资本主义改良的实质[J].经济研究导刊,2013(18):18-19.

6 加拿大

6.1 引言

由于加拿大最初是英国的殖民地，其继承了英国的议会民主制度，美英战争时为美国所夺，又具有美国的联邦形式，加拿大因此被称为"万法并行"的马赛克。但是，加拿大有着与其他国家迥然不同的立国精神，选择的是和平渐进的立国之路，这就决定了加拿大政治的温和性。同时，加拿大作为一个由移民组成的年轻国度，思想文化呈现多元化。在这种思想政治文化的影响下，加拿大并不热衷于采取暴力革命的斗争方式，当地民众也有着表达诉求的途径，国家整体更倾向于走改良主义的道路。

第二次世界大战以后，加拿大迅速发展，其自我改良和完善为本国资本主义经济的发展提供了相对稳定的环境。无论是战后经济的快速复苏，"滞胀"危机后当代资本主义体系的改革发展，还是金融危机后当代资本主义体系的巩固调整，资本主义改良都为加拿大生产力的发展提供了广阔的空间，在缓和资本主义各种矛盾方面取得了相当大的成果。但我们仍应注意到，资本主义固有的各种矛盾并没有发生改变，资本主义改良措施有其本身克服不了的局限性，不断爆发的经济危机就是很有力的佐证。现阶段，加拿大当代资本主义发展呈现出新特征。以历史为鉴，国家垄断资本主义阶段也必将随着社会经济的不断发展给资本主义国家带来新的负面挑战。面对新的社会矛盾，需要更加完善的福利政策去掩盖资产阶级剥削，需要更加灵活的经济调节机制去缓和资本主义矛盾。

本章从加拿大资本主义改良的指导思想——社会民主主义出发，根据当代资本主义社会经济的演变过程，将加拿大的资本主义改良过程分为"战后黄金时代""新自由主义时代""后金融危机时代"三个阶段，通过梳理发展进程中采取的自我改良措施，考察其改良成效，探析加拿大当代资本主义改良的新发展与新挑战，对加拿大资本主义改良的实质进行深入剖析，为中国现阶段的发展提供一定的经验和启示。

6.2 加拿大当代资本主义改良的指导思想与主导政党

6.2.1 加拿大当代资本主义改良的指导思想

社会民主主义是加拿大资本主义改良的指导思想，在加拿大政治生活中作为新民主党的纲领思想，是一股不可低估的政治力量。

加拿大社会民主主义的思想最早体现于1933年的《里贾纳宣言》。《里贾纳宣言》强烈谴责了资本主义制度是社会不平等、自私、贪婪等一切灾难的根源，必须将其推翻。然而，到了1956年，《温尼伯宣言》改变了主张，认为应把战后的资本主义看成一种全新的社会时代，其指导思想也经历了轻微的"右转"。1961年，新民主党正式成立。该党派继承了加拿大劳工大会与平民合作联盟的衣钵，延续并发展了社会民主主义这一指导思想。

加拿大社会民主主义的思想主要来源于费边主义、工联主义、民粹主义以及基督教社会主义，实质上是一种聚合物，既主张党的思想理论多元化，也主张建立民主多元化的政治经济体制。与平民合作联盟相比，新民主党显得更加温和，不再提消灭资本主义制度，主张用渐进的、改良的方式控制资本主义，改革当前社会存在的弊端，以期通过走阶级合作、议会民主的道路实现社会平等，缩小贫富差距，使各阶层人民的生活水平都能达到温饱状态。新民主党认为，社会主义本身并没有既定的最终目标，而是在朝着公正、平等、相助、尊严、社会公平和政治自由的方向动态变化着。因此，无须推翻现存的社会制度，只需把关注点从制度本身转向社会福利政策方面即可，如对养老金、失业金、医疗保障等各方面的社会保障工作提出了自己的意见。由于新民主党的指导思想将加拿大被忽视的中下层劳动者的利益纳入考虑范围，尽管所谓的"平等"在今天看来只是形式上的平等和法律上的平等，但是其政策主张对于缩小贫富差距、保护弱势群体、融洽各阶层关系，构建和谐社会等有着重要的借鉴意义。

6.2.2　加拿大当代资本主义改良的主导政党

新民主党与北欧的社会民主党不同,其很少成为执政党。新民主党以一种更间接的方式促进着加拿大的资本主义改良。

纵观加拿大政党的演变轨迹,加拿大政党制可归为"两个半政党制"。像新民主党这样的第三党,虽无缘联邦政权,但其作用不容忽视。正是在新民主党的指导思想的推动和建议下,自由党与保守党才迫于压力,更好地解决了加拿大存在的社会问题,并完善了各项社会福利政策。

1942—1944年,平民合作联盟获得的民意支持骤增,选举力量较强。为防止民主社会意识占据社会主流,保守党在名字中加上了"进步"二字;自由党许下承诺将家庭救济的标准与措施、针对退役军人的救济方案纳入法律条文。1961—1968年,迫于新民主党的压力,联邦政府首次实行医疗保险制度。20世纪70年代,在以刘易斯为领导的新民主党的建议下,以特鲁多为首的自由党提出并建立了养老金制度;通过了新的工人立法、选举经费法;设立了外国投资审查机构等。90年代,社会实际问题愈加严重,作为轮流执政的保守党与自由党不得不加强构建福利保障体系。时至今日,两大党为了扩大选民基础,有意识地淡化自身的意识形态色彩,选择"中间路线",抹杀了进步保守主义、福利自由主义与社会民主主义的区别,各政党政策日渐趋同。

"社会民主主义"的诞生、发展,是迎合了广大基层人民(工人、农民、部分中产阶级)利益的结果,因而其展现出无穷的活力与旺盛的生命力。以社会民主主义为指导思想的新民主党,具有广泛的社会基础,在医疗保险、养老金等社保领域多次迫使联邦政府做出让步,进而实现了加拿大自身的发展。正如有关评论所说"它所形成的思想及纲领已远远超出了加拿大的国界,加拿大新民主党对加拿大的贡献是不可磨灭的"[①]。不得不说,在一定程度上,执政党的社会福利措施是与新民主党妥协的结果,加拿大如今完善的社会保障制度是资本主义改良的结果。

---

① 李兴耕. 当代西欧社会党的理论与实践[M]. 哈尔滨:黑龙江人民出版社,1989:46.

6.3 加拿大当代资本主义改良的发展脉络

加拿大社会保障制度的发展与其经济社会的发展是密不可分的,加拿大社会保障制度的建立、发展和完善是经济社会发展的要求;同时,这一制度也促进了加拿大社会经济的发展和进步。在资本主义每一个积累的社会结构时期,对应的经济发展特征是不同的,资本积累的制度支持也是不同的,因而其所采取的改良措施也各有差异。本章以加拿大在不同阶段所处的特殊发展环境为依据,对加拿大当代资本主义改良的发展脉络进行了考察。

6.3.1 战后"黄金时代"的加拿大资本主义改良

二战后,整个西方资本主义世界在国家统一计划和安排下,以福特制生产方式为核心,以充分就业、大规模生产和大规模消费为特征,物质资本的积累与扩张成为该时期资本主义体系中的重要标志。加拿大同西方其他资本主义国家一样,普遍接受了凯恩斯理论,政府也由"守夜人"转变为"积极干预者"。

(1)经济措施改良

为防止重陷大萧条的经济困境,加拿大政府在战后通过严格控制物价和提高工资总体水平来直接干预经济发展,以实现充分就业的宏观经济政策目标。政府认为,若消费者个人和企业能继续保持购买力,就业率的稳定上升就有保证,企业便可同时受益。因此,政府采取引导消费的措施,如降低税收、兑换战争债券、取消强迫储蓄等。同时,加拿大政府、银行及财政部官员寻求并采用从战争到和平的过渡经济政策:工人持股、工人参与管理等。推出许多发展经济的新计划:开发能源、建设公路等。新经济政策、项目的提出,缓和了劳资矛盾,提高了加拿大的就业率,稳定了经济发展。

(2)社会政策改良

六年的艰苦战争尽管给加拿大经济带来了发展契机,但是遗留了种种严峻的社会问题亟待解决,再加上受到社会民主主义这种温和改良主义的影响,加拿大的"福利国家"就此成为战后时代的产物。1942年,伦纳德·马什(Leonard Marsh)起草的《加拿大社会保障报告》对加拿大如何建立一套综合性的、全面的收入保障措施进行了详细阐述。在该报告的巨大影响下,加拿大联邦政府于20世纪50—70年代逐步实现了社会保障的制度化,构建了以失业保险、养老保障、医疗保障和社会救助为主要内容的现代社会保障体系。

在作为首要任务的失业保险领域，尽管1940年就已设立《失业保障法案》，但"当时仍旧有1/3的失业者没有资格享受失业保险金"。1950年，加拿大全国失业人口高达37.5万人。为此，联邦政府又通过《失业援助法》作为《失业保障法案》的有益补充，但是效果并不理想。20世纪70年代，特鲁多总理一上台就提出"公共社会"的目标，以失业保险金为核心对福利制度进行改革，修改了《失业保险法》，覆盖了大约96%的劳动力，实现了全国性的失业保障体系。在养老保障领域，1951年通过的老年保障计划（OAS）、1952年实施的《老年保障法》取代了1927年的《养老金法案》，为70岁以上老年人建立了普遍性的养老金制度。1966年，自由党联邦政府还通过了"确保收入补贴"来进一步加强养老金保障制度的建设，主要补助那些完全依赖于老年人保障金或者只有极少其他收入来源需要政府扶持的低收入老年人。在医疗保障领域，先于1957年通过了《医疗保险和诊断服务法》，后在1966年通过的《医疗保障法》中进一步规定联邦政府负担各省和特区医疗保险成本一半的费用，同时加拿大人民平等享有全面的医疗保障。至此，全国统一标准的医疗保障体系最终建立。在社会救助保障领域，加拿大于1966年通过了"加拿大援助计划"（Canada Assistance Plan），规定要求联邦政府和省政府分摊援助费用，"目的是提高和扩大加拿大的社会援助和社会服务，把所有种类的、费用分摊的社会援助计划整合成一个统一的综合性财政援助计划，并扩大社会服务范围来帮助人们保持或获得独立自主性"。该法案通过全面整合成本分摊标准、详细规划援助标准，在前期发展基础上进一步健全完善了社会救助体系，加拿大社会福利事业也达到了顶峰。

6.3.2 新自由主义时代加拿大资本主义改良的转型

战后加拿大经济快速复苏，人民生活水平逐步提高。但是，由于优厚的福利支出离不开强有力的财政支持，加拿大政府不得不增加税收，但是对企业实行的高税收政策打击了投资意愿，导致生产率不断下降，失业率再次攀升，经济再次进入衰退期。20世纪70年代出现全球性"滞胀"危机，战后所形成、积累的社会结构被破坏，加拿大开始了新一轮的经济制度变迁，福利国家制度也进行了调整与改革。

(1) 经济措施改良

20 世纪 70 年代初,由石油价格震荡引发的世界经济危机给加拿大带来了巨额联邦财政赤字,通货膨胀、生产停滞、税收大幅减少,失业率达到 30 年代以来新高。以 1983—1984 财政年度为例,政府财政赤字约 324 亿加元,国债总额约为 1640 亿加元。面对这些难题,马尔罗尼总理领导的进步保守党政府对外摒弃贸易保护主义政策,大力推行经济自由化和国际化;对内大规模实施企业私有化,并采取紧缩性财政政策,大规模缩减福利开支;提高利率,稳定货币,降低通货膨胀率,以挽救加拿大岌岌可危的经济。随后马尔罗尼卸任,自由党一党独大,延续自由主义政策的思想,在谨慎的经济假设基础上,设立了"应急储备金";将铁路公司、公路公司等股份出售给私人,提高营业税和汽油税,取消优惠税率,削减企业补贴,改革债务存量结构等,减轻财政负担,整治宏观经济环境。

(2) 社会政策改革

20 世纪 70 年代的加拿大不仅面临经济衰退,而且由于庞大的福利支出增加量远远超过税收增长量,财政危机越发严重。另外,由于人口老龄化、医疗费用上涨等问题,现有的社会福利政策已经不能解决当前面临的经济社会问题,加拿大由此进入调整和改革阶段,开始由传统的"福利国家"向"社会投资国家"转变。

从 20 世纪 80 年代后期马尔罗尼执政开始,加拿大联邦政府在改革中着眼于尽可能缩减政府的福利开支。特别是在 1993 年,新上任的克里蒂安政府颁布"加拿大健康和社会转移支付"(Camada Healthand Social Transfer, CHST) 协议:将社会保障费用改由各省政府与联邦政府、企业、个人共同承担。这一改革一经实施,资金来源将变得多元化,会大大减轻联邦政府的财政负担。同时,政府提倡"工作福利",将社会保障更多投资于人力资本,如儿童、培训、教育等,以增强本国的国际竞争优势。为了国家的未来,1992 年加拿大政府为 18 岁以下儿童发放牛奶金;1998 年为减少儿童深度贫困出台国家儿童福利计划。为激励就业,打破人们对福利的依赖,人力资源发展常设委员会进行了大量的走访调查,在充分了解实际情况后于 1995 年起草了《社会保障考察报告》,将失业保险、各省高等教育和培训作为此次改革的重点项目。教育方面,加拿大教育投入比例不断增加,80 年代末就已占本国 GDP 的 7%。

6.3.3 金融危机后的加拿大资本主义改良

资本的逐利性驱使经济金融化在20世纪七八十年代迅猛发展,虽并未撼动"实体经济是国民经济的根基"这一事实,但打破了实体经济与经济金融和谐发展的平衡状态,金融化的极端结果必然是金融危机。2008年夏末,美国及全球金融体系的抵押担保市场突然崩溃,标志着当代积累的社会结构进入了危机阶段,经济金融化道路不可持续。

(1) 经济措施改良

尽管遭受国际金融危机的持续冲击,但加拿大是G7中受国际金融危机影响最小的国家,这得益于其长期形成的稳健的金融监管体制。当然,加拿大联邦政府也采取了主动措施积极应对国际金融危机。为保护经济金融体系,政府多次收购住房抵押贷款增强银行资金的流动性,成立"借贷保证基金"机构,稳定信贷市场。为保证金融市场的活力,除央行两度降息外,联邦政府还采取减税政策,在降低个人所得税税率的同时,将个人所得税扣除额提高了近千加元,并增加子女抵免和养老金抵免。对于企业来说,降低企业所得税;开放企业专款融资渠道,支持企业在投资发展方面融资;扩大适用优惠税率的中小企业范围等。同时,政府还增加了在道路、桥梁和宽带互联网等各项公共基础建设上的投资,以刺激经济。

(2) 社会政策改良

虽然自2008年以来,加拿大已平安度过国际金融危机,但是与以往相比,工人的生活质量提升甚微:失业率尽管有所下降,但是仍旧高于危机前的水平;家庭债务居高不下,达到历史顶峰。经济萎靡不振导致那些贫困群体与无家可归的弱势群体无法改善生活,呈现持续性危机状态。为此,政府加强技术培训,鼓励失业者通过技能培训实现再就业;以支持企业发展扩大就业机会,确保企业专款保障融资渠道畅通,努力减少金融危机带来的影响。同时,完善失业救助措施。例如,在2010财年中,联邦政府在完善失业救助措施方面提供了超过80亿加元的资金,并将失业保险领取期限增加到最短19周、最长50周,承诺向因企业破产而失业的工人支付数周的离职金等。不仅如此,作为美国最大的贸易伙伴,加拿大政府对"购买美国货"条款提出强烈反对,争取了一定的"豁免权"空间,在外交领域保护了部分就业机会。这一系列措施有效缓解了加拿大的"失业危机"。

6.4 加拿大当代资本主义的改良成效分析

6.4.1 加拿大当代资本主义改良的短期成效

（1）加拿大当代经济稳中有进

1960—2017年，加拿大经济稳中有进，这归功于联邦政府有效的改良措施。

二战后，加拿大政府在采取严格的宏观调控政策的同时，同新霸主美国结为最大贸易伙伴，近40%的出口商品流入美国，大批美国投资流入加拿大，为经济发展再次注入活力。1960—1976年，加拿大国民生产总值年平均增长4.4%，比英美同期都高（见图6-1）。20世纪90年代初，加拿大政府大幅削减福利财政支出，从支出占GDP的40%以上，削减到2000年的35%以下[①]，为经济建设奠定了基础。在这一时期，货币政策也彰显出自己独特的优势，联邦政府同中央银行相互配合，把通货膨胀率控制在1%~3%[②]，极大地促进了工商界投资的积极性。2008年国际金融危机尽管对加拿大经济有冲击，但是影响并不大，根据2018年世界发展报告，加拿大人均国民收入5.51万加元，位居全球前十。如今，资本的国际化程度已达到新水平，金融资本和产业资本的融合，已成为加拿大资本的主要形式；知识经济的迅速发展，使信息产业在加拿大经济中的作用日益凸显。

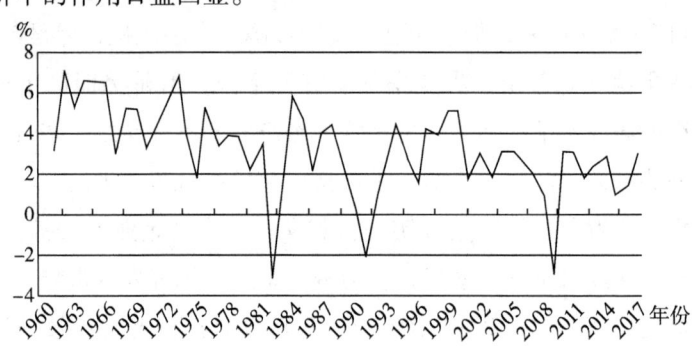

图6-1 1960—2017年加拿大GDP增长率变化趋势

资料来源：https://www.kylc.com/stats/global/yearly_per_country/g_gdp_growth/can.html。

---

① 资料来源：根据OECD数据库计算得到。
② 资料来源：OECD数据库。

(2) 加拿大失业率呈下降趋势

加拿大战后实行的失业保障体系削弱了加拿大人的就业能力,"我们对人们成为失业者支出得太多"①,助长了社会懒惰风气,消磨了求职者的工作动力,滋生了一批在家享受国家高福利政策维持基本生活、选择"主动失业"且尽可能逃避劳动力市场风险的人。1996年《就业保险法案》取代1971年《失业保险体系》之后,致力于打破"懒汉作风",提高了领取救助的门槛,更重视为人们提供更多的就业机会。同时,产业的发展和政府对再就业的重视,创造了更多的就业岗位,提高了就业者的技术水平。通过努力,加拿大的失业率也由20世纪90年代初的11.4%下降至2007年的6.0%。该失业保障制度在2008年国际金融危机后也发挥了不容小视的作用。从图6-2中可以看出,1970—2020年加拿大失业率整体呈现下降趋势,是加拿大社会经济不断改良的结果。

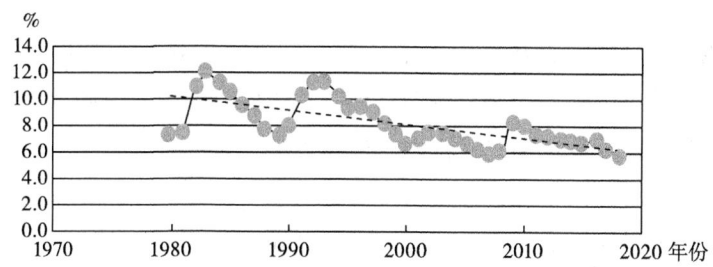

图6-2　1970—2020年加拿大总失业率变化趋势

资料来源:https://zh.tradingeconomics.com/canada/unemployment-rate。

(3) 财富分配显兼顾公平倾向

基尼系数是反映社会居民收入分配差异程度的重要指标,同时也是反映社会和谐程度的重要指标。从加拿大的基尼系数变化趋势(见图6-3)可以看出,20世纪80年代以来,加拿大的基尼系数长期稳定在0.31~0.34。根据联合国有关组织规定,基尼系数在0.3~0.4是相对合理的,这是加拿大社会福利制度取得的不小成就。

加拿大在贫富差距依然存在的同时,财富分配出现了兼顾公平的倾向。这主要归功于现代福利制度中的税收带有明显"劫富济贫"的色彩。加拿大政

---

① 高鉴国. 加拿大文化与现代化[M]. 沈阳:辽海出版社,1999:130.

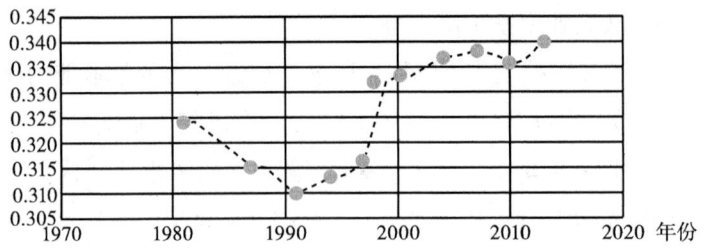

图 6-3　1970—2020 年加拿大基尼系数变化趋势

资料来源：http：//finance.sina.com.cn/worldmac/indicator_ SI. POV. GINI. shtml。

府通过实行累进税率调节收入，针对不同的省份，依据发展水平制定不同的税率（16%~29%），对低收入者施行免税政策。因而，征税的主要对象大多是资本主义经营中的相对富裕者，直接受益者则通常是市场竞争中的相对贫困者，此举使加拿大"富者不富，穷者不穷"，缩短了贫富收入差距。

（4）社会福利其他方面新进展

二战以后，加拿大在基础设施方面的建设开始施行国有化，主要涉及交通、通信以及电力等部门。尽管 20 世纪 90 年代自由主义思潮风靡全球，加拿大开始大规模私有化，但是其国有经济仍占据 1/4 的重要地位，涉足私人公司不愿意从事的一些服务领域。同时，企业职工可以以低于市场的价格持有公司股份，从而对企业拥有一定的所有权、经营权和红利分配权，体现出加拿大的民主性和社会化趋势。

在教育方面，加拿大政府于 20 世纪 80 年代末加强人力资本投入，取得了举世瞩目的成就。如今，义务教育、教育扶贫、教育补贴仍在继续，在 2017 年 U. S. News 公布的"全球教育质量国家排名"中，加拿大获得世界第一的殊荣。教育作为科技创新的源泉，是国力提升的持续推动力，因而重视教育能够带来高科技领域的长效发展，诸如加拿大目前的核能技术与计算机信息技术，均领先于世界。可以说，经济的发展不仅是宏观政策调控的结果，也离不开社会福利制度给予的促进作用。

6.4.2　加拿大当代资本主义改良的长期不可持续性

与二战前的资本主义相比，当代加拿大的资本主义已经在许多方面有所改善，发生了深刻的变化。现如今，"作为一种经济、政治和意识形态上的现象，全球化无疑是福利国家现在所面临的实质性环境"①。虽然目前加拿大的经济体制健康，但是展望前景，在经济金融全球化背景与历史根源下，加拿大既无法摆脱经济全球化所带来的负面影响，短期内也无法解决不可承受之重的美国依赖症。对于经济全球化，加拿大要重新审视本国的经济社会政策，用更加积极有效的措施来应对。

（1）经济全球化下的"财政危机"

随着经济全球化的深入，资本为了追逐巨额利润纷纷外流，大规模转向对利润征税税率较低、拥有廉价劳动力的国家。资本的逐利性一方面引起本国就业机会大量减少，失业人群增加；另一方面导致国家财政税收下降，用于社会福利支出的资金来源也大幅缩减。

加拿大作为高福利国家，社会保障支出始终是政府预算中的大项目。2018年，政府福利性支出即个人支付转移达到909.4亿加元，占比29.2%。在政府福利性支出中，老年人福利（包括老年金OAS和收入补贴等）支出为481.6亿加元；失业保险福利支出为207.1亿加元；儿童福利支出比上年增加40亿加元，达到了220.6亿加元。② 同时，加拿大又是典型的移民国家，为扫除移民语言就业障碍，政府投入了相当一部分资金大力支持教育，这使加拿大成为教育经费最高的国家之一。再加上国内失业人口的增加、人口老龄化，种种现状都给政府造成了巨大的财政压力，2018—2019财政年度财政赤字相比往年缩减，但仍旧高达140亿加元③，占GDP的30.1%。加拿大仍旧处于一个经济"怪圈"：高额的社会福利支出是以国家高额、高效的财政税收为支撑的，但资本的逐利性造成资本向国外转移从而减少了税收总额，一方面使福利国家财政危机四伏，另一方面使高额福利支出难以为继。

（2）金融资本国际化程度加深

在全球舞台上，加拿大经济高度依赖于美国的资本与市场，使之呈现出经济"美国化"。加拿大是典型的资源出口国，而其绝大部分资源都出口到了美国，美国经济发展的变动将会直接影响加拿大的经济周期。贸易不平衡带来的

---

① 米什拉. 社会政策与福利政策:全球化的视角[M]. 北京:中国劳动社会保障出版社,2007:19.
② 资料来源:http://ca.mofcom.gov.cn/article/ztdy/201805/20180502743480.shtml.
③ 资料来源:https://www.sohu.com/a/342068471_99895770。

危害使加拿大政府必须寻求新的解决之道,以破解加拿大的经济困局,参与国际合作与竞争是实现新突破的首要之举。同时,在垄断资本主义经济结构下,大部分经济剩余以利润的形式被垄断资本集团获得,集团不断对外扩张,并整合金融资本与国家的利益,几乎控制了国家的经济和政治生活。此时,政府虽看起来是独立部门,但实质上越来越受金融资本控制,并逐步沦为垄断者对社会行使控制权的政治工具。垄断资本集团通过控制政治决策过程,收买政治家和官员,干预选举结果,破坏民主进程;还支持国有部门为自己服务,利用国家削减政府的社会福利支出,使之逐步私有化。国家通过高税收、发行国债增强经济力量,伴随着金融资本国际化程度的加深,一方面广大人民纳税负担愈加沉重,生产与消费矛盾更加尖锐;另一方面公私债台高筑,形成"债务经济",继而将引发新一轮的债务危机。

(3) 现代福利制度下的"懒人现象"

加拿大"普惠式"福利制度涵盖了社会保险、社会救助、社会福利等各个方面,居民从一出生就能享受国家给予的各项补贴,包括全民教育、免费医疗服务、免费保健等。但是,这种福利政策也受到越来越多人的批评,称"完善的社会保障助长了社会懒惰,滋生了福利懒汉,催生了懒人群体"。在加拿大的现代福利制度下,有些人即使一辈子不去工作,依靠政府的资助也照样能衣食无忧。高福利意味着高税收,加拿大曾被夸张地称为"万税之国",但其确实是税负最重的国家之一。对于工人,尤其是对于那些没有太多避税手段的工人来说,打低收入工和不打工实质上没有什么差别,其工作积极性被严重消磨。"社会福利金"作为加拿大福利体系的一块基石,确实带来了"福",但也引发了"祸"。该怎样解决"祸",对于加拿大政府来说,将成为一个全新的挑战。

6.4.3 对当代加拿大资本主义改良实质的评析

(1) 加拿大的资本主义改良适应了资本主义社会的发展

马克思主义政治经济学认为,资本主义追逐剩余价值既为全世界生产力的快速发展提供了内生动力,带动了科学技术的飞速进步,也开辟了国际市场,将世界各个地区解放出来融为一体。二战后,加拿大为缓和阶级矛盾、实现社会经济稳定发展采取了诸多措施。政府干预、提倡新自由主义、健全完善社会福利制度、科学完备的金融监管制度等一系列体制改革在缓解资本主义内在基本矛盾的同时，帮助加拿大持续走在西方发达资本主义国家前列，使资本主义的生产关系还能在一定时期、一定范围内容许生产力继续向前发展。可以肯定的是，加拿大当代资本主义的改良具有较强的社会适应性和现实需要性。不过，经济危机的周期性爆发表明改良的效果是有局限性的，它并不能改变资本主义的本质，还会引发新的社会经济问题，潜在危机不容忽视。

（2）资本主义社会基本矛盾没有改变

在资本主义制度下，尽管加拿大生产资料的私人占有和生产的盲目性有所改变，但资本仍旧高度集中于少数资本家手中。在加拿大，绝大多数人口是工人阶级，在资本主义制度下，工人阶级的劳动成果被资本家无偿占有。同时，生产技术的不断进步会使"人被机器代替"，造成大量剩余劳动力，造成贫困、社会动荡等一系列问题，出现产品过剩与大量贫困人口共存的矛盾现象。

在垄断资本主义生产体制下，通过工会的集体议价制度，工人的收入和福利水平有了较大的提高，但是由于大公司拥有将价格提高在生产成本之上的能力，工人收入和福利提高的结果是产品价格上涨，从而损害民众作为消费者的福利。因此，大规模生产和技术进步所产生的经济剩余大部分以利润的形式被股东获得，而大多数社会成员的生活并没有获得实质性改善。

国家为了确保自己的合法地位，必须充当社会利益的供给者。一方面，通过对公共设施投资，诸如学校、教育培训等，努力为资本积累创造条件；另一方面，提供劳工、养老、失业以及医疗健康保险等福利体系，安抚失业工人，努力为保持社会和谐创造条件。与私人资本有关的社会投资和社会消费投入（或社会可变资本）被社会化由国家承担，但是因此产生的利润却由私人部门占有。国家预算支出与日俱增，为避免财政危机，国家必须努力提高自身收入，确保收支平衡。但是，增加国家收入的途径严重受限，无论是创办国有企业，还是发行国债，抑或是提高税收，都无法使国家获得财政上的自由。首先，建立垄断性的国有部门受到私人垄断部门的抵制。其次，国债的安全性取决于征税能力以及通过提高 GDP 扩大税基的能力。最后，增加税收也受到限制，因为绝大多数税负都转嫁到了消费者（工人和小商业者）身上。因此，无论国家怎样调节，国家支出和国家税收之间的"结构性缺口"都无法消除。

（3）加拿大社会福利是社会矛盾的"调节器"

现代社会福利历史就是不断解决没有保障和不稳定问题的历史。资本主义所进行的民主决策，只是保护资产阶级控制经济、社会和剥削人民权利的"表面民主"，而非真正的民主。实行社会福利政策尽管促进了就业，降低了失业率，维护了社会和谐，但是它主要源于工人阶级的斗争，可以说它是政府为缓和劳资矛盾和维持社会秩序而发挥其社会调节功能的结果。因此，不管福利制度和社会保障制度如何完善，只要资本主义制度的矛盾没有得到根本性解决，社会问题就必然存在，福利制度的出现只是缓和矛盾，起到的只是"治标不治本"的调节性作用。

6.5 启示

目前，加拿大作为拥有完善社会保障制度的西方发达国家典范，建立的"法律保障、政府主管、社会参与"的专业化社会福利服务已覆盖社会各个领域。加拿大联邦政府虽然维护的是资本主义制度，但是它结合本国国情，在实践中不断改进、完善了自己的制度体系。对于中国来说，加拿大的经济和社会领域，仍然有可以借鉴的地方。

6.5.1 对我国社会保障的启示

加拿大在 2008 年国际金融危机中受到影响较小，除了与其科学有效的金融监管制度和审慎保守的经营理念有关外，还与其建立的积极完善的社会保障制度分不开。因此，建立与本国经济能力相适应的社会福利政策是我们国家当前必须做的。

目前，中国的人口基数相对较大，东西部经济发展不平衡等现实因素要求我们不可盲目照搬高福利国家的福利政策。实际上，追求高福利没有错，但要与不同省份的经济发展实力相匹配，构建中国多元化的福利模式，做到针对性，服务广大群众。一般来讲，传统意义上的社会福利政策讲究物质供给与金钱救济补助，只能起到"治标不治本"的作用。真正实现效用最大化的福利政策在于通过教育、技能培训等措施提高人的社会生存能力，在促使人全面发展的同时，也可以有效避免高福利国家所出现的"懒人现象"。加拿大十分注重教育，从数据上看，加拿大每年的教育经费投入占 GDP 比重高达 7%，而中国 4% 的投入占比与之相比，差距较大。尽管加拿大的教育财政支出压力较大，但是带来了自身高科技的突飞猛进、经济的发展、就业率的提高，这又是一种长期投资。由此可见,积极的社会福利政策对一个国家的长远发展极为重要。需要指出的是,社会保障支出的压力并不应该只存在于政府,为防止出现资本主义国家的税收与福利不相协调的怪圈,应充分发挥非政府组织的力量,激发市场活力,多渠道筹措资金,提高对经济危机的防御能力。

6.5.2 对中国金融发展的启示

虚拟经济是市场经济高度发达的产物,以服务实体经济为目的,是拉动经济增长的新引擎。但实践一再证明,虚拟经济过度发展引致的虚假繁荣,将大大增加经济风险。加拿大能在金融危机中少受其难,不得不归功于其稳健的金融监管制度以及审慎经营的经营理念。

(1) 实行科学有效的金融监管制度

当金融化的虚拟运作淹没实体经济时,危机也就随之爆发,金融改革势在必行。一方面要给消费者(而非银行、投资机构)最有力的金融保护;另一方面要实行科学的金融监管体制,如加拿大独特的"两级多头"监管体系。加拿大独特的两级制监管体系兼独立性与协调性于一体。联邦级和省级监管机构一方面"分权"对金融机构相对独立地监管,另一方面通过签署协议加强交流与合作。虽然"两级多头"监管体系划分权限清晰,但是并不彼此分割,从而达到统一协调的目的,保证监管工作得以高效完成。中国三大金融监管机构(证监会、银保监会、中国人民银行)实行的是"由上到下"的管理方式:中央统筹地方,下属机构对上级负责。虽有助于政策传达与执行,却不能充分发挥地方监管效用。因此,建立报表的定期交流制度,做到信息共享,是中国可以借鉴的地方。

(2) 树立审慎保守的经营理念

加拿大银行业资产雄厚,但对资本金充足率有很高的要求,普遍信奉"看不懂的产品不做或少做""没有任何一项业务值得拿自己的名誉去赌博"[①],对"小概率、大事件"类产品坚持审慎经营的原则。同时,银行业非常注重资产负债基础结构是否合理稳定,强调负债方面的流动性管理,因而加拿大金融衍生程度并不高,安全性则远高于美国和欧洲国家。在"深化金融体制改

---

① 李娜. 加拿大金融监管体系对我国金融监管的启示[J]. 经济视角(下),2012(1):77–79.

革、推进多层次资本市场健康发展"的背景下,在可承受范围内实现效益最大化的经营理念也是中国可以借鉴的。同时,在学习加拿大加强金融监管、控制金融秩序的同时,要大力发展金融业,推动经济快速发展;还要加大对实体经济的投入支持,拉动经济稳定发展。

参考文献

[1] 郭丽杰. 加拿大新民主党及其政治功能初探[D]. 石家庄:河北师范大学,2007.

[2] 李兴耕. 当代西欧社会党的理论与实践[M]. 哈尔滨:黑龙江人民出版社,1989.

[3] ISMAEL J S. Canadian Social Welfare Policy:Federal and Provincial Dimensions[M]. First edition. Kingston u. a:McGill – Queen's University Press,1987.

[4] 于洪. 加拿大社会保障制度[M]. 上海:上海人民出版社,2011.

[5] BRYDEN. Planners and Politicians:Liberal Politics and Social Policy,1957 – 1968[M]. 1st edition. Montreal;London;Buffalo:McGill – Queen's University Press,1998.

[6] 潘记永. 加拿大社会政策研究[D]. 济南:山东大学,2013.

[7] 丁晓钦,谢长安. 从积累的社会结构理论看当代资本主义的发展阶段[J]. 马克思主义与现实,2017(3):74 – 80.

[8] 杨艳. 新时期加拿大政治局势与共产党的应对[J]. 人民论坛,2015(17):234 – 236.

[9] 世界银行. 2018年世界发展报告[M]. 北京:清华大学出版社,2019.

[10] 高鉴国. 加拿大文化与现代化[M]. 沈阳:辽海出版社,1999.

[11] 米什拉. 社会政策与福利政策:全球化的视角[M]. 北京:中国劳动社会保障出版社,2007.

[12] 宋琦. 从加拿大看当代资本主义的新发展和新变化[J]. 当代世界与社会主义,2004(3):91 – 93.

[13] 任志俊. 加拿大当代马克思主义理论研究及其启示[D]. 重庆:西南大学,2010.

[14] 吉登斯. 第三条道路:社会民主主义的复兴[M]. 郑戈, 译. 北京:北京大学出版社, 2000.

[15] 李巍. 加拿大工人运动与福利制度的起源[J]. 山东大学学报(哲学社会科学版), 1999(4): 71 - 76.

[16] 左连村, 刘婧. 中国与加拿大金融业监管比较研究[J]. 产经评论, 2013, 4(5): 79 - 90.

[17] 李娜. 加拿大金融监管体系对我国金融监管的启示[J]. 经济视角(下), 2012(1): 77 - 79.

7 澳大利亚

7.1 引言

随着资本主义生产过剩危机周期性爆发，资本主义制度的弊端不断显现，普遍的长期性失业、生活水平下降、个人债务攀升、社会福利减少、劳动人民税务负担加重等问题，已使人民对资本主义制度逐渐失望。而马克思主义政治经济学作为广大民众反抗资本集团统治和剥削的理论旗帜，不仅揭示了资本主义生产体系下收入分配不平等的关系，还分析了资本主义生产体系的发展如何强化资本对劳动的统治和剥削，并进一步提出工人阶级只有推翻资产阶级的统治，对整个资本主义生产体制进行全面的、深刻的变革，才能实现自身的解放和发展的观点。因此，基于马克思主义政治经济学的立场、观点和方法，对西方发达资本主义国家在当代发生的资本主义改良的指导理论、实际做法和成效进行批判性考察，是十分必要的。

相较于国外的研究，国内关于澳大利亚资本主义改良的研究相对较少。在政治层面的研究多集中在澳大利亚不同党派的改良思想上。一些学者梳理了澳大利亚共产党的建党背景和现状，根据澳大利亚共产党在会议上的发言总结澳大利亚国内社会主义发展形势，分析澳大利亚共产党不同时代背景下新的政策主张和澳大利亚共产党关于社会主义实践的探索；还有一些学者研究了二战后澳大利亚工党的一系列变革。在经济方面，张天研究了澳大利亚民族资本主义经济的形成与发展，魏嵩寿等探索了在经济全球化背景下澳大利亚经济的发展趋势。在社会方面，陶纪坤对比了中国与澳大利亚在金融危机中运用的社会保障措施。

本章运用马克思主义政治经济学的立场、观点和方法，对澳大利亚在当代发生的资本主义改良实际做法和成效进行批判性考察，揭示资本主义改良难以为继的深层次原因，以期为中国实现社会和谐和经济可持续发展提供参考。

7.2 澳大利亚资本主义改良历史基础

1689年，英国资产阶级革命完成，资本主义制度在全世界范围内建立起来。18世纪末，殖民扩张、殖民掠夺将欧洲政治权力带向极致。澳大利亚的历史始于1788年，英国人率领舰队及第一批囚犯在悉尼湾登陆移民，在此建立了殖民地。英国人带来了牲畜、工具、启蒙思想以及对市场的渴望，他们希望把这片全新的大陆打造成英国的翻版，为国内大规模工业化创造广阔的市场。这些英国人在掠夺土著的牧场、耕地和资源的同时也带来了英国宪章运动的自由主义、平等主义和激进的思想。1851年，"黄金热"兴起，推动了澳大利亚商品市场和劳动力市场的形成。

1901年，澳大利亚成立联邦，标志着澳大利亚民族国家形成，资本主义制度确立。随后两次世界大战爆发，澳大利亚虽远离战场，但仍受世界局势影响经济遭受重创，国内政局动荡。战后，欧洲国家忙于重建，澳大利亚逐渐摆脱了英国的控制，效仿西方市场经济的模式，走上了自主发展的道路。顺应资本主义发展的"黄金时代"，基于凯恩斯理论，利用经济手段对市场发展进行宏观调控，为澳大利亚迎来了一个稳定的发展时期。20世纪70年代，澳大利亚乃至全球经济进入滞胀期，随着一系列经济改革，扩大政府支出，增加社会保障和福利支出等措施的实行，澳大利亚经济发展进入了一个新时期。到了90年代，澳大利亚已经独立地进入世界经济体制，专注于提高本国的社会富裕程度。

可以看出，澳大利亚资本主义制度的建立不同于其他资本主义国家，其是从原始社会直接转入资本主义社会，没有经历过封建社会，而且澳大利亚资本主义经济的形成没有通过资本原始积累及资本主义萌芽，而是通过移民和资本流入将资本主义制度从英国移植过来，具有一定的殖民地痕迹。同时，澳大利亚资本主义制度的形成道路是渐进式的，而没有通过暴力革命，因而社会没有出现过巨大动荡。

7.3 澳大利亚资本主义改良实践措施

伴随着世界经济形势不断变化,澳大利亚的资本主义改良逐渐渗透到经济、社会保障各个方面,暂时缓解了社会矛盾,维持了社会稳定。

7.3.1 经济层面改良

(1) 国家对金融系统的管制

二战后至 20 世纪 80 年代初,澳大利亚政府遵循凯恩斯主义思想,始终对金融业实行严格管制,极大地促进了国内制造业的发展,使澳大利亚一直处于经济繁荣期。

但是由于过于严格的管制,限制了国内银行等金融机构之间的竞争,极大地抑制了市场的调节作用,并且金融业务单一、缺乏灵活性,无法满足国内资本融通的需求;与此同时,非银行金融机构不受管制,其对国内经济的影响力大大提高,银行实力被削弱,占全国金融总资产比重大幅下降。

20 世纪 70 年代,世界经济格局发生动荡,原油等能源价格上涨,在种种压力下资本主义各国通货膨胀率不断攀升。1980—1985 年,澳大利亚政府几乎取消或放松了所有金融管制,这些措施使金融竞争机制得到改善,满足了企业融资的需求,刺激了投资总规模,促进了澳大利亚经济的快速发展,GDP 几乎超过所有发达国家,且基本保持较低的通货膨胀率。放宽外汇管制,允许外资银行进入国内,加速了澳大利亚金融市场国际化进程,使悉尼凭借优越的条件成为西太平洋地区仅次于东京的资本市场。同时澳大利亚政府对金融机构的监管由直接手段变为间接手段,提升了金融市场的创新能力,金融衍生品交易蓬勃发展,银行业务也逐渐趋于电子化、综合化。

但是在金融过度自由化的背景下,澳大利亚经济出现了动荡。银行信用规模扩大,金融市场虚假繁荣,虚拟经济泡沫破裂;取消对外汇的限制性政策,实行浮动汇率后,对外贸易一直处于贸易逆差的状态,银行出现大量坏账。

随后,澳大利亚政府提出在金融自由化的同时,要加强对金融风险的监管。在政府有效的监管下,澳大利亚建立了一个既具有安全保障,又具有竞争性、兼顾效率与公平的金融市场体系。

(2) 国家对对外贸易的约束

澳大利亚是一个开放型国家，国民经济严重依赖出口，世界经济形势变化通过贸易、投资等严重影响澳大利亚的国民经济。

二战后，为保护本国刚起步的幼稚工业发展，减轻对国外制成品的依赖，澳大利亚政府推行进口替代策略，实行保护性高额关税和进口限制等。

随着全球化进程不断深化，该政策的弊端日益显现。政府逐渐认识到贸易保护并没有提高国内制造业的竞争力，反而造成其对贸易保护的依赖，使国内工业发展缓慢。20世纪70年代至80年代中期，澳大利亚逐步给予出口厂商经济优惠、加强出口宣传和市场调研，组织或参加商品展览会、交易会，选派专员进行市场调研，为国内出口厂商提供海外市场信息，促进了澳大利亚产品向专业化深加工和高附加值转变。

经过一系列改革，20世纪80年代末，澳大利亚对外贸易迅速发展，进出口结构发生变化：初级产品进出口比重下降；初级产品出口发展不平衡，矿产品地位上升，农产品比重大幅下降；制成品出口比重上升；服务进出口稳步增长。欧洲特别是英国在澳大利亚对外贸易中的地位下降，北美、日本以及亚太地区发展中国家的地位进一步提高。澳大利亚向亚洲发展中国家出口份额由1989年的29.76%上升到1997年的45.35%。特别是在2008—2009年国际金融危机时期，澳大利亚搭上中国高速发展的快车，向中国出口铁矿石，中国成为澳大利亚最大的贸易伙伴国，帮助澳大利亚顺利度过金融危机。

进入21世纪以来，澳大利亚主要从三个途径维持其对外贸易政策：通过世界贸易组织（WTO）开展多边贸易；通过亚太经合组织（APEC）开展区域自由贸易；通过特惠贸易协定（PTA）开展双边贸易自由化。

7.3.2 社会层面的改良

(1) 福利政策的扩大

澳大利亚社会保障项目繁多、涉及面广，解决了很多社会问题，对国家经济发展和社会稳定做出了重要贡献。

进入21世纪后，为了解决日益严峻的社会问题，澳大利亚政府不断健全社会保障制度，形成了完善的体系。特别是在2008年国际金融危机中，澳大利亚运用社会保障措施，保护弱势群体，干预劳动力市场，降低失业率以应对金融危机，成功避免了2009年经济衰退。主要包括以下两个方面。

第一，实行社会救济。社会救济大部分是针对弱势群体，尤其是中低收入群体和退休者，发放一次性现金补贴。社会救济覆盖的人群达到了澳大利亚总人口的50%。

第二，大幅提高退休金待遇。澳大利亚政府直接通过现金转移支付，提高居民家庭的可支配收入水平。这样可以使流通中的货币用于消费，刺激消费需求，促进经济增长。

（2）对工人保护力度的加大

1996年，澳大利亚通过《劳动关系法案》，其后又推出了《澳大利亚劳动合同》，为建立全国统一的、由集体谈判向个人协商过渡的劳动关系体系奠定了基础。这种对劳工有着强烈保护的法律文件保证了在劳动市场上处于弱势群体地位的劳工的权益。并且，由于在这些法律条款出台时澳大利亚劳工收入水平处于较低水平，劳动条件亟待提高，因此特别强调了对劳动者的保护，强化工会及其他劳动权益保护组织的作用，遏制企业的力量。另外，澳大利亚建立了公平薪酬委员会，负责制定、修改全国最低工资标准和雇佣条件，承担着制定法定工资标准与劳动条件、劳动仲裁、劳动合同审核等众多职能，其成员由雇主、学者、工会和官方代表四方组成。

这些有利于工人福利水平增加的政策和对工人保护力度加大的法律条文从表面上是对工人群体有好处的，但是实质上是资本主义中的资本家对剩余价值掠取的一种更隐蔽的方式。如同马克思主义政治经济学剩余价值规律所说的，资本主义是以剩余价值为目标的，当资本家不断对剩余价值进行获取时，工人阶级被不断压榨，其生活水平维持在很低的水平，资本主义的社会矛盾会被激化。在澳大利亚的社会矛盾持续激化时，资本主义政府选择通过改良政策来缓解资本主义的矛盾，其在社会方面的改良政策就是建立社会保障体系，提高工人生活水平，缓和工人与资本家的对抗，从而维护资本主义资本积累的正常进行。社会保障制度的出现本质上是资本主义私有制基础上的改良，是资本主义生产关系的调整在社会层面的表现，是为维护资本主义制度存续的一种手段。

这些措施从马克思主义政治经济学的视角来看，是一种继续保证剩余价值掠取顺利进行的手段，并且这些手段确实缓解了澳大利亚资本主义内在矛盾的爆发，帮助资本积累顺利进行，取得了一些成果。但需要注意的是，对于这些成果需要分长期和短期来看,由于资本主义的私有制没有改变,因此这些成果只是由于资本主义内在矛盾的缓解而达到的,只是一种短期成果。

7.4 澳大利亚资本主义改良成效评价

在澳大利亚资本主义改良的措施下,澳大利亚的 GDP 增长率保持基本稳定,通货膨胀率持续下降,而失业率在 20 世纪 90 年代之后持续下降,澳大利亚的资本主义改良取得了短期成功。

根据澳大利亚统计局公布的最新经济数据,2016 财年经济增长率达 2.1%(见图 7-1),而 2017—2018 财年澳大利亚实际国内生产总值增长率达 2.9%。国际货币基金组织(IMF)在 2018 年 4 月的《世界经济展望》中称,预计 2019—2023 年澳大利亚实际 GDP 年均增长率为 2.8%,达到主要发达经济体中的最高水平。更重要的是,自 1991 年以来,经济合作与发展组织(OECD)中许多经济体都经历过两次 GDP 负增长:一次是 2001 年互联网泡沫破裂;另一次是 2008 年国际金融危机。而澳大利亚正开始经济持续增长的第 28 年。这一惊人的经济增长现象,得益于其在充满活力的亚洲地区的战略地位,不断调整政策进行改良形成的强大经济基础。

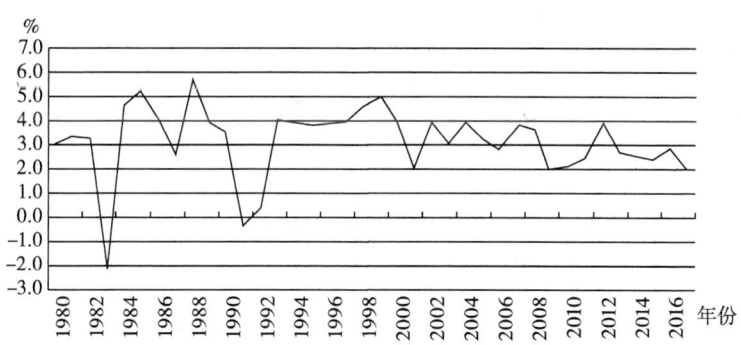

图 7-1 1980—2016 年澳大利亚 GDP 年增长率

资料来源:https://data.worldbank.org/indicator/NY.GDP.MKTP.CD?locations=AU。

20 世纪 70 年代,资本主义国家经历了经济"滞胀"危机,澳大利亚也深受影响,1975 年澳大利亚通货膨胀率高达 15.42%(见图 7-2)。此后,澳大利亚经过一系列有效的经济结构调整和改革,保证了国家金融发展和社会稳定,缓解了危机的冲击。90 年代以后,澳大利亚始终维持较低的通胀率,因此其连续被 OECD 评为"世界最具活力的经济体"。

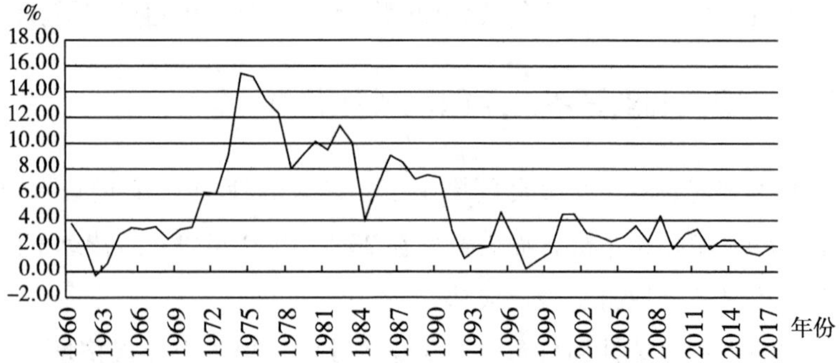

图 7-2　1960—2017 年澳大利亚通货膨胀率

资料来源：https：//data.worldbank.org/indicator/NY.IR.MKTP.CD？locations＝AU。

20 世纪初，澳大利亚经济出现短暂衰退，失业率也达到历史最高值。随后，澳大利亚政府通过不断改良社会保障措施，干预劳动力市场，缓解经济衰退的冲击。特别是在应对 2008 年国际金融危机中，社会保障措施发挥了巨大作用。时至今日，许多社会保障政策仍在发挥作用。自 2008 年 12 月至今，澳大利亚失业率平均几乎保持在 6% 以下（见图 7-3）；2019 年 5 月，失业率稳定在 5.2%。

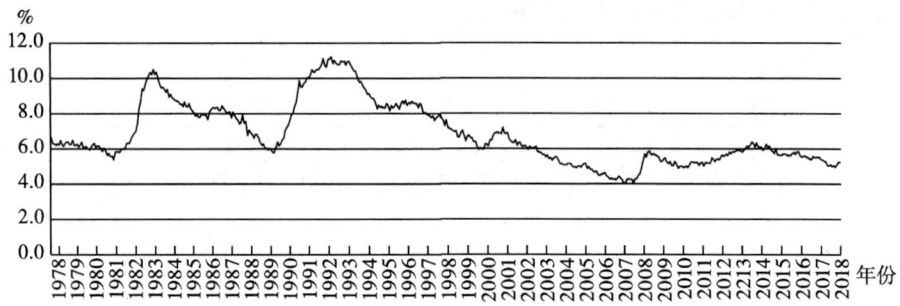

图 7-3　1978—2018 年澳大利亚失业率

资料来源：https：//data.worldbank.org/indicator/NY.UR.MKTP.CD？locations＝AU。

7.5　澳大利亚资本主义改良取得短期成效的原因

7.5.1　改良措施缓解了澳大利亚资本主义的内在矛盾

马克思主义政治经济学分析了资本主义生产体系的发展如何强化资本对劳动的统治和剥削，还科学地指出了资本主义的基本矛盾是生产社会化与资本主义生产资料私有制之间的矛盾,其表现在经济层面就是企业有序生产与市场无序竞争的矛盾。另外,马克思主义政治经济学指出了资本主义生产的内在动力是资本对剩余价值的追求,其导致了资本对劳动的剥削,在阶级层面的表现就是资本家与无产阶级的矛盾。

因此,澳大利亚资本主义改良通过加强政府对于经济的干预来缓解生产社会化与资本主义生产资料私有制之间的矛盾,通过工人、企业主和行业协会对公司进行共同治理来缓解企业有序生产与市场无序竞争的矛盾,通过建设福利保障制度提升工人阶级的生活水平就是将一部分资本家剥削的剩余价值通过转移支付转移给工人阶级,从而缓解资本家与工人阶级的矛盾,保证资本主义社会的稳定发展。澳大利亚主要通过福利保障制度的建设与财富通过财政系统进行二次转移手段的利用,以及通过加强国家对经济干预的手段对生产、交换、分配和消费四个不断循环的环节进行改革,在不改变生产资料私有制的基础上对资本主义的生产关系做出局部调整。最终保证当时资本主义生产力的发展能够暂时容纳于改良后的资本主义生产关系中。

马克思主义认为,在一个社会所能容纳的所有生产力发挥出来之前,这个社会是不会灭亡的。这种论断在资本主义改良出现之后依然成立,澳大利亚资本主义通过改良的手段对资本主义的生产关系做出了局部调整,缓解了生产社会化与资本主义生产资料私有制之间的矛盾和资产阶级与工人阶级的矛盾,因此资本主义改良在一定程度上缓解了资本主义的内在矛盾,促进了资本主义资本积累的进行,保证了资本主义在当下的继续存在。

7.5.2 强有力的金融监管保证金融系统稳定

20世纪90年代,澳大利亚放松了对金融直接管制,但加强了对风险控制的监管。澳大利亚金融监管体系分为三个部分,分别负责货币政策与金融系统的稳定、集中监管和消费者保护。在澳大利亚政府强有力的金融监管下,澳大利亚金融市场上出现的不良资产较少,金融风险较低。

除此以外,澳大利亚银行总体上保持较为谨慎和保守的态度处理业务,即收进存款并借贷给消费者和企业,较少投入金融交易。2008年,澳洲联邦银行交易收入额仅占总收入的7%,51%的资产来自家庭借贷,这个比例约为英国和其他欧洲国家的2倍,是北美银行的3倍。因此,澳大利亚的银行提供资金状况良好，受海外市场证券销售问题的影响较小，即便在危机发生中，也保持了良好的信用资产。

澳大利亚强有力的金融监管体系有效地防御了金融风险，银行保守的运作方式抑制了高风险借贷和出现大范围有毒的次贷资产。这说明澳大利亚始终把风险管理、资本、借贷和流动性置于优先考虑的地位，这也是澳大利亚平稳度过金融危机并保持连续 27 年经济无衰退的重要原因。

7.5.3 "收入引导型"社会保障措施缓解社会矛盾

澳大利亚政府十分重视社会保障制度对降低失业率和贫困率的作用，稳定了社会总需求。因此，在经济萧条和经济衰退时期，澳大利亚政府通过宏观调控保护弱势群体基本生活，这有利于保障失业者家庭的生活质量，同时使社会人力资源得到充分利用。

澳大利亚政府采取"收入引导型"的社会保障措施应对金融危机，有效地减少社会贫困人口，维持弱势群体的基本生活水平，维护了社会稳定。

7.5.4 移民政策吸引大批劳动力

澳大利亚经济能够取得长足的进步，很大程度上归功于澳大利亚人口的膨胀。澳大利亚统计局数据显示，截至 2019 年 1 月，澳大利亚总人口已达到 2520 万人。其中，人口增长的关键驱动力就是海外移民。澳大利亚统计局（ABS）的最新数据显示，截至 2017 年 12 月 31 日，澳大利亚人口增长率达到了 1.6%，相当于发达国家平均值的 2 倍多。其中，自然人口增长及海外净移民分别对总人口增长贡献 38.0% 及 62.0%，也就是说移民人口占总人口增长的一半以上。

包容开放的移民政策，使前往澳大利亚移民的人口不断增加，在很大程度上弥补了本地人口增长不足的缺陷，充足的劳动力活跃在各行各业，特别是技术移民为澳大利亚提供了经济红利，极大地推动了经济发展。

截至 2017 年的统计数据表明，澳大利亚移民的平均年龄只有 26.5 岁，使整个澳大利亚的平均年龄只有 37 岁。相对而言，澳大利亚还是一个"年轻力壮"的国家。由于移民申请者年龄偏低，澳大利亚移民也成功优化了澳大利亚的年龄分布，使澳大利亚各行各业始终拥有鲜活的血液，缓解了人口老龄化对经济的影响。

除此之外，移民带动了当地的旅游业和教育，提供了上百万个就业岗位，为澳大利亚经济发展做出巨大贡献。

7.6 澳大利亚资本主义改良的局限性

7.6.1 资本主义内在矛盾没有消失

从澳大利亚资本主义改良实践可以看出，发达资本主义国家在遭受经济危机重创后会进行经济理论的调整，但是由于没有改变资本主义社会基本矛盾，其依然是资本主义经济危机的根源。澳大利亚资本主义在经济层面和社会层面的改良措施都没有改变澳大利亚资本主义私有制基础，并且资本家通过雇佣关系对劳动的剥削、资本对剩余价值追求的资本主义内在动力、资本主义的基本矛盾、工人阶级与资产阶级的矛盾都没有改变，所以资本主义改良无法避免资本主义经济危机的爆发，也无法避免马克思主义政治经济学所预测的资本主义灭亡的结果。

因此，澳大利亚政府的一系列改革虽然在一定程度上缓解了社会矛盾，但是其改良措施仍然是在资本主义制度框架下，只要资本主义私有制存在，经济危机就无法避免。

7.6.2 自由主义思想重新抬头

20世纪80年代后，新自由主义表述的"减少管制增加经济自由度"的思想在全世界资本主义国家中重新出现。在新自由主义思潮的影响下，80年代后，澳大利亚开始放宽金融管制，推行私有化，主张市场调节，反对政府管制。

这些新自由主义措施的出现实质上是资本主义改良失败的一种体现，也是其局限性的一种表现。在资本主义私有制基础上通过加大国家对经济控制的力度对经济进行调控以及增加工人阶级的福利水平在长期是无法持续的。其原因是，在私有制基础下，资本必然追求于利润，在马克思主义政治经济学视角下就是资本对剩余价值的追求，并且资本主义经济运行的内在动力是剩余价值的生产。然而，扩大的福利保障和政府对于经济的控制实质上是不利于资本追逐利润的，也就是妨碍了剩余价值的生产，并且过高的福利开支会在一定程度上降低资本的利润率。因此，在长期经济发展中，资本主义改良措施必然会阻碍资本主义经济的发展，出现资本外逃和国内投资率下降等一系列不利于经济长期发展的现象。在这种情况下，减少管制、增加经济自由度的主张就会出现在资本主义国家中。因为私有制决定的资本对剩余价值的追求没有改变，资本需要相对自由的环境进行不断的积累，让资本主义经济继续增长。所以这种新自由主义思想的重新抬头显示出了在私有制基础上进行资本主义改良的局限性。

从现实结果来看，这样过度的自由化改革，使澳大利亚经济在20世纪80年代末出现金融动荡。在2007年美国次贷危机中，澳大利亚经济饱受重创。虽然恰逢中国经济高速发展，澳大利亚以其自身资源优势和包容的移民政策，吸引了大量中国投资，帮助其顺利度过危机。但是新自由主义的思想与实践为澳大利亚经济带来的重创是不可否认的。

新自由主义政策是以削减工人阶级的工资、降低工厂车间的劳动条件为代价，为大企业和超级富人减税的。工人阶级的生活标准和工作状况极大恶化，所产生的一个直接后果就是贫富差距和社会不公平的急剧扩大。

7.6.3 资本主义扩张加剧澳大利亚国内局势紧张

马克思主义政治经济学指出，由于生产要素不是无限供给，不能全部实现剩余价值，资本主义社会就会出现资本过剩的情形。因此，当资本主义国家内部市场无法满足资本积累和增殖需要时，资本主义国家就会进行对外扩张，在世界范围内寻找新的市场。

关于澳大利亚的对外政策和军事战略，澳大利亚共产党认为，澳大利亚政府现在全面支持美国的对外扩张计划。尤其是自2015年自由党上台以后，特恩布尔政府不断强化冷战时期建立的美澳军事同盟关系，在中国南海问题上积极支持越南、菲律宾对抗中国，成为近年来就南海问题配合美国对华施压最活跃的西方国家之一。2018年，澳大利亚在西方国家中率先宣布将华为排除在该国5G网络建设之外，产生了非常恶劣的影响。在此之前，澳大利亚通过了普遍认为针对中国的"反外国干涉法"，并有目的地排挤在澳中资和华商企业，使在澳华侨华人的工作和生活环境受到影响。澳大利亚政府为支持美国的"重返亚太""亚太再平衡"战略，决定在达尔文市建立一个美国军事基地并增加国防支出，实现国防支出占GDP 2%的目标。也就是说，澳大利亚政府将在未来20年内花费超过1万亿澳元用于国防支出。这样一来，澳大利亚政府必然会减少社会福利支出,进一步剥削工人阶级,以支持军事扩张。这在一定程度上体现了资本主义对外扩张、对内压迫群众的本质,国内社会问题将会越发严峻。

7.7 结论

本章运用马克思主义政治经济学的立场、观点和方法,对澳大利亚在当代发生的资本主义改良的实际做法和成效进行批判性考察。澳大利亚在经济层面的改良措施是其加强了国家对金融系统和对外贸易体系的约束;在社会层面的改良措施是其进行了社会福利政策的扩大以及加大了对工人的保护力度。这些改良措施实施后,澳大利亚在一定时期保持了稳定的 GDP 增长率,国内失业率和通货膨胀率持续降低。其出现以上良好成果的原因有四点:一是资本主义改良措施缓解了澳大利亚资本主义的内在矛盾,有助于资本积累的进行;二是强有力的金融监管保证了金融系统稳定;三是"收入引导型"社会保障措施缓解了社会矛盾;四是移民政策吸引了大批劳动力,保证了经济增长过程中存在充足的劳动力。但是由于资本主义改良是在资本主义私有制基础上进行的,资本家通过雇佣关系对劳动的剥削、资本对剩余价值追求的资本主义内在动力、资本主义的基本矛盾、工人阶级与资产阶级的矛盾都没有改变,资本主义的基本矛盾并没有因为改良而消失,因此其具有无法避免的局限性。另外,与资本主义改良相矛盾的新自由主义执政措施的出现也表明,资本主义改良无法长期保障资本主义经济的稳定发展和人民福利水平的持续升高,并且资本主义改良也无法摆脱资本主义扩张的本质,在 21 世纪之后,资本主义向全球市场扩张的情况加剧了澳大利亚国内的紧张局势。

参考文献

[1]董沐夕. 二战后澳大利亚工党变革的梳理与思考[J]. 国外理论动态, 2017(1):104-113.

[2]蔡声宁. 马克思主义在澳大利亚[J]. 社会主义研究,1985(5):36-42.

[3]黄梅波,魏嵩寿,谢琪. 澳大利亚经济[M]. 北京:经济科学出版社,2011.

[4]王恩明,张淑阳. 澳大利亚共产党对当前国际国内形势的分析及政策

主张:基于澳共在第19次共产党和工人党国际会议上的发言[J].才智,2018(12):163-164.

[5]陶纪坤.中国与澳大利亚应对国际金融危机采取的社会保障措施比较研究[J].经济纵横,2012(11):40-43.

[6]杨成果.21世纪初澳大利亚共产党对社会主义的新探索[J].上海党史与党建,2009(6):57-60.

[7]王永刚.澳大利亚共产党对时代及社会主义实践的最新探索[J].世界社会主义研究,2017,2(3):30-35,127.

[8]赵婷.澳大利亚共产党对社会主义的新探索[N].中国社会科学报,2012-09-26(B03).

[9]麦特斯.全体人民的国家和21世纪的社会主义斗争:社会主义对澳大利亚的影响前景[J].海派经济学,2010(2):138-148.

[10]董沐夕.对澳大利亚工党"第三条道路"变革的探析[J].当代世界与社会主义,2016(5):133-140.

[11]胡珀,王永刚.澳大利亚共产党第十三次全国代表大会述略[J].世界社会主义研究,2019,4(3):39-50,95.

[12]董沐夕.澳大利亚工党与绿党的政治联盟:基础、机制与特征[J].社会主义研究,2017(6):111-117.

[13]杨成果.澳大利亚共产党十一大关于资本主义经济危机和环境危机的分析[J].马克思主义研究,2010(5):139-144,160.

[14]吴崇伯.从严格管制—放松管制—加强监管:澳大利亚金融改革试析[J].南洋问题研究,2002(3):45-50,102.

[15]张天.论澳大利亚民族资本主义经济的形成[J].世界历史,1989(6):48-55.

[16]魏嵩寿,许梅恋.经济全球化中的澳大利亚经济发展趋势[J].南洋问题研究,2001(3):24-29.

[17]栾文莲.资本主义社会基本矛盾与经济危机的必然性研究[J].中国社会科学院研究生院学报,2018(2):11-20.

[18]罗桂连,杨燕绥.澳大利亚超级年金走出金融危机的经验[J].亚太经济,2010(4):62-66,114.

[19] 吴崇伯. 管制—自由化—加强监管: 澳大利亚金融改革评析[J]. 国际商务(对外经济贸易大学学报),2003(1):36-39.

[20] 鲁布佐夫,傅志华. 澳大利亚经济发展的矛盾[J]. 国际经济评论,1986(7):53-58.

[21] 卫兴华,孙咏梅. 当前金融危机的特点与根源及应对思考[J]. 经济学动态,2009(5):15-19,24.

[22] 于海青. 欧美发达国家共产党论当前金融危机[J]. 红旗文稿,2009(4):8-12.

[23] RIC BATTELLINO,李子璇,黄梅波. 澳大利亚经济增长的二十年: 澳大利亚储备银行副行长 Ric Battellino 2010 年 8 月 20 日在摩顿湾区政府的演讲[J]. 经济资料译丛,2012(4):3-13.

[24] 王宇博. 解读澳大利亚社会变革[J]. 学海,2013(3):206-212.

[25] 王永刚. 澳大利亚共产党对时代及社会主义实践的最新探索[J]. 世界社会主义研究,2017,2(3):30-35,127.

[26] 何河. 澳大利亚移民政策演进及其对经济的影响研究[D]. 南京:南京大学,2012.

[27] 颜廷,张秋生. 20世纪末以来澳大利亚移民政策的转型及其对华人新移民的影响[J]. 华侨华人历史研究,2014(3):20-33.

[28] 刘灿,韩文龙. 资本积累、利润率下降趋势与经济周期:国外马克思主义经济学研究的述评[J]. 经济学动态,2013(3):64-70.

[29] 竺淑琴. 澳大利亚劳动关系改革探析[J]. 山东劳动保障,2006(11):34-36.

[30] 马克思恩格斯全集[M]. 北京:人民出版社,1960.

8 新西兰

8.1 引言

新西兰,一个经济发达的高福利国家,位于南太平洋地区,西面与澳大利亚隔海相望。自建国以来,新西兰的经济是基于生产并出口羊毛、肉类以及乳品等农副产品的相关国际贸易发展起来的。由于自然条件优越,新西兰的农牧产业享誉世界,这些优质的农副产品为新西兰赚取了大量外汇,并有效保持了其经济在18世纪中叶至19世纪中后期的稳定与繁荣。截至20世纪50—60年代,新西兰总体经济发展仍较为稳定。在此期间,新西兰GDP的年均增长率和其他资本主义发达国家的年均增长率几乎处于同一水平线上。这为新西兰建立并维持其健全的福利体系提供了必不可少的经济基础。为了应对福利政策带来的开支,政府实行高税率政策,并大量举债。

随着国债不断增加,通货膨胀现象愈加严重,国民实际工资并未增加反而导致人们生活水平急剧下降。20世纪70年代,由于国际政治局势的发展变化,第四次中东战争爆发,出于有效打击以色列及其支持者的目的,石油输出国组织(OPEC)的各成员国于1973年12月宣布收回石油标价权,并在收回标价权后将其积沉原油价格提高了近2倍。这项措施使基于石油产业的现代化工业受到沉重打击,从而通过一系列连锁反应触发了第二次世界大战之后最严重的石油危机。这场前后持续3年之久的石油危机对各资本主义发达国家的经济造成了非常严重的冲击。在这场危机中,由于国际经济贸易体系的崩溃与相关贸易条件的恶化,加之1973年新西兰在英国加入欧共体后失去了其给予的片面最惠国待遇,农牧产品出口大规模受挫,国家外汇收入大幅缩水,开始连续多年出现国际收支逆差,经济发展举步维艰,1975—1982年新西兰的GDP

增长几乎处于停滞状态。而此时福利政策将国民生活水准维持在了一个高水平这一事实使新西兰政府骑虎难下,在国内经济不见好转、失业率攀升、财政赤字进一步扩大等一系列经济问题出现的严峻形势面前,新西兰政府不得不采取相关改革措施,以求能够力挽狂澜,使经济重新回到正常运行的轨道上来。针对国内经济所面临的困境,新上台的新西兰工党政府从1984年开始对整个国家的经济体系和福利政策进行了全方位的改革,采取了一系列加强宏观调控、调整外贸政策的经济改革措施,同时也在政治和社会政策方面做出了相应的调整。通过后续新西兰经济具体表现证明,这些改革措施对于新西兰的经济恢复起到了较好的作用。执行了10余年改革措施后,新西兰的整体经济水平有了显著的恢复,GDP增长率成功回升至正常水平,1994年时已达到5.5%,1995年起虽稍有回落,但1999年仍达到了3.2%的增速,其经济增长步伐也远远超过了大多数OECD国家,这样的平稳增长趋势持续至今。[①] 对于福利制度的改革,虽然在一开始遭到了强烈反对,使失业率攀升,但改革后期人们工作意愿变得更加强烈,罢工次数也大幅减少,税率相较过去也逐渐降低。

从结果来看,新西兰的政策改革确实取得了良好的成效,也为其经济的可持续发展和福利制度的延续提供了支持。但是,这样的改革是真正解决深入在资本主义国家内部矛盾的方法,还是只是暂时的为资本主义经济短暂续命的"治标不治本"的措施呢?为了更科学、更深入地探究新西兰改良的成效,本章将从马克思主义政治经济学视域对其进行相关探究。

8.2 新西兰经济改革

8.2.1 新西兰经济发展历程

在欧洲殖民者到达之前,新西兰的主要居民是来自波利尼西亚群岛的毛利人,他们以打渔、放牧等基本的原始农业生产活动为生。19世纪初,以英国人为主的欧洲殖民者来到新西兰,最初他们大多是仅作短期停留的男性游客,从事诸如海豹捕猎、捕鲸和林业等采掘活动。他们与毛利人交换食物、性服务和其他用品,逐渐与这里的人和事物产生联系。1840年,英国王室和新西兰

---

① 资料来源:OECD数据库。

毛利人签署了《怀唐伊条约》，新西兰才正式立国。该条约尽管受到各种非议，但在某种程度上使毛利人与欧洲人之间的关系得以正规化。大约在同一时间，第一批定居者从英格兰抵达新西兰，建立了包括惠灵顿和克赖斯特彻奇在内的殖民地。这些定居者在此寻找比在人满为患和阶级森严的英格兰更好的生活。他们希望建立一个农村性质的、基本自给自足的社会。随着欧洲疾病、酒精和枪支的传入以及各种冲突的发生，毛利人的数量不断减少，到19世纪后半叶，欧洲移民的数量超越了毛利人的数量，新西兰开始逐渐成为殖民地性质的地区。19世纪中叶，殖民者在新西兰的几个地区发现了金矿，也是在这个时期新西兰引入绵羊养殖给经济带来了更持久的推动力。此时，英国的工业革命已经进行了数十年，因此约克郡的纺织厂对澳大利亚和新西兰的羊毛有很高的需求。19世纪80年代初，冷藏技术出现，新西兰开始出口肉类和奶制品；90年代，羊毛价格有所回升，与此同时，新的出口产品如肉类和奶制品开始日益受到重视。这些依靠畜牧业发展起来的出口项目逐渐成为新西兰的经济支柱。显然，畜牧业的发展需要清理原生森林和种植草原，因此为了发展畜牧业，新西兰大片土地外观需要被人为地改变。而这项工作需要投入大量的资金，因此伦敦资本市场的资金支持对于新西兰的发展就显得至关重要。由此，新西兰和英国之间就建立起了牢固的经济关系，这种关系一直保持到了20世纪70年代。

第一次世界大战中断了欧洲的农业生产，并为新西兰的主要出口产品创造了强劲的需求。在出口价格高涨的鼓舞下，新西兰农民在1914—1920年大量举债和投资，土地以很高的价格进行交换。不幸的是，20世纪初国际商品市场开始长期处于低迷状态，许多农民仍在努力偿还债务。

1929—1930年，受到资本主义大萧条的影响，全球经济急速下滑。伦敦市场上的商品价格开始暴跌，因此波及了新西兰的出口。在1931—1932年的低谷，新西兰的农业净收入为负数。大宗商品价格下跌严重，增加了新西兰国内农业从业者需要承担的、繁重的农业抵押贷款负担，农民在城镇上的可支配收入大幅减少。城市地区失业率上升，一些城市失业者被迫回到家庭农场。相对于出口收入的下降，外债负担（其中大部分以英镑计）急剧增加的形势更为严峻。不过与现代资本密集型行业相比，第一产业和小型企业的价格较为灵活，因此新西兰所经历的萧条并不像大多数工业化国家那样严重。尽管如此，在未来几十年里,大萧条的经历还是深刻影响了新西兰人对待国际经济的态度。

起初,并没有预兆可以显示1929—1930年资本主义世界的经济下滑会是历史上最严重衰退的序幕。随着税收和海关收入的减少,政府开始通过采用削减支出的措施来平衡预算。直到1931年,危机的严重性才得以体现,因此政府决定进一步削减公共支出。另外,政府干预了劳动力市场,在发布全面降低工资命令的同时向金融界施加压力,迫使银行降低利率,试图通过帮助农场和其他企业降低成本来保持信心并恢复繁荣,但是这些政策并没有使经济实现复苏。

然而,危机并不会一直持续下去,几个关键因素促成了新西兰经济于1933—1934年开始复苏。首先,1933年1月,新西兰元对英镑贬值了14%。由于大多数出口商品都以英镑计价出售,后来又转换为新西兰元,所以贬值使农民的收入得到了一定程度的提高。其次,货币贬值推动了货币供应量的增加。一旦包括银行在内的经济参与者确信新西兰元贬值是永久性的,市场的信心和贷款总额就会增加。再次,其他国家发展与生产水平的恢复发挥了一定作用。1933年后,世界商品价格逐渐趋于稳定,然后开始回升。最后,1932年签订的《渥太华帝国贸易协定》以牺牲诸如阿根廷之类的非帝国竞争对手为代价,加强了新西兰在英联邦国家市场的地位,并预示着新西兰对非英联邦国家制成品的关税将有所提高。由此可以看出,和其他资本主义国家一样,新西兰的复苏并不是一致的经济战略的产物。

第二次世界大战结束后,"绝缘主义"学说开始成为新西兰经济的指导思想。为此,新西兰政府对经济进行了严格控制,一方面对进口商品设置严格的贸易壁垒,另一方面通过积极参与关贸总协定以及英联邦经济合作保护自身在西方资本主义国家的出口地位。通过"绝缘主义"指导下的贸易保护政策,新西兰国内开始逐渐发展起较为多样化的产业结构。但是由于国内劳动力资源较为稀缺且成本较高,新西兰工业产业在世界市场上并不具备显著的比较优势,而狭小的国内市场又无法满足制造业的消费需求,因此制造业在新西兰一直没有得到真正的发展,畜牧业产品的出口依旧是国家经济收入的主要来源。1973—1984年,新西兰被一系列相互关联的经济危机所湮没,其中包括两次严重的供应冲击(石油危机),通货膨胀率和失业率上升。1975—1984年,新西兰国家党（保守党）总理罗伯特·穆尔顿推行了使经济越来越不稳定的宏观经济政策。他在20世纪80年代初期加强了政府对经济的控制，造成了严重的通货膨胀和巨大的经济波动。无奈之下，穆尔顿在1982—1984年以政令的形式冻结了工资和物价的自由浮动。穆尔顿还制定了一系列大规模投资计划，包括扩建钢铁厂、建设化工厂和炼油厂等。他原本希望通过这些基础设施投资减少进口费用，确保国际收支持续改善。然而，这个战略以失败告终，其原因主要在于项目的成本不足，并且有较大的风险。尽管穆尔顿政府的目的是稳定经济，但是其经济政策产生了相反的效果。

8.2.2 新西兰经济改革

1984年，新西兰工党政府上台。由于此前政府采取的所有经济战略都宣告失败，工党政府决心另辟蹊径，放松管制并恢复市场运行。工党政府从财政金融政策、国有企业、外贸政策三个方面对经济进行了全面改革。

8.2.2.1 改革财政金融政策

（1）加强财政政策的宏观调控作用。

财政政策是当时新西兰政府用来进行宏观调控的主要手段，为了有效应对危机，新西兰政府除了坚持紧缩银根外，还实施了以下几项配套政策。

为了有效解决因国际收支不平衡带来的税收问题，新西兰工党政府从政策方面入手，着手推行了新的税收政策。新的税收政策将原先的基准税率进行下调，将个人所得税税率从66%降为33%，企业所得税税率从48%降至28%（见图8-1），同时又引入了覆盖范围更为广泛的增值税税种，将税基范围进行了扩大，取消了此前个人和企业原本享有的税收减免，也取消了部分对养老和保险方面的免税规定。这样政府通过政策性的税收结构调整，能够在阻力最小的情况下有效增加税收收入。

减少政府财政支出。首先，作为国家财政最大的消耗源头，福利政策首当其冲地受到了削减。截至1990年年末，新西兰政府取消了相当一部分的社会福利，从而有效地缓解了政府所面临的财政困难。1994年，新西兰议会推出了《财政责任法案》，要求政府应每年公布其详细的财政报告，报告内容应具体包括政府计划采取的经济政策以及在未来几年应完成的财务目标和当年的年度财政规划。同时，政府也出台了一系列福利制度改革措施，改革后医疗、教育以及住房等原有免费福利将逐步实现自费化。自改革措施实施后，新西兰政府支出占 GDP 的比例在 10 年内下降了近 10%（见图 8-2），从而有效地解决了其财政透支问题。

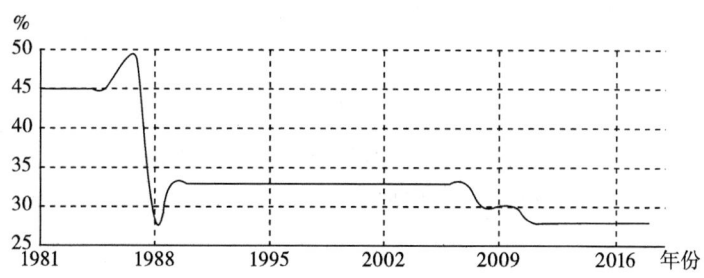

图 8-1　1981—2016 年新西兰企业所得税税率
资料来源：https：//zh.tradingeconomics.com/new-zealand/corporate-tax-rate。

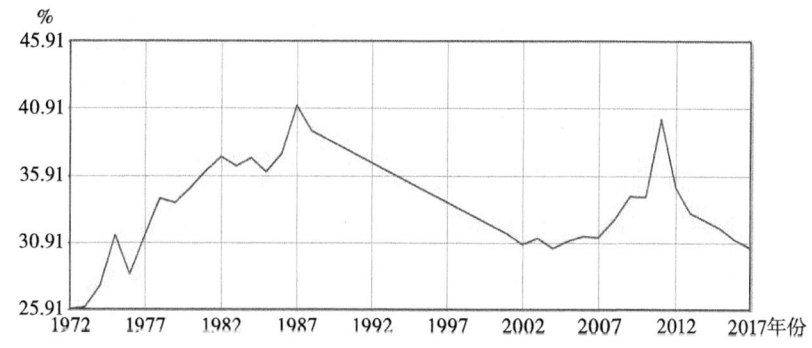

图 8-2　1972—2017 年新西兰政府支出占 GDP 比例
资料来源：世界银行，https：//data.worldbank.org。

（2）取消财务管制。

1985 年，新西兰宣布将废除原有的基本利率规定，自此新西兰国内利率将实行自由浮动制，同时新西兰国内金融市场也开始向外界开放。1989 年颁布的《新西兰储备银行法》规定，储备银行行长在履行其法律职责时不得受政府干预，并将储备银行的主要目标确定为稳定价格。此后，新西兰储备银行将负责制定与实施货币政策，并对政府所实施的货币政策起到一定的限制作用。由于国家银行对财政政策和国内 CPI 稳定管控权责的确定，新西兰的通货膨胀受到了较为有效的控制，自 20 世纪 90 年代后基本稳定在了 5% 以下（见图 8-3）。

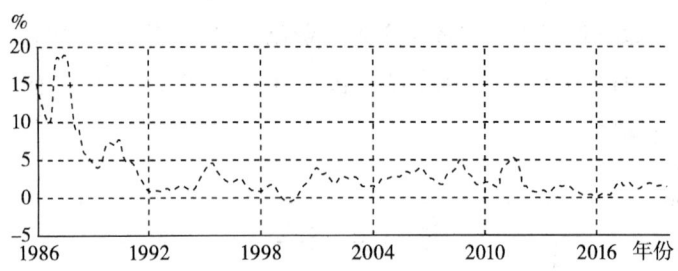

图 8-3　1986—2016 年新西兰通货膨胀率

资料来源：https：//zh.tradingeconomics.com/new-zealand/corporate-tax-rate。

8.2.2.2　国有企业私营化改革

由于国家经济体制的特殊性，加之在大萧条时期受到了凯恩斯主义的广泛影响，在实施经济改革前，新西兰国内仍存在着许多国有性质的大企业，它们在国家各个重要经济领域占据着近乎垄断的地位，严重影响着市场经济下企业间公平竞争的开展和国内其他成分企业的发展。面对当时严峻的经济形势和受到重创的国内市场，出于促进国内市场经济的规范化、合理化目的，1986 年，新西兰工党政府决定对国有企业和事业单位进行全方位的整顿，裁撤一部分公共事业机构，从原来所属的政府部门中分离出来一部分，同时对一些国有企业进行彻底的公司化、股份制改革。这些改组后的企业将会以普通公司的形式，按照市场规则同国内外的其他企业展开竞争。国有企业改革遵循的原则是，新西兰政府仍保留监督其利益的权力，但不对其用于实现目标的资源进行限制。改组后的企业对自己负责，只需按时依法纳税即可，但是不得再接受任何来自政府的补贴。

8.2.2.3　调整外贸政策

由于国内得天独厚的自然条件，以及人口规模较小，新西兰通过国内发达的农牧产业出口贸易辅以相应的贸易保护政策就可以实现国家经济较好程度的发展。所以客观上说，新西兰工业并没有受到相应的重视和发展。自建国以来，新西兰都是通过关税壁垒和进出口限制政策来保护其具有极大比较优势的农业、畜牧业，以及发展水平较低、不具备明显比较优势的制造业。虽然这些基于"绝缘主义"思想的做法曾在一定程度上有效地帮助了新西兰的国民经济发展，但也严重阻碍了新西兰经济的可持续发展，并且其打压外来经济合法权益、人为减少市场竞争的行为，极大地削弱了本地企业的国际竞争力。因此，自1984年起，新西兰政府开始着手对其外贸政策进行全面改革。

首先，新西兰通过取消部分保护性的贸易限制政策，逐步消除贸易壁垒。自1985年起，新西兰开始逐步取消其原有的对国内农牧产品的补贴，通过数年的渐进式改革和转变，当前新西兰已经成为OECD国家中对农牧产业补贴最少的国家。另外，新西兰政府鼓励国内农牧业产品向多元化方向发展，通过各种方式迫使国内农牧产业提高现代化水平和劳动生产率，以保持其在国际市场上的基本竞争力。

其次，新西兰降低进口关税，进一步消除贸易保护。新西兰政府发布的税表显示，到1992年底，新西兰的平均关税水平相对于改革之前已经降低了30%以上。截至2000年，新西兰已将针对各项主要进口产品的进口关税降至零，而其他商品的平均关税则降到5%左右。目前，新西兰已经对近90%的进口商品实行了免税政策。

最后，为了更好地促进贸易自由化的进一步发展，新西兰政府将管理大部分商品的进出口工作交由非政府性质的、各类形式的商业协会进行协调，仅对仍是新西兰重要外汇收入来源的农牧产品出口实施特许制经营管理或出口商的统一外汇交易。

8.3 新西兰福利制度改革

8.3.1 新西兰福利制度的主要特征

（1）覆盖范围广

新西兰的社会保障制度真实地反映了从"摇篮到坟墓"的全面福利体系，政府也为该制度的建立提供了财政支持。由于政府鼓励生育，每一对生育的夫妇都可以在小孩出生后领取一笔新生儿补助金；儿童还未出生时就得到国家福利的照拂，产前、产中、产后无论是检查、住院还是育婴指导，产生的一系列支出都由国家来支付；儿童可以享受国家提供的一系列健康福利项目，并且上大学之前的教育费也由国家负担；进入大学之后，大学生可以申请生活费的补助，学费也可以申请无息贷款，待进入工作后再行偿还。

新西兰在医疗方面实行家庭医生和医院双层保障，并且在医院，医生认为必要的大型检查也是免费的，住院的一系列费用由国家承担，其余需要自费的诊费、药费也会有一定的折扣，尤其对低收入家庭。意外事故也可以获得意外事故赔偿局的赔偿，并不追究当事人的责任。达到养老金领取年龄标准的老年人，在有余力的情况下既可自己赚钱也可领养老金。

（2）追求平等性

新西兰的福利体系除了一些特殊的，如残疾补助、单亲家庭补助等需要视具体情况而定外，在基本生活方面对公民实行统一标准。无论一个人的社会地位和经济状况如何，只要满足领取条件都可以申请福利金。对于特殊群体，政府也尽量保护他们的合法权益，使他们获得和正常人一样的福利待遇。政府对家庭困难的学生也有补贴政策，不会存在"上不起学"的情况。在职场上，倡导能力导向型，政府禁止用人机构对工作机会进行垄断，使公民能够享受机会平等。

（3）注重人道关怀

相较于其他福利国家的福利体系仅致力于对国民基本生活提供最低保障，新西兰还提供了一系列使居民生活更加便利的服务，以及对社会弱势群体的特殊照顾。新西兰政府强调保障个人尊严和个人利益，拥有新西兰公民身份之后，全方位的国家福利将伴随一个人的一生。新西兰人道主义关怀不仅体现在面面俱到的补贴政策上，更体现在公共服务的周到上，例如，孕妇孕检时不需要往返医院，可以足不出户地获得一对一的服务，也会有专门的医生全程负责，更有利于了解产妇情况。对于治疗费用的收取也很宽松，可以先治病再缴费。养老院分为两种，或是生活便利或是风景优美，可以根据每位老人的需求自行选择。交通设施为残疾人进行分区或专设特殊功能设施，便利特殊人群的出行。

8.3.2 新西兰福利制度改革

作为一个举世闻名的高福利国家，新西兰的社会福利体系可谓历史悠久。早在建国后大约半个世纪，新西兰就形成了养老金制度的雏形，建立起了初步的养老保障制度。全球经济危机之后导致了大萧条，失业率攀升，保守党政府削减了大量福利津贴，并且降低了最低工资标准，致使新西兰人民群情激愤。在这一背景下，工党政府通过增加失业保障，致力于建立起较为全面的福利体系。

1938年，新西兰政府通过了《社会保障法案》，标志着其有效地建立起了全面覆盖本国各个阶层的社会福利政策。此后，随着经济水平的不断发展和提高，新西兰政府也在进一步发展和完善其社会福利制度。1946年，家庭福利政策正式推出，该政策可以为国内失业和较低收入的家庭提供最基本的生活保障；1973年，新西兰政府又针对单亲家庭设立了相关的家庭福利计划，以保障单亲家庭子女的教育和成长；1975年，与残疾人相关的人道主义补助津贴政策正式设立；同年，为了更好地解决国内日益严重的失业问题，新西兰政府又设立了针对失业人士的职业技术培训计划和求职津贴。

到21世纪初，为了减少政府的财政支出，避免财政赤字过大，新西兰政府又进行了新一轮改革，调整了养老金的领取年龄。增加了一些津贴的投入，如寡妇津贴，为单身且抚养小孩的母亲减轻了生活压力；还通过了"社会保障修订条例"，为老年人提供了更多生活上的补贴，如免费乘坐公交、超市购物的优惠等。新西兰政府为失业者提供多种职业技能的培训服务，并通过多种方式来鼓励就业，增加就业机会。2018年的一项幸福感调查显示，新西兰成年人绝大多数对其现在的生活"感到幸福"或"非常幸福"。

从根源上来说，新西兰与美国、中国等其他主要国家的社会保障制度不同，政府的税收收入是其支撑大部分国家福利政策的唯一经济来源，所以该国的福利制度实际上是一种收入再分配制度。在新西兰的福利制度体系下，正常工作的工薪族无须缴纳任何社会保险，因此无业人士和有薪人士可以享受由政府提供的几乎同等的社会福利。目前，新西兰的各种社会福利政策几乎全面覆盖各个社会阶层，全国489万人几乎都可以通过政府的福利政策得到属于自己的经济激励或基本生活保障。

8.4 新西兰经济改革的马克思主义政治经济学分析

8.4.1 新西兰经济改革和福利制度的欺骗性

经历了20世纪80年代中期开始的经济改革后，新西兰经济在此后的10余年里逐渐恢复，人民生活水平有了明显改善，失业率也从11%逐渐降低到了6%以下。通过经济改革，从1994年起，新西兰的经济增长率都在6%以上，增长速度在发达国家中数一数二，出口也有了大幅度增加，对日本的贸易甚至开始出现顺差。这样看来，经济改革好像确实是解决新西兰资本主义经济发展所遇到的一系列问题，使经济发展走上了正常发展的道路。但是，事实真的如此吗？经济改革究竟是真正解决了新西兰经济社会发展所带来的问题和矛盾，还是短暂性地调整和掩盖了矛盾，粉饰太平、"治标不治本"的缓兵之计呢？新西兰引以为傲的福利制度真的能使全民公平受益且不损害其他集体或国家利益吗？从马克思主义政治经济学的视域和现实出发，我们可以发现隐藏在新西兰经济改革背后的深刻矛盾，进一步揭露资本主义经济改革和福利国家制度的不合理性和欺骗性。

总体来看，新西兰尽管在20世纪80年代中期的经济改革中采取了一系列复杂多样的改革措施，但核心要义只有一条：削减福利开支，开源节流，解决因福利制度给国家造成的财务负担。因此，从这一点来看，新西兰的改革方式与同时代其他资本主义福利国家应对危机的措施在本质上是一致的，都是社会财富再分配的短暂调整而已。事实上，经济改革非但没有体现出资本主义福利社会所宣称的"大众受益性"，反而直接体现了作为新西兰当权者的资产阶级为了捍卫和维系资本主义制度和自身利益而在面临危机时所暴露出的为维护自身利益而牺牲社会利益的丑恶嘴脸。新西兰的福利制度也并不是以全民受益为终极目标，其背后有着更深远的含义，具有欺骗、安抚性质。因此，即使新西兰工党政府在改革初期采取的削减福利、取消农业补贴和贸易保护的政策受到了国内强烈的反对，政府也不会因为反对的呼声而改变自己的立场。同时，高福利并不能消除阶级矛盾，新西兰的毛利人算是历史遗留问题，政府为了缓解民族间的纷争，一直对毛利人提供较为全面的福利制度，但贫困的毛利人仍旧是社会隐患，身居高位的毛利人时不时领导人民进行罢工与当权者抗争。后期失业率下降、经济回升等一系列正向表现，只不过是国际贸易的恢复以及福利的让渡共同产生的一些效果而已。在经济状况得到改善后，为了安抚之前在改革中受到利益损害的社会大众，新西兰政府又重新恢复了社会大众此前的福利待遇。在2008年国际金融危机来临、国际贸易受到较大影响时，新西兰政府又采取了与80年代经济改革如出一辙的方式来度过周期性经济危机。如此看来，新西兰的经济改革只能应付周期性的经济和贸易危机，并没有解决资本主义社会发展过程中存在的核心问题。

8.4.2 新西兰经济改革和福利制度不可持续的原因分析

那么，为什么新西兰的经济改革和福利国家制度并非如其表象般美好，而是具有欺骗性和不可持续性呢？从马克思主义政治经济学视域的角度分析，主要有政治、经济、历史几个层面的原因。

首先，从政治层面看，无论是福利国家制度还是应对危机的经济改革，都没有改变资本主义社会为资产阶级利益代言，资本主义制度为少数资产阶级服务的本质。自资本主义萌芽以来，资本主义自由经济的发展就希望国家和政府能够尽可能地少对经济发展进行干预，只需扮演好维护市场经济规则和正常运转的"守夜人"角色即可。后来随着资本主义的进一步发展和世界市场的逐渐形成，自由资本主义开始暴露出其非理性、短视等一系列弊端，国家内部阶级对立的加剧以及世界市场上国家间的竞争促使国家回归对经济干预的角色。而福利国家制度正是所谓"国家回归"形式的发展趋势导致的结果，它同时承担起了资本积累和社会普遍福利两方面的相关职能，来保障资本主义制度和资本主义国家的延续。福利国家制度看似是一种使全社会共同受益的普适性制度，实际上只是一种出于稳定国内社会、具有安抚性和欺骗性的部分妥协，根本目的还是维护资本主义的剥削关系和资产阶级的根本利益。

从新西兰建国以来的政治历程来看，其国家政体采用了从英国承袭而来的君主立宪制混合英国式议会民主制，是典型的资产阶级政体；自1935年以来，轮流执政的工党和国家党尽管在具体政见上有所不同，但都是典型的资产阶级政党。不论是自称主要代表中低收入者利益，主张实行民主社会主义，重视社会福利制度的工党，还是主张减少社会福利开支，保证福利只提供给真正有需要的人，促进自由贸易的国家党，都在1984年和2008年面临经济危机时不顾国内农民和工人的抗议，坚决推行了取消贸易保护、削减基本福利的改革政策，足以见得其在维护资产阶级利益和资本主义国家体制方面是一致的。在这样的政治条件下，工人阶级只有在经济运行正常、国际贸易顺利开展的情况下才能享受相关的福利政策，一旦经济面临困境就会沦为被剥削的对象。即使通过国际市场贸易分工，剥削关系最严重的一系列制造业产业已经被分配到了第三世界的广大发展中国家，新西兰国内的剥削与被剥削关系也无法做到完全消除，这与其他一众西方资本主义福利国家是一致的。

其次，从经济层面看，福利国家的建设需要依赖资本主义国家在早期凭借其强大的竞争优势在世界市场上积累的超额利润和对广大不发达地区血腥而残暴的殖民掠夺，因此福利国家制度本身就是资本主义发达国家通过不正当竞争攫取来的特权，而广大的发展中国家只能沦为被剥削的对象。伴随着第三世界国家的崛起和世界贸易体系的逐步公平化、完善化，福利国家制度这种具有极大排他性和剥削性的制度必然会受到极为严峻的挑战。

最后，从历史层面看，与欧洲老牌资本主义发达国家不同，新西兰在资本主义发展早期并没有对其他落后国家进行殖民掠夺，其之所以能够发挥比较优势将适宜自身气候条件的畜牧业和农业发展起来并在世界市场占有重要地位，离不开英国资本在早期对其不遗余力的支持，使其完成早期的资本积累。建设牧场所需资金、技术、人力几乎全部来自英国，而世界市场的开辟、运输港口的建设、保鲜防腐技术的发展也离不开英国的耕耘。而英国资本积累来源于超额利润的榨取和残酷的剥削。这样来看，新西兰的经济基础与欧洲资本主义国家在本质上是一致的。由于长期依赖英国资本的支持，新西兰在长达数百年的经济建设中都没有建设出属于自己的完整独立的产业体系，国家经济的命脉至今仍严重依赖农牧产品的出口。新西兰的农牧产品作为一种极具比较优势的产品，又凝聚了早期资本积累的超额利润带来的先进技术设备、管理方式和人工改造的农牧场等一系列要素，通过国际贸易榨取了全世界的超额利润，这便是支撑新西兰福利制度的经济命脉所在。因此，新西兰的福利制度表现总是与资本主义世界总体经济情况有最直接的关系，而新西兰一次又一次所谓"成功的经济改革"本质就是新西兰政府在面临经济危机时通过对社会福利的剥夺来应对超额利润榨取不足的问题。

8.5 新西兰资本主义改良对中国的启示

虽然从马克思主义政治经济学视阈来看，新西兰的资本主义改良实质上并没有起到应有的作用，但作为一个仍在发展的高福利国家，新西兰经济在其发展历程中也取得了不容小视的辉煌成就。马克思曾在其作品中写道："发达的国家向欠发达的国家展示了它们的未来。"[①] 由此可见，辩证科学地研究和探讨新西兰的发展与改革历史对中国的政策制定有很大的借鉴意义及积极作用。

首先，作为社会主义国家，我们应当对马克思主义理论和中国特色社会主

---

① 中共中央马恩列斯著作编译局,编译. 马克思恩格斯全集:第 23 卷[M]. 北京:人民出版社, 1974:246.

义制度抱有必要充足的自信。从科学的角度审视，以新西兰为例的一系列资本主义福利国家在二战后对自身的改良都是资本主义短暂续命的手段，并没有从真正意义上消灭和改变资本主义社会的根本性矛盾。因此，每当经济危机爆发或出现经济"滞胀"时，各资本主义福利国家对社会福利的削减与社会福利需求的不断增长之间的矛盾就会凸显，使其陷入经济目标与社会目标不能兼顾的困境。尤其是在当今经济全球化进一步深入的背景下，当代资本主义福利国家的国家主义、民族主义福利模式更是面临着实践可持续性和价值普适性的双重挑战。因此，我们必须看清资本主义福利国家模式的剥削和排他性以及资本主义经济改革的欺骗性与不可持续性，抛弃对资本主义制度所抱有的不切实际幻想，坚定拥护社会主义制度，团结在党的周围，努力为中国特色社会主义制度的建设和发展添砖加瓦。

其次，从新西兰的经济发展和福利国家建设历程来看，新西兰经济高度依赖农牧产品的出口，没有完整的产业结构体系的巨大问题一次又一次使新西兰在面对世界性经济危机时毫无招架之力，只能寄希望于大规模削减福利开支和期盼世界经济贸易体系早日恢复。因此，我们必须清楚地认识到，只有掌握了较为完整的产业体系和丰富的经济基础来源，中国经济的发展才能具有非凡的韧性，才能在世界经济危机面前从容应对。中国幅员辽阔，拥有广袤的土地和世界最大的人口规模，各个地区之间特点不同、差异明显，但又通过良好的基础设施建设和高度统一的政令制度紧密地联系在一起。基于这些条件，中国应当充分发挥各地区的比较优势，发展出一套较为独立自主的、完整丰富的产业链体系，辅之以日益完善的交通基础设施建设和广阔的消费市场，中国经济的韧性和抗压性必然能不断增强，成为支撑中国国家福利体系不断完善的根本基础。为了朝着这个方向努力奋斗，我们要清楚认识当前所面临的发展局面，加快实现产业体系的转型升级和进一步完善，将现代化的、完整的、可持续的产业链条体系尽快地建设起来；同时，要发挥好各个地区的比较优势，加强地区与地区之间的产业协同和合作，在大力发展新能源产业、生物技术产业、信息服务产业、高端装备制造业等一系列未来具有巨大潜力的产业的同时也要关注传统产业的升级和发展巩固，避免出现经济"空心化"和脱实向虚的不利局面，使中国经济朝着可持续、稳健的方向发展。

最后，作为具有制度优势的社会主义国家，中国应当充分发挥好制度和国家治理体系以及经济发展机遇等显著优势,建设起由国家主导、福利要素多元、具有普适性的中国特色社会主义福利制度。不同于资本主义国家,社会主义国家的根本目的就是实现共同富裕,因此建设社会主义福利体系不会产生资本主义福利社会下经济发展和削减福利的矛盾。中国应进一步发挥"坚持以人民为中心的发展思想,不断保障和改善民生、增进人民福祉,走共同富裕道路"的显著制度优势,持续推进中国特色社会主义福利社会建设,不断增进人民福祉。作为当今世界最大的发展中国家,改革开放以来,中国经济发展取得了举世瞩目的成就,国际竞争力日益增强,人民群众的生活水平也有了飞跃式发展。但在经济领域的各个方面我们和发达国家仍存在着不容忽视的巨大差距;在社会民生方面,中国人民群众所享受的社会福利仍与实际需求间存在着不小的差距。因此,我们需要在发挥制度优势、坚持道路自信的基础上,借鉴西方资本主义国家的发展经验,努力构建中国特色社会主义福利社会,让全体人民享受到改革开放和经济发展的成果,逐步实现共同富裕和中华民族伟大复兴的伟大目标,并为世界福利模式的探索、建立和发展做出应有的积极贡献。

参考文献

[1]杨宇光.新西兰经济改革的进展[J].世界经济文汇,1991(1):34-38.

[2]越诸.新西兰的经济改革[J].中国中小企业,2000(11):36-37.

[3]新西兰经济:英国的牧场[J].重庆与世界,2003(12):68.

[4]钱星博."福利国家"的改革:新西兰经济重振之路[J].国际市场,1999(6):13-14.

[5]邢晓明.新西兰经济和投资政策[J].国际经济合作,1993(6):32.

[6]汤明洁,朱彤.90年代以来新西兰经济发展特点及趋势[J].亚太经济,1999(2):26-29.

[7]方虹.西方福利制度的内在悖论[J].人民论坛,2017(4):101-103.

[8]杨宇光.新西兰经济改革的进展与前景[J].亚太经济,1996(6):19-22.

[9]舒建华.新马克思主义关于福利国家的功能主义诠释[J].云南社会科学,2015(1):35-39.

[10]银锋.发达资本主义经济金融化的政治经济学考察[J].华东经济管

理,2013(5):151-158.

[11]许雅红.论国际油价的预测及对中国的影响[J].都市家教(下半月),2011(6):1-1.

[12]马克思恩格斯全集(第23卷)[M].北京:人民出版社,1974.

[13]舒建华.从福利资本主义到福利社会主义:福利国家理论的新马克思主义视角[J].广西师范大学学报(哲学社会科学版),2017(2):25-30.

[14]陈炳辉.奥菲对现代福利国家矛盾和危机的分析[J].马克思主义与现实(双月刊),2006(6):13-19.

[15]皮兆根.关于我国财政金融政策协调问题的思考[J].城市金融论坛,1996(8):9-12.

[16]弗里德曼.资本主义与自由[M].北京:商务印馆,1986.

[17] BRIAN G. Creating the Welfare State: The Political Economy of Twentieth-Century Reform. By Edward Berkowitz and Kim McQuaid. Second Edition[J]. Journal of Economic History, 1989, 49(3): XIV-784.

[18] AKERLOF G, ATKINSON T, et al. Economic Theory and the Welfare State[J]. Edward Elgar, 2001.

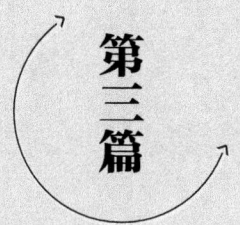

第三篇

保守式协调资本主义的改良模式

9 模式总体特征

9.1 引言

本章将法国、德国、意大利、荷兰、西班牙、瑞士都归于保守式协调资本主义这一体制类型。由于推动保守式协调资本主义改良的主要政治势力是基督教民主党，因此学界也常称为"资本主义的基督教民主主义模式"。与自由主义国家不同，这些国家都具有社会团结传统；与社会民主国家不同，这种团结不是延伸到国家层面，而是停留在社会团体层面。这些国家都有较深的社会鸿沟，虽分化了社会但团体内部成员十分团结。例如，这些国家的议会通常严格按照地位集团的界限进行划分，组成这些议会的首要目标是保护并尽可能扩大团体特有的权力。通过它们的福利和生产系统，这些国家保持了一个从过去继承而来的有机等级社会秩序。

基督教民主主义模式下的福利制度，相比于注重社会服务的社会民主主义，更加注重直接的转移性支出，尤其是养老金的支出。这些国家奉行的福利政策可以大大减少劳动力市场的不平等现象，并通过转移支付和税收政策来鼓励公民在家庭中提供低生产力的服务，从而达到更高效遏制公共服务生产扩张的目的。艾斯平和斯蒂芬斯将这种服务概括为照顾老人和儿童以及做家务。

当然，社会民主主义在这些国家中也有重要影响，这是该模式的内部多样性来源，所以在这里我们根据基督教民主主义和社会民主主义的影响程度将这些国家分为三组。奥地利单独作为第一组，是其中唯一一个社会民主主义的影响程度超过基督教民主主义影响程度的国家。在第二组国家中，社会民主主义仅在一定程度上对其福利制度产生影响，分别为比利时、荷兰和德国。这三个国家是这种福利模式的典范，其特点是妇女参与工作的比例较低，只有约

60%的妇女进入劳动力市场，收入平等程度较高，而公共消费则处于较低水平。第三组的法国、意大利和瑞士相对来说是福利制度最不慷慨的国家。

9.1.1 基督教民主主义福利制度的典型特征

基督教民主国家注重保护现有阶级分化，因此该种模式下的福利制度并未致力于通过再分配进行调整。福利安排基于已形成的社会等级以及阶级地位，因此劳动力市场中的私人养老金等私人保险制度和职业性额外给付在整个福利体系中影响甚微。"合作主义"更加保护传统家庭模式——男性主导，女性辅助。

9.1.2 基督教民主主义思想来源

"铁血宰相"俾斯麦的实践是基督教民主主义福利体制思想的一个重要来源。此类改革支持的社会保障模式的社会分层主要分为两个方面。一是进一步增加工资者的等级分类，制定各级别之间有根本区别的福利政策。二是直接将个人忠诚指向管理者或中央政府以及权威当局。这一点是由法国的拿破仑三世最先进行实践的，之后俾斯麦进行了模仿。经营经济系统的方法是，将雇员当作军队中的士兵，权利和义务的界限非常模糊。在基督教民主主义模式中，当非商品化程度处于合理范围内时，其合作主义（Corporatism）的传统根基深厚。基督教民主主义模式分层的结果与长期合作主义路径的治理密切相关。20世纪初出现的"基尔特社会主义"[①]也是演化成为上述合作主义的一个重要途径，当然，社会改革的成果也与教会的参与密切相关。

9.1.3 二战后初期的基本特征

二战后，欧陆各国均致力于完善国家现存的福利政策，到20世纪60年代相继成功转型为福利国家。虽然不同国家福利政策的具体措施有所不同，但制定政策的基本思路和制度体系的整体特征基本一致，具体有以下几点。

首先，各国倾向于凯恩斯主义政策，主张致力于扩大总需求，将福利政策作为社会再分配的一种方式，并通过对自由竞争的资本主义经济体制进行国家

---

① 基尔特社会主义指改良主义的一种，其否定阶级斗争，鼓吹在工会基础上成立专门的生产联合会来改善资本主义。其只承认改善工人出卖劳动的条件，但不推翻现存制度，意图通过改良从资本主义和平过渡到社会主义。

干预来缓解贫富差距扩大、两极分化加剧以及由此引发的诸多社会矛盾。1981年，法国开展了大规模的国有化运动，使其达到的国有化程度高于基督教民主主义模式下的其他国家。其他各国也均利用凯恩斯主义政策工具，使充分就业达到新高度。

其次，战后欧陆各国更加追求全面的福利体系。从"摇篮到坟墓"的福利制度也是福利国家后期负担沉重、财政赤字扩大的一个主要原因。不仅如此，欧陆国家的财政收入主要来源于税收，它们通过增加税种和改革税制来满足财政支出的需求。到1970年，联邦德国和法国的税收在国内生产总值中所占的比重均高达30%以上；到80年代之后，这一数据已经达到40%。

最后，由于福利国家需要在一定的经济发展基础上进行建设，所以经济增长速度跟不上福利发展速度这一现实问题为福利国家的发展埋下了隐患。

9.1.4 成熟时期的基本特征

20世纪70年代末，凯恩斯主义政策失败后，保守主义满足了社会改革的需求，其社会保障的概念支持了市场自由竞争和自由选择的社会保障体系，呈现了一种公民权利与阶级地位相挂钩的趋势。

福利体制与社会分层化逻辑结合起来有助于认识福利体制下的不平等和阶级差异，因为考察资本主义改良时仅分析其不平等性是不够的，还要分析其在社会阶级形成中的良性推动作用。这就有了一个福利体制的衡量标准，即非商品化和分层化是相互呼应的。基督教民主主义国家则是合作主义、国家主义与非商品化程度保持基本对应。

（1）基督教民主主义的非商品化特征

基督教民主主义的非商品化特征体现在公民对于社会福利的获得是以工作绩效作为衡量标准来计算的。纵观历史，这些国家的中央政府管理的"合作"传统影响深远并且蓬勃发展，与教会负责的传统相联系，因此传统的家庭关系在福利制度中发挥着重要作用，而其社会控制机制则对松散的市场契约进行了有效约束。根据关联数据统计，自由主义福利国家的非商品化程度相对较低，基督教民主主义国家的非商品化程度居中，社会民主主义国家的非商品化程度最高。

这种制度来源于社会保险系统，该系统遵循保险精算逻辑，即通过个人参与劳动市场的程度以及缴纳各项费用的多寡来决定其能够获得的福利，最初由德国采用，后来在发展成熟后沿用至欧陆各国。于是衡量欧陆国家非商品化的标准是在福利给付方面与个人在劳动市场和社保缴费的表现多大程度上脱节或不相关。

（2）基督教民主主义的分层化特征

基督教民主主义的分层化特征即阶级分化和社会等级差别的存在，福利国家本身就是一种分层化体系，而福利制度则是推动分层化形成的动因。该制度的设计并不是出于对处于社会底层人民更好的生存考虑，故而其提供的救助只是想要尽可能消除贫困这一可能导致社会结构不稳定的因素。

主张家长式权威的保守主义模式，由于植根于封建传统以及君主制度，所以遵循的指导原则是等级主义、政府权力主义以及对于家长或国家的绝对服从。这种信仰在奥地利、德国、法国等国大受追捧。例如，奥地利、德国、法国对公务员给予慷慨的薪酬以及福利待遇是为了确保其对国家的忠诚与顺从，这在一定程度上深化了阶级结构。国家对特定地位特权的认可以及工会各群体的抗议，形成一种对于不同阶层制订各自社会保障计划的传统，故而其不同之处主要表现在规定准则、筹资结构以及给付方式上。例如，奥地利、法国和意大利等欧陆国家均在其社会保障计划的制订中应用了这一原则，使不同收入团体在社会保障体制中占据着独属自己的地位。尤其在意大利，以职业区分的养老金政策高达120余种。

这种国家主义和合作主义共同建立起了一个广泛包容各阶级的社会保障制度，使其更顺从于中央政府的统治，虽然社会的阶层差别、等级制度与特权势力十分强大，但是在一定程度上缓解了资本主义矛盾。

9.1.5　20世纪70年代后期保守式协调资本主义面临的挑战

20世纪70年代后期，国家的公共支出占GDP的比例增速放缓，甚至到80年代中后期呈现出收缩的态势，尽管新的福利政策已经在努力减少成本，但总的来说，公共消费并没有做到大幅削减。和平时期债务规模空前高涨，财政赤字不断增加，平衡预算已经成为过去式，人们在负担高税收的同时却没有一个光明的前景，危机四伏。去工业化带来的经济衰退从源头上减少了财政收入的来源，虽然女性进入劳动市场后对税收做出了一定贡献，但由此产生的公共服务增加又加重了财政负担,同时人口老龄化的加深导致公共支出大幅增加。全球化趋势的发展使商品和劳动力的可替代性增强,低成本劳动力的流入导致面向国民的就业机会减少,从而使失业等职业补偿增加,也在一定程度上加重了财政赤字。

9.1.6 去工业化对福利制度转变产生的影响

着眼于经济基础,可以发现这些国家的去工业化现象,该现象主要是由国家内部的要素需求和技术力量发展的推动产生的。一方面,在生产力主要由第一产业和第二产业贡献的时期,劳动力由于公共服务增加转移到相对低端的服务业后直接导致了经济下行。此时的福利制度缺乏足够的财力做支撑,用于缓解资本主义改良的福利体制难以为继,阶级对抗愈加严重。另一方面,各行业之间技术是否具有可转移性也是劳动者的一大风险来源,此时如果工人没有克服技术的不连续性,就只能求助于国家的福利制度。

在福利制度不断完善的背景下,催生出一系列由于需求引起的服务行业,这对去工业化现象产生了推动作用。另外,技术革新使工业对于劳动力的需求降低,机器大工业解放了劳动力,于是便将富余的劳动力分散了出去,大量劳动力从相对活跃的且效率越来越高的制造业转移到相对静态的、提供服务的第三产业,尤其是劳动密集型的服务产业。这一现象导致的生产力发展迟缓和第三产业的崛起是不容小觑的。生产力水平会对发达国家的良好运转产生深远影响,甚至从长期来看,是影响经济发展的关键因素。于是第一产业和第二产业就业人数的持续下降便成为福利制度扩张的可靠的晴雨表,如图9-1所示。

20世纪60年代后的短短30年,OECD国家从事第一产业的劳动力比例降低了近30%,大规模的部门迁徙体现了日益发展的技术力量以及市场"看不见的手"的有力调控。不难发现,工业、农业就业损失总数与政府福利支出之间存在着正向关系,且在均值附近有所聚集。因为福利国家原本就是在教育、卫生等与人有关的社会福利行业的支撑下发展起来的,所以它的存在对这一转变起到了推动作用。

数据显示,20世纪60年代后,基督教民主主义福利国家制造业的就业增长停滞不前,在70年代之后甚至出现了负增长的状况。1973—1993年,德国社会服务及其教育行业的就业人数增加了105%,而同一时间的就业人口只增加了约

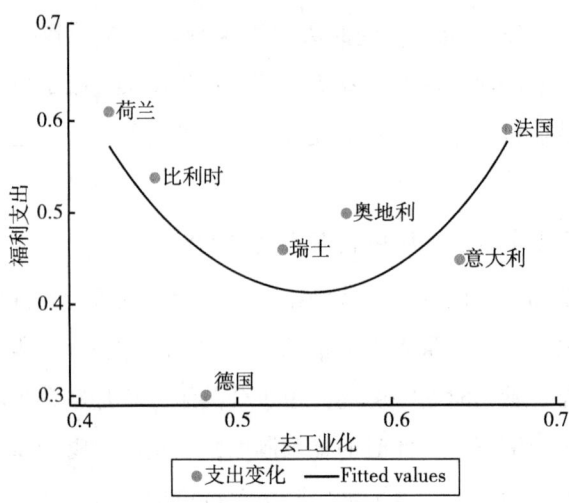

图 9-1　基督教民主主义福利国家去工业化和福利支出规模变化关系
资料来源：OECD 数据库。

10%。德国和奥地利除工业以外的劳动适龄人口的比例仍低于 75%，它们作为相对开放和封闭混合的经济体，是未来扩大福利制度的一片沃土。德国制造业的就业率在国际上保持着相对较高的比例得益于其高效率的就业培训。而在比利时、意大利和荷兰等发达国家，这种第三产业化的浪潮则更加汹涌。

随着人们对服务的需求增长，由于该需求缺乏价格弹性，服务业的发展使制造业产品的相对价格下降，这带来的最直接问题就是，工资薪金的增长被抑制，很大程度上依赖工资薪金的福利制度（工资缴纳是其重要组成部分）受挫。这种转变使各国政府更加难以处理充分就业、收入平等和预算平衡三个目标之间的矛盾。若通过私营部门增加就业，则会加剧收入的不平等；若通过公共部门促进工资平等，则会扩大预算赤字。

在将社会服务纳入福利体系的法国，服务业相对价格的上涨，更进一步对其福利政策的实施施加了经济压力。在基督教民主主义社会，公共服务业仅有有限的就业机会，却在劳动力市场上实行较为严格的管制和承担较高的税负，使私营服务行业生产力得以发展的机会变得更加渺茫，并且工作内容的改变也导致对劳动力更高的技能要求。例如，由于意大利和荷兰私营部门和公共部门提供的服务性工作机会较少，使得"局内人"和"局外人"之间的矛盾十分尖锐，但是他们始终有一个共同且日益强烈的政治要求，那就是将外国人排除在福利制度之外，这一点在别的福利模式国家中也有所体现。

之前的产业工人规模缩小，在政治上的影响力也有所下降，而新兴的第三产业就业者缺乏一定程度的阶级意识，组织工会的难度较大。因此，原有的社会民主党和工会组织的重要性也逐渐减弱。随着第三产业的专业化、规模化和职业追求的个性化，人们不禁开始质疑传统社会福利国家纲领中那种标准化和没有个性可言的需求满足方式。对雇员日益提高的技能要求，使灵活可靠且积极进取的劳动力能够获得高于标准工资率的工资和福利待遇。因此便出现了一种两极分化：较少部分雇员对国家政策的依赖性降低；而对于较多的另一部分人口来说，社会政策的重要性更加凸显。

9.1.7　女性角色的转变以及家庭政策的调整

随着社会的进步，女性越来越不满足于当下将女性群体排除在与时俱进技术领域之外的家庭主妇式经济，故而引起劳动力市场中女性角色的转变。保守主义模式下的家庭，男性处于社会和职业领域，妇女则被划分在私人和家庭领域。随着资本主义进程的逐渐加深，技术进步对于劳动力专业性要求降低，服务业等第三产业崛起，促使女性进入劳动力市场。

在资本主义改革之前，这种把妇女从低下的职业劳动和家务劳动的双倍负担中解放的趋势虽然在一定程度上体现了社会的进步，但是仍将妇女排除在了世界发展的浪潮之外。在农业、手工业的家庭企业中，妇女扮演着丈夫或父亲帮手的角色，男性对于妇女儿童以及雇员拥有着支配权力。女性主要在婚前阶段从事工业劳动或拥有职业。

以德国为例，典型的"家庭主妇式"婚姻是一种常态，在医疗保险制度中，妻子是根据丈夫缴纳保险金的比例来享受连带保险的。纳粹统治时期曾实行对子女进行补贴的政策，该政策后来在同盟国占领当局执政时被废除。1954年之后开始实施全联邦范围的子女补贴，在假设男性职业收入足够抚养两个孩子以及女性理所应当抚养下一代的前提下，从第三个孩子开始，每个月每个家庭可以获得 25 马克的补贴。1957 年，养老金改革规定，在妻子不就业的情况下，保留全额寡妇养老金。

在国际比较中，德国与荷兰等其他基督教民主主义福利国家一样，都是通过实施社会政策将女性紧紧束缚在家庭劳动中，使其对丈夫的依赖难以消除。

在这样的生存条件下，也就不难理解为什么联邦德国坚持不要子女的女性比例不断攀升。另外，这类国家离婚率升高导致的单亲家庭比重不断上升也是财政压力的一大来源。这些家庭通常不能依赖父亲的经济来源，女性的收入偏低且要兼顾家庭和工作，这使其比其他家庭的收入要低，在一定程度上需要依靠国家的资助。

显然，女性对这种不公平的地位愈加愤慨，不愿意再充当福利国家幕后的默默贡献者，更不愿意将本应该承受一份抚养子女的责任变成双份。与此同时，家庭外出现了大量的就业机会，办公室的职业和第三产业的扩张为妇女的职业生活勾画了蓝图，这样的情况有时能够削弱女性对福利政策的依赖。这改变了人们对女性生活规划的看法，家庭与职业的结合普遍被人们认可。

与此同时，对于基督教民主主义这种妇女参与劳动水平较低的国家来说，妇女进入有偿工作的劳动力市场可以增加税收的来源，提高税基，这种家庭模式的变化趋势不仅引起福利体系公共支出构成发生变化，还对巩固其财政基础和维持福利安排的长期财政平衡至关重要。不仅如此，推动女性劳动力就业，还可以改善人口老龄化以及出生率下降所带来的人口依赖加剧的问题。女性结婚率的降低和离婚率的增加，显现出女性私人的独立地位增强，私人生活也出现多元化趋势。这将在一定程度上导致家庭裂变，平均家庭规模减小，单亲家庭的数量激增。家庭小型化趋势带来了多重影响，其中最主要的是在这种规模下生活的人向外界寻求帮助的可能性增大。

9.1.8 全球化趋势的发展对福利制度转变的影响

随着国际联系的日益密切，世界市场的蓬勃发展，资本流和商品流的国际联系大大加强，并且这一趋势极有可能继续加速。发达国家经济体受到了来自低工资发展中国家的竞争压力，工薪阶层将面临劳动力市场竞争中更严峻的挑战，使其利用其政治权利来要求较高的失业等职业保障补偿。此时，如果国家经济结构转变不成功，就会影响其就业水平，从而增加政府为失业扩大的公共财政支出规模。根据 OECD 数据统计，贸易开放度与公共支出之间存在着正相关关系，如图 9-2 所示。

于是卡梅伦在经过大量实证研究以及大数统计之后得出一个结论，即执政党在解决这一问题时应"双管齐下"，一方面做好承受较大贸易风险的准备；

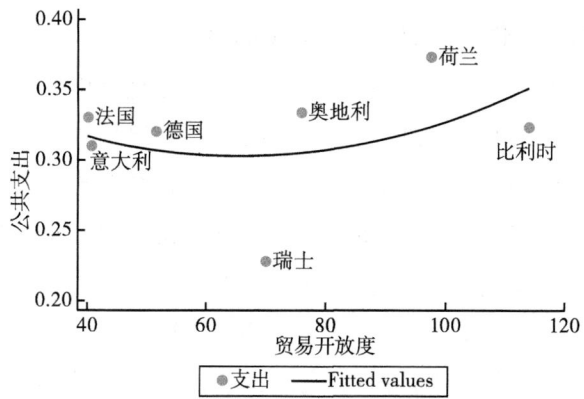

图 9-2 基督教民主主义福利国家贸易开放度和公共支出规模的变化关系
资料来源：OECD 数据库。

另一方面安抚本国就业者的情绪，计划并实施全面的福利政策，以抵消部分在就业市场上可能受到的高风险冲击。

福利国家的制度安排在很大程度上受到国际金融和资本市场变化的影响。20世纪70年代和80年代各国面临的大规模财政赤字使政府需要更大一部分收入来支付利息，用于福利政策和其他政策的资金只能一再缩水，财政资源产生了一种提前消费的现象。例如，意大利当局在一级预算中留出大量盈余来保障国内债务与 GDP 的比例不至于进一步恶化。

20世纪80年代以来，国际金融机构的运作日益频繁，大多数国家对国内资本市场的变化失去控制，由于投资是根据盈利的期待决定的，所以国内的投资意愿也不像过去那样仅仅取决于国内的利息和资金流状况，在国外的投资机会能否产生更高的收益也对其产生较大影响。曾经福利国家发展所导致的集权重要性的提高，也在日益紧密的国际联系中逐渐减弱，甚至失去了对其经济发展条件的控制。并且，部分国家的下属单位也在争取更大程度自主行动的可能性，如德国受到德国联邦州的竞争。

由于资本以及资产的流动性增加，各种逃税避税手段层出不穷，限制了福利国家通过税收以及保险费形式保留收入的能力。加之基督教民主主义福利国家不得不对世界市场发展带来自由化的全球趋势做出反应，原先用于福利支出的资金安排规模减小，导致福利政策进一步紧缩。

9.1.9 人口老龄化不断加重福利制度的负担

显然,福利体制的进一步完善发展,出现了一系列文化观念的转变、生育控制技术的发展以及妇女工作机会的增加等现象,公民生活质量提高,生活负担大幅度减轻,人类寿命也不断延长。完善的养老保险和医疗保障制度使得人们对后代的依赖性减轻,福利国家的生育率不断下降,直接导致青壮年劳动力锐减。故而基督教民主主义国家同其他福利国家一样,难以回避老龄化这一问题。在 OECD 地区,老年人占总人口的比例上升了近 50%,这对于公共福利政策的受众有相当大的影响,大部分福利支出都将花费在老年人的晚年生活上。

据 CEIC 数据库统计,人口老龄化问题导致的养老金支出在部分国家都有较显著增加。例如,在荷兰,养老金的支出将在未来 20 年内达到 GDP 的 6.9%;意大利则更甚,这一比例有望达到 7.7%。由于基督教民主福利国家税收水平较高,财政压力并不明显,所以这一现象直到无基础的养老金债务大幅增长,政府预算对于这一额外支出的承诺力不从心时,才能得到应有的重视。同时,由于经济全球化的迅猛发展,世界市场的竞争愈演愈烈,在很大程度上对就业造成了压力,德国、法国、意大利等国选择采用提前退休政策作为保持就业率的途径,这在一定程度上加重了老龄化带来的财政负担。

9.2 保守式协调资本主义的制度转变

由于 20 世纪 70 年代后经济和劳动力市场结构的转变、老龄化以及经济全球化趋势的加深,福利国家迫于压力对其制度安排进行部分调整以缓解阶级矛盾,从而维护社会稳定。但相比于新自由主义倡导的个人主义以及整个国家的经济都应依靠"看不见的手"来调节,保守主义改良更倾向于稳妥的改革方式,即在现有政策基础上,进行局部调整以期达到预期效果。该模式的转变主要分为劳动力市场的特征转变以及社会保障制度的转变,每种转变下又细分具体方面的改革。毫无疑问,在基督教民主主义福利国家经历了多种转变之后,这种看似完善的福利制度依然面临较大压力。

9.2.1 劳动力市场的特征及其转变

(1) 工会在福利政策制定中的作用

随着经济全球化进程的逐渐推进,基督教民主主义福利国家的工会组织依托贸易出口,规模庞大,尤其是其北方集团,工会组织的力量更加强大。因此,一个抑制工资增长需求以及集中工会力量的政策就显得尤为重要。雇主组织和工资谈判程序安排逐渐浮出水面,使这种愿望能够成为现实。

荷兰在这方面成了先行者,至少在20世纪70年代中期之前,工会为抑制工资增长要求所付出的附加支出说明了其充分就业和慷慨的福利制度的发展。在奥地利,财政政策和货币政策往往具有反周期的效果,再加上其货币在60年代就已经与德国马克非正式挂钩,因此有时会受到货币贬值的影响,就业政策的核心则是税收与供给政策相互作用的结果。70年代之后,奥地利开始实施积极的就业政策、地区性劳动力市场政策以及部分行业支持政策。为促进税收政策从再分配转向侧重于产业投资,通过信贷配给制度、政府提供的惠民信贷以及公共部门财政盈余将利率保持在较低水平。

基督教民主主义模式下的国家工会组织程度不高,但工会对于规范劳动力市场的作用并不一定与工会密度完全正相关,欧陆国家主要通过工会合同覆盖度来达到同样的效果(见表9-1),由于其工会与雇主达成一定协议,从而使合同能够覆盖未加入工会的就业者,或者将合同与政府立法联系起来,以达到同样的目的。

表9-1 保守主义国家工会密度与工会合同覆盖度

项目	奥地利	比利时	荷兰	德国	法国	意大利	瑞士	平均数
工会密度	66.20	71.90	37.80	40.10	27.80	51.20	34.70	47.10
工会合同覆盖度	70.80	90.20	59.70	76.30	91.90	—	—	77.78

资料来源:OECD数据库。

(2)收入分配的协调程度

福利制度使财政负担加重的同时,对社会经济发展也产生了负面影响。因此,转型的一个重要方面就是在观念上尽可能地减少公民对福利的依赖,强调权利与责任对等。所以欧陆国家公民主要是基于就业享受福利金的权利,并且将其与收入相联系,但是其平等程度要优于自由福利模式的国家。在这类国家中,工会合同覆盖了大部分劳动力,阻止了低收入服务业的迅速扩张。于是欧陆各国工资离差相对较低,接近于最低的社会民主福利国家。工资离差是体现收入分配差距的一个重要指标,与工会密度、工会合同覆盖度以及工资谈判程序有着密切的联系。

换句话说,除了奥地利外,其他国家几乎都与北欧国家的数值相似。德国和奥地利工资分配的集中化程度相对较低,因为这两个国家的工会合同是在产业层面签订的,并非全国范围内的集体协议。索斯凯斯指出,工资谈判程序的协调程度与工资分配的集中化程度的区分是相当重要的。德国和奥地利都拥有协调程度较高的工资分配,虽然德国没有奥地利那样正式的制度安排,但是效果俱佳。

(3) 性别平等模式在劳动力市场的体现

在妇女的就业参与政策方面,由于一直强调男性主导家庭的传统思想,且工会的就业政策影响范围较小,所以基督教民主福利国家选择从国外进口大量男性劳动力满足国内劳动力的需要。随着女性角色发生转变,政府实施了各种家庭政策,如调整税收结构、子女的护理安排等,对各类服务业的需求成为一个反推力,助力女性进入劳动力市场。

德国单亲家庭的比例在1972年之后的15年间由8.0%提升到13.5%。并且在其他基督教民主主义福利国家中,也做出了针对不同类型儿童需求的规定,而子女补贴政策则是之后才出现的。改革之后,每个人都成为拥有独立法律地位的公民,妇女受教育程度及其生活独立自主的可能性大幅提高。基督教民主国家的妇女平均参与劳动程度由1960年的32.6%上升到1996年的60.7%。具体国家的比例变化程度有所不同,但上升的趋势基本一致。从德国来看,1970年之后的20年间,老联邦州中30~35岁已婚女性就业率从38%提升到了59%,45~50岁的已婚女性就业率从40%提高到59%,且这一趋势日益显著。但由于联邦德国缺乏完善的日托计划和儿童看护设施,并且家庭与职业的矛盾较为突出,导致拥有两个孩子的女性只有近1/3参加了工作。而进入劳动力市场的妇女也面临着由于怀孕或者照顾老人和儿童所造成的收入中断风险。所以妇女的产假、抚养孩子以及赡养老人所产生的费用也会通过转移支付来支持,这也成为公共财政的压力来源之一。而曾经照顾子女和老人的重担落到政府的肩上后,社会关怀服务的需求增加,又促使更多妇女进入劳动力市场。在法国,这类福利项目显著扩张,为老人和儿童提供了较为完善的关怀服务。在其他基督教民主主义福利国家,这方面直接提供的服务仍然有限,但受到了转向私人化、市场化的福利政策的间接影响。

总的来说，与其他三类福利国家相比，尽管基督教民主主义福利国家对拥有子女的工作女性比较宽容，但其妇女劳动参与率还是处于较低水平。到1993年，这类国家的女性劳动力参与率仅为54%，比同一时期斯堪的纳维亚国家的女性就业率低近20%。基督教民主福利国家的男性与女性的就业参与比例的变化，在一定程度上解释了失业率的变化。以奥地利和瑞士为例，女性就业率的上涨被部分男性退出劳动力市场所中和，所以这两个国家的失业率情况要略优于其他这类福利国家，如图9-3所示。

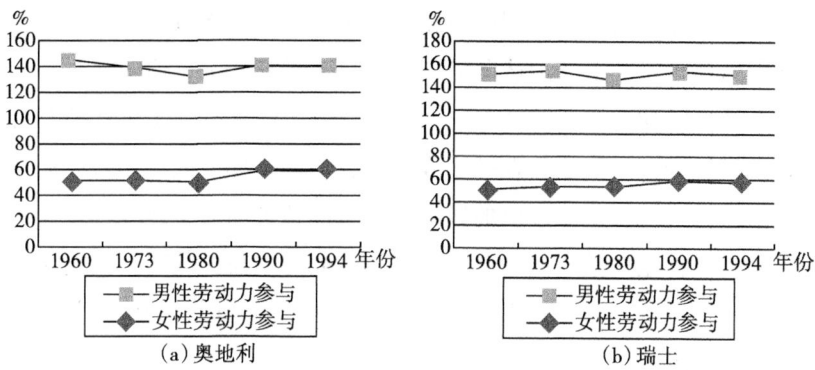

图9-3 1960—1994年奥地利与瑞士男性与女性参与劳动力市场比例的变化
资料来源：CEIC数据库。

基督教民主主义福利国家同社会民主主义福利国家一样，并没有形成低收入就业部门的双重劳动力市场，其低工资的就业机会主要集中在服务业，并且除了意大利和荷兰不完全符合协调经济要求以及法国由国家主导生产的政策安排外，其余国家都可以称为"协调经济体"。

9.2.2 社会保障制度的转变

(1) 养老保险

在人口老龄化程度不断加深的背景下，欧陆各国用于养老金制度的财政支出占据了GDP较大比例，成为公共支出负担的一个重要方面。由于在这类国家中，缺乏基本层次的社会福利保障，故而居民对福利补助的享受一方面与就业状况和收入水平密切相关，另一方面与需求挂钩，即以最低生活费为底线。虽然如此，但是其平等程度远远高于自由化福利国家，这是因为基督教民主福利国家初次分配时的不平等现象较少，工会合同覆盖度较高，且福利金较为慷慨，故足以弥补其福利制度不合理这一缺陷。但不同行业的养老金、保险金以及疾病基金政策大有不同，而这些基金的管理主要是由雇主和工会负责的。

于是这类国家便主要采用了投保资助型的养老保险，这种模式强调养老是公民自己的事，应当有自保意识，国家只是给予部分补贴，强调权利与义务的统一，适用于有一定经济基础的发达国家，其保险金来源具有多元化特点。

但这种模式逐渐暴露出一些弊端，一方面，过分强调权利与义务的统一，救济性质较弱，难以进行不同产业之间的收入再分配；另一方面，在出生率不断降低且人口老龄化不断加剧的情形下，现收现付制导致社会负担加重。并且由于老年人属于主观上的默认弱势群体，故而对其制定普遍的社会福利制度以保障其生活。这便忽略了一部分虽然已经达到退休年龄但是仍然拥有劳动能力的人，传统福利国家的政策在一定程度上打击了这部分人工作的积极性和主动性，用较高的福利滋生了公民的懒惰。于是欧陆各国对于退休者养老金的增加进行了限制，甚至对其中的一部分做了冻结处理。与此同时，该模式下的国家都倾向于推迟公共部门就业人员的退休，这从侧面降低了公民的养老金待遇。

（2）失业保险

欧债危机以前基督教民主主义福利国家期望通过降低劳动力的供应量来缓解失业问题，即将失业保险的缴纳责任主要分配给雇主来减轻公共支出负担。失业率上升较早且长期保持在高水平的荷兰，早在20世纪70年代开始就采取了一系列削减养老金支出的措施，其削减幅度远高于失业率水平较低的其他国家；并且在1973年之后的20年间，60～65岁男性参与工作的比例从约70%下降到22%；90年代中期，北欧国家危机最严重的时候，荷兰55～65岁男性就业率也比同时期基督教民主主义福利国家的男性劳动参与率高出约20%。失业与残疾人项目也是此类国家通过让人们自愿退出劳动力市场来缓解失业现象的重要措施。

转型前，此类国家主要是强制性失业保险，指的是法律规定范围内的人员必须参加失业保险，并不取决于个人意愿。其中，德国和法国实行的是强制参加失业保险与失业救济有机结合的制度安排。企业雇员都被包含在强制保险范围内，但基督教民主主义福利国家都在此范围外将部分行业纳入保障主体，其中荷兰将国家公务员列入保险范围，德国将农民列入保险范围，法国则将学校毕业生列入保险范围。失业保险金的来源主要有三个方面：雇主出资、雇员缴纳以及国家补贴。除意大利外，此类国家主要是固定由雇主出资主要部分，次要部分则是由雇员缴纳和国家出资。法国的失业保险金由雇主出资，约占工资的 4.30%，雇员约缴纳工资收入的 2.55%，政府仅补贴不到 0.15%；德国则是由雇主和雇员分别承担保险费用的 50%。法国和德国由政府承担行政费用及其他补贴项目。意大利是基督教民主主义福利国家中唯一雇员不需要缴纳保险金的国家，由雇主负担主要部分，产业雇主负担特殊失业保险以及"工资补充基金"，政府则对其已有的保险金支出不足的部分进行补贴。

对失业者的补贴主要与其工作或投保等现实为社会服务的期限挂钩，意大利政府规定可享受补贴的条件是，投保 2 年及以上，且最近 2 年内必须每周缴纳保费；荷兰规定享受补贴者，必须在之前 1 年是失业基金会的成员，且最近 3 年内至少平均每年就业 9 周。意大利和荷兰的共性是都要求被保险者积极谋求新的职业。失业保险待遇的支付形式除意大利是按照固定金额支付外，其余国家都是一部分固定金额和一部分按工资比例支付相结合的形式，德国按照失业者原工资的 68%~90% 支付，并且对未成年子女进行固定金额的进阶式补助，首个未成年子女可获得 50 马克/月的补助，第二个未成年子女可获得 120 马克/月的补助，其余每个未成年子女都可以获得 240 马克/月的补助；法国按照原工资的 42% 和 40 法郎/天的标准进行补助；比利时则是根据失业时间的长短，逐渐递减失业者可享受的补贴。并且在政府监督的基础上，形成授权自治或半官方的机构进行管理。

20 世纪 90 年代后，为了进一步避免由于社会福利完善而导致的一部分人不愿意进入劳动力市场，形成所谓的"懒汉现象"，欧陆各国均采取了一定措施将失业保险的保障重点放在促进就业而非补贴失业上，例如，德国的"哈茨改革"，把失业津贴改为求职津贴。

（3）工伤保险

20 世纪 70 年代后，资本主义社会的发展导致阶级矛盾更加尖锐，为了进一步缓解工人阶级（雇员）和资产阶级（雇主）之间的对抗情绪，推动形成有序的劳动力市场，欧陆各国均完善了现存的职业伤害保障制度。职业伤害保障制度包含工伤保险和职业保险，也是对工人权益产生影响的一个重要方面。转型以前，基督教民主主义福利国家主要采取的是单一的员工赔偿体制，雇主的责任依托于侵权责任，具有效率差、成本高和理赔周期长的弊端；并且，以侵权法为索赔体系的基础，会造成劳动关系的不良发展，加剧劳资双方之间的矛盾和敌意。随着福利体系越发成熟，欧陆国家转变成雇员可以通过无过错赔偿体系获得限定性索赔，这让雇员能更加容易地获得赔偿，且降低了交易成本。当雇员需要对除雇主之外的人进行索赔时，仍然可以使用侵权法所赋予的权利。

9.3 保守式协调资本主义应对欧债危机的改良实践

9.3.1 保守主义的改良具体措施

欧债危机波及范围甚广，制约着保守主义模式下各国的发展，高福利支出为此类国家带来了沉重的财政负担，加之政策设计不合理，导致福利制度养出许多"懒人"。在这样的背景下，欧陆各国开始着手削减福利支出，鼓励就业，从而缩减国家公共开支规模。

首先，实施财政紧缩的政策，减少政府在公共福利方面的支出。一方面，通过减少公务人员的数量以及下调其薪资来减少财政支出；另一方面，通过增加税种和提高部分税率来增加财政收入；甚至对部分由政府资助的服务机构进行数量上的缩减。在失业保障方面，也不再宽松，通过提高福利帮助标准，鼓励失业人员再就业。例如，法国奥朗德政府，削减总统以及各内阁部长的薪资，调整退休以及家庭政策；与此同时，投资支持中小企业的创新与发展。

其次，通过刺激经济来缓解就业压力。例如，奥朗德政府为无学历或低学历、25岁以下的年轻人以及55岁以上的老年人这三类特殊人群的就业推出了两种方案，分别为"未来就业合同"[①]和"代际合同"[②]。在欧债危机时期，德国经济状况相对其他各国总体较好，得益于默克尔政府在扩大就业方面的政策改革，通过发展第三产业，鼓励中小企业，资助个别劳动力密集型产业，使工作岗位增多，从而降低失业率。

最后，致力于养老保障制度改革。养老金制度一直占据政府公共支出的较大比例，所以这方面的改革举措会为缩减福利支出做出较大贡献。德国作为欧

---

① "未来就业合同"包括两种形式，即长期合同和短期合同。国家将为每份合同提供1~3年的补助，若受益人年纪较小，补助可延长至5年。

② "代际合同"计划，鼓励企业与年轻求职者签订长期合同，并配备一名资深员工对求职者进行就业辅导，以此将资深员工留岗至退休。

陆国家中老龄化程度较深的国家，在欧债危机下，这一问题更为突出。于是德国政府于2012年出台政策，将退休年龄提高到67岁。法国萨科齐政府提出延迟退休改革，即每年将法定退休年龄延长4个月，到2018年，退休年龄将达到62岁；与此同时，延长退休金的缴纳期限，提高退休金的缴纳比例。

9.3.2 改良实践的成效分析

资本运动总是会经历变革创新，当生产模式不能与新生要素匹配时，资本就会打破现存的均衡状态，通过再生产进程产生新的平衡，这一过程表现为经济危机。马克思提出的经济危机理论的核心思想之一，就是资本主义经济危机发生的必然性。由于货币的产生以及社会生产力水平的发展，货币在执行不同职能时会通过对商品交换的阻碍以及随时间变化而变化的商品价格，为经济危机的产生提供可能性。而信用经济的发展加大了这一可能性，是经济危机发生的一个基本条件。资本主义的社会化和私有制之间的矛盾，作为资本的特性，使经济危机产生的可能性转化为必然性。

以上举措不仅没有显著改善现有的经济低迷状况，反而激化了政府与公民间的矛盾，欧陆各国不同程度发生了大量民间组织的示威、游行和罢工活动，以反抗政府对于福利制度尤其是养老保险制度的改革。根据OECD统计，2013年法国政府扩大税基，增加税收收入，但法国的财政赤字占同期GDP的比例仅下降了0.7%，与措施实行的预期效果相去甚远。一味地紧缩政策反而使贫富差距严重扩大，大量的赤贫人口出现，人们不禁开始思考目前效率的提高与公平损害的程度是否匹配。

因此，即使政策转变对欧债危机起到一定的缓解作用，也未从根本上消除危机产生的可能性，即资本主义社会的基本矛盾。资本通过积累在很大程度上促进了资本主义社会生产力的发展，而资本增殖不受一切现有生产关系的束缚这一特性，使增殖达到一个临界点时，资本主义走向灭亡成为既定结局。

每一次的经济危机都不是简单的重复与循环，而是随着资本主义制度的不断自我扬弃，呈螺旋上升式发展，危机的破坏力也会大大增强。不仅如此，未来经济危机爆发的周期会逐渐缩短，即危机爆发会愈来愈频繁，最终导致社会矛盾不断激化，财富集中在少数人手中，贫富差距悬殊以及危机过后的萧条期延长。

9.3.3 基督教民主主义福利制度对中国福利制度建设的启示

虽然上述各国国情均同中国有所差异，但基督教民主主义福利国家所遇到的挑战与变革仍对中国有一定的借鉴意义，尤其是在公平和效率的平衡方面。既不能让国家陷入高负担的泥沼以致影响生产力水平，也要适当促进社会公平，激发个人的积极性。具体包括以下几点。

第一，社会福利金的使用要在一定程度上遵循权利与义务相一致的原则，明确政府是社会活动的重要组织者，社会福利的增长不应该完全依靠国家，政府应当承担更多对福利制度运行的监督责任。通过立法划分一定的分摊比例，以免国家由于福利制度陷入高负担、高赋税进而步入高失业率的泥沼。设置多层次的保险机构不仅能够更好地激发企业和个人的积极性，还能够将企业从高成本和高税率的桎梏中解放出来，保证社会福利制度良性运转。福利制度安排必须同国家的生产力发展水平相适应，否则不仅无法保证公平与效率同时实现，而且从长远来看会影响国家的经济发展水平。坚持福利制度有法可依，设立具有较高自治权的半官方机构对社会福利进行管理，能够使社会福利政策对社会的需要以及变化做出灵活反应。

第二，选择复合型失业保险制度，不仅能扩大失业保险的覆盖范围，还能增强抵御风险的能力进而满足不同层次居民的需要。将失业保险在结构和功能上做出积极调整改为就业保障，将对生活的保障转变为对就业这一根本目标的追求。失业保险待遇的支付应采用"社会平均工资的部分比例+固定数额"的形式，并且要考虑到中国保障基数较大这一国情，斟酌出一个既能体现平等又不伤害职工就业积极性的比例。保险金的来源也应该多层次和多元化，由政府、雇主和雇员各方缴纳且按照差别费率征收；严格失业保险金的享受条件，调整其使用结构。

第三，中国处于经济转型时期，新行业层出不穷，雇员类型复杂多样，建立广泛的职业伤害保险制度将就业者尽可能多地纳入保障范围十分必要。由于工伤保险的支付水平较低，有时无法保障职工的日常生活需求，因此应当将其同以雇主责任为基础的保险有机结合，这也符合保险私人化的国际趋势；设置高危行业的强制雇主保险制度，以保证雇主责任义务的实现；做好工伤预防措施，在合理做好工伤理赔的前提下，降低事故发生率和职业病发病率，从源头上保障雇员的权益不受损害,随后将雇员康复费用纳入保险体系,为雇员之后的工作生活解除后顾之忧。

参考文献

[1] 皮凯蒂,巴曙松.21世纪资本论[J].理论导报,2014,12(324):61.

[2] 丁纯,李君扬.未雨绸缪的德国社会保障制度改革:欧债危机中德国经济一枝独秀的主因[J].当代世界与社会主义,2012(5):33-39.

[3] 孙涛.福利国家改革的类型、成效及启示[J].中共济南市委党校学报,2014(4):94-97.

[4] 安德森.福利资本主义的三个世界[M].郑秉文,译.北京:法律出版社,2003.

[5] 周弘.福利国家向何处去[J].中国社会科学,2001(3):93-112,206.

[6] 钱宁.现代社会福利思想[M].北京:高等教育出版社,2006.

[7] 冉昊.福利国家的危机与自我救赎[J].外交评论(外交学院学报),2017(4):163.

[8] 刘玉安.告别福利国家[M].济南:山东人民出版社,2015.

[9] 杨来发.德国社会保障制度评析及启示[J].改革与战略,2007(6):29-31.

[10] 考夫曼.社会福利国家面临的挑战[M].北京:商务印书馆,2004.

[11] 周弘.福利的解析:来自欧美的启示[M].上海:上海远东出版社,1997.

[12] 皮尔逊.福利制度的新政治学[M].汪淳波,苗正民,译.北京:商务印书馆,2004.

[13] 贾玉娇.走向治理的中心:现代社会保障制度与西方国家治理:兼论对中国完善现代国家治理体系的启示[J].江海学刊,2015(5):107-113.

[14] 焦力军.西方福利思想的演进及启示[J].今日南国,2010(2):5-8.

[15] 英格尔哈特.静悄悄的革命[M].上海:上海人民出版社,2016.

[16] 张东明.德国的社会福利制度与政策[J].中国财政,2013(10):70-71.

[17] 里斯本小组.竞争的极限[M].北京:中央编译出版社,2000.

[18] 帕尔默.福利国家之后[M].海口:海南出版社,2017.

[19]冉隆勃.福利国家溯源[J].西欧研究,1987(3):1-6,63.

[20]范家绪.走向中庸之途:福利国家危机研究[J].劳动保障世界,2016(12):68-69.

[21]霍尔,索斯凯斯.资本主义的多样性[M].北京:中国人民大学出版社,2017.

10　德国

10.1　引言

　　自1871年德意志帝国建立,到1990年联邦德国和民主德国的再次统一,再到现在成为欧洲第一大经济体、欧盟创始会员国之一,德国自始至终是欧洲乃至全球影响力最大的发达资本主义国家之一,又因为其主导了人类历史上规模最大、伤亡人数最多、经济损失最严重的两次世界大战,所以对全人类的历史发展产生了深远影响。同时,我们必须看到,德国作为老牌资本主义强国,同时又诞生了诸如卡尔·马克思、马克斯·韦伯、弗里德里希·李斯特等诸多经济学大家,而德国的发展虽然一波三折,但最后无论是经济还是社会发展都能实现崛起。另外,德国的发展并不是一帆风顺的,也出现了许多问题,然而到现在为止德国并没有出现马克思所声称的"资本主义必将灭亡"的情况,反而是德国的经济和社会发展虽然经历了两次世界大战,但在战后依然能保持相对稳定的发展态势并且屡创世界"经济奇迹"[1]。究其原因,是德国在发展资本主义经济的同时虽然出现了许多马克思主义政治经济学中所论述的问题,但是聪明的德国人通过选择改良而非革命的方式来解决问题,避免出现社会动荡和内部大规模冲突,实现德国社会的发展。但是在1980年之后,德国资本主义经济出现了资本外流和经济增速下滑的困境,资本主义改良措施中最重要的社会保障制度开支逐年增加,导致了财政系统不得不通过发行国债的方式来保证预算平衡,并且出现了以新自由主义重新抬头和社会福利保障水平缩减为代表的资本主义改良倒退的现象。所以德国丰富的历史发展经验与在此过程中

---

① 哈达赫,Hardach,扬绪. 二十世纪德国经济史[M]. 北京:商务印书馆,1984:58.

出现的经济学思想和资本主义社会改良理论及实践都值得学术界探讨。

本章在内容方面，聚焦于社会保障层面，从德国社会保障制度的变迁中探究德国资本主义改良的成效及其局限性。本章从时间上将德国资本主义改良在德国社会保障制度层面的变迁分为二战前和二战后两个时间段。在研究方法选取方面，运用经典马克思主义政治经济学的立场、观点和方法，对德国资本主义改良在社会保障层面的指导理论、实际做法和成效进行批判性考察，以揭示其实质和局限性。

10.2 二战前德国社会保障层面的改良研究

二战前，德国的国家政权主体最开始为德意志帝国。当时，在以激烈的工人运动为表现的工人阶级与资本家矛盾深化的背景下，德国开始了资本主义改良的初次探索。在俾斯麦政府的推进下，德国采取了以社会保障制度的建设为代表的资本主义改良措施。

德国是第一个建立现代社会保障体系的资本主义国家，1854 年生效的《矿山、冶炼及盐场工人互助会的联合法》是德国社会保障思想的开端，而 1881 年时任首相俾斯麦主笔的《皇帝诏书》中提到改善工人阶级在出现疾病、伤残和因为年老而不能继续工作时，其有权利得到社会层面的救助，《皇帝诏书》表述的社会保障思想被人们称为"德国社会保险宪章"，这也代表着德国社会保障层面改良的正式开始。

10.2.1 德国社会保障层面改良的背景

（1）工人运动活跃

19 世纪 60 年代后，由于德国工业化的快速发展和大量农业人口向城市转移，大批农民及手工业者转变为在工场进行工作的工人阶级。这些工人群体在工场受到了严重的剥削，其每周工作时间达到了 79 小时，而获得的工资却少之又少，只有很少一部分工人能够达到维持良好生计的工资水平。另外，由于当时德国能够转化为工人的劳动人口相对工场数量来说相对过剩，雇佣工人的资本家不仅能够极度压低工人的工资水平，而且可以任意要求工人增加劳动时间，或者任意解雇在工作中受伤而不能继续工作的工人。当时的工人群体生活质量被压榨到了极低的水平，一个熟练的劳动力在每周进行满负荷工作后，仍然很难去租赁一间单人间的房子,并且大部分工人很难在每周有足够的钱进行洗澡,生病之后很少有工人能够享受到基础的医疗保障。

1870—1883年,德国工人群体数量从800万人增加到了1200万人,当如此众多的工人面临艰难的生存环境时,这些工人群体并没有坐以待毙,他们相互联合加入工会,工人阶级联合起来的力量在逐渐壮大。1848年,"德国工人兄弟会"(Allgemeine deutsche Arbeiter-Verbrüderung)在柏林宣布成立;1863年,"全德工人联合会"(Allgemeine deutsche Arbeiter-Verein)也宣布成立。这两个带有政治性色彩的德国工会组织工人阶级聚集在一起,有组织地通过罢工向德国资产阶级示威,从而提升德国工人群体的生活状况。1889年5月,在德国鲁尔区发生了从未有过的大罢工,共有10万人参与了这次以"八小时工作制"为目标的罢工,而在这次罢工后,德国的其他地区也发生了声势浩大的罢工。1869年,德国社会民主工党(Sozialdemokratische Arbeiterpartei)宣布成立,当时在一定程度上代表工人阶级的德国社会民主党在1877年选举中也第一次进入了帝国议会。

德国持续的罢工和德国社会民主党进入议会让当时以俾斯麦为首的德国容克资产阶级感受到了工人阶级的力量,及其对德国政权的威胁。

(2)讲坛社会主义的改良思想出现

当时,日益严重的工人阶级罢工运动所导致的工人阶级与资产阶级的对抗使德国资产阶级感受到了前所未有的威胁。当时以阿道夫·瓦格纳(Wagner Adloph)、阿基尔·洛里亚(Loria Achille)和古斯塔夫·施穆勒(Gusteve Schmaller)为代表的经济学学者成立了"讲坛社会主义",他们希望通过资产阶级基础上的改良来缓解当时的社会状况。他们认为,当时日益剧烈的工人阶级与资产阶级的矛盾对抗不是由资本主义经济制度所引发的,而是工人与资本家的观念、习惯以及道德水平不同导致的。工人阶级与资本主义的对抗状况可以通过增加工人的收入和福利保障来缓解。因此,国家需要建立有利于工人阶级的工资保障体系和社会保障体系,保证工人在工作时得到足够的收入,在遇到由疾病或工伤引发的波动时得到及时的救助。另外,讲坛社会主义否定了马克思主义的阶级斗争,认为工人阶级推翻资本主义建立无产阶级政权的行为是无益于社会进步的,极力反对工人阶级以罢工或者暴力的手段去维护自身利益;并且认为资本主义是一种能够长久生存的制度,在资本主义范围内的改良是可以解决当时的问题的,"讲坛社会主义"的目的也不是去触动资产阶级的利益。当时,德国总理俾斯麦也认可了这种学术思想,并且在其之后的执政过程中,"讲坛社会主义"的学术思想也得到了体现。

在此期间,在德国社会民主党的推动下,德国资本主义改良实践主要表现在社会市场经济制度的建立、完善的社会保障制度的建立、共同决议制度与集体工资谈判制度的形成上。

10.2.2 社会保障层面的改良措施

在工人运动活跃和"讲坛社会主义"的改良思想出现的背景下,俾斯麦政府一方面选择了"铁血政策"来镇压工人运动,另一方面采取了"讲坛社会主义"所提倡的改良手段,建立了以《疾病保险法》《工人医疗保险法》和《伤残和养老保险法》为基础的德国社会保障体系,来缓和资产阶级与工人阶级对立的矛盾,从而保证德国容克的资产阶级帝国政权的稳固。

1854年,德国政府(普鲁士政府)出台了第一部全国性的工人权益保障法律——《矿山、冶炼及盐场工人互助会的联合法》,此法律规定了工人互助金的最低缴费比例,虽然其只针对矿工群体,但是依然标志着德国社会保障立法的开始。

1871年,德国完成统一,德意志第二帝国成立后,德国的工人运动日趋激烈。很快,工人运动就从简单的经济和政治要求转变为对现有社会秩序的威胁,其中以德国社会民主工党在1877年以12个帝国议会席位第一次进入帝国议会最让时任首相俾斯麦感受到威胁。在此背景下,俾斯麦提出了"国家有必要且有责任去解决社会问题"的观点,其认为国家必须对社会主义提出的观点进行部分认可,在当时现有的社会政治框架下可以实现一部分社会主义所要求的合理部分;并且当时俾斯麦成立了专门解决社会保障问题的委员会,该委员会提出了围绕工人工资协商、工伤、劳资纠纷和工人信用合作等方面的社会保障改良纲领。

在此情况下,德国的第一项社会保险立法——《疾病保险法》于1884年应运而生,其规定了低收入的工人和工薪阶层(部分行业)必须参加疾病保险,在政府主导下的保险缴费按照工人自身缴费与企业主缴费7:3的比例分担,工人自治的互助基金的参与者则必须100%承担费用。当参与成员在因患疾病而进行就医时，可以在指定的医疗机构得到免费的治疗，但是这种免费支付的上限为工人平均工资的50%。在之后的几年中，《疾病保险法》经过了多次修正，其保险范围也不断扩大，农牧业和交通运输业的工人也逐渐加入保险范围，《疾病保险法》的参与人数从1884年的430万人增加到了1890年的661万人。

1880年，《工伤事故保险法》提出之后，由于不同政治力量（主要是地主阶级）对其持反对意见，在德国议会经历了长时间的讨论和修改，直到1884年才被议会审议通过，1885年在全国范围内实行。《工伤事故保险法》的颁布保障了受伤害风险较高的工人群体在受到工伤而不能工作时候的利益。其要求企业主必须全额承担工人的工伤事故保险费，在工人工作受到伤害后，工伤事故保险将根据受伤害的等级赔偿不同的金额。在此保险法律出台之后的三年内，其不断地被修订，保险保护的人群种类也不断扩大，到1887年其范围已经覆盖全德国所有邦国，人数达710万人。

在上述两部社会保障立法取得一定成效后，时任德国首相俾斯麦认为这些以社会保障建立为代表的改良取得了一定效果，需要继续完善德国社会保障体系。俾斯麦希望通过社会保障的完善把工人阶级和国家更加直接地联系起来，让工人阶级能够在国家的"监护"下实现工人和资本家的社会融合，让工人在日常生活中看到政府保护的"手臂"对于维护政权稳定是非常必要的。俾斯麦当时直言不讳地说道，"希望让工人们感觉到欠国家的债，如果工人自己付钱那么他们就不会感受到对国家的愧疚"[1]。

关于养老和伤残保险相关的保险制度在帝国议会被讨论8年之后，正式的《老年和残障社会保险法》在俾斯麦的极力推动下终于由1889年的帝国议会审议通过。该法主要保护了老年工人和残障工人的权益，规定只要是在60岁之前交满20年养老保险的工人，都可在60岁之后领取一定金额的养老保险金，在其缴费的20年中，德国政府给予每人每年90马克的补助，其余部分由工人与企业主平均分担，并且残疾人只要交满5年即可享受残疾人保险待遇。

---

[1] BORN K E. Sozialpolitische Probleme und Bestrebungen in Deutschland von 1848 bis zur Bismarckschen Sozialgesetzgebung[J]. Vierteljahrschrift für Sozial – und Wirtschaftsgeschichte, 1959, 46(H. 1): 29 – 44.

10.2.3 社会保障层面改良的原因

（1）直接原因

19世纪80年代，德国容克的资产阶级帝国进行社会保障层面的改良最直接的原因有两点：第一，解决以罢工为代表的暴力工人运动问题；第二，从心理上摧毁支持社会主义运动的工人群体。

当时，德国工业化快速发展，大量农民进入城市工作并转变为工人阶级，这些工人阶级在资本主义以获取剩余价值为目的的生产体系下生活艰难，他们不仅面对超长时间和超高负荷的工作，而且面临失业、健康、医疗和住房等一系列问题。另外，以容克地主阶级和资产阶级为代表的企业主在这场工业化的进程中获得了巨额利润，然而却对为自己劳动的工人群体的压榨变本加厉，对工人恶劣的生活状况不管不顾。在这种情况下，工人阶级与资产阶级的对抗，使社会的矛盾日益加重。因此，德国政府希望通过实施社会保障政策提高工人群体的生活水平，满足在工人运动中努力斗争的工人群体的部分诉求，从而缓解工人阶级与资产阶级的矛盾。

大量的暴力工人运动让德国政府感受到了政权崩塌的威胁。德国政府在俾斯麦的支持下出台了《反社会党人法》来限制威胁现有政权的社会民主党人团体、社会主义团体和共产主义团体。但是这些强硬手段并不能解决当时的社会问题，正如俾斯麦当时所说的"警察的警棍是不能打散这些工人运动的决心的"。当时，俾斯麦希望出台的这些社会保障政策不仅能够缓解当时的工人运动对现有政权的威胁，而且能够让工人政党和团体以革命的目的建立社会主义国家的决心消散，希望让他们感受到国家对工人群体的关心，感受到其在现存制度下能够获得满意的生活水平，希望通过这些"糖果"政策摧毁支持社会主义的工人的决心，利用这些福利政策达到对工人的一种控制，从而保证现存的容克资本主义制度的稳定。

（2）根本原因

俾斯麦推行的社会保险计划的根本原因不是维护工人阶级利益，而是为了维护当时德国容克资本主义社会制度。如同马克思主义政治经济学剩余价值规律所说的，资本主义是以剩余价值为目标的，当资本家不断地对剩余价值进行获取时，工人阶级不断被压榨，其生活维持在很低的水平，资本主义的社会矛盾会被激化。在德国的社会矛盾持续激化时，德国容克的资本主义政府选择通过改良政策来缓解资本主义的矛盾，其在社会方面的改良政策就是建立社会保障体系，提高工人生活水平，缓解工人与资本家的对抗，从而达到继续维持容克的资本主义制度。社会保障制度的出现本质上是资本主义私有制基础上的改良，是资本主义生产关系的调整在社会层面的表现，是为维护资本主义制度存续的一种手段。

10.3 二战后德国社会保障层面的改良研究

10.3.1 战后德国社会保障层面改良的历史背景

（1）两次世界大战的洗礼

1914年，一战爆发，1918年德国宣布投降，历时4年多、波及30多个国家近15亿人口的第一次世界大战终于告一段落。虽然德国面对着战后巨额的战争赔款、颓废的国家经济以及劳动力人口的锐减，但因为在战争中本土并未遭到严重冲击，大部分基础设施依然完好，并且高素质的德国人民和精英阶层并未受到严重影响（这也是战后德国崛起的根本原因之一），再加上获得美国的巨额贷款以及在英、法两国的"绥靖政策"下，德国又重新开始了快速的经济发展。

然而，一战后德国的容克贵族和大资本家仍然掌控着国家资源，并且野心勃勃；另外，由于英法两国对德国严重削弱和压制，特别是法国制造的鲁尔危机，深深刺激了德国人，以及一战的战败给所有德国人留下了阴影，在希特勒的煽动下，德国在1939年9月引发了第二次世界大战。

在反法西斯同盟国以及全世界人民近7年的浴血奋战下，轴心国最终于1945年相继投降，德国再次被战败以及战后巨额赔偿的阴影所笼罩，进而被世界两大阵营一分为二，东部占区成立德意志联邦共和国，西部占区成立德意志民主共和国，德国从此正式分裂为两个主权国家。

相比于第一次世界大战，德国在二战中遭受了毁灭性的破坏。据统计，巨大的人员伤亡使德国人口从战前的7000万人暴跌到4000多万人，大部分有效劳动力被消耗掉。因此，战后德国只能最大限度地利用原本不是有效劳动力的女性劳动力资源。另外，战争也使德国本土遭受了毁灭性打击，各大城市成为一片废墟，国家经济几乎被摧毁殆尽，先进的科技资源和工业设备也被战胜国瓜分以抵消战争带来的损失。不仅如此，德国也被迫损失了约 1/3 的土地，德国人彻底失去了东普鲁士。面对战后的一片废墟和焦土，德国人并没有选择放弃，而是在积极地吸取了教训后又重新开始了发展。

(2) 战后的复苏和崛起之路

二战后，德国实际资本在战火中损失了大部分，基础设施大部分被破坏，经济完全崩溃，国家被一分为二，这些问题严重困扰着德国人。然而，分裂后的两个德国的命运轨迹在后来出现了明显分离，联邦德国在英美等国的主导下实行资本主义制度，民主德国在苏联的主导下走向社会主义。

在联邦德国，1949 年 9 月建立了以阿登纳为总理的联邦政府，在高素质的德国人民的共同努力下，联邦德国的国民经济进入了较快的发展时期，并在 1950 年后出现了"经济奇迹"，快速发展成为欧洲四大经济体之一。其间，联邦德国的整体工业生产总值的增长速率超过 10%，GDP 也超过 720 亿美元，增长了近 2.5 倍。除此之外，联邦德国制订了有效的社会福利保障计划，到现在这个计划仍然是各国学习的典范。

在民主德国，根据资料统计，由于民主德国拥有雄厚的工业基础，其在社会主义计划经济的主导下，1950—1970 年，生产性国民收入翻了两番。然而，到了 20 世纪 80 年代，因为政治因素对经济的主导地位和苏联的控制导致计划完全脱离市场，再加上整个"经互会"国家经济的不景气，使民主德国经济出现了严重问题，最终民主德国经济走向垮台。因为本章节的目标是联邦德国在资本主义发展过程中的改良问题，所以对民主德国的经济发展不做过多探究。

1989 年，注定是一个不平凡的年份。东欧剧变加上民主德国共产党政权垮台，于是在英美等国的同意下，1990 年 10 月，民主德国正式加入联邦德国，分裂长达 40 余年的德国再次统一。经过近 30 年的发展，虽然在此期间出现了一系列问题，但是如今的德国作为一个高度发达的资本主义国家、欧洲四大经济体之一，拥有完善的社会保障制度、较高的国民福利待遇、发达的工业体系、完善的教育科研体系等，是全世界发展中国家学习的榜样。

我们回头看德国近代以来的发展历史可以发现，虽然德国的发展之路走得极为坎坷，也曾为全世界人民带来苦难，但是我们应该注意到德国从失败到崛起的时间是如此之短,一次次地创造奇迹。现在的德国经过无数次的改良,虽然本质上依然属于资本主义国家,但是德国在民主的道路上已经有所建树,政治、经济和社会也相对比较稳定。

10.3.2 战后德国社会保障制度的建立和发展

(1) 社会保障制度的建立

在西方资本主义国家中,德国成为第一个颁布社会保险法的国家。20世纪初,德国政府通过了《老年和残废保险法》《疾病保险法》《意外事故保险法》三项社会立法,建立了完善的社会保障制度,形成了现代德国社会保障制度的框架,也成为西方各国纷纷效仿的对象。

虽然德国是世界上第一个建立健全社会保障制度的国家,但是其建立的过程并非资本主义发展的必然产物,而是在资本主义发展过程中受压迫的劳动人民的强烈要求所致。19世纪中叶,德国工人一周的平均工作时间长达90个小时。当时,资本家为了扩张市场并占有更多的剩余价值,企业主通过压低工资、延长劳动时间来降低生产成本,甚至在有些地方,工人一天的工作时间长达16个小时。工人的生活状况非常恶劣,大部分工人在饥饿线上徘徊。在这种恶劣的环境下,矛盾终于爆发了。1844年,西里西亚纺织工人举行了起义,这是德国无产阶级第一次进行独立的政治运动。但真正让无产阶级的巨大力量展示在资产阶级面前的是1848年的欧洲革命,这次革命使统治阶级和资产阶级意识到工人阶级在追求自身利益中表现出来的力量是巨大的,是不容忽视的,而且工人阶级和资产阶级的对立也让统治阶级意识到有必要采取措施来改善工人待遇以求获得工业的持续生产。

到了19世纪下半叶,德国抓住第二次工业革命的契机,迅速推进工业化。然而,工业化推进的同时再一次加剧了劳资之间的矛盾,贫富差距进一步扩大。在这一时期,马克思的经济思想和关于资本主义劳资矛盾的论述在欧洲大陆广泛传播,工人阶级因为有了理论的武装,所以在当时出现了大大小小许多工人运动。德意志帝国成立后,为了维护政权稳定,作为首相的俾斯麦通过确立《疾病保险法》《意外事故保险法》和《老年和残废保险法》三项社会立法来缓解劳资矛盾,改善劳动者的工作环境,但是因为这些法律法规也触及了资本家的利益,所以在制定和实施的过程中遇到了很多阻力。

俾斯麦下台后，威廉二世时期《关于工商业管理条例修正案的立法草案》《女工法》《雇员保险法》等法律陆续颁布，这些都是德国近现代社会保障制度基本框架的一部分。这些法律的宗旨主要是保护工人阶级的工作时间处于能够接受的长度，并且强制资本家为工人购买各种保险。随着更多法律的颁布和完善，近代社会保障制度在德国初步建立起来。

总的来说，德意志帝国社会保险立法的确起到了缓和社会矛盾的作用，营造了一个稳定的社会秩序，从而进一步为德意志帝国的工业化提供了20多年的良好环境，使德意志帝国经济保持了快速发展。实质上，这种保障劳动者权益的社会保险制度，不过是资产阶级为了维护本阶级的统治秩序和既得利益在策略上做的妥协，是工人阶级与资产阶级博弈之后的一种结果。鉴于资本主义私有制和资产阶级的固有属性，社会保险制度并没有从根本上触及资产阶级的底线，因为社会保险制度的本质仅仅是将工人个人的保费集中起来以支付那些需要救助的个别群体，而工人群体本身则承担大部分的社会保险费用，所以这一制度也不可能使工人阶级摆脱贫困。德意志帝国建立社会保障制度在当时仅仅是为了维护统治阶级的统治地位，为给资本家提供稳定的社会秩序而做出的部分妥协，并没有在本质上解决资本主义社会的劳资矛盾；相反，德意志帝国建立社会保障制度还产生了一系列新的经济、政治和社会矛盾。但值得肯定的是，德国率先建立起来的社会保障制度为其他国家指明了一条道路，成为各国效仿的典范。

（2）社会保障制度的发展

虽然在二战前德国政府已经建立起了系统的社会保障制度，推行了义务保险制度，同时国家财政预算资金覆盖了保险金的一半，但是第二次世界大战的爆发使德国之前的努力灰飞烟灭。

二战结束后，联邦德国满目疮痍，民不聊生，所以社会保障制度从二战结束到20世纪50年代中期一直处于恢复建设时期。在这一时期，联邦德国的社会保障制度主要是帮助人们克服战争带来的破坏和贫苦。当战争损害后遗症得到控制后，联邦德国社会保障制度的重心开始向劳动者的生活舒适程度倾斜。另外，为了减轻生儿育女的负担，联邦德国实行了子女津贴制度。1959年，失业保险制度的恢复也进一步使工人群体的状况得到改善，同时医疗保险制度覆盖范围扩大，保险支付标准得到提高，并且在全国范围内推行了全面义务教育。经过几十年的快速发展，到 80 年代，联邦德国已经建立起一套系统的、完善的社会保障制度。

10.3.3 金融危机和欧债危机下德国社会保障制度的表现

2008 年，由美国次贷危机引发并波及全世界的金融危机对全球的经济产生了深远影响，并且时至今日世界经济还未能完全从国际金融危机中走出来，对于欧洲而言，国际金融危机爆发的同时也带来了欧洲主权债务危机（以下简称"欧债危机"）。最先爆发债务危机的是北欧小国冰岛，随后希腊也爆出主权债务危机，希腊政府层一度面临破产；2010 年，经济实力较强的比利时、西班牙都预报未来三年的财政预算将居高不下，随后爱尔兰和意大利相继出现财政问题，债务危机迅速蔓延；紧接着，经济实力最强劲的德国和法国等国也出现了经济下滑，至此，欧债危机全面爆发。统计数据显示，2009 年，德国的 GDP 增长率出现了负增长，跌幅达 5.13%，创二战以来历史最大跌幅。

虽然欧债危机给德国经济带来了巨大压力，经济下行出现负增长的同时失业率也于 2009 年出现上升；对于社会保障基金来说，2009 年的赤字也达到了近 30 亿欧元，出现了入不敷出的情况。但是，德国当局在面对危机时进行了迅速调整，通过积极的财政和货币政策，有效地遏制了经济下行，并且在欧债危机爆发的第二年，经济指标便出现了好转，社会保障基金也实现了扭亏为盈。

究其原因，在这两年时间里，默克尔政府除了采取积极的财政和货币政策外，社会保障制度的作用也功不可没。具体来看，德国社会保障制度的作用主要体现在以下两个方面。

第一，降低失业保险缴费率。虽然为了维持国家整体的福利待遇，德国总的缴费率在 2000 年后基本维持在 40% 左右，但值得注意的是，面对危机，政府曾多次下调失业保险的缴费率，使其从一个较高的水平下降到较低的水平。从 2009 年 1 月起，德国失业保险缴费率从 2008 年国际金融危机前的 6.5% 经过多次调整，降到了 2.8%。

第二，降低失业率并降低劳动力成本。灵活的就业市场和较大幅度的财政补贴使失业率在短时期内出现了明显的降低。德意志银行的数据显示，"迷你工作"方式确实降低了企业的裁员率，保障了社会的低失业率，有 22% 的公司选择了此种工作方式而不是裁员。在资本主义经济危机最严重的2009年，虽然经济全年出现了5.13%的负增长，但就业水平只略微下挫了0.2%。同时，灵活的就业方式和失业救济增加了劳动力的供给，造成了供大于求的局面，并且灵活的就业和临时低薪工作也拉低了就业者整体的工资水平。

整体来看，社会保障制度改革带来的社会保障缴费率下降和政府财政补贴都对劳动力成本的降低起到了正面的促进作用，而劳动力成本的下降又将刺激经济的发展，提升德国产品的国际竞争力，这也是德国可以在经济危机中一枝独秀的原因。

10.4 德国社会保障层面改良取得的成果

德国作为世界上最早建立社会保障体系的国家，社会保障制度既作为社会制度，又作为经济制度，对战后德国经济的恢复和发展、人民福利待遇的提高、社会的稳定和谐做出了积极的贡献。德国的社会保障制度自建立开始便经历了无数次的改革和挑战，通过政府的再分配在一定程度上减少了资本主义制度分配不合理的问题，并缓解了特定时期的社会矛盾，成为德国经济数次从谷底到崛起的重要保障。

10.4.1 推动经济的稳定发展

纵观德国的发展史，德国社会保障制度自建立之初就为德国的经济发展营造了良好的发展环境。19世纪后半叶，德国抓住第二次工业革命的机会，用30年时间实现了由一个传统农业国家到发达工业强国的转变。也是在那个时期，马克思的经济思想开始在欧洲大陆传播，为工人阶级送去了理论武装，大大小小的工人运动和统治阶级的镇压加剧了社会的动荡。资产阶级和统治阶级为了换取稳定的发展机会，不得不做出让步，建立了覆盖失业、医疗和养老的社会保障体系。完善的社会保障体系平息了工人阶级的维权运动，因此社会的不稳定局面得到控制，这构成了德国自19世纪90年代后半期到一战前经济快速发展的重要保障。

虽然德国曾两次发起世界大战，给全世界人民带来了灾难，但是德国从战败到再次崛起并没有花太多的时间，这其中完善的社会保障体系功不可没。第二次世界大战结束后，德国本土满目疮痍，青年劳动力在战争中被消耗殆尽，甚至在国土分裂的情况下，德国从战败到出现"经济奇迹"也不过用了10余年时间。20世纪80年代和2008年的金融危机同样未能撼动德国经济强国的地位，在危机中，德国仍能够在保证经济社会稳定的情况下，迅速摆脱危机，恢复经济。

10.4.2 维护了社会稳定和公平

德国完善的社会保障体系覆盖了养老、失业、医疗、护理等国民生活中的方方面面，发展到今日，德国已迈入了高福利国家行列。一方面，德国政府通过税收和转移支付在一定程度上调节了社会成员因收入分配不公导致的贫富差距扩大化，缓解了资本主义制度内在的阶级矛盾，并保证了德国社会长期稳定和公平；另一方面，德国的社会保障体系在真正意义上做到了幼有所护、老有所养、病有所医，帮助贫困群体和失业者脱离困境，解决民众的生活问题，帮助弱势群体消除社会不稳定因素，实现了社会的和谐稳定。同时，为了确保社会保障制度的贯彻和实施并发挥应有功能，德国政府通过颁布一系列社会保障法律法规，形成了完整的社会保障法规体系，并通过严格执法，保证了社会保障制度得以执行，真正起到了促进社会稳定发展的作用。

10.4.3 缓和了阶级矛盾

德国社会保障制度最重要的作用就是缓和了工人阶级与资产阶级的矛盾，保证了工人阶级愿意在资本主义经济体系下工作，也就是保证了德国市场上有充足的人力资本。无论是工业革命、战后重建、"经济奇迹"，还是德国制造，都离不开人，人力资本也是德国能够取得如此成就的最根本前提。完善的社会保障体系保证了在每一个时期，德国都有着灵活的就业市场、完善的失业救济和再就业服务作为经济发展的后盾。可以说，德国的超前社会保障制度从根本上解决了其他国家在经济发展过程中遇到的人力资本问题，这也是德国多次出现经济奇迹的根本原因。

总体来说，德国的社会保障系统经过100多年的发展已经建立了完善的社会保障体系以及确保其能够顺利实施的法律法规，并且德国已基本迈入了高福利国家的行列。

10.5 德国社会保障层面改良的不可持续性

10.5.1 不可持续的表现

可以说,从二战结束到 20 世纪 80 年代末,伴随着 60 年代的"经济奇迹",德国的社会保障制度一直处于扩张的状态,然而这种状态虽然在当时看来极大地促进了工人阶级的福祉,但是持续的社会保障支出的扩张在长时期内是无法持续的,特别是遭遇全球性的经济危机的时候。20 世纪 70 年代和 80 年代的世界性经济危机使德国联邦政府的财政负担骤增,再加上合并民主德国后大量的救助资金流向东德,使当时的科尔政府不得不提高社会保险费率以减轻财政压力。即便如此,高昂的社会保障支出也让联邦政府感受到巨大的压力。以 1992 年为例,德国的社会保障支出已经超过 1 万亿马克,达到了 10140 亿马克,然而当年德国的 GDP 总额还不足 3 万亿马克。除了高昂的社会保障费用外,逐渐上升的失业率和较低的 GDP 增幅也困扰着科尔政府。在 1980 年,联邦德国的失业率为 3.4%,在经济危机的冲击下,1985 年的失业率达到了 8.2%,失业人数超过 200 万人;德国统一后,由于东德的严重拖累,德国的失业率持续走高,登记失业人数也在 1992 年达到近 300 万人(见表 10-1)。在经济下行的压力下再加上失业率和失业人数的走高使德国的财政不堪重负,因此为了改变这种状况,科尔政府开始了社会保障制度的改革。

表 10-1 1980—1998 年德国失业状况及 GDP 增长率

年份	失业率/%	登记失业人数/人	GDP 增长率/%
1980	3.4	888900	1.0
1985	8.2	2304000	1.8
1990	5.0	1883100	5.5
1991	5.6	2602200	2.4
1992	6.7	2978600	2.2
1993	8.0	3419100	-1.1
1994	8.5	3698100	2.3
1995	8.2	3611900	1.7
1996	9.0	3965100	0.8

续表

年份	失业率/%	登记失业人数/人	GDP 增长率/%
1997	9.9	4384500	1.4
1998	9.3	4280600	2.0

资料来源：CEIC 数据库。

科尔政府的改革基本点是减少开支，通过牺牲低收入人群的利益来保证社会保障体系的收支均衡，从而降低政府的压力。总的来看，科尔政府的改革以降低国民待遇为代价，在不触及资产阶级和统治阶级利益的情况下，通过压缩民众福利的局部调整政策是无法克服体制整体矛盾的，因此科尔政府的改革总体上是失败的。

上台后的施罗德政府通过吸取前任科尔政府的教训，把改革的重点放在了民众最关心的失业问题上：通过将新自由主义的指导思想和凯恩斯主义的指导思想相结合，积极推行就业政策以降低失业率。1998 年，德国社会民主党（以下简称"德国社民党"）和绿党发表了联合执政宣言《觉醒与革新：德国通向 21 世纪之路》，确立了改革的整体思路，通过改善就业率和社会保障结构来进行。为了强调和凸显社会公正及互助的原则，施罗德政府开始对科尔政府提出的各项养老保险改革方案进行修改，暂停实施原来按照人口因素削减福利待遇的做法，提高养老金发放标准，并取消了关于提前退休的惩罚政策以及延长伤残者退休年龄的条款。

然而，迫于经济发展和财政负担的压力，1999 年 6 月，施罗德和布莱尔在伦敦签署了共同文件，发布了《伦敦宣言》，该宣言明确提出了德国的"新中间道路"，即传统的社会民主主义政策要向强调个人责任的方向调整，与此同时要"修正社会福利国家制度"。这实际上是施罗德为此后他所推行的将德国政府负担和雇主负担转嫁到德国民众身上，削减社会福利的社会保障政策的改革寻找到的依据和铺垫。2004 年年初，酝酿已久的"2010 改革方案"[①]（Agenda 2010）终于顶着压力开始启动，这项改革方案几乎涉及德国社会保障制度的各个方面，如削减失业救济和社会救济，提高领取失业保险和失业救济金的条件，提高法定养老保险中个人承担医疗和医药费用的比例，尝试征收高校

---

① 王涌. 民主德国经济失败原因探析[J]. 学术界,2017(8):220-228,327-328.

学费，等等。

尽管这些措施的力度相对于其面临沉重压力的社会福利问题来说略显温和，但却无法从根源上对社会保障制度和资本主义体制的弊病进行医治，触动了社会众多群体的利益，因此遭遇巨大阻力；再加上德国社民党内部也出现了不可调和的矛盾，党内的领导层出现了分歧，进而导致了施罗德政府执政的危机。

默克尔上任之初，德国的失业率水平一直保持在10%以上，最高时达到11.2%（见表10-2）。失业率居高不下，如何解决大面积失业是默克尔政府面临的最棘手的问题。与施罗德政府改革不同的是，默克尔政府的改革方向倾向于通过刺激投资来拉动经济增长，进而解决失业问题；同时，面对经济的低增长，默克尔政府采取了自由市场经济道路，通过放松管制、减税降费等方式来刺激经济。在政策选择上，默克尔政府基本上延续了施罗德时期劳动力市场和养老保险制度方面的某些改革措施。默克尔政府通过对经济政策的调整和对社会保障制度的改革也让德国在一定程度上走出了困境。观察表10-2中德国2000—2017年的失业率和经济增长可以发现，自2006年起，德国就业市场的状况表现出了明显好转，失业率的下降和经济的复苏也让社会保障支出的财政压力得到了缓解，社会保障基金基本实现了收支平衡。无论是从GDP增长率、登记失业率还是从社会保障基金的收支，都可以发现默克尔政府在政策的选择和实施方面取得了一定的成功。

表10-2 2000—2017年德国失业率和GDP增长率

年份	失业率/%	GDP增长率/%	社会保障基金收入/十亿欧元	社会保障基金支出/十亿欧元
2000	7.90	3.06	109.22	113.45
2001	7.80	1.51	110.79	117.14
2002	8.50	0.01	114.68	121.42
2003	9.80	-0.38	113.97	122.61
2004	10.70	1.16	113.96	119.08
2005	11.20	0.68	112.66	118.59
2006	10.20	3.70	120.39	118.02
2007	8.70	3.27	121.30	118.67

续表

年份	失业率/%	GDP 增长率/%	社会保障基金收入/十亿欧元	社会保障基金支出/十亿欧元
2008	7.50	1.08	125.05	122.37
2009	7.70	-5.13	128.60	131.01
2010	7.00	3.69	133.89	132.88
2011	5.80	3.00	135.47	133.82
2012	5.40	0.67	139.03	134.53
2013	5.20	0.43	138.34	136.45
2014	5.00	1.6	141.82	144.06
2015	4.60	1.69	148.65	148.20
2016	4.10	1.87	156.22	154.66
2017	3.74	2.22	163.76	160.83

资料来源：CEIC 数据库。

10.5.2 不可持续的原因分析

马克思主义政治经济学对资本主义制度的批判基础是对资本主义生产资料私有制的批判。资本主义生产资料私有制导致了社会化大生产所使用的生产资料不属于使用生产资料进行生产的工人，而是属于个别的资本家，这就导致了社会化生产与生产资料私人占有的矛盾。这个基本矛盾进一步导致了资本主义经济发展中社会生产的不断扩大与无产阶级购买力不断下降的矛盾以及企业层面的有组织性与社会生产的无秩序矛盾。另外，还有在私有制基础上资本家通过资本主义的雇佣与被雇佣的关系剥削工人阶级剩余价值而导致的资产阶级与无产阶级的矛盾。

在马克思主义政治经济学视角下，德国资本主义改良虽然意图通过社会保障制度的建立缓解社会化生产与生产资料私人占有的矛盾以及工人阶级与资产阶级的矛盾，但是这些改良思想和改良手段都维护了资本主义生产资料的私有制，并且是在私有制基础上进行改良的。因此，建立在私有制基础上的改良并不会让资本主义的内在矛盾消失，只会在短期内缓解矛盾的爆发，随着生产力的发展，资本主义的内在矛盾依然会爆发。

这些资本主义内在矛盾的爆发在德国社会保障层面的具体表现就是，过高的福利支出与有限的财政收入之间不匹配的矛盾。由于资本主义发展的内在动力是对剩余价值的追求，也就是私人资本一定要追求高利润，然而德国的社会保障系统通过立法要求企业主必须给予工人最低比例的社会保障缴费，其实就是变相地增加工人的工资。由于在竞争日益激烈的全球化市场下，工资的增加必然会降低企业的利润率，所以当利润率持续下降时，企业的所有者必然会降低投资或者将投资转向国外。这两种做法均不利于德国国内经济的发展，会出现如上一节所说的 GDP 增速下降、失业率逐渐升高的状况。在这些状况出现时，一方面，德国联邦政府只能主动降低社会保障的开支，以避免财政危机的出现；另一方面，德国联邦政府希望通过对社会保障制度进行市场化的运行来为企业减轻负担，保证企业有足够的利润率，从而刺激投资促进经济增长。但是由于社会保障开支具有极大的刚性，这些降低社会保障开支的政策需要较长时间才能实质性地生效，正如我们看到的一样，从施罗德到默克尔，德国联邦政府经历了近 20 年的实践才从"社会福利陷阱"中走出来。但这些是与资本主义改良理念完全相反的，带有强烈自由主义色彩的市场化运行模式的社会保障制度和降低福利开支的措施也说明了通过建立高的福利制度对资本主义进行改良，从而保障民众福利持续提升的改良手段，在长期是不可持续的。

10.6 总结

二战前，德国在工人运动激烈、社会矛盾激化和经济资源配置效率低下的背景下，在社会保障层面建立了以三部社会保险法律为依托的社会保障体系，在短期内缓解了工人与资本家的对抗，保证了德国资本主义在短期内的稳定。二战后，德国在俾斯麦模式的社会保障基础上建立并逐渐完善了德国独有的社会保障制度，其进行的这种调整和改良在短期内是有成效的，不仅缓和了社会矛盾，为经济发展创造了良好环境；而且对无产阶级和工人阶级来说，日益丰富的物质生活和完善的社会保障体系也让他们的生活变得安逸。然而，从长期来看，德国资本主义在社会保障层面的改良措施依然是在资本主义私有制的基础上实施的，根据经典马克思主义政治经济学，工人阶级与资产阶级的矛盾和生产资料的私有化与社会化生产资源配置不协调的矛盾都来源于私有制，在私有制不变的基础上进行的改良必然具有长期的不可持续性。在 1980 年之后，德国社会保障系统的开支逐年增加，财政危机的风险也逐渐加大，并且由于较高的社会保障水平导致了较高的工资从而引起了德国较高的国内失业率。这些现象说明，德国资本主义在社会保障层面进行的改良措施在长期具有不可持续性。另外，面对这些困境时，德国联邦政府采取了新自由主义思想和缩减社会福利保障水平的措施来应对，这些与资本主义改良思想完全相反的政策的出台标志着德国资本主义改良的倒退和部分的失败，也证明了在私有制基础上进行资本主义改良是行不通的。

参考文献

[1] 哈达赫，Hardach，扬绪. 二十世纪德国经济史[M]. 北京:商务印书馆，1984.

[2] 汉欧力. 联邦德国社会保障体系概览[J]. 德国研究，1996(3):57-60.

[3] VOLKMANN H. Modernisierung des Arbeitskampfs? Zum Formwandel von Streik und Aussperrung in Deutschland 1864-1975[M]//Probleme der Modernisierung in Deutschland. vs Verlag für Sozialwissenschaften, Wiesbaden, 1978: 110-170.

[4] 埃德曼. 德意志史[M]. 北京:商务印书馆，1986.

[5] 姚玲珍. 德国社会保障制度[M]. 上海:上海人民出版社，2011.

[6] 许永璋，于兆兴. 俾斯麦与德国社会保险制度的创立[J]. 许昌师专学报，1994(2):68-74.

[7] JONES M. The New Cambridge Medieval History: Volume 7, C. 1024-c. 1198, Part 2[M]. Cambridge University Press, 1980.

[8] BORN K E. Sozialpolitische Probleme und Bestrebungen in Deutschland von 1848 bis zur Bismarckschen Sozialgesetzgebung[J]. Vierteljahrschrift für Sozial- und Wirtschaftsgeschichte, 1959, 46(H. 1): 29-44.

[9] 郭恒钰. 德意志帝国史话[M]. 台北:三民书局股份有限公司，1992.

[10] 白靖宸. 民主德国经济持续和稳定发展的主要原因[J]. 世界经济，1987(5):68-73.

[11] 陈新，熊厚. 战后德国经济为何保持稳健增长[J]. 经济，2012(8):70-72.

[12] 陈秀山. 联邦德国的社会保障制度[J]. 中国人民大学学报，1989(2):79-88.

[13] 邓大松. 论战后德国社会保障发展及其意义[J]. 经济评论,1998(3):81-86.

[14] 丁纯,李君扬. 未雨绸缪的德国社会保障制度改革:金融危机中德国经济一枝独秀的主因[J]. 当代世界与社会主义,2012(5):33-39.

[15] 冯瑜. 俾斯麦时期的德国社会保障制度研究[D]. 芜湖:安徽师范大学,2013.

[16] 桂莉. 简论德意志第二帝国社会保障制度[J]. 武汉大学学报(人文科学版),2005(5):618-625.

[17] 郭业洲. 惨淡经营的德国"红绿联盟"[J]. 当代世界,1999(11):28-30.

[18] 汉欧力. 联邦德国社会保障体系概览[J]. 德国研究,1996(3):57-60.

[19] 胡荣华,胡静. 二战后德国的崛起及其原因[J]. 安徽文学(下半月),2007(11):228.

[20] 裘元伦. 统一后的德国经济剖析[J]. 世界经济,1991(12):1-8,56.

[21] 邵常顺. 欧洲难民危机背景下德国社会保障制度研究[D]. 哈尔滨:黑龙江大学,2018.

[22] 王川. 德国社会保障制度的经济学分析[D]. 长春:吉林大学,2008.

[23] 王伟强. 希腊与德国的社会保障制度在欧债危机中表现迥异的经验与教训[D]. 北京:对外经济贸易大学,2017.

[24] 王涌. 民主德国经济失败原因探析[J]. 学术界,2017(8):220-228,327-328.

11 法国

11.1 引言

法国历来是欧洲重要的资本主义国家,丰富的资本主义发展经验与在此过程中形成的经济思想都对经济学发展做出了重要贡献。法国资本主义的发展既反映了法国资本主义的改良过程,也体现了世界资本主义国家发展资本主义的普遍特征。由于丧失煤炭等资源优势,工业革命对法国经济的促进作用有限,然而却为法国高手工艺产业的发展提供了机遇,使法国优势轻工业产业在全球生产中处于独特地位。除此之外,工业革命中的大资本要求促使银行等金融信贷产业产生并发展,改变了传统资本的运作方式,缩短了资本主义经济发展周期。1789—1870年的几次革命,造成法国经济发展模式与民主制度模式的频繁改变,法国经济与民主过于"早熟"致使以后的改革与发展历史遗留痕迹明显,问题重重。到了20世纪,法国经济同样遭受两次世界大战与经济大萧条的冲击,凯恩斯福利制度盛行一时,社会收入不平等降到历史低点。80年代的"滞胀"危机使法国政府又开始放松经济管制,扩大私有化,导致社会不平等加剧。20世纪50年代初,法国在加入欧盟后有了进一步发展,且与欧盟的经济密不可分,更加方便的资本运作以及欧盟内部国家经济发展的不平衡使法国资本与资本主义出现许多新变化。从历史的发展可以看出,法国经济与社会民主实践探索发展历史期长,经验丰富。因此,研究法国当代资本主义改良问题对于了解当代资本主义最新进程,研究新时期资本主义发展的成就与不足是很有意义的。

在宏观方法选取上,马克思主义政治经济学从辩证唯物主义与历史唯物主义出发,结合史实资料从生产、分配、交换和消费规律的理论体系出发,能够深刻认识生产的本质,揭示价值的奥秘。一方面,马克思主义政治经济学的深刻性使在此视域下看待法国资本主义改良具有深刻性与科学性。另一方面,当前大部分文献集中于叙述性历史研究或现实问题针对性分析。而从本质制度性因素角度来看,结合法国资本主义实践,探求法国资本主义改良的发展局限性以及根源的研究极为有限。因此,本章将主要运用马克思主义政治经济学的经典观点以及逻辑方法来探求法国资本主义的改良问题。

为了深入具体地分析法国资本主义改良问题,本章结合法国经济社会发展的历史,选取了几个极具代表性也是法国最主要的经济与社会民主发展问题,作为切入点来进行探究。

在戈登、爱德华和里奇最先提出积累的社会结构(Social Stuctures of Accumulation, SSA)概念之后,迈克尔·华莱士和大卫·布拉迪等分别从公司发展与空间化的角度研究了资本主义发展过程中积累的社会结构的变迁。大卫·科茨提出新自由主义下 SSA 只会有利于投资者,而并不会促进经济增长。积累的社会结构是经济发展的前提基础,也是资本主义改良问题的折射镜。因此,本章对法国资本主义改良过程中积累的社会结构进行梳理,寻找积累的社会结构变化的路径与特征;然后对变化的原因及结果进行分析,发现法国积累的社会结构改良并没有促进法国经济增长。

保罗·斯威齐曾在 1997 年将资本积累过程的金融化、垄断力量的增长、经济停滞作为世纪之交的三大特征,法国资本主义也经历了金融化历程,并且由于对金融化资本的依赖使法国资本主义在经济危机中苦苦挣扎。因此,作为法国资本主义改良的重要内容,本章将法国资本金融化作为研究法国资本主义改良问题经济方面的另一个切入点。戈拉德·A. 爱波斯坦最早将金融化定义为金融动机、金融市场、金融行为者和金融机构在国内国际经济中的地位不断上升,高田太久吉从虚拟体制出发对金融化做出定义。托马斯·I. 帕利等立足于宏观与微观两个方面给出了金融化的三个特点,约翰·B. 福斯特给出了金融化的五个特点。迈克尔·赫德森对比马克思主义认为,资本主义金融化实质是会造成另一种利润率下的虚拟资本。因此在分析金融化产生的原因与特点时,本章研究了法国金融化的发展路径与结果,对法国金融化做出反思,找出法国金融化的弊端以及对法国资本主义改良的冲击。

本章对法国资本主义改良中的不平等问题、政府政策以及社会不平等的发展状况进行了历史梳理,然后在吸收借鉴皮凯蒂与法国调节学派①的观点后,对不平等的根源做出分析,从马克思主义政治经济学的角度对资本主义改良过程中不平等问题做出揭示与反思。本章内容结构如图11-1所示。

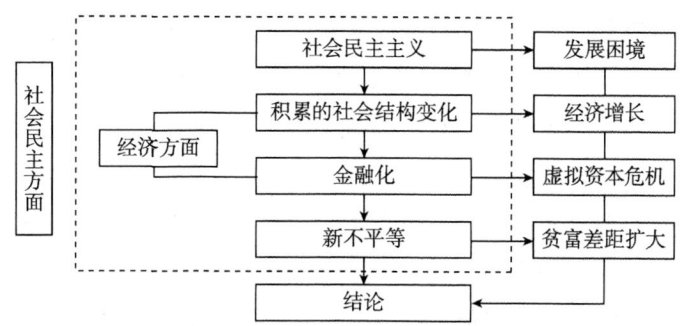

图11-1 本章内容结构

11.2 社会民主主义推动下的法国资本主义改良

11.2.1 法国社会民主主义的改良历史

本章结合现有文献,梳理法国社会民主主义改良历程,认为法国社会民主主义的发展经过如下几个阶段。

(1) 19世纪中叶至20世纪初的强社会主义发展阶段

社会民主主义产生时经常被归类为"资产阶级的社会主义派"。恩格斯在为《共产党宣言》加注时说:"'社会主义民主党'这个名称在它的发明者那里是指民主党或共和党中或多或少带有社会主义色彩的一部分人。"② 因此,在当时革命斗争激烈时,社会民主主义者往往被作为社会主义者或共产主义者的同盟军。

这样的背景经历使最初的社会民主主义支持者多为工人,法国社会党的发展也来源于1905年成立的工人国际法国支部。这一阶段法国社会民主主义坚定地批判资本主义,认为资本主义的根本社会制度存在问题。

---

① 法国调节学派是指各种调节理论构成的一个研究领域,它集中关注分析资本主义经济的长期转变。
② 斯威齐,张雪琴. 竞争与垄断[J]. 政治经济学报,2017,10(3):121-131.

(2) 二战后"充当资本主义病床前医生"的阶段

社会民主主义支持者在二战后开始认为战后的资本主义有较好的自我调节能力，因此对资本主义的态度有了软化，不再全面批判纯资本主义制度，而是转向从伦理道德和制度设计层面来改良资本主义。此时，早已合并在工人国际法国支部中的法国第一个社会主义政党——法国社会主义工人联盟（也因主张渐进式改良而被称为"发展性"政党）的影响显现了出来。法国社会民主主义不再强调推翻资本主义。但这一时期对资本主义的批判态度并没有发生改变，同时为了与戴高乐派和民主联盟对抗，工人国际法国支部与激进党、左派共和主义社团组成了民主与社会主义左派联盟。到 1969 年，工人国际法国支部与左派共和主义社团重建俱乐部联盟，社会主义团体与俱乐部联盟成立了社会党。

执政 14 年的密特朗可能是法国最后一位试图完全采取社会主义改革的社会党领导人，他制定了大量的国家政策干预经济，如银行、保险和国防工业的国有化，设立财富团结税①，提高工人工资和减少工时等政策。这也是社会民主主义公认的发展黄金期，极大地发展了法国的社会福利。

(3) 苏联解体后认可资本主义制度阶段

苏联解体后，社会主义制度受到极大的质疑。法国社会党内部也出现了分裂。从结果来看，政策上主张进步主义的若斯潘派最终取得了胜利。若斯潘在 1999 年的《社会主义评论》中就表达出社会民主主义的改变。后来若斯潘时期的社会民主主义思想被总结为"要市场经济，不要市场社会"。

这一理念最先在法国个别内部文件中大量出现，最后获得了这一时期的英国与德国社会党人的认可。所以说这一时期的法国社会民主主义可以看作西方民主的改良主义，已经不再直接对资本主义制度提出批判。

(4) 金融危机后社会民主主义调整阶段

金融危机后，欧洲各国社会民主主义受到沉重打击，英国"第三条道路"与德国"新中间道路"面临困境。这些国家纷纷向传统左派靠拢，重新向社会主义求助，但由于政治基础分化与政策信任出现危机，一时间社会民主主义何去何从难以决定。这其中唯有法国社会民主主义出现右转，并在 2012 年重

---

① 财富团结税是指对整体性的财富征税。

掌政权，在众多处于社会民主主义危机的欧洲国家中显得极为耀眼。但是重新掌权的社会党并没有取得多少成效，法国经济持续低迷，民主政治多次受到挑战。2017年，中间派的马克龙当选法国总统也说明了民众对温和派社会民主主义的失望。

11.2.2 法国社会民主主义改良的原因与困境

法国社会民主主义从最初的批判资本主义制度到主张资本主义改良有着以下深刻的社会历史原因。

（1）社会经济的客观变化

19世纪末以来，社会经济环境发生了重大变化，经济全球化与金融化使社会问题关注的焦点从社会政治转向了社会经济。而这一时期，资本主义经济取得了许多实践与理论成就，经济自由主义广受好评，这使社会民主主义不得不做出改变来满足民众对经济发展的需要。因此，社会民主主义不断向资本主义妥协，呈现自由主义的特征。

（2）法国社会民主党内部纷争不断

虽然法国社会民主主义没有彻底消失，但党内分歧非常严重，最多时分为八个派别，这使社会民主主义力量被极大分散。所以在不同时期，社会党不得不与许多其他政治倾向派别结盟。而这些派别主张极为复杂，加上联盟经常分分合合，所以法国社会民主主义一方面自身力量有限，对其他力量及思想主张具有妥协性；另一方面受其他思想影响严重，不断对自己的主张进行改良。

（3）工人力量减弱和中间阶层崛起

随着经济社会的发展，原本极具社会影响力的工会力量开始减弱，这让以工人力量为主的社会民主主义极为被动，政治、经济上的话语权和地位受到挑战。同时，法国中产阶级人数急剧增加，在法国经济和政治中起着越来越重要的作用。因此，想要有所作为的法国社会民主主义不断改变政策，谋求中产阶级的支持。

而从历史角度出发的社会民主主义改良并不是完全成功的。最近10年法国社会民主主义的发展虽然不像英国、德国一样遭受巨大打击，但依旧处于困境中，具体表现如下（见图11-2）。

(1) 两党挤压

法国社会民主主义进行资本主义改良,推出的偏社会资本主义政策使原有的"刚性"政治空间窄化。加之保守主义政党政策出现"软化",使原本窄化的政治空间进一步缩小。而金融危机过后,法国国内不满情绪强烈,民粹主义政党相比"软弱"的中左法国社会民主主义政党更加吸引左派民众。

(2) 政策信任危机

社会民主主义政党后期政策资本主义偏向明显,但没有使法国经济走出低迷,导致社会不平等加剧。这使法国社会民主主义一直以来的中左翼形象受损。所以,在后金融危机时期社会主义理念被重新挖掘时,社会民主主义反而受到质疑,难以被民众信任。

(3) 选民基础分化

林德山认为,社会民主党的基础选民已经分化为支持全球化和不支持全球化两派,那些不支持全球化的选民正是在全球化背景下没有得到利益的代表者,正因如此社会民主党的支持者正在减少。

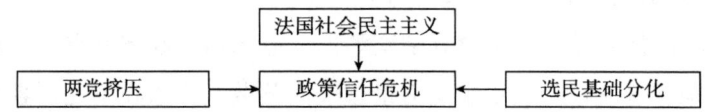

图 11-2 法国社会民主主义面临的困境

11.2.3 法国社会民主主义改良的反思

社会民主主义的改良一直以来备受争议:一方面,许多学者认为社会民主主义还是体现了许多社会主义性质的,在意识形态上还是以批判资本主义为主;另一方面,许多学者认为社会民主主义在修正主义下已经背离了社会主义的原则,现在的社会民主主义事实上是"社会自由主义"。两种观点从不同出发点对这些年社会民主主义的改良做出解释,但有一点不可否认,那就是社会民主主义中的社会主义色彩在不断减少。从法国社会民主主义的实践来看,从19世纪末对资本主义制度的根本性批判,到战后转向从伦理道德和制度设计层面来改良资本主义,再到20世纪末21世纪初对制度本源之争避而不谈,以及大量吸收追捧资本主义新自由主义经济发展理念,都表明法国社会民主主义在不断向资本主义妥协。

法国社会民主主义有很长一段时间存在一种理念，认为资本主义制度不存在无法改良的根本性弊端。这一暂时性问题可能与法国长久以来追求的"自由、平等、公正"的理念发生了冲突，但这是可以通过改良进行纠正的。因此，他们认为社会发展不需要推翻资本主义制度，只需要废除阶级特权，增加社会福利，给予每个人平等的地位即可。在法国社会民主主义的"黄金14年"中，社会民主主义者不断践行这一理念，但从结果来看，想要不改变社会制度实现上述目标其实是一种历史唯心主义的幻想。

从马克思主义政治经济学来看，资本主义制度下劳动力短缺或资本有机构成成本上升导致利润率的下降，以及因不同行业盲目生产造成产品比例失衡，或工人购买力不足从而导致商品价值难以实现和劳动力的商品化都是资本主义经济长期发展不能避免的经济危机根源，加之经济基础决定上层建筑，这样的背景下产生的"民主"只会是一种虚假的平等，高福利并不等于掩盖剥削的事实。

11.3 法国资本主义改良中积累的社会结构变化

戈登、爱德华和里奇第一次提出积累的社会结构的概念，认为积累的社会结构是一套为投资者信心度提供了保障的周期性适宜投资的制度安排。也就是说，积累的社会结构是指资本主义一个特定发展阶段的资本积累总是对应一个特殊的社会结构，即一整套包括政治、经济、文化，以及国际、国内制度等在内的统一体。

新自由主义积累的社会结构是在经济全球化与金融化下的资本主义自发改良，然而在这之前资本主义也经历了漫长的改良道路。研究新自由主义前的积累的社会结构变迁，一方面有利于我们全面探索资本主义经济发展变化，另一方面有利于我们更好地了解积累的社会结构理论自身发展脉络。

11.3.1 法国资本主义改良过程中的阶段划分与特点

总结现有研究资料，整理关于新自由主义全球化前资本主义积累的社会结构变化的几个观点，发现法国资本主义改良以及这一过程中的积累的社会结构变化可以分为三个阶段。

第一阶段，工业革命后到大萧条时期法国由于自身能源资源缺乏和社会革命频繁，形成有利于中小产业、轻工业和海外产业发展的积累的社会结构。同时，由于社会无产阶级革命，积累的社会结构逐渐同化，以平缓阶级矛盾。

第二阶段，20世纪30—80年代，法国开始强调重工业发展，法国同样出现了凯恩斯主义福利制度，社会福利特别是医疗福利增加，城乡二元差距开始缩小，大量新生资本涌现，同时依照法国长久的传统，法国社会保障从最初的行业互助到社会救济再到社会保障不断发展。也就是说，工人利益在资本发展中所占比重上升，经济国家干预增强，以及大于美国等资本主义的国有化成为一种新的积累的社会结构。

第三阶段，20世纪80年代到21世纪初，为了扭转20世纪70年代出现的生产停滞与通货膨胀并存的局面，法国开始放松经济管制，刺激经济发展，同时实施与上一阶段相反的、削减福利开支的政策。在公司经营与战略方面，法国有更多的公司参与到全球化的发展中，积极开拓全球市场，制定全球发展战略。放松经济特别是资本管制、降低边际税率、刺激私有化资本发展、传统工会力量削弱、经济不断全球化和金融化成为新自由主义积累的社会结构。

11.3.2 对于法国全球化积累的社会结构的反思

从20世纪80年代到21世纪初，法国为了走出"滞胀"危机，前总统密特朗与总理巴尔曾实施一系列"振兴经济"的计划。如放松或取消市场管制、降低边际税率、降低国有化率以及削减福利开支等。基于此，伴随着信息科技的发展与公司特别是跨国公司力量的增强，法国形成了新自由主义积累的社会结构。但是法国经济虽有所回暖，却一直处于低位增长，并没有取得预期成效。除此之外，社会问题在此期间不断增加。本章整理了法国1988—2016年GDP增长率和1989—2011年法国总失业率数据，如图11-3、图11-4所示。

从图11-3中可以看出，法国经济除了最初刚刚摆脱"滞胀"危机时有过较为高速的增长外，以后都处于低位增长，在2008年国际金融危机中甚至出现了负增长。而"滞胀"后的短期高速增长可能是由于国有经济大量转变为私人经济，但这在促进GDP增长的同时存在国有资产低价出售的情况，所以事实上经济发生了损失。而法国总失业率常年高于世界平均水平。这与我们的预期完全相反，事实表明新自由主义积累的社会结构并没有带来经济增长，而是维护了投资者与资产阶级的利益。

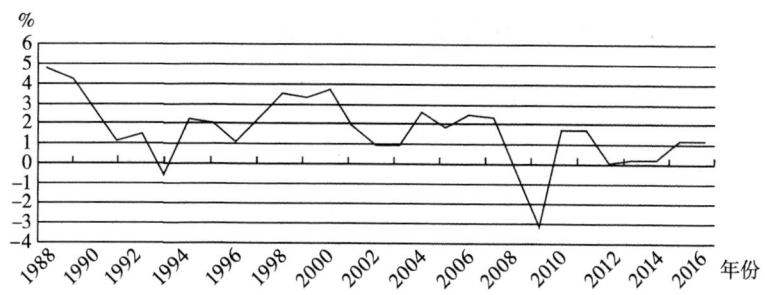

图 11-3　1988—2016 年法国 GDP 增长率

资料来源：笔者根据全球经济数据库数据整理。

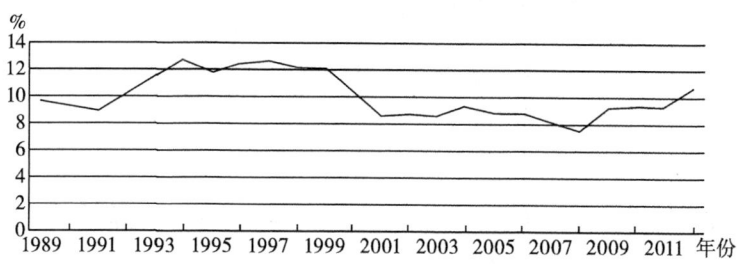

图 11-4　1989—2011 年法国总失业率

资料来源：笔者根据全球经济数据库数据整理。

从马克思主义政治经济学的角度来分析，资本主义发展的最终目标是个体资本家获得最大化剩余价值。马克思主义认为，实行生产资料的劳动产品私人占有，是资本主义的本质属性，也是资本主义的根本所在。资本主义社会生产以工业生产为主，生产规模不断扩大，分工日益精细，生产具有社会性；然而，生产资料集聚在少数人手中，这样一来，生产的产品并不是那些真正使用生产资料与生产产品的广大劳动者，而是归资本家所占有。资本家对财富追求的欲望驱使其在竞争中逐渐提高生产力，致使生产的资本与过程越来越社会化，生产过程对整个社会的触及面更加广阔，社会分工越来越细致，相互依赖和联系更加紧密。随着个体生产者所得到的利润持续减少，社会化的生产与资本主义占有的不相容之间的矛盾更加剧烈。这一矛盾导致了经济危机的出现和无产阶级的贫困化，从而敲响了资本主义的丧钟。由单个资本家意志博弈形成的社会制度安排必然在兼顾稳定的情况下，主要为资本巨头的剩余价值稳定和增长服务。而资本巨头的利润最大化并不必然对应经济的快速增长。

11.4　金融化对法国资本主义的冲击

金融化大面积、多领域影响资本积累与资本主义生产最早出现在20世纪。这一现象出现后,迅速在特殊的历史条件下扩展开来,对经济发展产生了深刻影响。法国也没有避开金融化的浪潮,并且金融化给法国的资本主义改良带来了巨大冲击。

对于金融化,戈拉德·A.爱波斯坦强调金融机构的作用;高田太久吉指出金融化离不开虚拟资本市场的发展。

11.4.1　法国金融化产生的原因

关于法国金融化产生的原因并没有统一的定论,本章总结现有专家学者研究,得出以下几个主要原因。

(1) 国际经济政治发展

在对当代大公司资本主义运行规律和变革出路的认识基础上,当代西方马克思主义经济学沿袭的是修正主义传统,与革命的马克思主义的立场和观点存在根本上的分歧。进步主义者认为,以大型公司之间的联盟为代表的资本主义经济具有整体组织性,相当于资本主义中的计划经济,并且认为其可以保证经济的长时间稳定运行。此外,跨国公司成为西方资本主义国家经济发展的明星,也为金融化发展打下了良好基础。

(2) 新自由主义影响

大卫·科茨认为,"近几十年来推动金融化进程的直接原因在于新自由主义的重构"[①]。20世纪70年代以来,新自由主义开始影响国际政治经济发展,社会民主主义在法国的发展遭遇困境,法国政党迫切需要寻找突破口。这时的法国政治经济发展自然而然地受到了新自由主义发展的影响。

(3) 资本主义发展阶段

大卫·科茨指出,"一旦进入公司资本主义阶段,人们不难发现在资本主义核心发展过程中所表现出的强烈的金融化趋势[②]"。查尔斯·德伯从多方面

---

① 科茨. 金融化与新自由主义[J]. 孙来斌,李轶,译. 国外理论动态,2011(11):5-14.
② 科茨. 金融化与新自由主义[J]. 孙来斌,李轶,译. 国外理论动态,2011(11):5-14.

实践揭示公司这一新的金融主体的势力对经济政治领域的渗透,形成新的霸权;同时,表明了公司的霸权式发展使与之相随的金融部门也得到不断发展,全球金融化水平迅速提高。

11.4.2 法国金融化的发展与反思

总结法国金融化大致发展路径可以概括为:受利润的诱惑,金融部门采取客观或主观上促进金融化的措施,然后通过金融市场的运行、公司行为以及经济政策三个渠道的运行与影响直接或间接地扩大金融化,最终造成一种早期经济快速增长,后期受虚拟资本变化振动经济出现泡沫化与下行危机。法国金融化发展路径如图11-5所示。

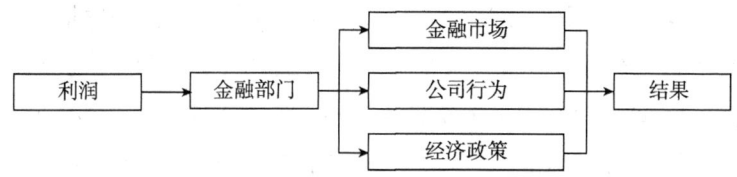

图 11-5 法国金融化发展路径

具体来说,受利润诱导的金融部门选择的第一个金融化渠道是影响市场的结构与运行,如金融资产与资产负债在实体资产转向虚拟资产后的变动对市场结构的影响,金融创新和放松管制对宏观经济的影响,以及财富和信贷变化造成的家庭消费结构和质量变动。布雷纳德和托宾还研究了股票市场对商业投资支出的影响。后凯恩斯学派还从债务、利润份额、劳动收入转移等方面对金融化如何作用于金融市场的结构与影响做出相应解释。

第二个金融化的渠道是公司行为。罗伯特·赖克讲述了现代公司通行的价值观念,公司管理者主要对公司所有者即股东负责,特别是优先认股权保障了管理层利益与股东利益的一致性。因此,管理者出于获得更多薪酬的目的,倾向于短期抬高股价,以及将债务作为常态化手段,减少自由现金对工人未完以及有权向公司索取收入的各方施压。除此之外,查尔斯·德伯还论述了公司霸权,一方面公司通过债务融资从税收法规定中获利(税收法中对利息支出的规定优于利润),另一方面公司偏爱利用债务融资的杠杆作用来潜在提高股权资本的报酬率。因此,公司行为很好地体现了金融化发展的途径与作用。

金融化的第三个渠道与影响是经济政策。在金融部门的支持下,经济政策不断帮助金融市场破除发展障碍，首先法国通过一系列政策加强与各国的经济交流（如欧盟国家），促进资本流动和自由贸易；其次法国国内开始流行小政府政策，主张减税以及放松管制和改革养老金政策，一方面增加金融部门收入，另一方面家庭开始具有投资属性。

对于金融化水平，目前尚无统一的标准，本章选取证券化率（各类金融证券总市值与GDP的比值）以及股市交易周转率（一定时期的股票交易额占可交易的股票总额的比例），从侧面反映金融化水平。在对1988—2016年法国与世界数据进行整理后得到如图11-6、图11-7的结果。

由图11-6、图11-7中可以看出，法国金融化水平以及世界金融化水平均不断提高，虽然法国仍低于世界水平，但两者具有相似的发展趋势，都在20世纪与21世纪初发展迅猛，在金融危机时遭受打击波动巨大。这一结果与前文分析相符，即金融化水平不断提高的同时，由于虚拟资本膨胀使资本主义潜在危机加剧。由于难以获取2012年后法国数据，对比止于2012年。但从世界数据来看，金融化水平强势反弹，说明金融化趋势不可逆转，即资本主义潜在危险不断增强。

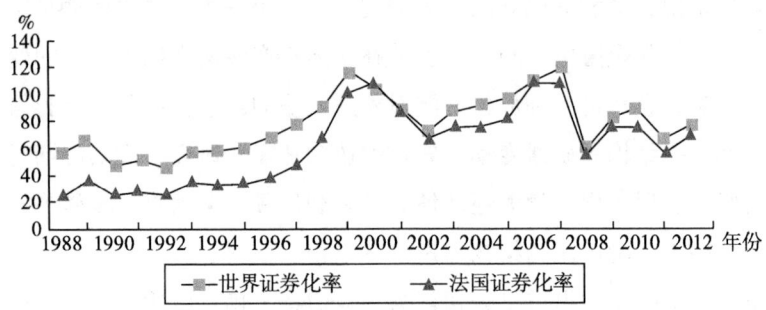

图11-6　1988—2012年世界证券化率和法国证券化率

资料来源：笔者根据全球经济数据库数据整理。

洛仁·戈尔德纳以美国的金融化为例证，指出金融化的虚拟资本与资本主义终结有密切关系，迈克尔·赫德森对比马克思主义认为资本主义金融化的实质是造成另一种利润率下降的虚拟资本。结合法国金融化实践反思不难发现，金融化宏观上可以导致实体经济增长趋势放缓，并且金融脆弱性不断加剧。微观上家庭债务与收入比和公司负债与权益比迅速提高。也就是说，经济未来受制于债务，债务型通货紧缩的威胁风险增大。

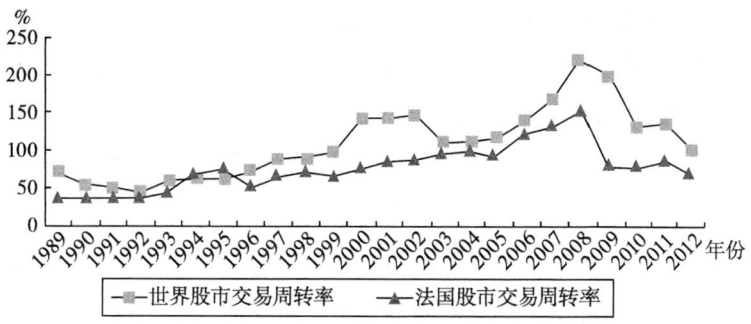

图 11-7　1989—2012 年世界股市交易周转率和法国股市交易周转率
资料来源：笔者根据全球经济数据库数据整理。

从马克思主义政治经济学来看，最早的交换或商品变化形式为 C—M—C′，一旦变为 M—C—M′形式就会产生"危机的抽象可能"问题。而其本质 M—M′作为纯粹货币主义倾向，富有拜物教性质。资本逐渐呈现出双重性：①真实资本，即库存、设备等；②虚拟资本，即真实资本所有权凭证所产生的金融所有权结构。而虚拟资本会产生投机，容易造成不平等与经济危机。

11.5　法国资本主义改良中新的不平等

11.5.1　法国社会对待不平等问题的历史变化

自资本产生时，分配不平等就像幽灵一样如影随形。法国是欧洲国家中将民主平等看得非常重要的国家之一，"自由、平等、公正"一直被法国政府与民众视为法国的发展原则，但从历史数据来看，情况并不乐观。

（1）19 世纪的极端收入不平等

19 世纪开始，法国就是一幅旧社会中极端不平等的面貌，大贵族与神职人员处在金字塔尖，而占据人口大多数的普通农民则处于极端贫困的金字塔底层，付出与收入的极度不对等使当时的社会矛盾尖锐。之后，随着压迫的加重与社会不平等的进一步恶化，社会处于崩溃的边缘。最终极端的不平等引发了革命与战争，以一种暴力手段平缓了社会矛盾。19 世纪的法国政权更迭，社会成分复杂，社会性质难以定义，但有一点可以肯定，那就是法国在 19 世纪并没有实行真正的民主制度。

(2) 20世纪上半叶对社会不平等的限制

20世纪初爆发了第一次世界大战，法国资产阶级特别是拥有大量海外资产的资产阶级损失惨重，与此相随的就是30年代爆发的世界性大萧条，法国作为与世界经济联系密切的资本主义国家未能幸免，这让原本已经在一战中损失惨重的法国资产阶级更是元气大伤。

二战后法国政府的神经极为敏感，加之当时奉行凯恩斯主义，所以对一些资本流动、房租等资本活动管制极为严格。除此之外，法国政府还将大量资产国有化。因此，战后法国资产阶级并没有很快恢复过来，可以说与以往任何时候相比此时的法国社会收入较为平等。但这主要是因为法国资产阶级受到了极大冲击。

(3) 20世纪80年代之后自由放任经济管制，社会收入差距扩大

20世纪80年代，法国经济发展遭遇了"滞胀"危机，法国政府开始放弃凯恩斯福利制度，转而向新自由主义求助，所以大幅度削减社会福利支出。同时，为了刺激经济增长，法国政府开始放松对经济的管制，将大量国有经济私有化，降低边际税率。在经历了苏联解体后，经济中自由放任程度加强，造成之后社会收入差距逐渐扩大。本章整理了法国1900年后家庭市场收入税前及税后家庭可支配收入基尼系数，如表11-1、表11-2所示。

表11-1 法国家庭市场收入税前基尼系数

1900年左右	20世纪90年代中期	2000年左右	21世纪前10年中期	21世纪前10年末期
—	0.473	0.490	0.485	0.483

资料来源：笔者根据OECD数据库数据整理。

表11-2 法国税后家庭可支配收入基尼系数

1900年左右	20世纪90年代中期	2000年左右	21世纪前10年中期	21世纪前10年末期
0.290	0.277	0.287	0.288	0.293

资料来源：笔者根据OECD数据库数据整理。

从法国20世纪80年代后家庭市场收入税前基尼系数和税后家庭可支配收

入基尼系数可以看出，收入不平等确实在不断扩大。

11.5.2 影响法国收入不平等的因素探究

关于法国收入不平等的因素，法国著名经济学家托马斯·皮凯蒂在《21世纪资本论》中从资本收入不平等与劳动收入不平等两个方面做出了解释；而法国调节学派则从循环累积因果的角度进行了分析。

皮凯蒂认为，法国收入不平等主要是由于资本收入不平等和劳动收入不平等造成的，而其中资本收入不平等占据主要地位。资本收入的不平等主要体现在四个方面。①资本收益率大于经济增长率（$r > g$）。以往观点认为，资本收益率 r 为边际资本收益率，根据边际递减规律资本收益率将随着时间的推移而减少。但皮凯蒂认为，随着经济全球化与金融化，资本可以在世界范围内自由流动，所以资本收益率应当处于一个相对稳定的水平。而经济增长率由于人口出生率的下降和短期内人均产出难以大幅提高将表现出下降趋势。因此，在资本收益率相对稳定而经济增长率下降的趋势中，r/g 将呈现扩大趋势。②资本收入比将逐渐提高（$\beta = s/g$）。s 为储蓄率，随着老年人口的增加，s 将呈现上升趋势。而经济增长率由前面的分析可知将呈现下降趋势，因此随着储蓄率的上升和经济增长率的下降，资本收入比将提高。③资本收入占国民收入的比例将逐渐提高（$\alpha = r \times \beta$）。由前面分析可知，资本收入比将逐渐提高。r 与 g 之间是此消彼长的关系，需要从资本劳动替代弹性来决定两者谁的变化率更快，也即谁的影响更大。总的来说，α 的变化往往比 β 更和缓。当然资本收益率 r 可能会降低；但如果研究总的资本收益率，长期来看 r 是一个相对稳定的量。所以目前的情况是资本收益率 r 相对稳定，资本收入比 g 逐渐提高，因此资本收入占国民收入的比例 α 将逐渐提高。④大资本将日益集中。首先，资本的投资收益具有规模经济，许多投资对资本数量要求较高，因此大资本往往比小资本具有更多的投资机会。除此之外，大资本具有更多的资本周转和分散经营能力，这意味着大资本承受的投资风险更小，投资收益更高。其次，随着资本积累的增加和经济增长率降低，以及老年人的财富往往比壮年人多，继承财产将在人的收入中占更高比例。最后，虽然会缴纳更多的税款，但由于各国都想吸引大资本来促进本国经济发展，所以事实上法国对大资本征收的税率更低。以上三点表明大资本将越来越集中。

相较于资本收入的不平等，劳动收入的不平等对社会收入差距的影响要小一些，往往也更容易被人们接受。但有时候劳动收入不平等也可能非常极端。现阶段劳动收入的不平等主要表现在两方面。①超级经理人的出现。传统观点认为，超级经理人之所以拥有超高收入，是因为市场供求对经理人需求更高。但皮凯蒂从数据对比中发现，公司经营状况更多的是与外部宏观经济环境有关，而与经理人的个人技巧能力并没有预期的强烈关系。之所以工资如此高，主要是因为经理人与薪酬委员会关系密切。②教育与技术进步影响劳动收入。皮凯蒂认为，由于优质教育成本过高，所以现实情况是教育并没有提高阶级流动性。同时，随着技术进步，高学历劳动收入者和低学历劳动收入者的收入差距将会越拉越大。

1976年创立的法国调节学派以马克思经济学为基础，吸收借鉴凯恩斯经济学的部分学说。之后又结合政治、哲学、社会等多门学科，逐渐形成了自己的一套理论体系。其中，循环累积因果论是指在事物的发展中诸多因素之间具有相互作用、相互强化的关系，而各因素的发展又具有同时性、积累性。缪尔达尔的"回波效应"，即受收入差异影响造成的要素流入加剧不平等和"扩散效应"，受资本过剩和投资环境恶化造成的收入不平等缩小，就是循环累积因果关系的最好说明。法国调节学派从劳动生产率上升到需求增长的路径——"需求体制"，以及从需求增长到劳动生产率上升的路径——"生产性体制"出发，认为当代法国出现经济危机与收入不平等的主要原因在于技术创新与雇佣体制出现了问题。而资本主义国家要想改变这一情况不在于实现专业化或自动化，而在于最大限度地增加劳动者的技能培训，增加国民的可支配性收入。

11.6 结论

资本主义的发展历史悠久，在历经了多个经济周期的起伏后仍被当今世界众多发达国家奉为圭臬，这与资本主义国家的资本主义改良密不可分，但是事实真的如此吗？是资本主义的全面推进大发展还是资本主义国家的自欺欺人？这尚无明确定论，仍然值得我们深入探究。为了更好地了解资本主义的最新发展和资本主义改良的实质，本章运用经典马克思主义政治经济学的立场、观点和方法，立足于法国当代社会经济发展的实践，从积累的社会结构变迁和资本方式金融化演变等经济方面，以及法国社会民主主义的发展和新型社会不平等社会民主方面，对法国资本主义改良的做法与成效进行批判性考察。

通过分析研究我们发现：①法国社会民主主义的发展和新型不平等说明想通过对资本主义的改良来实现法国长久以来追求的"自由、平等、公正"的理念是不现实的。从结果来看，想要不改变社会制度实现上述目标其实是一种历史唯心主义的幻想。②与我们的预期相反，事实表明新自由主义积累的社会结构并不一定带来经济的增长，而是维护了投资者与资产阶级的利益。资本的发展还是符合马克思所说的：由单个资本家意志博弈形成的社会制度安排必然在兼顾稳定的情况下，主要为资本巨头的剩余价值的稳定和增长服务，而资本巨头的利润最大化并不必然对应经济快速增长。③通过法国金融化实践反思，发现金融化在宏观上导致实体经济增长出现放缓趋势，并且金融脆弱性不断加剧。微观上，家庭债务与收入比和公司负债与权益比迅速提高。也就是说，经济未来受制于债务，债务型通货紧缩的威胁风险增大。验证了马克思主义政治经济学——最早的交换或商品变化形式为 C—M—C′。一旦变为 M—C—M′ 的形式就会产生"危机的抽象可能"问题。④从马克思主义政治经济学来看，资本主义制度下劳动力短缺或资本构成上升导致利润率下降，以及因不同行业盲目生产造成产品比例失衡，或工人购买力不足从而导致商品价值难以实现和劳动力的商品化都是资本主义经济长期发展不可避免的经济危机根源，加之经济基础决定上层建筑，这样的背景下产生的"民主"只会是一种虚假的平等，高福利并不能掩盖剥削的事实。最终可得出结论，法国在资本主义改良过程中，局部调整的范围与成果是有限的，不可能克服体制整体的深层次矛盾。

参考文献

[1] 龚夏尔第,杨无意. 法国经济发展与社会保障：以 20 世纪 80 年代中期为转折点[J]. 社会保障评论,2019,3(1):55-75.

[2] GORDON D,EDWARDS R,REICH M. Segmented Work,Divided Workers[M]. Cambridge：Cambridge University Press, 1982.

[3] 华莱士,布拉迪,童珊. 全球化还是空间化：世界范围内劳动过程的空间重构[J]. 马克思主义研究,2012(3):128-135.

[4]科茨. 金融化与新自由主义[J]. 孙来斌,李轶,译. 国外理论动态,2011(11):5-14.

[5]斯威齐,张雪琴. 竞争与垄断[J]. 政治经济学报,2017,10(3):121-131.

[6]GERALD A. Epstein. Introduction:Financialization and the World Economy[M]. Edward EJgar,2005:3.

[7]高田太久吉. 国际金融危机与现代资本主义的困境[J]. 国外理论动态,2010(7):20-25.

[8]帕利,房广顺,车艳秋,等. 金融化:含义和影响[J]. 国外理论动态,2010(8):8-20.

[9]福斯特. 论垄断金融资本[J]. 陈弘,译. 海派经济学,2010(3):115-121.

[10]赫德森,曹浩瀚. 从马克思到高盛:虚拟资本的幻想和产业的金融化(上)[J]. 国外理论动态,2010(9):1-9,71.

[11]乐正. 高福利政策是社会建设的双刃剑:法国社会福利政策的考察与启示[J]. 深圳职业技术学院学报,2012,11(2):10-16.

[12]林德山. 十字路口的欧洲社会民主主义:现实挑战与争论问题[J]. 当代世界与社会主义,2016(3):134-143.

[13]吴国庆. 法国社会治理模式及其面临的新挑战[J]. 社会治理,2015(1):140-147.

[14]洪晖. 中长期视角下的法国经济增长路径[J]. 法语国家与地区研究,2019(3):1-9,91.

[15]GERALD A. Epstein. Financialization and the World Economy[M]. Edward Elgar Pub. ,2005:210-219, 111-148, 77-110.

[16]德伯. 公司帝国[M]. 闫正茂,译. 北京:中信出版社,2013.

[17]WILLIAM C. BRAINARD,JAMES TOBIN. Pitfalls in Financial Model Building[J]. The American Economic Review,1968,58(2).

[18]赖克. 超级资本主义[M]. 石冠兰,译. 北京:当代中国出版社,2010.

[19]秦雨. 法国福利制度分析[J]. 法制与社会,2013(17):30-31.

[20]王朔,周谭豪. 对法国当前"疲弱症"的看法[J]. 现代国际关系,2016,

(7):37-43,50,63.

[21]皮凯蒂.21世纪资本论[M].北京:中信出版社,2014.

[22]吕守军.抓住中间层次剖析当代资本主义:法国调节学派理论体系的演进[J].中国社会科学,2015(6):62-77.

[23]杨乐.在激进与理性之间:当代法国马克思主义现状评述[J].国外社会科学,2015(1):14-19.

[24]孙晔.法国社会保障制度建设及其对我国的启示[J].芜湖职业技术学院学报,2013,15(1):9-12.

[25]吴国庆."巴黎的忧郁":变革、平衡与新的困境:近三十年来法国经济社会转型历程综述[J].人民论坛·学术前沿,2014(16):6-23.

12 荷兰

12.1 引言

荷兰的崛起、衰落、复兴是资本主义发展历史的缩影。时至今日,资本主义发展进入瓶颈期,不仅增长动力不足,还饱受周期性经济危机的困扰。荷兰作为一个在经济危机时期受到严重挫折的国家,经济一度陷入谷底,但经过一系列改良迸发出了新的活力。20世纪90年代以来,荷兰的经济长期领先其他欧盟国家,尤其在就业率方面,已经稳居欧盟前列。荷兰成功改良的案例在当代资本主义缺乏活力的境况下,为许多欧美国家重振了制度信心,被誉为"荷兰奇迹""光辉的榜样"[①]。

荷兰作为一个有着300多年资本主义发展历史的老牌资本主义国家,不仅第一个建立起了资产阶级共和国,更是在17世纪盛极一时,称霸当时的海洋贸易,将商业资本主义发展到巅峰。然而,在18世纪,发展单一的荷兰难以对抗海洋贸易利润被大量瓜分的冲击,逐渐走向没落。19世纪末至20世纪30年代,社会主义、反帝和反殖民主义运动的兴起以及二战的爆发使荷兰的经济雪上加霜,越发凋敝。在这颓势中,20世纪40年代末的荷兰开始对其模式进行资本主义改良,依照凯恩斯主义建立起欧洲式福利国家,使经济得以复苏。70年代末80年代初,荷兰因为过度依赖资源出口、经济结构畸形、经济缺乏长期动力、对社会福利的依赖日益严重,出现了高失业率、低增长率、高财政赤字和高通货膨胀的"荷兰病"[②]。针对这一问题,荷兰在坚持凯恩斯主义的

[①] 钱箭星.从"荷兰病"到"荷兰奇迹":一个全球化时代调适劳资关系和福利制度的案例[J].中共天津市委党校学报,2011,13(5):59-64,75.

[②] 郝玉柱,敖华."荷兰病"问题研究文献述评[J].经济纵横,2014,342(5):120-124.

基础上，结合新自由主义理念，一方面压低工人工资，减少福利开支，为劳动力市场注入活力；另一方面推动国有企业私有化，改变税制减轻企业家负担，重视技术提高生产效率，提高在经济全球化浪潮中的适应力。在转变模式之后，荷兰的经济呈现出稳定有序的增长态势，特别是在就业增长方面，远高于欧盟的平均增长水平。

目前的研究认为，荷兰的资本主义改良形成的荷兰模式，是在保障就业的前提下促进经济增长，这一模式为解决新自由主义倡导下难以调和的效率与公正之间的矛盾提供了可能的出路。本章认为，荷兰的资本主义改良先后分两次，一是运用了凯恩斯主义，建立起了福利制度；二是在此基础上吸取了新自由主义经验，在保留福利制度的前提下，形成了自己的就业模式，解决了之前高失业率与高通货膨胀率并存的经济难题。这种经济模式为欧美国家，也为中国提供了难能可贵的经验。

本章将荷兰的资本主义改良置于马克思主义政治经济学的研究视域之下，以马克思主义关于资本主义生产关系和资本主义改良的研究作为理论基础，以荷兰战后资本主义改良政策和成果为现实依据，通过梳理和研究荷兰资本主义改良过程，分析其改良的特点和实质，分析探讨当代荷兰资本主义发展进程中生产关系的变化，探究其社会经济效应与实质。剖析当代资本主义社会自我调节和自我改善的局限性，从而更加深刻地认识资本主义经济的发展规律。

本章首先分析了荷兰重组战后经济的改良政策及改良成效。其次从政治和经济理论的角度出发分析其改良成败的原因，探究荷兰如何协调凯恩斯主义与新自由主义，找到了"第三条道路"。最后总结了荷兰模式的重要意义，以及对我国经济发展的启示，指出荷兰仍然存在的问题。

12.2 荷兰当代资本主义改良实践

12.2.1 近代荷兰的资本主义发展基础

16世纪，经历过资产阶级革命的荷兰人摆脱了西班牙的殖民统治，凭借地理优势迅速发展起了渔业、工场手工业和农业，为之后的资本主义发展奠定了基础，也使荷兰在独立后的短短几十年，令其他国家难以望其项背。在17世纪中叶，荷兰建立了足以垄断海上运输的大型商船队，辗转各个港口攫取大量财富,阿姆斯特丹一跃成为世界商业中心,马克思也对此时的荷兰经济给予高度评价:"几乎独占了东印度的贸易及欧洲西南部和东北部之间的商业往来。它的渔业、海运业和工场手工业都胜过任何国家。这个共和国也许比欧洲所有其他国家的资本总和还要多。"① 快速的经济发展刺激了荷兰的扩张野心,其很快开始了殖民道路,依靠大规模海外殖民掠夺来的财富,荷兰完成了资本的原始积累,在17世纪迎来了前所未有的繁荣。

18世纪,资本主义大行其道,欧洲各国工商业的发展都是一日千里。海上贸易也不再是一家天下,各国都想分一杯羹。荷兰不能再依仗商业贸易的垄断来获得巨额利润,同时因为其过分依赖商业,缺乏工业基础,在庞大的市场逐渐被瓜分时,难以找到发展的立足点,荷兰优势不再。随着19世纪80年代东亚银行和阿姆斯特丹银行的倒闭,荷兰经济变得更加困难。马克思精要地概括了荷兰衰落的原因:"荷兰作为一个占统治地位的商业国家走向衰落的历史,就是一部商业资本从属于工业资本的历史。"②

12.2.2 第一次资本主义改良:依托资源优势建立起的福利制度

1945—1970年是荷兰恢复经济活力的重要时期。为了迅速摆脱战争带来的阴影,重振经济,荷兰政府从劳资双方的关系入手,制定工资标准以实现双方的配合,减少不必要的摩擦。与此同时,荷兰政府开始建立福利制度,扩大失业保险范围,引入老年津贴,推出残疾人福利等社会保障。正值"得能源者得天下"的时代,荷兰凭借1959年在北海发现的丰富的天然气资源,一跃成为天然气出口大国,在能源界占据了举足轻重的地位。在福利政策和资源优势的双重推动下,荷兰经济在这20年中迅速恢复。

迅速形成劳资配合的发展局面离不开荷兰的传统,荷兰经济是一种协商经济,劳资关系具有合作主义的传统。这是荷兰独有的优势,但这一传统也导致了一个问题——劳资合谋。在20世纪60年代后期,由于劳动力供不应求,工会开始要求扩大工资差异,雇主则通过奖金和补贴来满足劳动力的需求,劳资双方都倾向于摆脱国家工资规定,谋求一个有利于自己,但成本由全社会来承担的方式。1976年《无劳动能力法》的出台标志着荷兰成为最大方也是最消

---

① 马克思. 资本论:第3卷[M]. 北京:人民出版社,1975:822.
② 马克思. 资本论:第3卷[M]. 北京:人民出版社,1975:392.

极的社会福利国家。在劳资合谋下,一方面健康的在职员工领取残疾人保障金并退出劳动力市场;另一方面残疾养老金的福利待遇高于失业救济金,荷兰这一时期的残疾人数量飞快增长。而劳资双方从福利政策里钻的空子却使荷兰政府陷入了新的危机,由于优厚的福利支出离不开强有力的财政支持,荷兰政府不得不增加税收,导致企业负担增加,投资意愿进一步降低,失业率上升,荷兰经济不可避免地进入了衰退期。事实上,高税收无法弥补巨额的福利成本,荷兰财政一时间难以为继。

虽然荷兰经济凭借资源优势有所起色,但好景不长,因为过度依赖资源出口造成了新的问题。20世纪70年代早期,荷兰的国内生产要素集中在天然气工业上,长期的要素倾斜从根本上阻碍了国内制造业的发展。天然气出口带来的贸易顺差使荷兰盾升值,汇率的变化使荷兰制造业产品的国际竞争力下降。另外,荷兰没有从长远考虑进行有效的产业升级、人力资源开发,而是把天然气资源收入用于填补财政空缺,经济的深层发展实际上是停滞的。种种问题导致荷兰经济结构畸形,在石油危机爆发时,国际能源市场大幅波动,荷兰经济失去了赖以发展的动力。此时的荷兰可谓"内忧外患",不仅处于波动的国际市场中,国内还陷入"滞胀"困境,经济再度陷入僵局。在这一背景下,荷兰福利制度因劳资合谋在80年代陷入危机,形成了低就业水平、高社会开支、高人力成本、更低就业水平的恶性循环。

回顾18世纪荷兰衰落的历史,我们可以看到这种经济衰退正在重演。马克思的预言再次实现。越是依赖的产业反而越容易导致经济问题,荷兰的经济发展"成也资源,败也资源"。

12.2.3 第二次资本主义改良:福利制度与工资限制之间的拉锯战

战后由荷兰统治阶级建立的"共识机制"是本次资本主义改良的思想前提。共识机制下,经济决策的执行被牢牢控制在由政府、企业和工会组成的"社会经济委员会"和"劳动基金会"手中,所有的政策只有在这两者达成协议后才会执行。中央计划局根据协商结果和中央统计局提供的数据制订中长期发展计划,荷兰中央银行再从财政上进行配合。这种形式不仅为经济计划的制订提供了依据,也为政党建立联合政府奠定了基础。此外,各公司和各城市内部也存在着协商制度,政府的预算必须经议会彻底讨论才能通过。通过这种方式,荷兰在很大程度上减少了内部摩擦,实现了经济发展目的和动力的统一。

在共识机制下,荷兰在战后初期实行了不完全的凯恩斯主义,在坚持维护福利国家的前提下,结合来自美国的新自由主义主张,形成了自己独特的发展模式。

荷兰的政策变革主要从以下几个方面展开。

一是实施节制工资增长的政策。1982年,荷兰政府、企业和工会联合签署了"工资协议",决定长期冻结员工的实际工资。经过经济危机的教训,三者都认识到要想重新获得经济活力,必须降低企业工资,减少福利成本,提高本国产品在国际市场上的竞争力。经过努力,紧缩政策取得了良好成效:荷兰最低工资水平从平均工资的66%下降到54%;1982—1990年,与劳动力成本增长了10%的德国相比,荷兰基本没有变化;1991年以来,不同于其他欧美国家劳动力成本上涨的趋势(美国劳动力成本增长了2.4%,法国劳动力成本增长了3.7%,德国劳动力成本增长了8%),荷兰的劳动力成本下降了0.8%;在工业部门,荷兰的工资水平更是比德国低了22%。1994年,荷兰的企业和工会达成了当年不提高工资的协议。该政策取得了令人满意的结果:维持稳定的工资使商业利润逐渐恢复,从而促进投资和经济增长,提高了制造业产品在全球市场的竞争力,净出口额增加;低工资形成劳动密集型优势,活跃的制造业提供了更多的就业机会,荷兰形成了稳定向上发展的良性循环。

二是不断减少各种福利补贴。荷兰政府依然坚定地坚持福利制度,并进一步加强了对福利制度的管理。政府通过减少福利补贴金额、实行部分福利补助私有化、分割不同的福利享受人、推迟发放福利时间、缩短福利领取时间等改良措施,使福利制度的运行程序更加严格,并取得了一定效果。这些调整自1990年开始,使福利补助金和补助人数在25年来首次下降。修订后的政策克服了"养懒汉"和滥发福利的现象,同时确保了最困难的人仍能及时获得充分的援助。

三是在改良后期实行灵活的工资制度。荷兰政府不再进行工资控制,开始逐步退出劳务管理和劳资谈判体系,并通过社会福利政策和制度对劳资关系进行直接干预。这项政策的目的主要是使劳动力市场更加灵活,拉大工资差距,提高劳动力市场的竞争性,改变原来解雇员工困难的情况。

在政策实施背景下,荷兰的全职就业数量仍相对较少,依然存在通过缩短工作时间,减少长期合同,增加临时合同和兼职工作等变相裁员的现象。但这一举措，在荷兰人口增长相对较快、妇女就业率上升的大前提下，使荷兰的总体失业率下降、劳动生产率遥遥领先于其他国家。我们不得不说，该项政策是成功的。这种灵活的劳动制度不仅是一种劳资妥协，解决了劳动力供过于求的问题，使失业率不升反降，而且适应了荷兰劳动者希望在工作和休闲之间取得平衡，充分享受生活的价值观。这些措施进一步改变了社会阶级结构，即资产阶级和工人阶级的结构，政府实际上巩固了资产阶级的地位。

四是调整企业制度。为了增强竞争力，荷兰的龙头企业不断提高自动化和信息化水平，大量兼并和裁员。与此同时，荷兰政府通过简化公司创立程序、放松管制、整改税制、推动国营企业私有化来鼓励中小企业的创立和发展。新生的一批富有活力的中小企业也为荷兰提供了大量工作岗位，吸收劳动力。

五是充分利用经济全球化的条件。荷兰一直在积极推动经济全球化，促进欧洲一体化，也更加关注世界市场，特别是亚太地区。冷战的结束和荷兰社会主义运动的退潮为荷兰人提供了充分调整其福利制度的机会。20世纪90年代，荷兰对经济和政府的外交机构进行整改，使国际贸易、对外援助、外交联系更加紧密，荷兰外交呈现出经济化的特点。

12.3 荷兰资本主义改良成效评价

12.3.1 取得的成效

荷兰在面对经济全球化和国际竞争加剧的挑战时，走了适合自己的正确道路。自1982年实施工资紧缩政策以来，荷兰一直坚持社会稳定机制，即欧洲式的福利制度，并将美国新自由主义观点结合起来，以提高效率，调动国家发展的内在动力，提高荷兰在国际市场上的竞争力，并使其适应经济全球化的需求。到20世纪90年代，荷兰经济早已峰回路转，在欧盟各国中一枝独秀。

（1）失业率显著降低

荷兰基本克服了经济"滞胀"，实现了稳定增长。20世纪80年代，荷兰的失业率为10%以上；到1996年，荷兰失业率仅为6.5%左右，低于欧盟各国10%以上的水平；1997年4月，荷兰的失业者人数更是自1993年以来首次降到40万人以下。

1960—2017年，荷兰失业率变化情况如图12-1所示。可见，在1982年福利政策调整之后,失业率有了极大改善。

1998 年后,荷兰的长期失业率已经降到欧盟水平以下(见图 12-2、图 12-3),印证了 20 世纪 90 年代末期荷兰资本主义改良的效果。

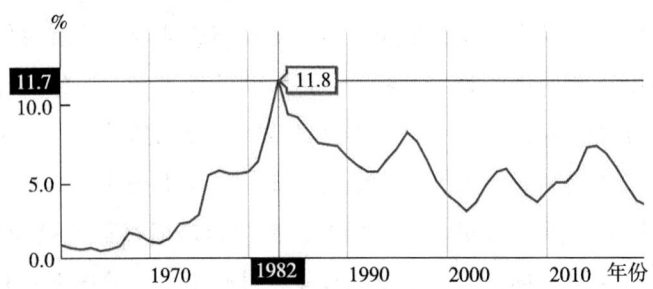

图 12-1　1960—2017 年荷兰失业率

资料来源:European Commission,DG-ECFIN。

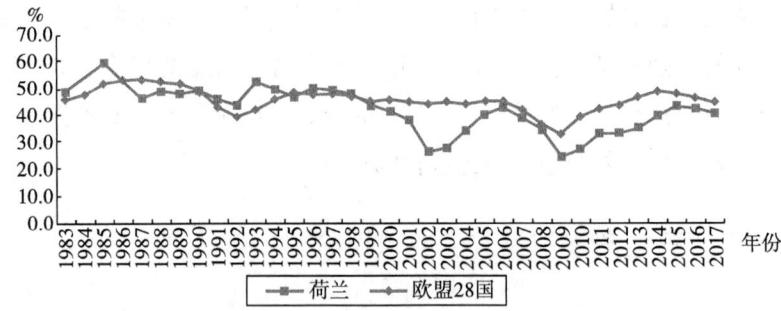

图 12-2　1983—2017 年荷兰与欧盟 28 国长期失业率对比

资料来源:Labor Market Statistics:Unemployment by Duration:Incidence。

2018 年,荷兰的失业率在欧盟中依旧是处于较低的水平(见图 12-3)。

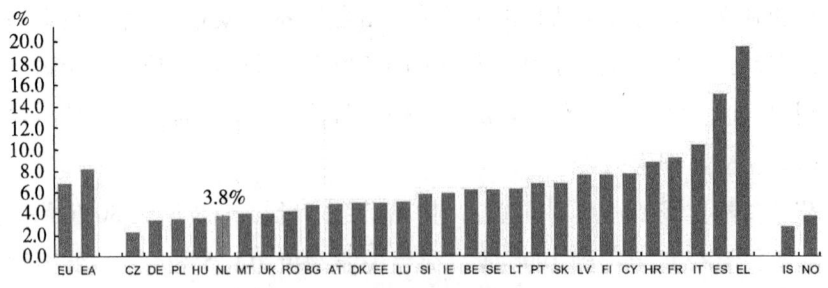

图 12-3　2018 年欧盟各国失业率

资料来源:https://ec.europa.eu/eurostat/documents/2995521/5076046/1-16022009-AP-EN.PDF.pdf/657d53f3-9240-4309-8159-e88d8193e6df。

由图12-1至图12-3可以看出,荷兰资本主义改良成效喜人,就业状况有了极大改善。

(2)经济增长稳中有进

20世纪90年代以来,荷兰的资本主义改良成效初显,1996年荷兰的经济增长率达2.7%,高于欧盟的平均增长率1.6%。1991—1996年,荷兰经济增长了11.6%,接近美国的13.6%。1996年,荷兰工业增长了4.4%,远高于欧盟的0.2%水平;同年,荷兰投资和消费都增长了5%,而通货膨胀率仅为2%。由此可以看出,荷兰已经基本摆脱了高失业率与高通货膨胀的危机(见图12-4)。

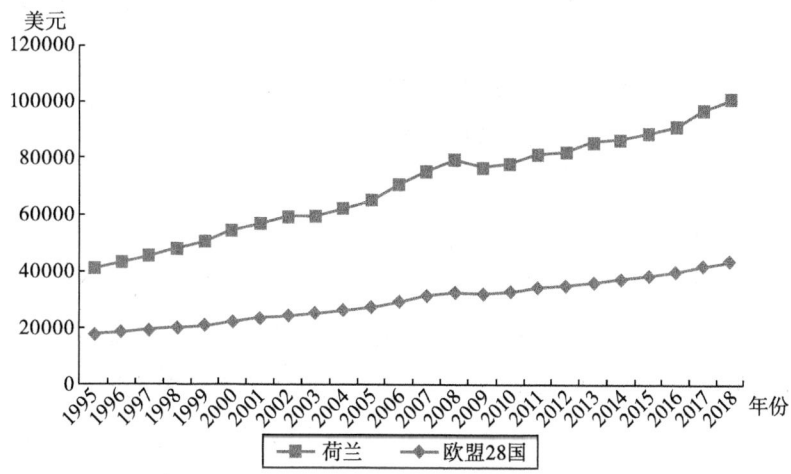

图12-4　1995—2018年荷兰与欧盟28国人均GDP对比

资料来源:https://ec.europa.eu/eurostat/documents/2995521/5075726/1-19022009-AP-EN.PDF.pdf/c061dac0-ccda-460a-bfc3-65184b8601ef。

荷兰的对外贸易额也大幅增加。1996年进出口分别增长6%和4%,达到6606亿荷兰盾,超过GDP,排世界第9位。从人均角度来看,更是在全世界名列前茅。1996年,荷兰中央银行的黄金储备达到1052吨,位居世界第6,吸引了20亿荷兰盾外国投资。1995—2007年,荷兰的政府债务在轻微波动中整体呈下降趋势,2007年财政赤字下降到GDP的42.8%(见图12-5),得益于贸易的发展,荷兰政府获得了更多的税收,财政负担大大减轻,为今后减税、改善福利、减少国债打下了基础。

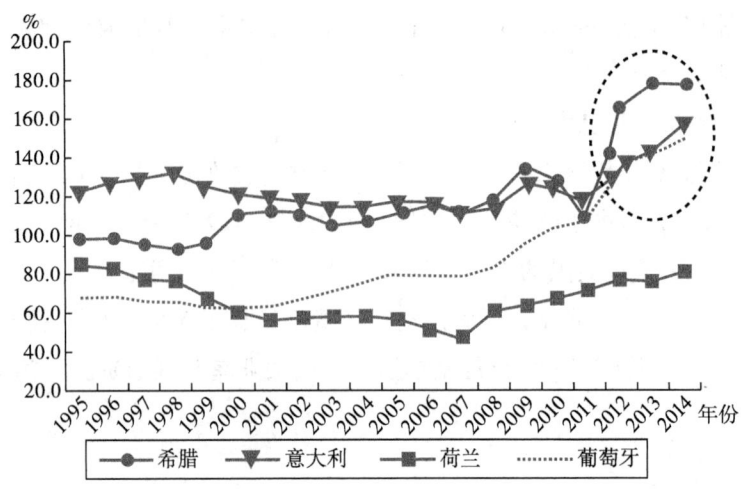

图 12-5　1995—2014 年荷兰、希腊、意大利、葡萄牙四国政府债务/GDP 对比情况

资料来源：OECD DATA，长江证券研究所。

(3) 创造了稳定的社会环境

20 世纪 70 年代后期和 80 年代中期，荷兰政治处于动荡阶段，但在发展后期，执政党目的利益趋于一致，规避了不必要的分歧。在国际政治方面，荷兰和其他国家虽然有一些摩擦，但是基本上没有被卷入重大冲突，有相对稳定的政治环境。在国内稳定方面，荷兰进行了军队改造，提高了国防水平。不同于过去经常发生罢工、集会、示威和游行等群体活动，近些年来荷兰很少发生激烈的群众运动，社会较为安定。这些条件为荷兰的经济稳定发展和国际化创造了有利的国内外环境。

12.3.2　荷兰改良取得一定成效的原因

(1) 从战后荷兰资本主义政治变革角度进行分析

荷兰政治变革和经济变革是相辅相成、互为因果的，经济变革的成败与政治变革密不可分。以下将就荷兰政治变革对本次改良的影响展开说明。

荷兰的工人运动起步较晚，相较于欧洲其他国家，不仅缺乏政治性和阶级意识，而且易受宗教的影响。荷兰工会成员往往依据信仰凝结在一起，一般来说，雇主和工人属于同一个教会，在教会的指引下双方会一起讨论和解决问题。从这一角度来看，荷兰工人与资本家总是协商处理问题，矛盾并不尖锐，比起考虑政治理论，工人更愿意把重心放在工资和待遇这种实际问题上。但这一传统既有利也有弊：一方面缓和阶级矛盾，使得社会较稳定；另一方面掩盖阶级矛盾。荷兰的左翼政党不能始终如一地站在工人阶级的立场上去解决问题。

（2）破冰局面带来的增长与波动

第二次世界大战后，过去由教派党、自由党和社会主义工人党（以下简称"工党"）把控荷兰政治的这一冰冻模式出现裂痕。工党凭借其平等分配收入，大规模管理经济和增强社会福利的政治观念，吸引着战后渴望尽早恢复元气的荷兰人；而教派党凭借其坐拥众多教众，拥有坚实的社会基础和严密的组织依然保持了一定的政治优势；自由党无力与二者抗衡，不可避免地衰落了。工党虽然力量有所增强，但尚不能超越教派党，其他左翼政党更是不堪重任，以工党为首的左派在激烈的政治竞争中往往以妥协告终。荷兰的福利制度在这一时间段稳定而高效地建立起来，依靠强大的资源支持，经济也得到恢复和发展，社会矛盾得以缓解，社会秩序趋于稳定。

也正是这段黄金时期的发展，使荷兰的社会结构和生产结构都发生了重大变化。第一产业萎缩，第二产业迅速发展，新兴产业急剧扩张，跨国公司产生，这些趋势使传统工人数量减少，白领、经理人、技术工人和管理工程师人数不断增加，荷兰中产阶级规模也因此不断扩大。新生的中产阶级背景复杂，利益导向也完全不同，进一步削弱了选民的阶级意识，导致政治倾向多元化。宗教信仰日益淡薄也使教派党的选民基础动摇。到了20世纪60年代末，荷兰的政党数量增多，许多政治观点明确的新生党派更是获得数量剧增的年轻选民的支持，这种趋势打破了过去大党垄断的局面。在碎片化的政治中，新兴政党和老牌政党之间矛盾重重、斗争激烈，荷兰内阁更迭频繁，经济政策摇摆不定，公共支出也进一步收紧。在全球经济危机的波及下，荷兰可谓"内忧外患"，稍有起色的经济伴随着飙升的失业率和日益严重的环境污染再次萎靡。

（3）垄断局面的形成

20世纪70年代中期以来，科学技术迅速发展、信息化趋势显著，但国际货币体系崩溃、石油危机出现、经济恶化、失业人数激增。工党一方面以排斥信息化技术的方式来维持就业，另一方面增加公共支出以保持高福利状态。这一失误决策，使荷兰失业率不降反升，政府更是无法弥补财政漏洞，只能加大税收，选民倍感失望。到了 80 年代，本被寄予厚望的工党因为对高失业率束手无策被迫下野。在这之后，工党为稳定选民基础，"左"倾表现明显，在各种公开场合宣扬保护工人阶级利益，并开始寻找与其他左翼政党合作的机会。终于在 1973 年成功建立了第一个以"左"为主的内阁。在这一期间，随着国际经济环境的变化和中产阶级态度的转变，荷兰的各个政治党派分分合合，此消彼长，最终又形成了工党、基民盟、自由党"三足鼎立"的稳定政党格局。

(4) 政治变革的实质

工党执政后，鉴于福利和工资水平过高不利于荷兰的稳定发展，经过多轮磋商，最终不惜损失一部分选票，开始积极配合政府实施工资紧缩政策。这种为一国长远发展而不惜牺牲一党狭隘利益的行为看似大义，实则暴露出左派政党存在的极强的相似性问题。基民盟看似是中间派，但其政治立场趋于保守，反对经济国有化、社会福利扩张和工人工资上涨。工党以左派代表自居，但长期以来很少与左派合作，即使有为数不多的几次也是迫于形势的无奈之举。20 世纪 70 年代后期，工党的实力恢复后，更是表现出欲与自由党结盟的意愿。在理论方面，工党具有温和实用的特点，但其从放弃马克思主义到批判马克思主义，从攻击资本主义弊端到强调资本主义活力已经展现出了其本质；在政策方面，工党虽然表现出反对经济紧缩的态度，但事实上已经承认了过度的福利支出给资本主义经济的发展带来的风险。荷兰能从"滞胀"中走出来，工党在其中扮演的角色确实至关重要，但种种现象足以证实，掩盖在不同身份表象下的是资本主义政党的利益一致性。经济在发展时不可避免地要付出代价，但整个社会的代价不应该集中压在工人和中下层人民身上。正是这种一致性使工党在遇到利益纷争和经济现实问题时与中右势力合流，在决策时看似为荷兰指出了一条美好的可持续发展道路，实则理所当然地认为工人应该牺牲利益，为国家的发展买单。工党不能站在工人阶级及中下层选民的立场上切实为工人阶级、中下层人民考虑，其所谓的政治主张、工人的愿望和理想不过是拉选票的工具。

(5) 从理论角度进行分析：凯恩斯主义与新自由主义的结合

荷兰的成功表明，想要同时实现效率和公平并非不可能。荷兰的一系列改革挑战了过去新自由主义认为的公平与效率矛盾、国家不应该干预经济的观念。荷兰模式的成功不仅验证了社会公平具有必要的政治价值，还证实了国家可以通过协调其职能来兼顾效率和公平。凯恩斯主张增加政府开支,以赤字刺激经济发展,以宏观的经济走向约束个人行为;新自由主义则以利己为出发点,更强调个人主义和自由市场本来的力量。二者看似矛盾,但荷兰凭借独特的天然性质——协商谈判的传统,在经济全球化的冲击下取得了理论上的调和。荷兰积极倡导合作协商,在平均了资本和技术的利润、维护公平、保障劳工权利的前提下,也保障了企业利益,使资本保有活力和效率。荷兰的经验说明,在经济全球化时代政府想要解决社会公平问题,就不能简单地依靠传统的财政手段,而是要改变福利救济中消极的、惰性的成分,以积极的就业政策取而代之。同时,要想保持效率,就必须提倡竞争、鼓励发挥个体作用。荷兰新的就业政策使拘泥于福利制度下的人们敢于创新和尝试。通过这种灵活的方式,国家不再是经济全球化的被动承担者,而是效率和公平的积极协调者。荷兰凭借这一新理念逐渐改革形成与之相适应的制度,把过去作为政府沉重负担、赤字的主要来源的维持公平的福利救济活动,变为一种具有活力并且能够开源的生产活动。这一变革不仅为社会创造了就业条件,促进了充分就业,也抑制了社会的进一步分化,创造了公平公正的社会氛围,保障了劳资双方的利益。

不同于其他欧美国家20世纪80年代出现的工资和福利增长的停滞,荷兰在这一阶段取得的传统福利政策和新自由主义制度变革之间的平衡、劳资相对公平的分配和对双方都友好的社会环境,使其经济扩张没有进一步导致资本增殖条件的恶化,维持了良好的发展势头。

上述政策改良和变革,无一不贯穿合作协商、平等共赢、互惠互利的原则,这也是荷兰最终可以抵御经济全球化风暴侵袭并实现效率和公平双赢的原因所在。荷兰走的这"第三条道路",在一定程度上兼顾了效率和公平,为西欧改革和世界各国提供了样本,是不可多得的优秀范例。

12.4 结论与启示

西方马克思主义者和左翼学者认为,通过工人阶级的反抗运动影响政治过程就可以保障工人阶级的权益以及工人的高工资、高福利。但实际上,在资本主义经济体制下,工人境况的改善取决于资本增殖条件的改善。而资本积累越多,资本增殖的条件就越趋向恶化。在资本主义背景下,工人的问题只能暂缓，而不能真正得到解决。西方左翼学者把20世纪50—70年代经济运行的良好表现当作该时期的制度变革克服了资本积累过程的内在矛盾，认为这种良好是永久性的，而认识不到70年代后期开始的经济条件恶化正是上一次改良恶化的结果。

荷兰资本主义改良的作用是有限的，就经济来说，就业问题只是暂时得到解决，随着经济的增长，周期性的危机仍旧会出现，原本的社会矛盾也依然存在，新的问题或许会在新的改良上产生。荷兰资本主义虽然仍然富有生命力，但是在一切似乎稳定向上发展的表象下，荷兰依然存在许多问题，不仅资本主义的根本矛盾无法解决，而且一些具体问题依然突出：作为一个高薪和高福利的国家，荷兰的阶级斗争和政治斗争隐藏在和谐的表面下；虽然失业率很低，但荷兰的隐性失业率占全部劳动力的20%以上，这也是不容忽视的问题。此外，长期紧缩政策降低了荷兰的人均资产，新的失业、社会动荡和生产停滞依然威胁着荷兰经济的长期发展。荷兰各方将继续就经济全球化、福利国家、环境保护、欧洲一体化、最低工资和社会保险等问题展开激烈的争论。资本主义模式的调整是荷兰政府永远无法回避的问题。

资本主义周期性的经济危机及其难以克服的弊端更是坚定了我们走社会主义道路的信心，我们在反思其问题的同时，也深刻地认识到社会主义的发展优势。求同存异是当代资本主义给予我们的重要启示。社会主义在制度和法律方面依然存在许多不成熟和不完善，但社会主义强大的生命力和不断迸发的活力将使这些不成熟和不完善在发展过程中逐渐被克服。这就需要在坚持自我的同时，借鉴资本主义发展的经验，吸取其发展的教训，规避其发展的风险。我们要不断完善自我，解放和发展生产力，理论跟随实践与时俱进，不断提高综合国力，在维护自身利益的前提下坚持和平发展的方针，坚定不移地沿着社会主义道路走下去。

参考文献

[1]施辉业.荷兰资本主义模式的调整[J].欧洲,1998(2):59-63,93.

[2]郝玉柱,敖华."荷兰病"问题研究文献述评[J].经济纵横,2014,342(5):120-124.

[3] 钱箭星. 从"荷兰病"到"荷兰奇迹":一个全球化时代调适劳资关系和福利制度的案例[J]. 中共天津市委党校学报,2011,13(5):59-64,75.

[4] 马克思. 资本论:第3卷[M]. 北京:人民出版社,1975.

[5] 莫生斯,布罗尔. 荷兰史[M]. 北京:商务印书馆,1974.

[6] 程澄. 劳动力市场的"荷兰奇迹"及对中国就业市场的启示[J]. 世界经济情况,2013(4):15-19.

[7] 唐雪葆. 荷兰的宏观经济调节[J]. 世界知识,1989(1):21-21.

[8] 任炽越. 荷兰的老年社会福利[J]. 社会福利,2004(11):49-53.

[9] 仲继银. 劳资协商荷兰的企业委员会制度[J]. 中国新时代,2013(1):83-85.

[10] 孙家宁. 荷兰对外贸易政策研究及对中国外贸发展的启示[D]. 北京:对外经济贸易大学,2010.

[11] 周永亮. 战后荷兰政党格局的演变[J]. 西欧研究,1992(2):8-13.

[12] 赵雅茹. 兼顾效率与公正:荷兰式合作主义在全球化时代的实践[D]. 北京:北京大学,2009.

13 瑞士

13.1 引言

瑞士在1848年成为联邦制国家后，工业迅速发展并且利用自己的地缘优势发展银行业，在19世纪末欧洲大规模建设中充当资本的供给者攫取大量的利润，并能够在二战中保持较为稳定的国内环境，避免战火的侵入，同时利用自己相对和平的国内环境向邻国提供军火配件创造相当的财富，不得不说其富有自身特点的资本主义改良路径为国家内部各阶级创造平稳环境做出了十分重要的贡献。二战后，由于免受战火的侵袭，瑞士拥有完备的国民经济体系，充足的资金，根据自身的优势形成了机械、化工、食品、钟表、纺织五大支柱产业，并且以金融业为代表的服务业迅猛发展，到20世纪初其金融业年出口总额达到214亿瑞郎，瑞士也成为世界上最富裕的国家之一。

一方面，瑞士由一个资源匮乏的小国成功崛起，并形成了独特的发展经验，这与其结合自身国情对资本主义发展进行改良有密切关系。对瑞士资本主义改良问题进行研究，不仅有助于更好地了解瑞士资本主义的发展路径，对同为出口外向型的中国的改革发展也有很强的借鉴意义。

另一方面，作为世界金融中心，人均GDP最高的国家之一，国内对于瑞士的研究主要集中在瑞士的经济制度、福利保障制度、教育制度和独特的政治制度方面，较多地直接分析了瑞士金融、福利和产业模式的优点，但是很少有研究从资本主义内部改良视角去进行分析，没有看到福利、经济等制度优势是瑞士符合自身特征的资本主义发展的结果，从马克思主义政治经济学视域下对瑞士发展进行研究的较少。对于瑞士必须从资本主义内部改良的视角进行研究才能看透瑞士取得如此成就的深层次内在原因。

本章第二部分综述了瑞士在 1848 年立宪建立真正的联邦制国家之前的资本主义社会发展情况，第三部分主要研究瑞士在二战前的资本主义改良特点，第四部分从经济改良、福利制度改良和政党改良三个方面研究了瑞士在二战后到现代社会的资本主义改良路径，第五部分探究了瑞士资本主义改良的不可持续性，第六部分根据瑞士资本主义改良的特点并结合中国国情为中国实现现代化国家提出了政策建议。

13.2 瑞士资本主义改良的历史基础

受启蒙运动影响的新思想在 18 世纪初开始传播，瑞士人民感受到新时代即将来临，原先在 1675 年重述的《共认教义》中的教条式卡尔文主义已不为瑞士人民恪守。在瑞士联邦，与邻国君主专制政体相对立的一种新的民族感情开始出现。向新时代的演进并不局限于思想领域，18 世纪的瑞士联邦还常常伴有各种动乱，诸如人民起义、反对贵族统治的密谋，以及在不少州围绕着宪法问题发生的冲突。在瑞士联邦各城市里，被排斥于政府之外的居民要求参政的意愿愈加强烈。在日内瓦，围绕着宪法问题展开的争执成为这座城市 18 世纪中期的特点。日内瓦宪法所体现的民主权利，不时被全欧洲的贵族和君主政体视作一种威胁。在经历 1704—1707 年的初期动乱后，日内瓦的寡头势力在 1737 年被迫将自己的部分权力让与资产阶级。随后，1782 年由伊萨克·科尔尼奥领导的一次人民起义，使大部分处于无权地位的居民得以参与城市的政治生活。

法国军队对瑞士的入侵是瑞士旧联邦制度瓦解开始的标志，伯尔尼的陷落决定了旧联邦倾覆的命运。很多民众热切期待的海尔维第革命终于赢得了胜利，但是这种胜利被打上了外国统治者的烙印。在海尔维第革命胜利后，拿破仑·波拿巴于 1798 年颁布了新联邦宪法，这部宪法旨在将一个极为松散的联邦制改造成一个统一的、不可分割的共和国。但是对瑞士政治制度如此激进的变革必然会受到这个国家先前主人的强烈反对。1798—1802 年，海尔维第共和国（瑞士）国内主张中央集权的"统一派"和要求恢复各州主权的"联邦主义者"发生了强烈对抗，其间国内发生过 5 次政变，最终在拿破仑出兵干预下，双方保持了长达 10 年的均衡状态。拿破仑政权在欧洲失败之后，维也纳会议承认了瑞士的中立地位，瑞士成为联邦国家，每个州恢复了大部分主权。但是由于 1830 年巴黎革命的街垒战所产生的反响，在瑞士一切决议都有人翻案。在很多州，贵族把持的政府被推翻，民众频繁集会，请愿书纷至沓来。这一时期联邦各州制定的宪法，普遍以代议制民主和现代意识上的自由为基础，注入人身自由、信仰自由、贸易和产业自由等元素。在巴塞尔（瑞士的第三大州），"新生运动"的开展造成了紧张局势，导致这个州的城乡之间发生内战。1830 年之后，联邦内自由派的复兴运动遭受了相当大的挫折，但是自由主义的发展在瑞士国内已经成为无法抗拒的潮流。

民众要求废除执政家族的特权，以选举方式产生立法议会，实行言论自由，限制教会的权力，使国家从松散的联邦向中央集权的现代国家过渡。1815 年以维持执政家族的特权为主旨的联邦条约仍在实行，这已经成为瑞士社会和经济变革的一大障碍，并且各州仍然在顽强地维护着旧的秩序。1845 年瑞士爆发了严重的经济危机，全国陷入动荡，国会此时已经由自由派和激进派所掌控，联邦军队经过一场短暂的战役之后，在 1847 年末占领卢塞恩，自由主义最终在瑞士取得了胜利。

1848 年的新宪法确认了公民的多项权利，诸如定居自由、结社自由以及法律面前人人平等等，但是新宪法仍然在很大程度上维持了各个州的主权。在瑞士，1848 年联邦制国家的建立标志着经过 18 年的激烈冲突，自由派和激进派赢得了最终的胜利。自此，在瑞士，18 世纪上半叶所预示的资本主义发展的道路已为之敞开。

13.3　1848 年宪法到二战前的瑞士资本主义改良

13.3.1　资本主义改良苗头的出现

在 1848 年之后，由于国内政治形势基本稳定，度量和货币统一，瑞士的工业进入快速发展期，工业水平在全欧洲处于领先地位，同时工业快速发展所引致的铁路和银行业也在瑞士快速发展。

（1）自由派快速发展引致其他阶层的对抗

由于资本主义的快速发展，瑞士自由派不仅在国家政治建设中占据了大部分核心位置，而且在国家重要行业中成为大部分公司的所有者（主要是铁路和银行)。属于自由派的资本家在国家工业化建设中,利用已有资本的优势,投资铁路等大型工业项目的建设,获得了大量利润。而工人群体在30多年的铁路等工程建设中只得到了仅能够满足自己生存的工资,工人阶级面临着劳动环境恶劣、健康状况普遍下降、养老和失业等一系列问题。

随着时间的推移,自由派"体系"在各个不同的阶层中大量树敌。经济困难的手工业者和农民、民主派知识分子,以及保守派的联邦主义者形成了一个并不协调的反对派,与自由派抗衡。其中,一方为进步成分,特别是激进派、民主派和社会主义者[①];另一方为保守势力,即广大的农村居民和先前首领家族的代表,这些人所维护的是受到进步涡流威胁的古老传统。出于扩大民权、结束自由派代议制政体的共同愿望,上述两个极端派别开始相互接近。

(2) 工人阶级工作时间的持续减少

当时,与小资产阶级有明显区别的工人阶级在对抗中所起的作用还不大,因而在争取民主的斗争中进步的资产阶级充当突击队,民主派与反对派不仅谋求修改宪法,而且发出倡议,要求创建可向老百姓贷款的州银行,赞助合作社,实行免费教育,减轻税务负担;在工厂里应当限制工作时间,必须保护童工,以避免对雇佣制最恶劣的滥用。各个社会集团围绕着上述种种主张聚集在一起组成抗衡自由派政府的反对派。随后争取民主的浪潮逐渐在瑞士联邦中扩展开来,各地都纷纷要求扩大民主权利,民主派用"一切通过人民"的口号来反对"一切为了人民"[②]。

(3) 瑞士政治制度在宪法层面的改变

苏黎世州第一个修改宪法成功,新的宪法规定州政府经人民直接选举产生,州议会通过的任何法律均须交由全州的人民表决。之后民主派在其余各州取得了一定程度的胜利,瑞士联邦宪法的正式修正也被提上议事日程。1874年,新宪法在瑞士得以通过,这部迄今为止仍在实施的宪法具有一种矛盾的含义:一方面,它标志着瑞士民族经济空间统一的完成,从而标志着在经济领域里自由派体系的确立;另一方面,它确认了国内政治中自由派时期的结束,从代议制民主走向半直接的现代民主制度——全民复决,这是瑞士历史上的重大

---

① 工人运动主要在手工业者阶层中开始出现。
② 法尔尼. 瑞士简史[M]. 刘文立,译. 武汉:华中师范大学出版社,1988:293.

转折点之一,从此全民复决成为瑞士政治制度的中心成分。

此时,由于瑞士资本主义的快速发展,资本家和工人阶级之间的矛盾冲突逐步升级,民主运动应运而生。工人阶级希望从政治层面去对抗资本家,从而保障自己的利益①。随着这种冲突的和平解决(新宪法的颁布),普通工人阶级与资本家之间的矛盾得到缓和,瑞士在宪法层面给予工人阶级相当的权力,并且逐渐提高工人的福利水平,改善工人的工作环境,利用这种相对妥协的手段维护瑞士的资本主义。但值得注意的是,资本家仍然取得了生产过程中的大部分利润。可以看出,这次新宪法的颁布不仅是对资本主义制度的一种巩固,也是瑞士资本主义在面对工人阶级斗争过程中一种资本主义自我改良的开始。

13.3.2 工人运动背景下的资本主义改良

(1) 农民群体大量转变为工人群体

在此阶段,随着瑞士联邦工业化的发展,瑞士的传统农业受到了较大冲击,农产品价格大幅下降,大部分瑞士农民转变为工人,农业人口比例接近已经高度工业化的英国。在工业方面,由于蒸汽机在瑞士广泛普及以及瑞士的铁路发展,瑞士在此时建立了强大的工业基础,其主要的商业模式是通过进口原材料进一步进行加工从而出口来获取利润。由于瑞士经济基础是由原先的农业及小规模的手工作坊转变的大型私人公司,瑞士的政治阵营也随之发生转变,到19世纪末政治阵营主要为工人与资本家。

(2) 较弱的工人运动基础

19世纪末,瑞士的工人运动虽然存在但是并不广泛,成立于1873年的瑞士工人联合会成员总共只有3000人左右;1890年之后,取代了瑞士工人联合会的瑞士工会联盟的总人数才超过了3000人。当时由于瑞士周边国家的部分无产主义者被本国当局所追捕,迫不得已进入瑞士生活,并且因为这些外籍劳工没有政治权利,无法通过政治途径改善自己的福利状况,所以充当了当时瑞士工人运动的主力军,主要通过罢工来向资本家表达自己的诉求。

19世纪末,瑞士工人运动发起了大规模的政治斗争,并且在当时取得了一定的成果。同别的国家一样,工业化也在瑞士造成了非常恶劣的生活环境:

---

① 主要体现在从代议制民主转向半直接民主。

工人每日工作时长达 14 小时，车间里没有保健措施，妇女和儿童被迫从事繁重的体力劳动。经过一系列的工人运动之后，议会两院通过了一部工厂法，规定在瑞士全境对工人加以保护，包括对生产安全设备条款的规定以及劳动时间不超过每日 11 小时的规定。之后，随着工人运动的继续，瑞士的工人劳动时间降低至每日 10 小时。

（3）工人阶级生存情况的持续恶化

在第一次世界大战爆发时，尽管瑞士保持了中立，没有直接被卷入世界战争中，但是战争仍然对瑞士产生了相当大的影响。在战争中，瑞士的工业企业面对了各种难以适应的困难，但是当这些由战争引起的困难被克服之后，瑞士工业在战争年代获得了相当的利润。瑞士工业对于交战双方都有着相当的出口额，这导致了瑞士近百年来第一次的贸易顺差。瑞士的木材、化学工业、钟表和机械出口企业从战争双方中得到的利润持续增加。但是对于瑞士联邦来说，战争带来的利润被不均衡地分配了，在社会各阶层中，利益最受损害的就是城市的工人阶级。工人阶级在努力工作后只是得到了这些巨额利润中的很小一部分，并且他们的工资在除去日常开销和医疗费用之后几乎就没有任何节余了，而那些贸易公司的股东在战争结束之后资产已经翻了好几倍。当时，瑞士的工人阶级面对工资降低、失业和通货膨胀，已经力不从心，因为当时瑞士工会的大部分会员是外籍劳工，随着大战开始后外籍劳工回国，瑞士的工会力量被极大削弱。1914—1918 年，食品的价格上涨了 130%，很多被动员去当兵的工人丢掉了原来的工作，大量的工人家庭只能通过政府救济度日。

（4）持续的工人运动背景下不断提高的福利

随着时间的推移，瑞士未加入工会的工人慢慢地开始进入工会，到 1916 年，瑞士工会总人数已经恢复到一战前的数量。当时瑞士工人反对物价上涨和示威游行以及罢工行动的发生频率逐渐升高。1918 年，瑞士各大工会和社会党组成了一个行动委员会，在随后的一年时间中这个行动委员会对瑞士的工人运动进行了统一有效的领导，并在 11 月组织了瑞士近代史上最大的一次全国性罢工行动，有 25 万的劳动者参与了这场罢工。这场罢工对瑞士工人运动来说影响巨大。在这场工人运动之后，瑞士的资本家对压制工人运动越来越缺乏自信，虽然说总罢工在瑞士当局的军事压力下仅开始三天就结束了，但是这场运动的影响一直存在。在这之后，由于受到这场总罢工的影响，瑞士的工厂法里新加入了每周48小时的工作制，瑞士的宪法中新加入了老年保险政策，劳动合同范围的扩大和职业者补助的提升都反映出这场工人运动的意义伟大①。

13.3.3 无产阶级者的"变质"

第一次世界大战期间，由于受到1921年经济危机的影响，瑞士一些工业出口部门处于十分困难的境地，在经济情况有所好转后，瑞士又受到20世纪30年代欧洲经济危机的影响，瑞士的出口额减少了66%。在此时期，瑞士的经济特征是发展较慢，国家的生产性部门受损而服务性部门获益。各经济性联盟的权力得到加强，并且由于比例选举制的实行，直接代表某阶层经济利益的议员人数大为增加。各利益集团在起草和执行法律方向上所施加的影响不断增加，立法机构变成在各个经济团体压力下达成妥协的机构。由于议会议员结构的转变，瑞士工人运动的目标也发生了转变。

1888年，瑞士社会党宣布成立时，由于外籍劳工持久的战斗精神使瑞士各工会趋于激进化，瑞士工会采纳了"无产阶级斗争"的纲领，社会党也通过了受到第二国际奉行的马克思主义所启示的纲领。1920年，瑞士的社会党在自己的纲领中强调，在资产阶级民主制度下资产阶级同无产阶级之间的阶级斗争仍然是必然的，社会主义者的目标始终是无产阶级专政。但是这些宣言在议会议员结构转变之后并没有产生任何后果，社会党和其他的政治团体一样参加选举、人民倡议和全民复决。

由于瑞士议会的上述转变，瑞士的工人阶级在议会中占有20%的席位，以及他们在全国性总罢工时期所显示的力量已经使自己能够同雇主联盟商定劳资协议，并从国家那里取得与资产阶级经济联盟相同的各种权利，因此瑞士的工人运动中没有了罢工这种暴力性的活动，其性质已经发生了改变，由以革命为目的转变为以增加自己福利为目标的改良主义。1935年，社会党承认建立在法律基础上的国家机器，承认国家的防务。瑞士工人组织与资产阶级的社会逐渐合为一体，瑞士人民均以中产阶级为榜样，瑞士历史上从未像现在这样统一。

---

① 二战后，瑞士建立的以"三根支柱"为基础的福利保障系统就是在这种令资产阶级畏惧的大罢工的影响下推进的。

13.4 二战后的瑞士资本主义改良

二战后的瑞士资本主义改良主要体现在经济改良、福利制度改良和政党改良三个方面。

13.4.1 经济改良

由于在二战中保持了中立政策，没有被卷入战火中，瑞士在战后拥有完备的国民经济体系，充足的资金，这为瑞士战后长期的经济繁荣奠定了坚实的基础。二战后，瑞士经济快速发展，政府在经济运行中的作用逐渐加强，政府利用货币政策和财政政策在经济发展的不同时期进行积极调控，保证市场存在足够的有效需求，从而缓解资本主义发展过程中资本主义生产无限扩大与无产群体购买力相对不足的矛盾和生产社会化与资本主义生产资料私有制之间的矛盾。

二战后的瑞士经济发展主要分为四个时期：①经济高速增长时期（1948—1973年）；②经济徘徊期（1974—1990年）；③经济衰退与停滞期（1991—1996年）；④经济恢复与增长时期（1997—2007年）。在不同时期，瑞士采用了不同的经济政策来调节经济的运行，并且这些政策大部分利用了政府作为整体经济运行把控者来保证经济的平稳运行，实质上就是利用政府宏观调控的作用缓解资本主义内在矛盾的爆发。

（1）经济高速增长时期（1948—1973年）

由于欧洲稳定的政治局势、良好的经济环境和瑞士主要贸易伙伴国经济的繁荣等外部因素，以及瑞士较高的资产投资率、充分的劳动力市场等内部因素，瑞士在此阶段经济快速发展，实际GDP年平均增长率达到4%，到1973年GDP增长了6倍[①]。此时瑞士居民生活水平稳定提高，公共服务部门随之扩大，社会保障体系不断建立完善，几乎无通货膨胀和失业现象。在此经济繁荣时期，瑞士政府扩大了社会福利保障的范围，工人的福利水平大为提高，工人阶级与资本家的关系相对平稳。

（2）经济徘徊期（1974—1990年）

20世纪70年代初，由于世界范围内石油价格暴涨，物价上涨，通货膨胀

---

① 资料来源：世界银行网站，https://data.worldbank.org/indicator/NY.GDP.MKTP.CD。

加剧，很多西方国家都面临着经济衰退，瑞士因为是一个很依赖外部市场的国家，所以随着出口下降，瑞士的经济陷入停滞，一度面临负增长。面对失业增加和生产力闲置，瑞士政府采取了反通货膨胀措施，实施紧缩的公共财政政策和货币政策。在实施一系列财政及货币政策之后，由于外贸出口的增加瑞士经济有所复苏，但是在70年代末80年代初的这段时间内，由于国际石油价格不断上升，瑞士的GDP水平一直有升有降，政府虽然采取了一系列的财政政策，但是由于政府层面的宏观调控难以快速具体实施以及瑞士全民复决制的存在导致很多宏观调控难以实现，因此瑞士的经济在这个时期虽然有小幅度增长，但是增长的幅度相比瑞士经济高速增长时期来说很小。在80年代后期，瑞士经济走出低谷，经济增长率逐年增加，多数部门发展加速，特别是建筑业部门的发展最为引人瞩目。生产的旺盛拉动了工资的增长，工人可支配收入增加，市场需求增加。在经历了一系列经济长期增长之后，瑞士也和资本主义国家一样面临一些必然问题——高的通货膨胀（1990年达到5.4%）和市场结构失调（建筑部门过度扩张）。但是瑞士政府采取了紧缩的货币政策等一系列积极的宏观调控政策，使其在当年保持了稳定的经济增长水平和稳定的通货膨胀率。

（3）经济衰退与停滞期（1991—1996年）

从1991年开始，瑞士面对了30年来最严重的经济危机，经济出现了停滞和衰退。瑞士出现相对欧洲较高的通货膨胀以及总体GDP的下降，面临着"滞胀"危机。对于此种情况，瑞士加大了工人阶层的保险支出，提高了福利水平（1990—1993年，瑞士社会福利支出占国民收入的比例从17%上升到23%），以促进瑞士国内需求。伴随着经济结构的重组，此后几年瑞士GDP开始回升。

（4）经济恢复与增长时期（1997—2007年）

1997年5月，瑞士政府从宏观层面出台了一项经济发展计划，目的是创造更多的就业岗位，并实施税制改革，以求改善投资环境，推动经济复苏，特别是促进出口创汇。随着欧洲各国家经济形势的好转，瑞士经济发展的外部环境得到改善，瑞士政府的上述措施取得成效，国内经济开始复苏。从1997年政策实施开始，瑞士经济开始出现新增长，随后几年失业率也下降到历年的低位，到2007年瑞士的实际GDP一直保持着1%~2%的增长率。

(5) 资本主义经济政策改良脉络

纵观二战之后瑞士的经济发展历程，在经济形势良好的情况下，瑞士政府并未对经济做过多干预，既保证了瑞士经济的自由，又担当了经济的"守夜人"。20世纪80年代瑞士在面临外部经济情况恶化、国内经济结构问题时，瑞士政府选择积极的宏观政策对国内经济进行了整体性的非直接干预，并且取得了令人满意的效果。瑞士的这种做法充分体现了瑞士的资本主义改良趋势，希望通过政府的宏观调控来缓解资本主义的矛盾，但是究其本质，此种行为仍然是在资本主义制度上的修饰，并没有从根本上解决资本主义生产社会化与生产资料私有在资源配置效率上不协调的矛盾。在现实中，我们可以看出瑞士的宏观调控都不是直接的调控，一些调控的目的并不能达到，而且瑞士的法律对私有财产和自由经济行为的保护，也不允许政府在现实中对经济做出令人满意的调控结果。

在瑞士的社会发展过程中，我们可以发现瑞士如同欧洲其他国家一样，在二战后经济高速发展的情况下，积极发展了全民福利保险制度，缓和了工人阶级与资本集团的矛盾；并且在经济面临困境的时候，瑞士没有像其他欧洲国家一样降低社会福利的增长速度，而是加快了福利水平的增长速度，从而缓解了经济危机时的社会矛盾，在一定程度上扩大了内需，刺激了困境中的经济。瑞士的这种以缓解阶级矛盾为目的的资本主义改良行为在一定程度上维护了工人的利益，改善了工人的福利，保证了国内社会环境的稳定，为维持资本主义经济发展做出了卓有成效的贡献。但是这种改良行为从根本上讲仍然是以维护资本主义为目的，是在资本主义范畴内的改良，并没有从根本上解决资本家与工人阶级的对抗性质，在下一次经济危机到来的时候，资本主义仍然面临着土崩瓦解的危险。

13.4.2 福利制度改良

(1) 福利制度的发展及完善过程

从1848年成立联邦制国家以来，瑞士的工人就一直通过罢工、抗议、游行等形式向政府表达福利诉求。从19世纪末开始，瑞士工人每日的劳动时间就在逐渐减少，到二战前已经从14小时/日减少到10小时/日。瑞士对于劳动保护方面的法律建设领先于欧洲国家，但是其社会保险政策的实施却整体落后于欧洲大陆。

瑞士不同的社会保险计划受社会保险法管辖，具有自己的管辖权，并且无论是对整体人口还是对特定群体而言，社会计划的保险范围都是强制性的。通常这些计划是自筹资金，但在某些情况下由国家补贴。团结一致与集体风险均等化是支撑瑞士社会保险制度的理论依据。

（2）经济结构导致独特的工人福利结构

二战以前，瑞士在1848年宪法的指导下首先开始建立中央政府结构，并将某些权力转移到联邦政府。19世纪是瑞士工业化的开始，这对瑞士的经济结构和人口的社会经济条件产生了影响。瑞士的早期工业化主要集中在中小型企业（如纺织工业和精密工程），这些企业往往位于农村地区或小城镇，与这个时代的许多其他工业化国家不同，瑞士没有发展重工业。然而，与所有工业化国家一样，瑞士经历了大规模贫困、移民、社会困难、家庭和社会结构的变化，以及恶劣的工作条件和使用童工。在此背景下，瑞士承认联邦国家的福利责任，将"共同福利"作为1848年宪法第2条的国家目标，因此瑞士在自由人道主义和工人运动目标方面建立起了精神和政治基础。

为改善工人状况，瑞士联邦在1877年引入了工厂法。与其他欧洲国家相比，这是一项先进的立法，其中包括关于工业安全的规则，对女性和童工的限制，工业事故中的公司责任。然而，由于其中对伤害的最高财务赔偿责任规定非常低，许多因健康而可能遭受损失的工人无法得到令人满意的索赔金额。实际上，社会保障并没有真正改善。

（3）奠定实际的社会福利基础

瑞士真正奠定社会保险制度的基础要追溯到1890年的一次全民公投，其要求在宪法中加入一条赋予行政部门创建疾病和意外保险计划的责任的条款。此条款第一次发挥作用是在1902年瑞士引入的军事保险法，从此条款入宪到真正出台具体社会保险措施，其间经历了12年，在此期间军事保险法还在一次公投中被否决。直到1911年瑞士才出台了第一部现代意义上的社会保险立法——《健康与伤害保险法》。这部法律的建立是两种观点妥协的结果：一个是站在资产阶级角度认为这个保险会增加社会的隐含成本，另一个是站在工人阶级视角认为工人阶级应该拥有更好的医疗保障等福利水平。

二战前，瑞士除伤害保险外，并未实施其他重要强制性保险制度；二战后，瑞士建立了较为完整的社会保险体系，主要包括老年、疾病、残疾等保险项目。社会保险两个基本目的是保证瑞士人民收入与支出平衡。一方面，瑞士人民在遇到不可预知的生活风险时，可以直接通过这些社会保险得到生活保障；另一方面，通过这些强制保险政策进行收入再分配，缓解本国内部由于收入差距拉大所导致的社会矛盾，最主要还是工人阶级与资产阶级的矛盾。

（4）"三根支柱"支撑下的瑞士福利保障系统

二战前虽然瑞士没有参与20世纪的重大军事冲突，但该国仍然受到战争的影响，工业和贸易陷入停顿，人口遭受短缺和贫困，这使社会保护特别敏感。在这一方面，瑞士1918年11月"大罢工"的政治领导人提出了结束罢工的条件之一就是建立养老社会保险计划。为此宪法第112条于1925年制定，但直到1946年12月20日才实施《联邦老年和遗属保险法》，该立法仅规定了最低基本养老金。这个保险法案规定以个人收入的4%加上联邦和州政府的一定补贴，作为退休养老金来源。这个法案就是瑞士的"第一支柱"。1985年，根据联邦法令，瑞士制定了强制性的职业老年、遗属和残疾保障措施，即强制性养老金储蓄，这就是所谓的"第二支柱"。后来，"第三支柱"——私人养老储蓄也开始建立。至此，瑞士形成了以"三根支柱"为支撑的，建立在国家、集体和个人之上的养老保险体系。

瑞士最早出现的《疾病保险法（1911）》修正案于1964年实行，其扩大了保险公司的最低偿付范围，提高了联邦政府为疾病保险所支付的款额，有95%的居民自愿参加了疾病保险。1996年，新的《疾病保险法》生效。由于20世纪70年代初期经济危机期间失业人数增加，许多工人无法获得失业救济金，需要全面保险以防范失业风险，因此于1976年失业保险建立，并被规定为强制性的保险，1996年瑞士政府又对其做了部分修正，使之更加完善。经过100多年的实践，特别是在"二战"以后的50年内，瑞士逐步建成了以"三根支柱"为基础的、较为完善的社会保障体系，这一体系成为瑞士现代福利社会不可缺少的"稳定器"。

从瑞士社会保障制度变迁的历程中可以发现，二战之前随着工业不断发展，经济不断扩大，瑞士如同其他资本主义国家一样出现了工人阶级贫困加剧、难以支付正常医疗费用等一系列生存状况恶化的情况，究其根本还是资本家与工人阶级之间的分配不均衡（资本家对于工人剩余价值的侵占），瑞士在工人阶级运动的压力下选择了实行一定的社会福利保险措施,这些措施在当时的社会环境下保证了瑞士经济的稳定发展和工人群体的正常工作生活,但是当经济继续发展,资本主义内在矛盾继续加剧,经济危机再次出现的时候,又会产生工人阶级与资本阶级之间的激烈对抗。

(5) 瑞士独特的福利后发现象

二战后到20世纪70年代中期是所谓西方福利国家的"黄金时代"[①],这一时期西方各国福利支出大幅扩增,福利制度日趋完善。瑞士战后福利虽然也在此黄金时代逐步提高,但提高幅度远不如欧洲其他国家,其社会福利支出占GDP的比例,在1980年时,只与福利相对较不完善的英语系国家相当。

1980年以来,西方的福利国家发展趋势大体上是朝向紧缩,尤其是年金制度方面大多以删减现有福利水准为发展主轴,然而,瑞士却在1980年以后,持续提高其现有的福利水准。1985年,瑞士通过职业年金保险法,为大多数劳工提供第二层的年金保障;20世纪90年代后,瑞士通过了强制性的健康保险制度;2005年,经过数十次失败的公民投票后,瑞士终于开办了产假保险制度。

探究这种现象的原因,我们要从瑞士政治体制的视角出发。在1848年之后的许多年里,瑞士政治格局继续受到各州不愿将全面权力交给中央联邦当局的影响。此外,瑞士政治意见的形成严重依赖于基层民主,这意味着决策过程较为漫长。同样重要的是,在很长一段时间内,左翼政党和工会的政治影响力一直相对较小,这可能会支持社会保障体系的扩张。瑞士人口也倾向于保守,并且有一种文化期望体现在宪法中,即个人应该首先为自己的福利负责。

出现此种状况的原因:一方面是瑞士的全民复决制度使某项保险政策从写入宪法到具体实施所经历的时间被拉长;另一方面是在逆欧洲福利国家趋势加大福利保障力度的时候,瑞士的社会民主党在此期间获得了7个委员会席位之中的2席,这种政治上的改变使瑞士加强了对社会保障的开支。

我们发现,瑞士的福利保障发展与欧洲福利国家出现了非同步性,这种现象从侧面反映了在资本主义框架下进行的对工人阶级有利的改良会受到相当大的阻力,虽然瑞士的全民复决体制在一定程度上保证了工人阶级的政治权利,

---

① PILLER O. Die Soziale Schweiz: Die Schweizerischen Sozialwerke im Überblick[M]. Haupt, 2006:267.

但是由于这种体制的存在导致在进行有利于工人群体的资本主义改良时,会存在长时间的多方利益集团博弈,导致政策具体实施时间被大幅度延迟,工人阶级最初的诉求会在一定程度上妥协于其他利益集团并使其"诉求目标"扭曲。

13.4.3 政党改良

作为一个多党制的国家,瑞士大小政党共有 30 多个。瑞士的主要执政党派有四个:社会民主党、自由民主党、基督教民主人民党、瑞士人民党。瑞士党派的作用与其他资产阶级国家相比有很大的不同,瑞士执政党与政府的关系并不像其他西方国家政党与政府的关系那么密切。由于联邦制和瑞士特殊的民主制度,一方面政党不像其他西方国家的政党那样有举足轻重的作用,甚至在充当中介时,还不如利益集团更加直接、有效;但另一方面瑞士的小党派却能在这种政治制度中发挥一定的作用,体现出瑞士的政党体制的非竞争性多党制。

瑞士主要代表工人阶级的党派是社会民主党,而自由民主党主要代表资产阶级。社会民主党是瑞士最早建立的全国性政党,成立于 1870 年;1919 年实行比例代表制后,成为全国性大党;1943 年进入联邦委员会,是议会中最有影响力的政党之一。社会民主党成立初期曾受到国际社会主义运动的影响,在第一次世界大战期间曾直接受到当时旅居瑞士的列宁的指导。但由于瑞士民众在政治上趋于保守,在该党初期的政治主张和实践屡屡受挫后,社会民主党内保守派逐渐占据了主导地位,在他们的推动下,瑞士社会民主党逐渐向保守方向转化。第一次世界大战后,瑞士经济长期繁荣,劳资纠纷减少,社会结构发生重大改组,而作为社会民主党阶级基础的白领阶层有所扩大,促使该党向改良主义政党转变,使以建立无产阶级革命为目标的信仰在党内逐渐消失。在政策主张上,该党强调中央集权和国家干预,主张社会平等、扩大保险、保障就业和实现工人全面参与企业管理;支持武装中立和削减军费。

从 1848 年瑞士宪法确立,到 1929 年代表工人阶级的瑞士社会民主党首次在联邦委员会占有第一个席位,再到 1959 年之后其一直保持着 7 个席位之中的 2 个席位(见表 13-1),可以看出瑞士的工人阶级在资本主义不断发展的过程中,在国家事务中不断扩大自己的影响力,而资产阶级等其他力量也允许代表工人阶级的精英参与瑞士的国家政治事务。这种给予工人阶级更大政治权利的改良在很大程度上推动了瑞士福利的改善。另外,瑞士社会民主党内部右派势力的扩大,以及党内对于无产阶级革命目标的放弃,间接缓和了瑞士工人阶级与资产阶级的对抗,保证了经济良好发展的稳定社会环境。

表13-1 瑞士各党派1848年之后在联邦委员会中的职位数变化

时间	自由民主党	基督教民主人民党	社会民主党	瑞士人民党	保留民主党
1848—1891年	7	0	0	0	0
1891—1919年	6	1	0	0	0
1919—1929年	5	2	0	0	0
1929—1943年	4	2	1	0	0
1943—1953年	3	2	1	1	0
1953—1954年	4	2	0	1	0
1954—1959年	3	3	0	1	0
1959—2003年	2	2	2	1	0
2003—2008年	2	1	2	2	0
2008年	2	1	2	0	2
2009年	2	1	2	1	1

资料来源:STATISTICS S. Statistical Yearbook of Switzerland [J]. Swiss Federal Statistical Office FSO, 2012。

13.5 瑞士资本主义改良的不可持续性

从马克思主义政治经济学的视角来看,马克思主义政治经济学对于资本主义制度批判的基础是对资本主义生产资料私有制的批判。资本主义私有制导致了社会化大生产所使用的生产资料不属于使用生产资料进行生产的工人,而是属于个别资本家,这就导致了社会化生产与生产资料私人占有之间的矛盾。这个基本矛盾进一步导致了资本主义经济发展中社会生产的不断扩大和无产阶级购买力不断降低的矛盾;企业层面的有组织性与社会生产的无秩序的矛盾;以及在私有制基础上资本家通过资本主义的雇佣与被雇佣的关系剥削工人阶级剩余价值而导致的资产阶级与无产阶级的矛盾。在马克思主义政治经济学视角下,资本主义改良虽然意图通过混合所有制的改革、福利国家的建设和加强国家对经济的调控等改良手段,缓解社会化生产与生产资料私人占有的矛盾和工人阶级与资产阶级的矛盾,但是这些改良思想和改良手段都维护了资本主义生产资料的私有制,并且是在私有制基础上进行改良的。因此,建立在私有制基础上的改良并不会让资本主义的内在矛盾消失，改良只能在短期缓解矛盾的爆发，随着生产力的发展，在长期资本主义的内在矛盾依然会爆发。

  这些内在矛盾的爆发不是一瞬间的爆发，也不是以瑞士资本主义制度直接灭亡而一次性爆发，而是一种阶段性的爆发过程。21世纪后，在资本主义国家中最先出现的就是高昂福利制度预算的入不敷出，瑞士福利保障制度也面临着同样的困境。二战之后到21世纪，瑞士的福利保障水平一直在提高，不断完善的社会福利保障系统作为最主要的缓解瑞士社会矛盾的资本主义改良途径，最大化地为瑞士资本主义的发展提供了稳定的社会环境，缓解了资本主义的矛盾。从实际情况来看，瑞士社会保险制度的完善极大程度上保障了国内稳定的社会环境，为人民生活水平的提升奠定了制度基础，促进了经济发展，并在一定程度上保证了瑞士居民在国际上领先的生活水平。但是在瑞士保险制度不断改良的过程中，瑞士保险政策在具体实施的过程中对领取保险的人的资质审核越来越严格，其政府官方解释是"减少不必要人群对保险金的领取，以应对瑞士保险系统的不良财务状况"。2008年生效的《残疾保险法》第五修正案强调，要保证获得新的领取者变少，而且现有领取者如能重返工作应该停止给予他们保险金，在这方面，瑞士采取了一系列措施，例如促进职业重返社会，早期干预工人返回工作场所以及对福利权利进行更严格的评估，让医疗专家更密切地参与区域医疗服务。这些措施取得了一定的成效，每年颁发的年度新养老金数量保持下降，2009年比2003年的峰值低40%。从马克思主义政治经济学理论来看社会保险制度的改良，由于瑞士私有制度并没有被取代，因此其终究不能掩盖资本主义资本家对工人剩余价值剥削的这一事实。就目前状况来看，这种建立在资本主义上的福利制度的弱点已经在瑞士社会保险之中体现出来，瑞士的保险系统财务状况入不敷出，应该属于工人的那一部分收入并未完全转移到社会保险系统中，导致瑞士只能通过削减开支来保障系统运行。

  更深层次地寻找瑞士社会保障困境的原因就是，以完善的社会保障制度的建立为代表的瑞士资本主义改良没有触及资本主义制度的私有制。由于私有制的存在，导致资本一定会寻找利润，资本只会投向有高额利润的地方，而庞大的福利保障开支要求社会高的税收，在高的税收下资本的利润一定会被降低，因此资本会减少投资，税收就会很难增加，福利预算系统就会面临入不敷出的局面，福利保障系统就会通过更严格的审核来减少福利支出，以保证预算的平衡。总之，虽然瑞士资本主义改良在一定时间段和一定范围内取得了一定的成效，但是瑞士资本主义改良的措施并没有改变瑞士资本主义私有制基础，并且资本家通过雇佣关系对工人阶级的剥削没有改变，资本对剩余价值追求的资本主义内在动力没有改变，资本主义的基本矛盾没有改变，工人阶级与资产阶级的矛盾没有改变，因此资本主义改良无法避免马克思主义政治经济学所预测的资本主义灭亡的结果，并且具有不可持续性。

13.6 对中国的启示

13.6.1 积极利用国家的宏观调控功能

虽然瑞士作为资本主义国家，本质上是以自由主义为主导，但是在20世纪70年代瑞士联邦面对国内经济的萎靡不振，采取了积极的宏观调控政策，通过国家机器这一有力的手段，在市场不能有效调配资源的领域进行了有效的资源配置，特别是面对滞胀时采取了反通货膨胀措施，实施紧缩的公共财政政策和货币政策，这些政策都在一定程度上缓解了瑞士经济的下行压力，其最终结果是稳定了国内工人群体的生活水平，保证了国内平稳的经济形势。

中国作为社会主义国家，国家力量能够更加直接地表现出来，集中力量办大事这种优势更是能在经济建设中发挥不可替代的作用。瑞士能够在资本主义内部的矛盾变得激烈时利用政府的作用协调国家发展，而中国更要重视利用我们社会主义国家特有的优势，使用法律手段、经济手段和行政手段调整经济运行状态，从而促进经济增长、增加就业、稳定物价和保持国际收支平衡。这些都是保证我国经济持续增长，人民幸福安康，中华民族实现伟大复兴的必要手段，因此我国应在继续坚持使用上述手段的同时，必须创新产业政策，完善法律体制，改进行政指令，从而更好地利用国家的宏观调控功能。

13.6.2 完善社会的福利保障体系

瑞士虽然作为资本主义国家，资本家群体占有大部分企业利润，但是工人阶级在进行了长时间的为自己生活福利的斗争之后，建立了完备的福利保障系统：《联邦老年和遗属保险法》作为瑞士福利保障体系的"第一支柱"，强制性养老金储蓄作为"第二支柱"，私人养老储蓄作为"第三支柱"。瑞士所形成的以"三根支柱"为支撑的，建立在国家、集体和个人之上的福利保障体系充当着国家内部发展的"稳定器",为瑞士资本主义的存在打下了坚实的基础。

中国作为工人阶级领导的以工农联盟为基础的人民民主专政的社会主义国家,改善工人群体的生活水平是中国经济发展的主要目标。中国社会福利保障体系建设起步较晚,但由于我们是人民民主专政的社会主义国家,因此社会福利保障体系的建立不存在如瑞士法案审议通过遇到资本家反对的阻力,但是福利体系的建立依然必须坚持与经济发展水平相一致的原则,从而保证福利体系能够良好运行。

瑞士福利体系的建设经验表明,社会保障的规模必须与生产力水平相匹配,如果福利保障范围不与社会生产力水平相匹配,不管是过高还是过低,都会导致经济不能稳定增长,甚至停滞,最终无法提高社会福利。另外,由于社会福利只能升不能降的独特刚性,在界定社会保障分配的标准和程度时,必须从中国社会生产力水平较低、人口众多、经济不发达的条件出发,坚持社会保障的内容随着经济发展从小到大、逐步稳定发展,而不能盲目地与西方国家的福利水平相比较,企图快速超越,这样中国的社会福利系统才能逐步发展和完善。

瑞士福利制度建设过程中以"三根支柱"作为支撑,通过了众多对"三根支柱"进行补充的福利保障法案,有力地补充了瑞士的福利保障体系,扩展了福利系统的包容度。瑞士"三根支柱"的社会保障体系值得我国学习,随着改革开放步伐的加快,中国人民群众日益增长的福利需求与现有福利供应不足的矛盾日益突出,而作为社会主义国家,我们比瑞士有着更具有动员性的国家体制,通过社会保障制度能够合法获取资金并进行二次分配,达到取之于民用之于民的目的,充分利用市场机制与社会慈善公益团体的替代功能,形成一个多元化、多层次的保障体系。

13.7　总述

纵观瑞士的资本主义改良,从瑞士1848年宪法建国后资本主义内部改良萌芽到21世纪,瑞士已经建立了稳定的经过改良的资本主义系统,取得了令世界瞩目的成绩。瑞士在经济、政治以及社会保障方面的改良都取得了良好的效果。经济上,在大萧条时期瑞士实施了国家层面的宏观调控政策,并且取得了一定成绩,促使瑞士摆脱经济危机,在一定程度上缓解了资本主义的生产社会化与生产资料私有在资源配置效率上的不协调矛盾;政治上,由于工人阶级的增加,瑞士从政治制度上保障了工人阶级的政治权利,并且代表工人阶级的社会民主党在7人委员会中拥有了2席位置,这种改良结果以及瑞士工人阶级能够通过非暴力手段提出自己的诉求,保证了瑞士平稳的社会环境,并且瑞士工人阶级政党由于内部的"变质"导致瑞士资产阶级与无产阶级的对立不是那么激烈,这些改良都缓解了资本主义的内部矛盾,为瑞士的良好发展提供了政治基础;在社会保障方面,瑞士虽然在社会保障实施过程中起步较欧洲其他国家晚,但是在欧洲其他国家减缓社会保障的时期,瑞士却加快了社会保障的建设,追赶上了北欧的福利国家,通过以财富再分配为基础的强制社会保险制度,缩小了贫富差距,保障了公民的生活物质基础,缓解了社会矛盾。这种从结果来看行之有效的改良也为中国如何更好地利用宏观政策促进经济发展和福利社会保障体系的建设提供了一套有参考价值的经验教材,中国应对其进行自身化改良之后积极实践。

正如马克思所言"无论哪一个社会形态,在它所能容纳的全部生产力发挥出来以前,是决不会灭亡的;而新的更高的生产关系,在它的物质存在条件在旧社会的胎胞里成熟以前,是决不会出现的"[①]。资本主义所出现的新现象及其自身改良的结果延缓了资本主义内部矛盾的爆发,在经济全球化背景下把国家内部矛盾引向了世界市场,并且伴随着新科技革命的出现,为生产力的进一步发展提供了新的空间与舞台,也就是说,当资本主义制度内部还能容纳生产力的进一步发展时,它便具有了继续存在的历史必然性。但是这些新的变化依然没有从根本上避免以攫取剩余价值为目的的生产方式,资本对于劳动的剥削和社会化大生产与生产资料私有制之间的矛盾,以及经济全球化引发的发达资本主义国家与落后国家之间的矛盾仍然在不断升级。虽然瑞士资本主义改良措施缓解了资本主义的矛盾,但是这些措施正如本书在具体章节中的分析,都是资本主义内部的自我缓和策略,并未从根本上解决资本主义的内部矛盾,在遇到外部性的冲击或者在社会生产力进一步提升的时候,这些措施必然无法持

---

① 中共中央马恩列斯著作编译局,编译. 马克思恩格斯文集:第2卷[M]. 北京:人民出版社,2009:176.

续，因此这种改良并不能改变资本主义必然灭亡的结果，资本主义改良的成果不具有可持续性。

参考文献

［1］BOLLIER G E, CONRAD B,VERWALTUNGSBEAMTER V Z G. Leitfaden Schweizerische Sozialversicherung［M］. Zürich：Stutz, 2001.

［2］BOYER R, JUILLARD M. The United States：Goodbye, Fordism［J］. Régulation Theory. The State of the Art, 2002：238 – 56.

［3］HOWALD O, LAUR E. A Life for Peasantry：A Contribution to the History of Swiss Economy from 1890 to 1960［J］. The Research Institute of the Finish Economy,1971.

［4］KOCHER G, OGGIER W. Gesundheitswesen Schweiz 2004 – 2006［J］. Eine aktuelle Übersicht, 2004, 2.

［5］LANE C. Globalization and the German Model of Capitalism – Erosion or Survival？［J］. The British Journal of Sociology, 2000, 51(2)：207 – 234.

［6］MOSER J. Der Schweizerische Wohlfahrtsstaat：Zum Ausbau des Sozialen Sicherungssystems 1975 – 2005［M］. Frankfurt：Campus, 2008.

［7］PARTY P. Social Democratic Party of Switzerland［M］. Betascript Publishing,2010.

［8］PILLER O. Die Soziale Schweiz：Die Schweizerischen Sozialwerke im Überblick［M］. Bern：Haupt Verlag, 2006.

［9］SCHMIDT M G. Sozialpolitik in Deutschland：Historische Entwicklung und Enternationaler Vergleich［M］. Springer – Verlag, 2005.

［10］STATISTICS S. Statistical Yearbook of Switzerland［J］. Swiss Federal Statistical Office FSO, 2012.

［11］端木美. 法国大革命与瑞士：海尔维第革命独特结局浅析［J］. 世界历史,1989(4)：50 – 57.

［12］法尔尼. 瑞士简史［M］. 刘文立,译. 武汉：华中师范大学出版社,1988.

[13]卢铭君.瑞士简史教程[M].上海:上海译文出版社,2012.

[14]中共中央马恩列斯著作编译局,编译.马克思恩格斯文集:第2卷[M].北京:人民出版社,2009.

[15]任丁秋.瑞士研究在中国[J].北京社会科学,2002(1).

[16]任丁秋,杨解朴,等.瑞士[M].北京:社会科学文献出版社,2016.

[17]王黎.瑞士的老年社会福利[J].社会福利,2005(7):50-51.

[18]卫兴华.如何认识资本主义发展的历史进程[J].发展论坛,2000(10):17-20.

[19]徐锋.独特的瑞士政党政治:生态、过程及变迁[J].国外理论动态,2016(10):93-103.

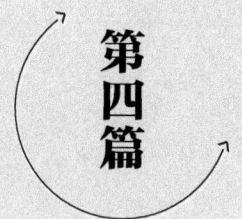

第四篇

社会民主式协调资本主义的改良模式

14 模式总体特征

14.1 引言

社会民主主义作为一种理论形态，在19世纪后期20世纪初期的欧洲十分流行。尽管20世纪60年代后人们呼吁进入意识形态终结的时代，但是社会民主主义的理念深刻地影响了社会民主主义社会政策的制定和社会发展的导向。在此基础上，这些国家的发展被人称为"社会民主主义福利模式"。该模式以普遍主义和社会平等理念为价值核心，具有高税收和高再分配效应的特征。

社会民主主义国家因其鲜明的制度特征而独树一帜，也常常为其他国家的改革与发展树立积极典范。社会民主主义福利国家模式具有五个基本特征：一是社会政策具有综合性，涵盖方方面面的需求；二是公共福利供给具有高度合法性；三是社会权基于合法居留资格，具有普遍性；四是再分配有助于形成相对平等的收入分配体制；五是工作方向性强。此类模式更强调某些广受关注的政治价值和福利原则，如整体高水平的幸福感、社会平等及社会安定。与大多数国家相比，社会民主主义福利国家在这些方面显然做得更好。通过包容性的社会政策、公共福利的普遍性分配，社会民主主义福利国家将贫困限制在一定比例内，使收入均等，社会稳定，达到了社会高度均衡的结果。就程序合法性（如何做出决定）和结果合法性（决定和实施的结果）而言，福利政策的制度设计和政策结果在各国民众中享有高度合法性。对比研究结果显示，在社会民主主义国家，较多的公民信赖政府和政治体制，且公民与公民之间信任度高。所以，"输入"和"输出"都有高度合法性，这对于社会民主主义制度的稳定来说至关重要。

尽管我们声称，独立的社会民主主义福利模式这个观念应当获得认可，但是我们应该意识到，此种模式并不是静态的。实际上，一些研究人员已经开始怀疑社会民主主义福利模式是否真的独一无二。如格雷夫（Grief）说道："社会民主主义福利国家已然发生了变革，可以提出这样的疑问：独特的社会民主主义模式是否仍然在发挥作用。"① 科维斯特（Kvist）和格雷夫则笼统地指出："社会民主主义福利模式正在发生深刻变革。从丹麦的例子可以看出，一个普遍福利国家是怎样逐渐转变为新兴多层次福利国家的。"②

和其他发达国家或是新兴福利国家一样，社会民主主义福利国家也逐渐面临一些共同的挑战，如人口老龄化、移民、经济国际化或全球化，以及过去三年中的财政债务危机。到目前为止，社会民主主义国家比大多数西方国家更擅长应对这些挑战。研究也表明，高度民主的福利国家"并没有趋向于英美自由主义模式。那种福利模式慷慨度不高，还要求全面深入的财力调查，数目可观的个人保险与服务；而福利国家发展政治经济的途径也是多种多样的"③。然而，包括社会民主主义国家在内，在社会保险与服务提供领域都受制于以市场为导向的改革，还受制于以激活劳动力市场、灵活安全性和工作福利的各种变体而提出的新政策举措。

早在20世纪六七十年代，社会民主主义国家是资本主义福利国家的"橱窗"，社会民主主义国家集团包括芬兰、瑞典和丹麦；而挪威和冰岛因为是非欧盟国家，所以获得了特殊的待遇。基于地域以及福利制度的相似，艾斯平-安德森将以上国家归类为社会民主主义福利国家。高给付、高税率和普遍主义原则是社会民主主义国家的显著特点。在这些社会民主主义国家当中，政府向公民提供基本保障，以满足其基本的生活水准，这被视作公民的基本权利；一些公共福利机构对福利、家庭及个人生活的关注度也很高；公共服务部门的快速扩张渐渐提高了妇女在劳动力市场上的参与率、就业率。该模式在20世纪50年代以后对社会民主主义国家的经济增长、稳定就业以及公民生活水平提高、生活方式的改变发挥了显著作用。然而，从80年代开始，里根主义与撒

---

① 陈乙南. 北欧普遍主义福利国家的经验和启示[J]. 学理论,2009(13).
② 杨帆. 社会民主主义模式与自由主义模式福利制度比较研究:以瑞典及美国为例[J]. 改革与开放, 2014(23):36-37.
③ 陈帅. 现代福利国家的功能分析:伊恩·高夫的福利国家观研究[J]. 潍坊工程职业学院学报, 2015,28(1):69-71.

切尔主义理论的自由主义社会政策思潮在国际社会政策中日益盛行。其观点认为，社会福利全面覆盖保障的最直接后果就是公共福利支出超过负荷，使国家承受庞大的财政赤字压力。所以，社会民主主义国家应该摒弃从前坚持的普遍主义原则。此种观点也对社会民主主义国家的政策制定者、决策者产生了一定影响，本章我们将对社会民主主义国家的各项制度的变迁及影响进行分析。

14.2 社会民主主义国家的福利制度

14.2.1 对劳动力再生产的补贴政策

（1）具体补贴政策的制定与发展

纵观欧洲的历史，家庭始终被视为私人领域，是不可侵犯的，并不涉及政治，这导致公众对家庭生活关注度不高，不过进入21世纪以后，由于家庭生活方式不断改变，对社会整体产生了全新挑战，对高福利水平的要求也变得越来越明显。在和其他国家进行对比后发现，相比于欧盟各国和OECD各成员国，社会民主主义国家具有较高的出生率、较高的妇女就业率和较低的儿童贫困率，所以，国际上把社会民主主义国家作为夫妻双方共同养家、共同顾家体系的模范国家代表。以下将对社会民主主义国家的具体家庭平等政策进行列举。

社会民主主义国家的具体政策包括子女补助金、亲子假和现金补助。社会民主主义国家对有孩子的家庭全部发放子女补助金，而且是固定费率的、普遍的，不征收任何税费，补助的年龄最高点为16~20岁，更突出的是会对单亲家庭的孩子给予更多的补助。但是家庭并不能全部依靠扶助金作为其全部收入来源，只是政府为有未成年子女的家庭"分担部分抚养孩子的成本"，目的是减轻家庭负担，不因为家庭的收入差异和其他情况而差别对待。

社会民主主义国家凭借其积极正向的家庭政策在国际领域受到了颇多赞誉，而其相对较高的生育率也与这些政策有着密不可分的关系。亲子假发挥了决定性作用，妇女在生产后的休假时期，可以获得一定数额的补助来代替原先的工作收入。除丹麦以外，在其他社会民主主义国家父亲也可以获得相应时间的陪产假。在对欧洲各国的产假政策进行对比以后发现，社会民主主义国家是最慷慨的国家，这从两种方式体现出来：第一种方式是创造了"以性别平等为导向的'一年产假'模式",在较短的产假结束后,随之而来的是较长的"亲子假",父母中的一方在子女出生后的第一年需要在家照看孩子;第二种方式是"以家长选择为导向的政策模型"①。

(2) 补贴政策的成效与弊端

社会民主主义国家性别平等政策理念的形成与确立是与政治经济发展的必然需要、政府对性别平等认识的提升,以及女性主义思潮的影响相伴随的。性别平等政策理念的转变表现为:由最初追求家庭中女性的平等地位发展到追求男性与女性作为独立个体的性别中立。

家庭具体补贴政策在社会民主主义国家取得的成效主要有以下几点。家庭性别平等政策的理念确立是以执政党的政治理念与社会现实需要为基础的,在社会民主党执政期间,全面平等观作为其核心价值理念,具体包括阶级平等、男女平等及资源与收入分配平等。从社会民主党执政开始,面对工业化带来的一系列问题,特别是人口与劳动力短缺问题,提出以平等作为政策改革的目标,以解决社会分工与家庭分工的不平衡,从而确立了提升家庭中女性地位的政策理念。

社会民主主义国家在促进女性平等方面扮演了两个角色:一是立法者和服务供给者,二是雇主。

第一,作为立法者和服务供给者,国家从两个方面促进了性别平等。一是长期坚持劳动力市场调和政策,国家通过提供慷慨的、普遍的儿童照顾支持制度,帮助女性分担照顾责任,积极为妇女平衡家庭和就业创造机会。二是国家通过立法鼓励男性参与照顾。假期立法的机会配置和强制约束也创造了良好的母亲和父亲行为规范,从而对促进社会建构正常的性别角色转换做出贡献。最重要的是,父亲利用假期,解决了女性因生育造成的劳动力价值丧失问题,缓解了女性与工作场所之间的长期矛盾,这对女性的工作进步和终生收入产生积极影响。专门的父亲配额假是支持社会建构双照顾者性别角色的一个基本要素。

第二,国家作为雇主的角色是指,20 世纪福利国家的兴起导致公共服务

---

① 彭华民,黄君. 福利国家社会政策发展:资本、劳工与国家集中化互动逻辑[J]. 学术研究,2016(9):54-60.

部门扩张,在健康、教育和社会服务领域,吸引了大量女性员工,成为一个主要由女性组成的劳动部门。这一现象产生的原因是在实行公共"去家庭化"策略的国家,允许父母在儿童密集照顾期(1~6岁)采用兼职的方法工作,这使得在大多数福利国家(社会民主主义国家和西欧国家),兼职工作成为女性就业的主要形式之一,严重干扰了企业的工作安排,导致企业不愿意雇佣女性。而公共部门是国家推行去家庭化意志的主要场所,它为员工提供工作保障和便利的工作条件,例如,灵活的工作时间和程序,允许旷工。一方是市场雇主的性别歧视,另一方是受保护的公共部门。后者更受女性欢迎,于是女性被不成比例地吸引到这些部门。

社会民主主义国家通过这两个角色,平衡了女性的工作和家庭冲突,极大地保障了女性的就业权益,在性别平等方面取得了极高的成就。以瑞典为例,2000年以后,瑞典的女性就业率一直在70%以上,2014年女性就业率为73.13%,远超过欧盟的平均水平57.55%。

家庭具体补贴政策在发展过程中也出现了一些问题,有些学者对此提出质疑:社会民主主义的去家庭化路径确实能带来性别平等吗?该派学者认为,一个非常容易观察到的现象是:社会民主主义国家存在一个由女性组成的公共部门,有鲜明的"女性在国家、男性在市场"的职业分割特征,这些国家在促进女性普遍就业的同时,建构了女性的就业类型,增加了"性别职业隔离",且职业女性的就业朝着兼职的方向迈进。

社会民主主义的福利国家提供的去家庭化社会政策和通过公共部门的扩张,将女性带入劳动力市场的做法,虽然提高了女性的就业率,使她们享有社会权,但是女性在公共部门高密度就业并不是一个纯自由的选择,雇主的性别歧视迫使女性放弃市场机会,公私部门对政治意志的贯彻力度形塑了女性的工作偏好,同时在不经意间阻碍了女性获得更高职位的机会,女性只能在工资较低的岗位工作。这就是著名的"福利国家造就的女性升职的玻璃天花板"。这样看来,去家庭化的社会政策在促进性别平等的同时,也在抑制性别平等。政府表面上对女性就业采取鼓励态度,例如,出台工作场所禁止性别歧视的诸多法案,但较少出台分担照顾责任的家庭政策。在根深蒂固的女性照顾家庭的传统下,政府如不主动干涉照顾责任的分配,照顾负担最终只会重新回归于女性。

时至今日，社会民主主义的性别平等模式暴露出不少缺点，并非处于前沿领先地位。实践证明，当大规模的女性逐渐进入劳动力市场，而男性依然是原来的参与照顾工作时，显然是仍旧不能做到性别平等的。随着多元文化主义的涌入与推广——在欧洲北部地区是一种新颖的现象——多元文化正在成为一项对社会民主主义性别平等伟大愿景的挑战。

14.2.2 收入再分配与减贫政策

(1) 社会民主主义国家在收入再分配和减贫政策方面的经验与成就

社会民主主义国家的再分配制度有许多令人称颂的地方，尤其是其福利制度改革，深入地证明了把具有竞争性、以增长为导向的经济与社会福利保障紧密结合在一起是切实可行的，实现了持续稳定的经济增长——从20世纪初期相比于其他欧洲国家较为贫困，到进入21世纪以后跻身世界最富裕的国家行列。社会民主主义国家不仅仅将目标定在减贫方面，更重要的是降低整体的不平等，政府所做的努力都被视作收入再分配。具体的收入分配政策一共有四种类型：第一种是垂直型再分配，通过税收和各项福利措施使资金从富人过渡到穷人；第二种也是更被普遍接受的一种方式是水平型再分配，它取决于公民的整个生命周期（包括养老金、重大疾病险、子女补助金和父母补助）；第三种是风险型再分配，与社会保险联系在一起，因为疾病、工伤和失业的风险在低收入人群中占比是最高的；第四种是不正当的再分配，即取之于穷人、施之于富人。

收入再分配制度的改革成效主要体现在以下三方面。一是显著地缩小了居民之间的收入差距，促进了社会公平正义。通过考察北欧国家的收入不平等状况我们可以发现，其基尼系数一直维持在 0.2~0.3，属于比较平均的区间，处于世界上收入最平均国家行列。之所以能够达到这种效果，很大程度上归因于社会民主主义国家的税收制度和福利制度。就其税收制度而言，居民缴纳的税收要占到个人收入的 1/3 左右，具有很强的"劫富济贫"功能。以一名国家公务员和一名普通工人为例，在未缴纳税收之前，公务员的收入是远远大于普通工人的收入的，但缴纳税收之后，二者之间的收入几乎相差无几。就其福利制度而言就更为明显，由于实施普遍的、高水平的福利待遇，每个享受国家福利的居民都能够过上体面的生活，不会因为暂时没有工作或步入老年而陷入贫困。相对而言，穷人或者弱势群体从社会提供的福利中能够获得更大的利益，真正实现了最弱势群体获得了最大收益的正义原则。

二是高度再分配并没有因此损失经济效率。与一般的经济理论所预测的结果不同，社会民主主义国家实行高度的再分配政策并没有导致所谓的"效率损失"，反而维持了相对平稳的经济增长速度。除受 2008 年和 2009 年的国际金融危机影响，经济增长率基本维持在 2%~3%，并且要略高于欧元区的经济增长速度。

三是高福利制度并没有给财政带来严重负担，反而实现了制度可持续发展。从再分配制度改革历程来看，社会民主主义各国虽然给全民提供普遍的高福利待遇，但并没有像希腊等国那样爆发财政危机，反而处于一个相对健康的运行状态中，在其财政可承担的范围内。之所以能够取得如此效果，除了有高额的税收支持外，其他几个因素也很重要。①在运行过程中逐步调整和修正其高福利制度的消极一面，削减了部分不必要的开支，基本上遏制住了公共开支不断增长的势头。②采取促进就业的政策，而不是鼓励居民依靠政府救助。在其救助项目中，有专门的就业培训津贴，使失业者能够获得一技之长，让其更好地适应社会职位的需要。③从长远考虑福利基金的可持续性，用国有企业利润和公共资源收益充实社会保险基金。挪威的石油基金就是很好的例证。

（2）社会民主主义国家再分配策略的问题与制度变迁

从社会民主主义国家再分配策略当中我们可以发现一些问题，除芬兰外，其他社会民主主义国家都慷慨地选择最高标准的福利，即各项津贴的发放不是无止境的。随着物价的上涨，这些国家会遇到收入上限调整与决策这一难题。从长期来看，可能会导致这些国家重新陷入基本保障模式。但是，面对 20 世纪 90 年代的经济不景气，瑞典和芬兰在一定程度上减少了大部分社会保险金的替换率，其中芬兰最为突出。最近几十年来，除了丹麦的社会服务体系普遍度较高外，其余各国的普遍主义已经受到削弱，不仅对高收入群体的赔偿标准有所下降，而且对低收入群体的赔偿标准也有了明显降低。另外，我们也观察到各国在实现再分配目标时使用税收体系面临的一些困境，即由于整体边际税率过高而产生了一种由税收向转移支付变化的趋势，但是整体趋势还是基本不变的。未来，人口老龄化问题，外国移民、无子女人群及独居老人的高贫困率都将是社会民主主义国家面对的严峻风险与挑战，这就要求它们必须提出切实有效的措施来应对这些"新的贫困口袋"①。

14.3 社会民主主义国家的劳动力市场模式

14.3.1 社会民主主义国家劳动力市场的特点及工会的作用

在社会民主主义国家，普遍主义和去商品化都已经建立了很成熟的体系，尽最大的可能倡导最大的平等。所以，我们发现劳资关系是社会民主主义福利制度的核心思想，即一套指导劳动力市场管理和实践的准则，进一步来看，就体现在家庭政策上，特别强调女性享有越来越多的社会保障并且将女性纳入劳动力市场。由于社会民主主义福利制度的意识形态是正向的，福利国家对儿童、老人和无助者等弱势群体要负起直接照顾的义务，这就给政府的财政带来了压力，最直接的解决方法就是需要有更多的人加入劳动力市场，并且从事营利性工作，尽可能缩小依靠政府补助维持生计的人群。因而在社会民主主义各国，工会往往在劳动力市场中起到决定性作用，主要表现在三点：第一，工会密度高且工会运动统一；第二，具有劳资谈判（包括商议工资）和接受集体协议的职能；第三，国家政府和劳动力市场双方就经济政策以及产业政策等方面进行深度合作，共同决策。

典型的社会民主主义特色就体现在工会的力量上，与其他国家对比发现，社会民主主义国家的工会密度在所有行业领域都较高（公共部门和私人部门、白领工人和蓝领工人、男性雇员和女性雇员），并且白领工人的背后有自己的联盟，是与蓝领工人分离开的，这正是工会密度高的原因之一。20 世纪 30 年代，社会民主主义国家为解决经济危机，采取了一系列措施，体现了工会的核心力量，即"根特体系"——一种由工会集中管理失业计划并享受税收资助的保险体系，为公民提供了大量的就业机会以缓解失业问题。社会民主主义国家的工会能够团结在一起，并且与其他西方国家有很大不同的原因是，社会民主主义国家的雇主协会将工会视为代表全体工人的谈判性机构，并普遍通过了《基本协定》（包括解决争端的规则）。社会民主主义国家工会的先驱毫无疑问是丹麦。二战之后，所有社会民主主义国家的工会发展都已经趋于稳定，在丹

---

① 林卡. 北欧国家福利改革:政策实施成效及其制度背景的制约[J]. 欧洲研究,2008(3):0-1,99-110.

麦、冰岛、挪威和瑞典，工会密度高达 50% 以上，芬兰也紧随其后。

14.3.2 社会民主主义国家工会体制的变迁

早在二战以前，丹麦、瑞典和挪威对劳资谈判和集体协议的普遍认同就已经有百余年的历史；二战之后，芬兰和冰岛才开始接受劳资谈判和集体协议。所以，社会民主主义国家的工会、雇主协会与政府一直都保持着密切的合作，也在劳动力市场规范方面有相似的司法模式，并于 1952 年成立了社会民主主义理事会，逐步建立了一个共同的社会民主主义劳动力市场。与瑞典的"自我调节模式"不同的是，挪威政府在三方协定体系中起决定性作用，工会之间联系紧密。此外，与瑞典和丹麦不同的是，芬兰的工会既保持了组织上的自治，也拥有一定的组织力量，但在 20 世纪 50 年代，这一体制使各方力量对政府的信心显著减弱，主要原因是受到限制接受美国马歇尔援助的影响。除此以外，在劳资谈判方面，50—70 年代，大多数欧洲国家劳动力市场中所有参与者的利益是符合集权化意义的，协助政府限制通胀，协助雇主尽可能避免在谈判中与管理特权产生矛盾，协助工会对中央国家机器施加压力，工会具有绝对主动权。社会民主主义国家实行全国统一的集体谈判制度，即由总工会之下包含所有产业的工会联合会和雇主协会之下包含所有产业的雇主产业联合会进行谈判，双方可以就工资、工作条件及培训等问题制定总的指导原则。高度集中的工资谈判制度，有利于提升竞争力。在全国性集体合同的基础上，企业层面的劳资合作委员会可以结合本企业具体情况就工资、工时、福利等问题进行进一步协商并签订企业协议，从而保证每个企业的独立性。20 世纪 80 年代爆发了全球去中心化后，劳资谈判去中心化对社会民主主义国家产生的影响是有差异的，芬兰没有发生任何重大变化；丹麦和瑞典均经历了严重的去中心化，不过许多集权制的迹象仍然存在；挪威的谈判体系看起来独一无二，但在八九十年代中央集权化反而更高。可见，挪威的制度变化引起了我们更多的关注，不过相比于挪威与其他国家的差异，共同点还是十分显著的。再从国际的角度出发，整体来看五个国家的共性大于特性，所以才将它们结合起来，而并非孤立对待。

14.4 社会民主主义国家面临的挑战和应对措施

14.4.1 社会民主主义国家面临的挑战

社会民主主义国家优越的福利政策一直受到世界各国的褒赞与借鉴,优越性主要体现在由三个相互关联的部分组成的社会民主主义模式。首先是建立在社会连带、平等主义和普遍覆盖原则基础上的全面福利供给;其次是凯恩斯主义式的需求管理和积极劳动市场政策推动下的经济增长与充分就业;最后是以集中性的集体协商体制推动的连带工资政策,以此缩小不同行业和性别间的收入差距。由此可见,劳资关系和社会政策与国家整体的政治经济体制相得益彰,在二战后能将高出口需求和收入增长、工会团结、福利国家的扩张、价格的竞争优势以及充分就业这些目标很好地结合在一起。

在经济全球化的过程中,社会民主主义模式受到了严峻挑战。随着布雷顿森林体系的解体,原先通过国内资本控制的手段调节经济的做法不再可行。特别是到了20世纪80年代末期,由于社会民主主义国家长期以来实行的对外投资、外汇和金融管制相继被废除,国家经济更多地暴露于国际市场中。而随着经济全球化的深入,资本的国际流动越发显著。以瑞典为例,1985年境外直接投资额仅占总投资额的10%,这一数字在1989年上升到了28%。1981年的直接境外投资仅是OECD国家的平均水平,占GDP的1%,但在1989年取消汇率控制之后,资本流动受限程度减小,其比例在1990年立刻上涨到6.2%,于1991年稳定在4%,也是大大超过了其他OECD国家。

(1) 社会民主主义国家税收政策面临的挑战

经济国际化使资本在与国家和劳工的关系中逐渐处于优势地位,从政府和资本的关系来看,税收政策显然是变革的关键。在挪威的福利国家建设中,高税收政策是社会民主党、劳工和资本之间得以和解的关键。因为这一政策使以大型出口为导向的资本和企业在"社会主义者"掌权的情况下依旧能得到确切的税收优惠,同时工会可以得到支持,一些旨在优待低收入工人的收入战略也能成为全国性工资协商的一部分。但随着资本国际化程度的不断提高,资本对于高税收政策的不满也日渐增加。从本质来讲,对于工资和消费征收高额税收造成的通胀就是北欧企业家不断推进国际化的重要原因之一。而伴随着经济对国际贸易的依赖，少数大出口制造商对政府政策的影响力渐渐增大，这些企业要想提高自己在国际市场上的竞争力，高税率就是其中最重要的一环。

社会民主主义国家在税收层面面临以下具体问题。高福利国家需要高税收做支撑。社会民主主义国家往往实行高额累进税，既是高税率，又是高累进。工资越高，税率越高。1980年，瑞典最高边际税率近85%，几乎3/4的全职劳动者的边际税率超过50%，即一个劳动者工资的绝大部分需要缴税，这导致很多人的工资虽然增加但不能抵补多缴税款的部分，而请病假在家待一天可以领取90%的工资，在家不上班反而比上班工作得到的工资多。这种不合理现象使很多瑞典人选择请假。另外，高福利也使一些人成为劳动积极性低的"懒汉"。显然，过高的边际所得税打压了公民的积极性。瑞典劳动者每年平均病休日从1960年的19.2天增加到1979年的23天，许多工厂的缺勤率高达20%以上，这样的旷工率是欧洲最高的。这种负向激励使经济增长缓慢，竞争力下降，社会上大多数人收入水平下降，贫困现象和贫富差距进一步扩大，陷入了公平与效率双重失衡的恶性循环。

1988年，社会民主主义国家开始实行激进的税收改革，贯穿20世纪90年代上半期。最高边际税率从85%飞速降至50%，股息红利所得税被取消。政府面临的降税压力主要来自国际化大企业，如1994年当社民党要赢得大选时，瑞典四家最大的跨国公司的执行董事公开发出威胁，"如果政府增加税收，那么总值500亿克朗的投资就可能有危险"[1]。税率降低的结果是国家财政面临极大压力。与此同时，充分就业的稳定现象面临着终结，而失业人数的上升又要求国家扩大福利开支，因此福利国家面临着两难的境地。

(2) 社会民主主义国家面临的人口老龄化危机

社会民主主义国家老龄化的主要原因是人口生育率下降和预期寿命延长。与大多数其他欧洲国家相比，社会民主主义国家人口生育率的下降趋势出现得比较早，1980—1985年，多数社会民主主义国家平均每个妇女只生育1.7个孩子，而丹麦的这一数值甚至只有1.4。近年来，由于社会民主主义各国政府采取了一系列鼓励生育的政策，民众生育意愿有所回升，但仍低于人口自然替代门槛线。与此同时，随着经济社会发展水平的提高，社会民主主义人口预期

---

[1] 丁建定. 瑞典社会保障制度的发展[M]. 北京：中国劳动社会保障出版社，2004：99.

寿命不断延长，到 2040 年，80 岁以上老年人在社会民主主义人口中的占比将达到 8.6%。

人口老龄化对社会民主主义国家财政状况产生了强烈冲击。劳动力供给的减少导致用工成本不断攀升，企业国际竞争压力越来越大，跨国企业将产能转移至海外劳动力廉价地区，制造业产业"空心化"现象十分严重，经济发展受限。同时，老年人口占总人口比例上升增大了年轻人对老年人的赡养压力。根据世界银行统计，自 2010 年以来，瑞典、芬兰、丹麦的抚养比以每年 1% 的速度上升，目前已达到 30% 左右，即平均 3 个劳动年龄人口负担 1 个退休人口的支出。随着预期寿命增加，退休人员领取养老金、接受医疗保险和其他服务的时间也逐渐增加。研究表明，人口老龄化使社会民主主义国家现行社会保障制度受到巨大冲击，国家财政承受的压力也随之越来越大。芬兰政府债务占 GDP 的比例在 2015 年超过了欧盟规定的 60% 的警戒线。

人口老龄化对社会产生的另一严峻影响是劳动力的持续减少。老年人口占总人口比例上升使社会面临巨大的养老压力。社会医疗条件的进步和优越的生活使人的寿命不断延长，瑞典的人均退休生活时间在 20 世纪 80 年代为 9 年，到 2009 年已经增加到 20 年以上。人口老龄化意味着国家花在养老金、医疗等方面的费用增加，但是劳动力人口在减少，国家税收收入也随之减少，这是一个很严峻的挑战。社会民主主义各国劳动年龄人口比例呈现逐年下降的趋势，企业成本增加，在竞争中处于不利地位，最终使经济发展受到影响。

（3）社会民主主义国家在就业领域面临的挑战

进入 20 世纪 70 年代以后，全球遭遇了二战之后最严重的经济危机，随着新兴技术的发展，社会民主主义国家劳动力市场和就业结构发生转变，各国失业率增加，传统劳动者比以往更需要失业保护，解决就业问题成为各国政府和社会最关心的问题之一，也加快了福利国家失业保险制度革新的脚步。社会民主主义各国都建立了集中管理、分工明确、高效的政府专门机构：在丹麦，设有劳动部；在挪威，成立地方政府与劳动部，下设劳动市场管理局，专门负责劳动市场政策，这些部门的主要职能是向失业者提供救济、工作安排与技能培训。这些措施在有效控制失业率上升的同时，由于分工明确，政府部门工作效率提高，敷衍的官僚作风得到有效解决。

在就业层面，从 20 世纪 80 年代后期开始，由于国际经济衰退，加上汇率问题、国内投资和消费减少等不利因素,社会民主主义国家的失业率不断上升。虽然与失业相关的福利在一定程度上有所减少,但相关的制度延续仍然十分显著。比如,在应对失业的过程中,各国政府并没有采取以市场为导向的"现金补助",而是采用了传统的积极劳动市场政策。积极劳动市场政策曾在六七十年代的社会民主主义国家发展中起到关键作用,主要服务于不断增大的劳动力需求,而到了90年代,这一政策被重新用于应对失业问题,并增加了许多新的措施以应对不同的问题。例如,90年代之前积极劳动市场政策只有职业培训、补助性就业和就业支持3种政策措施,到了2000年已经增加到15种措施。随着90年代初苏联解体、科技革命和经济全球化的冲击,与苏联进行贸易往来的社会民主主义国家受到严重打击,北欧经济呈现萧条局面,主要表现在失业率上升、财政赤字增大、通货膨胀严重,其中1993年丹麦失业率达到了10%的水平,1991年芬兰实际GDP出现了8%的负增长,从而遭到了国内外对社会民主主义国家、福利国家社会保障制度的批判。

除了挪威以外的社会民主主义国家,在金融危机发生后,失业人数普遍增多,但和其他OECD国家相比,失业人数相对较少,其相对较好的金融体系也预示着随着全球经济的复苏,社会民主主义国家的失业率也将进一步减少。从2008年第三、第四季度开始,瑞典的失业率明显上升,随着出口的减少,实体经济遭受打击,许多企业纷纷裁员,失业人数不断增多。

社会民主主义福利国家强劲的制度构造有效地抵挡了经济危机对其经济基础的冲击,再加上传统福利国家理念的强大,"对平等主义社会的支持仍然很强",因此在改良过程中"真正的问题可能与各种机构的重建有关,而与废除福利国家无关"[①]。

14.4.2 社会民主主义国家福利改良措施

任何制度的建设过程都不是一蹴而就的,社会民主主义福利制度建成后出现的危机促使它们采取措施,解决问题,寻找改良的方案。从20世纪80年代开始,社会民主主义各国政府开始对社会福利政策进行一系列改革,包括税制改革、削减社会福利、实施积极劳动力政策、将福利服务引入竞争等。

---

① 吕薇洲."北欧福利国家及其批判"论析[J].政治学研究,2012(2):18-28.

（1）地方政府的改革措施

20世纪90年代末期，公共部门的发展停滞不前，在单一制国家中地方政府的地位略有降低。在经济全球化和欧洲一体化的外部压力下，削减各级地方政府的范围成为可能，这是由社会民主主义国家在全球环境下单薄的市场势力造成的，需要进一步将资源集中化。地方政府是角色的提供者而非生产者。例如，在社会民主主义国家，最普遍的合作形式包括外包、公私合作，市镇之间的合作、私立学校、各种形式的市镇合作等。但是，在丹麦和挪威，由于医院的主要责任人依然是国有经济实体或者是由国家出资的实体，国家又变成了服务的生产者。在20世纪八九十年代，社会民主主义国家开始以自治原则对地方政府的立法权和财政权进行一系列的改革，因此各级的地方政府主要在组织和财政两方面获得了相对较大的决策权。"组织自由"是20世纪90年代初社会民主主义各国地方政府法案中的关键词之一。在财政税收方面地方政府能够在很大程度上自主依据当地的需求程度来对资金进行重新分配。八九十年代，丹麦、芬兰和瑞典的拨款制度从专有制向另一种固定拨款制度转变，与此同时，地税的作用也有了显著提高。

第一波改革的起因是为了提升地方政府的能力，从而面对福利职能数量和种类的变化。第二波改革的起因主要包括政治和职能：财政、人口统计学、新技术及公民更严苛的需求带来的机遇与挑战。这两波改革的共同点是为地方和区域政府争取到了更多行为规范。不过在外人看来，社会民主主义的地方政府模式既有优势也有劣势。首先，国家和地方各级政府之间的责任分割使当地政府成为政治力量不断示威的舞台。一旦项目失败，地方决策者便将责任归咎于国家一级政府。其次，随着地方政府强制职能的增多，也出现了各种各样的问题，这缘于地方制度容量的不同，主要是新的职能并不一定适应新的国家政策。最后，即使财政、组织方面的组织权都有所增加，地方政府自主决定权的范围也会受到个人权利和公民选择自由的方式限制，不过整体来看社会民主主义地方政府模式依然生机勃勃，前景广阔，并未发生本质上的变化，地方政府活动合法性的核心思想和主要源头依然是由福利服务供应。

（2）普遍主义制度改革

20世纪70年代以后，社会民主主义国家在养老金制度、重大疾病保险、职业工伤保险、子女补助金和育儿假方案等方面做到了全民覆盖和全民受保。

但只有在挪威，失业保险才具有普遍性和强制实施性，而在其他社会民主主义国家，只有工会成员才可以受保。在 90 年代全球经济经历衰退期间，制度有了些许改动，开始在丹麦、瑞典、芬兰的高收入群体范围内进行资产测查，而非低收入人群及无收入人群。作为养老金改革的一部分：目前，仍继续执行最低全国养老金的只有那些收入在最低标准以下并且是因为工作领取养老金的退休人群，令人吃惊的是处于收入金字塔顶端的极少数人群的一些福利却不能得到保障。而就业政策才是能够体现社会民主主义国家理念和原则的重要核心思想，即使是在低失业率的挪威也可以得到充分证明。欧洲国家改革的总体走向：是积极主动的，而不是被动的；注重负面惩戒，而不注重正向激励；是义务，而不是权利；是有选择性的给予，而不是普遍的社会权利。全体公民与国家之间产生了新型的福利契约。

(3) 紧缩福利保障支出

以瑞典为例。20 世纪 90 年代中期瑞典通货膨胀率很高，国家负债过重，赤字额达到 12%，不管是为患者、失业者花的钱还是其他费用都一样，整个社会福利体系由于工会和政治家的新许诺而负担过重，并且缺乏财政基础。为平衡社会福利体系收支，瑞典政府不得不开始进行改革，宣告所有的瑞典人都应当节约。政府开始削减失业津贴和社会救济金，在医疗保险方面规定等待期，改革养老金制度，同时瑞典公共行政机构大力压缩开支，严格控制工资的增长。这些措施可谓"对症下药"，成效显著，使瑞典财政由赤字变成盈余，"失业率也由 15% 变成 4%"①。具体而言，紧缩开支主要从养老金改革、失业保险改革着手。

在养老金改革方面。过去，瑞典所有人退休后的养老金都是工资的 60%。1998 年 6 月 8 日，瑞典议会通过新的退休金法律制度，养老金额要按照个人年龄、国家经济情况计算，因人而异，即工资越高退休金越高；另外，领取养老金数额取决于社会经济发展状况，好年景则多，差年景则少。养老金缴费中的一小部分可以用于个人风险投资，盈亏由个人承担。这样，养老金就与就业和其他经济活动紧密联系起来，个人的收益与整个经济密切相关。

芬兰于 1996 年改革了任何公民达到法定年龄都可以得到国民养老金津贴

---

① 怀曼. 瑞典与"第三条道路"：一种宏观经济学的评价[M]. 刘庸安, 译. 重庆：重庆出版社, 2008:33.

的规定，新规定变为领取养老金需要确认是否具备相应的资格。

丹麦改变过去全部由国家提供养老金的做法，改为个人需要自付一部分养老金。同时，为减轻财政压力，对于提前退休的问题，社会民主主义国家一方面采取措施鼓励临退休职工的工作积极性；另一方面取消了一系列的提前退休规定，有的国家甚至规定禁止提前退休。

(4) 实行积极劳动力就业政策

20世纪90年代，理论家吉登斯提出权利与责任应当平衡，需要改革人们对政府的"过度依赖"，政府承担过多责任，会使社会财富增长能力受到严重限制，单一的福利普遍性原则会损害公民个体的独立性，公民应对自己负责。社会民主主义国家在改革中也采纳了这一思想，开始实施积极的就业政策，将领取失业救济金的资格与参加就业培训相结合，帮助失业人员就业。

挪威改革后的失业保险政策把就业与福利保障联系在一起，要求失业津贴的领取者接受政府安排的劳动培训，并证明自己正在积极寻找工作。丹麦1997年颁发的社会救助法案规定，没有工作就无权接受公共津贴。丹麦还将退休年龄提高到67.5岁，将保障的核心思想从保证工人在岗不容易被解雇转变为保证工人在被解雇后能够重新就业。1995—2008年，瑞典、丹麦、挪威和芬兰失业率也分别从7.7%、7.0%、4.9%、15.5%降到了4.0%、5.5%、4.5%、9.1%，社会民主主义国家改革效应明显。社会民主主义国家从自己的发展经验中认识到，过高的税率抑制了企业的投资意愿和劳动者工作的积极性。如果没有良好的市场环境，就会影响政府的税收收入，使高福利制度难以持续。减税成为社会民主主义国家的最佳选择，瑞典、丹麦和挪威等政府纷纷选择调低所得税税率。这些措施使各国国民经济发展取得了显著成效。2011年，芬兰工业产值同比增长0.9%，金属行业增速明显；挪威的人均GDP是欧盟平均水平的1.35倍。在坚实的经济基础上，两国公共债务占GDP的比重仅有48.6%和39.0%。社会民主主义国家税制改革减轻了民众和企业纳税的负担，有力地改变了之前福利制度的不合理之处，使社会民主主义福利制度获得可持续发展的新活力。

(5) 改善养老福利服务

社会民主主义老龄社会的到来，对养老机构提出了更高的服务需求。过去，养老机构基本上都是公立机构，存在服务不尽如人意等问题。为提高养老机构的服务质量，社会民主主义国家给老年人发放"养老券"，老年人可以用它自由选择自己中意的养老机构，也可以选择居家养老服务。改革后的这种制度使养老机构产生了压力，养老机构要想有更高的收入，必须设法改善服务，吸引顾客。由于养老行业出现了竞争，越来越多的资本开始投入这一领域。社会民主主义国家通过引入竞争到福利服务中，既改善了服务质量，又活跃了经济，成效显著。1995—2015 年，瑞典养老行业领域的私营公司数量增加了 5 倍。此外，社会民主主义国家还提供服务齐全的养老福利，如为老年人提供挂窗帘、换灯泡等服务；为适应老年人的生活需求特点，还专门建造老年人房屋，里面配备了医疗、电子呼叫设备等设施；同时，鼓励有生活自理能力的老年人相互照顾。这些措施在一定程度上为老龄化社会的到来做好了准备。

进入 21 世纪以来，社会民主主义国家进行了削减福利改革，既提高了经济效率又保持了较高的福利保障水平，极有说服力地表明福利国家市场经济模式完全有能力进行自我调整。通过有效的改革措施，社会民主主义国家克服了福利制度遇到的种种难题，借助改革调整、修复福利制度，使经济逐步恢复增长，减轻了政府的债务负担，使人民继续拥有高福利待遇，取得了实现经济效率和社会公平兼顾的伟大成就。

14.5 金融危机后的发展趋势

金融危机发生后，社会民主主义国家政府采取了一系列的措施和计划，虽然在救市初期这些措施取得的效果是非常缓慢的，但从长远来看，社会民主主义国家已经从严重的金融危机中恢复过来：居民的消费信心开始提升，对外贸易大幅增长，通货膨胀得到控制，经济形势逐渐改善、积极向好。在金融危机中，社会民主主义各国政府面对挑战时，在金融、就业、刺激实体经济增长等方面采取的措施一定程度上促进了社会民主主义模式的发展，各国执政党也赢得了民众的支持。

尽管在金融危机后，政府的救市措施给社会民主主义国家的经济回暖带来了一定的积极影响，但由于金融危机对各国的冲击都较大，各国的社会形势尤其是就业问题还是面临着较大挑战。一方面，由于政府的就业培训政策使劳动人员从接受培训到就业需要至少半年时间；另一方面，社会民主主义国家主要是外向型经济，对外部经济的依赖性较大，而世界经济的回暖需要时间，政府的减税政策难以在短期内使因外部市场萧条而产生的企业效率低下现象得到缓解。从更深层次来讲，这是由社会民主主义模式本身存在的问题所导致的。社会民主主义模式一直奉行"高福利，高税收，低工资"的社会政策，长期以来已经习惯了高福利所带来的好处，人们普遍认为，去企业上班带来的收益和不上班带来的福利是差不多的，从而对国家的高福利政策形成了依赖，造成就业率下降，公民劳动积极性普遍较低。实际上，这是在金融危机前社会民主主义模式就存在的问题，只是在这次金融危机中表现了出来。

金融危机后，有关"福利国家是否必然影响经济增长""高福利是否是此次社会民主主义经济危机和欧洲债务危机的根本原因"以及"社会民主主义模式是否还可以继续"等问题得到了中外学者的高度关注。社会民主主义各国虽然仍然坚持高福利政策，但并不是单纯地提高福利，而是根据社会经济发展的实际情况来调整社会福利财政支出，并使社会支出的实际效用被充分发挥出来，注重就业改革，促进经济发展，减轻政府负担。社会福利是可以成为经济危机的"缓冲器"的，关键是看社会福利的结构具体是如何设计的，以及社会福利制度是否具有一定的灵活性。国际性的金融危机虽然给社会民主主义国家带来了严峻挑战，但社会民主主义国家没有一个因为金融危机而取消福利模式，只是对于金融危机，各国的回应不尽相同，其福利国家形态并未发生改变。

14.6 社会民主主义福利国家往何处去

马克思主义政治经济学为西方资本主义世界提供了脱离困境的"药方"，首先，越来越多的西方国家加强了对经济的宏观调控，以政府和市场的共同发展取代较为单纯的自由竞争；其次，更多国家完善社会保障立法，对最低工资、劳动时间、福利津贴等做出具体规定。20世纪90年代，陈岱孙先生就指出，西方经济学分为两大流派，一派主张自由市场经济，另一派主张国家干预。在经济繁荣的阶段，强调自由市场经济的流派占主导地位；在经济萧条的阶段，主张国家干预的流派占主导地位。凯恩斯主义就是在1929年金融危机爆发背景下成为西方经济学主流学派的。伴随着生产社会化的提高，宏观经济平衡与否成为微观经济能否取得效益的前提。比如，一家企业即使经营得再好，一旦发生经济危机，也会一切归零，所以资产阶级经济学家从整体利益出发，会提出建议，要求国家调控经济。在资本主义发展历史上，从19世纪末开始，西方资本主义国家都在不同程度上实行国家调控就是这个原因。完善社会保障立法，并不是马克思的主张。实施福利政策，提高最低工资，缩短劳动时间，对工人阶级当前是有利的。但马克思认为，这些措施不能解决根本问题，提高工资等福利政策仅仅意味着，"雇佣工人为自己铸造的金锁链已经够长够重，容许把它略微放松一点"[①] 而已。

马克思、恩格斯始终认为，在资本主义制度范围内没有摆脱困境的良方，只要保持资本主义私有制，任何措施都只能在某种程度上暂时缓和矛盾，不能从根本上摆脱困境，唯一的解决方式就是消灭资本主义私有制，建立社会主义公有制。北欧的社会民主党在建党初期的奋斗目标都是以马克思主义理论为指导的，其核心要义是通过阶级斗争和实现生产资料公有制来进一步实现对整个资本主义体制的制度替代，但随着社会民主党内部的改良主义思想的发展，其阶级意识和公有制理想都被逐渐淡化。二战之后，社会民主党人认识到想在当代的社会历史文化背景下完成对资本主义制度的颠覆几乎是不可能的事，因而各国社会民主党陆续修改党纲，将原有的制度替代和实现社会主义等目标称为"一种社会发展的远景"，或者说是一种"不能在近期实现的对理想社会的设想"[②]。既然在现阶段放弃了制度替代，各社会民主党必然需要在党纲中确立新的近期奋斗目标，因而纷纷转向了改良主义特征鲜明、较为宽泛、较为抽象的"普世价值"，其包括公正、自由、互助和团结等基本价值概念。

在资本主义条件下，这种社会保障和社会福利，不过是垄断资产阶级从剥削本社会民主主义国家在受到全球移民、人口变迁、经济全球化和欧洲一体化、开放经济、阶级结构的变化以及意识形态和政治潮流等趋势的影响后发生的许多方面的转变。尽管福利服务的主要出资方依然是国家，但是更多私营领域的介入包括公共部门内外竞争渐渐替代了国家性的广泛覆盖，地方情况也是如此。虽然在进入21世纪以后社会民主主义国家的核心依然是普遍主义原则，

[①] 周新城. 不要把马克思说成是资本主义的改良主义者[J]. 观察与思考, 2016(9):71-74.
[②] 刘延芳. 北欧福利国家模式的观察与思考[J]. 劳动保障世界, 2017(26):21,24.

但是已经在向与收入挂钩的福利体制逐渐转变。随着收入分配不平等情况日益严峻，在金字塔顶端的收入群体会获取更多的利益。

虽然社会民主主义国家的很多方面都表现得不尽相同，但部分领域却存在相似性，从而使其在全世界福利国家中的地位独一无二。2008年的国际金融危机导致了对孤立主义和保护主义在全世界范围内的关注。新环境日渐减弱了社会民主主义经济的开放化。伴随着欧盟竭力限制外来人口涌入，国际移民变得更具争议性。此外，因人口同质度降低而出现的与日俱增的反作用也可能部分破坏福利国家广泛的政治合法性，即使间断地出现了经济衰落，社会民主主义国家也依然实现了赋税高、社会和经济不平等程度低、全面福利体制从长期来看"令人满意"的经济增长。其中，最关键的是对福利国家进行改革，使其在经受人口和经济衰退的挑战时仍然能够保持经济活力与创新动力。在受到全球文化、经济和政治影响后，全面覆盖的公共福利确实能够与正向的经济增长和社会发展、稳定的政治发展并驾齐驱。与此同时，作为一个群体被普遍接受和认可的社会民主主义国家是一项政治建筑，它因此成就了一种"社会民主主义福利模式"，向其他国家提供参考并学习其精华。随着经济全球化程度越来越高，怎样将稳健的开放型经济与全面的福利国家结合起来，将持续作为一个研究的重点问题。在历史的长河中，社会民主主义国家接受过一种国际的社会模式的激励，如今它们也成为一种可供他国借鉴的独一无二的国际模式。

本章将4个社会民主主义国家作为研究对象，探究了社会民主主义国家的福利制度制定进程以及对社会建设的影响，它强调阶级合作、政治共识、社会民主主义的决策机制以及普遍主义的原则，以增强我们对社会建设过程中各因素相互作用的理解，为我们解决中国面临的社会问题提供了参考。

参考文献

[1]林卡.北欧国家福利改革:政策实施成效及其制度背景的制约[J].欧洲研究,2008(3):0-1,99-110.

[2]陈乙南.北欧普遍主义福利国家的经验和启示[J].学理论,2009(3).

[3]杨帆.社会民主主义模式与自由主义模式福利制度比较研究:以瑞典及美国为例[J].改革与开放,2014(23):36-37.

[4]陈帅.现代福利国家的功能分析:伊恩·高夫的福利国家观研究[J].潍坊工程职业学院学报,2015,28(1):69-71.

[5]基达尔,库恩勒,吴楚,等.挪威福利原则与改革趋势:社会权将更具条件性?[J].浙江大学学报(人文社会科学版),2012,42(2):50-67.

[6]李亮亮.欧盟典型国家家庭友好政策[J].中国劳动,2013(3):23-26.

[7]彭华民,黄君.福利国家社会政策发展:资本、劳工与国家集中化互动逻辑[J].学术研究,2016(9):54-60.

[8]Ian Gough.福利国家的政治经济学[M].古允文,译.北京:巨流图书公司,1995.

[9]安德森.福利资本主义的三个世界[M].郑秉文,译.北京:法律出版社,2003.

[10]库恩勒,陈寅章.社会民主主义福利国家[M].上海:复旦大学出版社,2010.

[11]景天魁.普遍整合的福利体系[M].北京:中国社会科学出版社,2014.

[12]沃斯.非营利管理原理与实务[M].韩莹莹,译.广州:华南理工大学出版社,2016.

[13]彭华民,平野隆.福利社会理论、制度和实践[M].北京:中国社会科学出版社,2016.

[14]钱箭星.当代发达国家劳资关系研究[M].上海:上海人民出版社,2017.

[15]高锋,时红.瑞典社会主义民主模式:述评与文献[M].北京:中央编译出版社,2009.

[16]米梓嘉.北欧福利制度成就、危机、改革及启示[J].市场论坛,2020(11):65-70,74.

[17]丁建定.瑞典社会保障制度的发展[M].北京:中国劳动社会保障出版社,2004.

[18]怀曼.瑞典与"第三条道路":一种宏观经济学的评价[M].刘庸安,译.重庆:重庆出版社,2008.

[19]王翔.北欧国家社会福利制度的观察与思考[J].财经论丛(浙江财经

学院学报),2003(6):7-11.

[20]杨叙.北欧就业政策的经验及借鉴[J].北京社会科学,1999(3):152-156.

[21]吕薇洲."北欧福利国家及其批判"论析[J].政治学研究,2012(2):18-28.

[22]嵇明,万平.芬兰、瑞典应对国际金融危机的财经政策及其借鉴[J].中国财政,2011(8):74-77.

[23]周璐.全球经济危机下瑞典模式的应对措施及启示[J].上海党史与党建,2010(10):58-60.

[24]邓剑伟.当代政府改革的北欧模式:演化、总结和评价[J].国家行政学院学报,2012(5):123-127.

[25]周新城.不要把马克思说成是资本主义的改良主义者[J].观察与思考,2016(9):71-74.

[26]刘延芳.北欧福利国家模式的观察与思考[J].劳动保障世界,2017(26):21,24.

[27]任仲平.以真理之光引领复兴征程[J].青海党的生活,2016(8):64-65.

15 瑞典

15.1 引言

瑞典模式曾经成为众多资本主义国家实行福利制度的样板，风靡世界。瑞典位于北欧斯堪的纳维亚半岛东南部，虽偏于一隅，但它是世界上最富裕的国家之一。瑞典工业发达且门类繁多，传统重工业地位突出。在保留传统产业特色的同时，瑞典大力发展信息、通信、生物、医药、环保等新兴产业。到了2014年，瑞典已拥有航空业、核工业、汽车制造业、先进军事工业，以及全球领先的电信业和医药研究能力，在软件开发、微电子、远程通信和光子领域，瑞典也居于世界领先地位。

以GDP来看，瑞典并不是传统意义上的大国，而它之所以能吸引全球的目光，是因为其以高福利国家的"橱窗"而著称。2013年，瑞典的世界幸福指数排名第五，而所谓的"世界大国"则被其远远地抛在身后，支撑瑞典这一荣耀的就是其社会福利制度。虽然瑞典凭借其独特的福利模式成为发达的资本主义现代化国家，但是近年来，经济全球化、欧债危机、难民涌入、人口老龄化、通货膨胀、"瑞典病"等各种社会问题为瑞典带来了巨大的财政赤字，使其债台高筑，福利制度难以为继。瑞典社会民主党的执政道路坎坷不平，异常艰辛，其一直坚持的改良主义遭遇巨大挑战，引发民众怀疑。与此同时，党的十九大以来，中国进入决胜全面建成小康社会的关键时期，我们要坚持中国特色社会主义道路，坚持马克思主义、科学社会主义与科学发展观，坚持以人为本。虽然我国走的道路与瑞典存在本质上的不同，但是在新时代的关键时期，我们更要辩证地看待其他国家改革的成败经验。

本章共分为三大部分：第一部分利用文献研究法，分析瑞典社会民主党改良的措施及成效;第二部分站在马克思政治经济学的立场,揭示瑞典社会民主党改良实质是资本主义框架下的改良,无法从根本上解决资本主义内部矛盾;第三部分利用比较分析法,对中国特色社会主义道路和瑞典模式进行比较,从而得出一定的启示与建议。

瑞典资本主义改良的历史就是瑞典社会民主党建立发展的历史。因此,本章将从瑞典社会民主党的发展历程及其改良成效角度入手进行评析。

15.2 瑞典社会民主党的建立与转型

任何一个政党、组织、团体都是在一定的理论指导与现实社会背景下产生和发展的,瑞典社会民主党也不例外。瑞典社会民主党(Sweden Social Democratic Party,SSDP),于1889年4月19日成立,全称"瑞典社会民主工人党",简称"瑞典社民党"。瑞典的社会经济结构和文化因素使瑞典社民党在探索社会主义革命的道路上的整体特征与思路是实用主义及改良主义。

15.2.1 瑞典社民党建立的基础

(1) 物质基础:资本主义的发展

19世纪以前,瑞典是由大量高度依赖农业、木材、打猎以及手工的农村家庭组成的小农业国家。由于地处偏远的欧洲北部,瑞典没有赶上18世纪下半叶和19世纪上半叶技术革命催生的第一次工业革命高潮。但是先行开展工业革命的西欧国家,例如,被誉为"世界工厂"的英国以及德国和法国等对瑞典的木材、铁矿等自然资源需求量激增。瑞典出口木材的需求量从30年代的19万立方米骤增到60年代的100万立方米。19世纪上半叶,农村土地制度的废除与"恩斯福特"制度的建立确立了瑞典的资本主义经济关系。在扩大原料出口、增加财政收入和积累资金的同时,西欧国家的先进技术和机械也传到了瑞典,为瑞典的工业及制造业更新了设备,提高了其生产效率。工业的发展对原料的需求增大,促使瑞典大量开凿运河、疏通河道,由此促进了交通运输业的发展。19世纪50年代到70年代,瑞典建成了四通八达的铁路网,总长度高达5000公里,平均增速达14%。随着铁路网的建设,人们在偏僻地方开辟了家园,建设了城镇。同时,瑞典还大力发展通信业、银行金融业,加强了与世界经济的联系。从此,瑞典进入资本主义现代工业国家的行列。

(2) 政治基础：议会制改革与公民意识的觉醒

工业革命的发展为资本主义带来了雄厚的物质基础，日渐强大的资产阶级为了维护自己的阶级利益，进一步要求在国家事务上拥有发言权，并于19世纪60年代发动了要求议会改革的运动。瑞典王室迫于压力，最终签订了于1866年生效的议会改革法案。议会制度的改革标志着瑞典封建制度的终结和资本主义君主宪政权的建立。议会改革法案扩大了地方自治权，将等级议会改为两院制议会，间接集中地维护了资产阶级、大地主和富农的利益。而附属于资产阶级的工人阶级的利益却无人问津，虽然社会的基本矛盾是地主阶级与农民之间的矛盾，但是随着工业化的发展，资产阶级与工人阶级之间的矛盾终将愈演愈烈。

(3) 社会基础：工人阶级登上历史舞台

城市工业化进程使大量劳动力从农村转移到了城市。到19世纪末，瑞典的农村人口只剩下50%。劳动力的转移壮大了工人阶级队伍，1870年后，瑞典的工业人口以每年30%的速度增长。但是这些来自社会底层、没有政治权利的工人严重被资产阶级剥削，劳动环境恶劣，基本生活无法得到保障，只能依靠增加劳动强度和工作时间来维持基本生计。日渐增加的穷困生存问题使工人阶级与资产阶级矛盾更加深化。1848年，马克思《共产党宣言》的诞生为工人阶级指明了方向，他们展开了大规模工人罢工运动为自身谋取政治权利。19世纪80年代后，工人阶级在德国社会民主党的影响下建立了多个社会民主主义地方组织，这为今后瑞典社民党的建立奠定了坚实的基础。

(4) 理论基础：马克思主义的传播

《共产党宣言》的诞生使空想社会主义转变为科学社会主义，为逐渐新兴的政治力量——工人阶级提供了科学的理论指导及行动指南。瑞典的知识分子和活动家在国内积极宣传马克思主义，如瑞典社会主义运动的创始人奥洛夫·帕尔梅和阿·丹尼尔森通过参加工人运动、发表演说、创建俱乐部的形式对马克思主义进行宣传。

15.2.2 瑞典社民党的建立

随着工人运动逐渐达到高潮，在马克思主义的思想指导下，瑞典社民党已经具备了成立的条件，最终于1889年4月19日成立，亚尔玛·布兰亭当选主席。瑞典社民党将马克思主义作为指导思想，将共产主义作为最高的奋斗目标。在第二国际大会上包括瑞典社民党在内的各国社民党站在马克思主义的立场上，一致同意在政治和经济上剥夺资本家阶级，实现生产资料社会化的决议。

15.2.3 瑞典社民党的转型

19世纪末，社会生产力在第二次工业革命的推动下飞速发展，资本的迅速积累催生了垄断组织，使自由的资本主义更加有秩序，进而转变为垄断资本主义，资本主义制度也日趋完善，淡化了资产阶级与工人阶级之间的矛盾。人们开始对马克思主义关于资本主义终将灭亡的理论提出了质疑。在政治上，资产阶级也对工人阶级获得普选权与政治权利做出了让步，工人阶级也拥有了一定的政治权利。在这一时期，马克思主义关于阶级斗争、无产阶级革命的理论似乎成了"过时的教条"。对于这一问题的看法，当时西欧各国的社会民主党形成了两个派别。一个是列宁等通过马克思主义的方法论对这个问题做出了科学的阐述，继续坚持阶级斗争的革命理论，继续发展了马克思主义。另一个是法国饶勒斯主义、英国费边主义和德国改良主义的集大成者伯恩施坦的修正主义，其站在了改良主义立场，认为现在世界形势有所改变，工人阶级不需要进行暴力的武装斗争夺取政权就可以实现社会主义。这种改良思想在当时西欧国家的社会民主党中引起了广泛的传播与激烈的辩论。在1899年至1904年共进行了三次关于改良主义的辩论，尽管马克思无产阶级革命理论打败了改良道路理论，但是改良思想的不断蔓延，使左右两派对立的局面逐渐形成，左派是共产主义政党，右派是改良主义政党。这种改良思想的传播使第二国际在第一次世界大战期间的阶级基础发生了动摇甚至破产。瑞典社民党也由此分成了两派，并关于要不要实行改良做了辩论。最终，在泽特·霍格伦的带领下，左翼社会党不同意大会通过的关于实行改良主义的决议，于1917年从瑞典社民党中分离出来。瑞典社民党的分化和改组使得右派改良党在思想上、政治上、组织上得到了净化，该党因此能够更加团结一致地走改良主义道路。但是此时瑞典社民党还没有完全放弃马克思主义的阶级斗争理论。

15.3 瑞典社会民主党的历次改良措施评析

15.3.1 准备阶段（1889—1932年）

由上文可知，1889年瑞典社民党建立前期坚持以马克思主义为指导思想，但是由于受到伯恩施坦修正主义的影响以及资产阶级更加妥协、工人阶级有了普选权，瑞典社民党放弃了武装革命夺取政权的道路。1917—1932年，瑞典政局更迭频繁。在1917年与瑞典社民党左派分裂后，为了获取政治上的多数，瑞典社民党与自由党组成了联合内阁，但在1920年瑞典社民党由于与自由党关于征税问题出现分歧而解散了联合内阁。1925年，布兰廷去世后，理查德·桑德勒接任主席。但是瑞典社民党因为没有解决工人救济问题于1926年失势下台。

由于瑞典社民党刚刚涉足政坛，自身的理论和政策还不成熟、完善，虽然有过几次执政，但是一直没有主导政权。尽管如此，这段时期的蛰伏也为瑞典社民党日后的执政奠定了重要的基石。

（1）政局更迭频繁中的改革

在经济政策方面，内阁解散后，由于受到俄国十月革命胜利的影响，以布兰廷为领导的、一党执政的瑞典社民党于1920年采取了激进的改革措施。瑞典社民党主张通过消灭私人所有制，建立集体所有制，实现生产资料的公有化以及计划性生产，提高人民的生活保障。但是这一过于激进的政策，致使瑞典人民在1926年将选票投给了温和的保守党。由于激进的改革措施不被人民接受，且缺乏实现社会化的经验，多次下野的瑞典社民党意识到，要想获得人民的支持，取得执政地位，必须采取灵活、审时度势的经济政策。1929年，资本主义世界经济危机蔓延到瑞典的时候，瑞典社民党抓住机会，提出了一项帮助瑞典度过经济萧条的"反危机协定"。该协定主张国家实行经济干预，采取扩张性经济政策，扩大财政支出，实施公共救济工程。在凯恩斯理论提出以前，瑞典社民党已经实施相关政策来改善国民经济了。

在政治建设方面，20世纪20年代瑞典政局尚在波动，没有出现"一党独大"的局面。为了扩大政治影响力、获得更多选民的支持，实施了一些放宽选举范围的新条例，如将选举人的年龄降低到23岁、妇女可以参与选举等。在下台后瑞典社民党的政治方向也有所转变，放弃了过激的生产资料社会化与阶级斗争的执政纲领；同时，代表工人阶级的瑞典社民党也将口号改为"人民党"，这种自身定位的改变获得了更多的农民和中产阶级的支持。在"反危机协定"政策受到其他三个非社会主义政党的阻挠时，瑞典社民党寻求强大独立的农民党的支持，并与之签订了协议。协议中，社民党将采用农业贸易保护主义，提高关税、稳定农产品价格，取消自由贸易政策。在双方都从中获取利益的条件下，瑞典社民党与农民党组建了"红绿联盟"顺利执政。

（2）成效

"反危机协定"的成功实行，使瑞典的失业率大幅下降，经济形势渐入佳境；同时，提升了瑞典社民党的政治影响力，党员人数不断增加，巩固了瑞典社民党的执政地位，一党执政的政局渐渐形成。回顾瑞典政坛这段历程，造成政局更迭频繁的原因有以下两点：一是瑞典社民党提出的改革措施过于激进，人民一时无法接受；二是从客观来讲，因为经济形势不好，没有一个强有力的稳定政权解决劳资双方激烈的矛盾。

15.3.2 独立执政初期的改良（1932—1945年）

1932年，瑞典社民党在获得执政地位之后开始了独立执政之路。1929年爆发的大萧条严重损害了瑞典经济，瑞典出现了失业率骤增、工人罢工、多家公司倒闭的经济颓势。根据调查，瑞典在1930年的失业率为11.2%，1931年为12.2%，1933年则高达23.7%。1932年，瑞典社民党处于执政地位后，首相阿尔宾·汉森提出了"人民之家"的口号，号召瑞典人民一起建立一个"平等、关爱、合作和互助"的大家庭。在这个价值追求的指导下，瑞典社民党开始了普遍福利社会的资本主义改良（中间道路）的实践。1932—1946年担任了14年首相的汉森创造了瑞典模式、福利社会主义社会，使瑞典摆脱了经济大萧条，并且因为在二战期间严格执行中立政策而躲过了战争的蹂躏，保护了国内经济的健康发展。

（1）汉森政府的改革

在经济恢复方面，时任财政大臣的维格佛斯根据瑞典学派（也称"斯德哥尔摩学派"）的经济理论制订了系统的反危机计划。这一计划使瑞典成为世界上第一个实施"需求管理"式宏观经济计划的国家，并成为凯恩斯主义的理论渊源。这个计划就是通过国家干预、控制利息以节制私人资本、弥补资本主义企业生产的不协调和缺陷、维持经济稳定。为了实现这一计划，汉森政府具体采取了三方面的措施：一是降低利率，刺激投资与生产，在劳动力市场上，允许私人资本与国家竞争；二是大规模进行公共救济工程与基础设施建设，降低失业率，并提高失业救济的补贴，实施就业税收补贴制度，提高工人的实际工资以及国民消费水平；三是对战备国家大量出口物资，积累资本。经过瑞典社民党的努力，反危机计划取得了空前的成功，至1937年，瑞典失业人数减少为1.8万人，1932—1940年，瑞典GDP增长接近50%。

在政治建设方面，汉森政府不仅巩固与农民阶级以及工会的合作关系，还关注资产阶级的切实利益，积极倡导阶级合作与协商的改良路线。1938年，在社民党的积极协调下，瑞典工人阶级与资产阶级签订了标志着劳资纠纷走向制度化的"萨尔茨耶巴登"协议。这一历史性和解使工人阶级和资产阶级的利益都受到了保护，从而缓和了双方之间的矛盾。

在社会福利制度方面，瑞典社民党开始了大规模的社会保障制度改革。1936年，瑞典社民党再次当选后，汉森政府对医疗保险体制进行了改革，加大了对家庭住房、带薪休假资助的支出，同年还颁布了农业工人标准工作时数法；1937年，通过了对低收入的母亲与年轻夫妇的贷款补贴法案；1938年，通过了给所有工人每年两周带薪年假的政策。

在对外政策方面，瑞典社民党与人民党、温和党、中央党等组成了战时联合政府，严格执行武装"战时中立"政策，同时加强国防建设，旨在保卫国家主权安全与经济持续发展，并且利用战时中立地位向交战国家出口物资、积累资本，与二战时期美国大发战争财很相似。

（2）成效

在瑞典社民党福利社会主义建设的种种改革下，企业在良好的生产环境与发展氛围中不断发展，工人工资有所提高，劳动条件有所改善，为劳资双方提供了多种补贴与保障，缓和了双方的矛盾，促进了瑞典经济与人民生活水平的大幅改善与提高，比其他国家更快地走出经济危机。正如斯科特·拉什、约翰·厄里所指出的，"30年代的稳定以企业倒闭数量的下降为标志，失业率也因而回落到1939年的10%"[①]，同1929年相比，1938年的国民收入增长

---

① 陈华山.论瑞典经济模式[J].求是学刊,1994(6):45-50.

45.6%，年工业生产上升66.7%，年均增长率分别为4.3%和5.2%。而随着社民党在瑞典政治影响的日渐扩大，其党员人数也不断增长，在议会选举中获得的选票和议席也稳步增加。从此，汉森政府创造的"瑞典模式"获得了世界人民的广泛关注，人们将汉森政府的政策与美国罗斯福新政相提并论，称为"汉森新政"。在1944年纲领中，汉森政府明确宣布彻底放弃生产社会化，消灭私有制，实行资本主义改良路线的方针政策，从革命型政党转变为民主社会主义的改良型政党。总的来说，"汉森新政"在战争时期解决了人民最关心的生存发展问题，采取战时"中立政策"，使国家免受战争摧残，缓和了各方的矛盾，开辟了福利社会主义社会，为日后"黄金时期"的改良奠定了良好的基础。

15.3.3 黄金时期的改良（1945—1976年）

自1946年汉森去世至1976年，其间经历了埃兰德、帕尔梅两任政府，使政策具有连续性和稳定性。在汉森政府打好的基础上，埃兰德政府与帕尔梅政府开始了全面的社会改革，使"瑞典模式"更加健全。

15.3.3.1 埃兰德政府时期

在1946年汉森去世后，塔格·埃兰德接任首相。埃兰德在"人民之家"理念的基础上，提出通过改良的方式建立一个自由、平等、团结和互助的福利社会主义国家。1945年，二战结束后，战时联合政府解散。1945—1951年，由埃兰德政府一党执政。1951—1957年，瑞典社民党与中央党（1958年农民党改为中央党）组成联合内阁。但是在关于"补充养老金"的辩论中联合内阁解散。1957—1969年，瑞典社民党再次一党执政。在埃兰德担任首相期间，瑞典社民党的民众支持率稳步提升，从46%增长到50%。社民党稳固的执政地位使改良政策得到有效实行，"瑞典模式"最终成形。

（1）埃兰德政府的改革

在经济发展方面，瑞典经济出现了高通货膨胀与高失业率并存的状况。20世纪40年代末，许多国家的社会民主党试图通过冻结工资来解决这一问题，但却损害了工会的利益。进入50年代后，瑞典社民党引入了雷恩－麦德纳尔模式有效地解决了这个问题。这一模式增加了就业率，提高了妇女等弱势群体的劳动参与率与营利行业劳动力的流动性，实现了充分就业目标，瑞典经济迅速发展。到50年代后期，瑞典的失业率降到了2%，成为欧洲失业率最低的国家。同时，埃兰德政府建立了大量的公共部门，增加公共支出，由单一所有制经济发展为私有经济为主、国有经济为辅的混合所有制经济。在经济管理方面，埃兰德政府从1947年开始实行指导性经济计划。在税制方面，随着经济发展以及为了维持庞大的政府开支，埃兰德政府加大了税收力度，增加了税种，如1960年开始征收社会保险税，1969年开始征收增值税，到1970年瑞典税收占GDP的比重达到了50%。

在政治建设方面，埃兰德政府采取与其他政党合作和政治妥协的方式巩固执政地位，以更好地实行自己的政策。例如，1958年与中央党解散内阁之后又与左翼党组成"赤色联盟"。在劳资关系的处理上，埃兰德政府继续坚持"萨尔茨耶巴登"协议，通过制度化与程序化来和平解决劳资纠纷。埃兰德政府还积极与各利益集团培养良好关系。1949年，埃兰德政府建立了"星期四俱乐部"，邀请各利益集团代表一起商讨国是，这就是著名的"哈普松"民主。

在社会福利方面，埃兰德政府对社会福利进行了大规模建设。一是完善社会保险制度。1946年通过了新的健康保险法，并于1959年在健康保险中加入子女补贴和家庭主妇补贴，使瑞典的医疗保险制度从自愿转变到强制再到普遍；1947年实施儿童补助和统一人民养老金制度，到1969年实施补充养老金；1948年实施普遍性子女补助金；1955年实行公共医疗保险，逐步扩大医疗保险规模，完善了"从摇篮到坟墓"的高水平福利社会保障体系。二是对住房提供补贴，对民众的住房提供保障。截至1970年，政府共建设了10多万套租屋，其中大部分是联排公寓。三是积极推动教育事业的发展，推广和实行小学九年义务教育，并加强对高中和大学的教育投资，创办哥德堡大学、奥默大学等，并且发展职业教育，大力提高人民的就业能力和职业素养。埃兰德认为，对人民实行高等教育对增加社会福利有先决条件的作用。四是尽可能提高人们的薪资水平，推行高薪资、高福利的薪金政策。截至1977年，瑞典公民工资和各种补助已高达GDP的75%。

在对外政策方面，埃兰德政府不仅延续了二战期间武装中立的外交政策，而且实行积极的中立政策，致力于开展多边外交，对国际形势采取公正的态度，不追随其他大国的步伐，有着自己独到的见解。新中国成立后，瑞典是第一个与我国建交的西方国家。瑞典奉行正义的中立政策，在反对帝国主义侵略、为世界和平方面做出了一定的贡献。如在美国侵越战争期间，瑞典政府发动群众举行了大规模反对美国侵略越南的游行，强烈谴责了美国的侵略行为等。

（2）改革成效

埃兰德政府执政时期紧紧抓住了西方资本主义经济、科学与技术高速发展的机遇，实行混合所有制经济，对资本主义运行出现的缺陷和问题进行了弥补，为企业创造了良好的发展环境，催生了举世闻名的如爱立信、沃尔沃、宜家等大型跨国企业；产业、就业结构更加合理，兼顾效率与公平，促进了瑞典经济更加平衡、快速发展；建立了庞大的公共部门以及全面、完善、普遍的社会福利制度，缩小了贫富差距，大大地提高了人民的生活水平。瑞典 GDP 年增长率在 1951—1954 年是 3.3%，1956—1960 年是 3.4%，1961—1965 年是 5.2%，1966—1970 年是 4.1%。1973 年时，瑞典的人均 GDP 已经跃居世界第 3 位，1974 年以 6720 美元的人均 GNP 超过了美国，名列世界第一。

15.3.3.2　帕尔梅政府时期

1969 年 10 月，埃兰德卸任后，由长期担任其顾问的奥洛夫·帕尔梅继任首相。相比于埃兰德执政时期的平稳辉煌，帕尔梅执政时期遭遇了诸多坎坷。20 世纪 70 年代爆发的石油危机以及 1973—1974 年资本主义国家的"滞胀"危机蔓延到瑞典，尽管瑞典政府采取了大量措施整顿经济，经济状况有所好转，但是后来通货膨胀仍旧暴涨，出口锐减，导致瑞典经济在 1975 年急剧恶化。在 1976 年第二次石油危机中，帕尔梅政府依旧采取扩大赤字维持生产和就业的政策，更加恶化了瑞典的经济，加上资产阶级政党在核电站建设、雇员投资基金等问题上对瑞典社民党进行了猛烈抨击，使瑞典社民党在 1976 年的大选中以 42.7% 的得票率，败给了由中央党、温和党和人民党组成的、得票率 50.8% 的中右翼政党，结束了 44 年的执政地位。此次下台成为瑞典社民党从"黄金时期"步入"调整期"的转折点。

（1）帕尔梅政府的改革

在经济方面，石油危机蔓延到瑞典的时候，帕尔梅政府采取了紧缩的货币政策和财政政策，通过降低增值税来增加消费，使瑞典经济在 1974 年前运行平稳。由于受到20世纪60年代出现的旨在批判当代资本主义的新左派思潮运动的影响，瑞典学者与工会在1975年提出了"雇员投资基金计划"，进一步对资本主义进行改造。"雇员投资基金计划"主张工人通过参股集体控制企业利润和股份，进而逐步控制资本所有权，实现经济民主，最后实现社会主义。在税制方面，帕尔梅政府加大了税收力度，对个人所得税进行改革，将原来以家庭为单位征收改为向个人征收。

在政治建设方面，由于受到新左派思潮的指责和批评，帕尔梅政府在理论上进一步扩大和加深民主化斗争。1975年，修改并通过的新的党纲进一步批判了瑞典仍然保持资本主义的特征，如经济权利仍然集中、收入和财产分配不均，强调进行社会改造，限制财富过度集中，使全体公民拥有生产和分配的决定权，通过改造实现自由、平等、民主和团结关系的社会，并批判了共产主义和苏联东欧的"集权式"国家，重新定义了改良主义的理念。

在社会福利方面，帕尔梅政府继续推进社会福利体系建设，并积极实施"团结互助的工资政策"和"积极的劳动力市场政策"。依据同工同酬的原则，尽力消除同样劳动所支付薪酬之间的差异；同时，继续实行积极的劳动力就业政策，通过再教育与培训，将失业者尽快安排到所需的岗位上。由于受到危机影响以及庞大的福利支出，政府弱化了其在福利政策中的作用。

在对外政策方面，帕尔梅政府选择积极的中立政策，并进一步扩大其在国际社会中的影响力。比如，1965年担任交通部部长的帕尔梅批判了美国侵越行径，1971年帕尔梅政府积极支持中国恢复联合国合法席位。此外，帕尔梅政府对世界和平做出了重要贡献，向联合国维和部队提供人力、物力上的支持，在国际上赢得了较多的赞誉。

（2）改革成效与弊端

尽管在坚实的福利社会基础上帕尔梅政府采取了一些措施稳住了瑞典经济，但是一些潜在的危机逐渐暴露出来，"瑞典模式"演变为"瑞典病"。在经济危机及经济全球化背景下，资本的流动性越来越大，瑞典国内外企业为了躲避高额的税收迁移到税率低的地区，导致瑞典的投资率下降。投资大量外流，国内岗位需求减少，充分就业目标受到挑战，工业产值增长幅度等经济指标有所下降，削弱了瑞典的竞争力。同时，由于税收加重、税种增多，社会公共部门冗杂，巨大的公共支出使人民负担过重。到1981年，政府的内债外债已达2000多亿克朗，平均每个瑞典人为2万多克朗。这样的政策带来了严重的通货膨胀问题，到1980年，瑞典的通货膨胀率高达14.3%，物价飞速上涨，人民生活负担变得沉重。另外，过高的边际所得税税率导致多劳少得，打压了人们的积极性，降低了人们的工作意愿，甚至引发逃税漏税等违反法律的情况。高工资、高福利降低了人们的旷工成本，提升了缺勤率，造成了"养懒汉"问题。有研究数据显示，20世纪60年代，瑞典职工的平均缺勤率低于10%，到了80年代则达到了25%。一系列的社会问题对瑞典社民党的执政地位产生了极大冲击，支持率的降低使其沦为在野党，不得不进行政策上的调整。

15.3.4 调整期的改良（1976—2006年）

进入20世纪70年代以后，在世界资本主义"滞胀"危机与瑞典经济恶化的情况下，瑞典社民党的理论局限性逐渐暴露出来，瑞典社会民主主义已发生老化危机；同时，其他党派在多年的觊觎之下对瑞典社民党进行了反攻，使瑞典社民党在1976—2006年执政地位几度沉浮，分别在1976年、1991年和2006年遭遇三次下野。

15.3.4.1 帕尔梅—卡尔松政府时期

1976年，瑞典社民党下野以后，由中右翼政党组成的联盟政府——费尔丁政府执政。不过由于长期在野，缺乏基本的治理经验，费尔丁政府为了讨好选民，依旧采取扩大社会福利开支的政策，导致瑞典通货膨胀危机更加严重，经济发展陷入困境。此时，瑞典社民党抓住机会，在1982年的大选中凭借"保卫福利、重建经济"的口号赢得了选民支持，获得再次上台执政的机会。由于1990年的第三次石油危机，经济再次恶化；1991年东欧剧变、苏联解体，瑞典社民党受到了非社会主义政党的猛烈攻击而再次下野，其37.7%的得票率为1932年后历史最低点。但是中右翼政党经过短暂执政后并没有扭转经济颓势于1994年下台。瑞典社民党终于重返政坛，卡尔松担任首相至1996年。

（1）帕尔梅—卡尔松政府的改革

在经济发展方面。一是进行大幅度的克朗贬值。1982年，瑞典社民党政府将克朗贬值16%以增强瑞典产品和服务的国际竞争力。二是减少国家干预，促进企业参与国际竞争。1982—1985年，瑞典社民党政府放松了对金融市场的管制，在 20 世纪 80 年代下半期取消了对信贷金融市场的行政垄断；同时，降低了对本国农产品价格的关税保护，以及外国农产品在瑞典的贸易壁垒，实现了在瑞典市场的自由竞争。三是改造国有企业。将改造后仍不能盈利的国有企业关闭或者转售私人；对八大国家企事业管理局实行股份制改造和"企业化私营"，参与市场竞争。四是减少税收。1989—1990 年，瑞典社民党政府进行了"世纪税收改革"，大大降低了个人所得税的边际税率，企业名义税率也由原来的 56% 降低到 28%，大幅减轻了个人和企业的税收负担。

在政治建设方面。由于在上一次的实施中受到阻力，这次瑞典社民党采取了更加温和的"雇员投资基金计划"，在全民补充退休金系统内建立雇员投资系统，并通过缴纳利润分享税和养老金税两种方式筹集资金。筹集的资金将被用于购买企业的股份，从而实现雇员获得参与决策与管理的权利，增强雇员在企业股东大会的力量，更加温和地改造了所有制关系，起到限制资本过度集中的作用。

在社会福利方面。瑞典社民党主要进行了三方面的改革。一是紧缩社会福利支出。尽管受到了来自民众以及舆论的压力，瑞典社民党还是在 20 世纪 80 年代末推行了降低健康保险津贴、进行养老金制度改革的政策。1989 年，瑞典社民党政府提出减少津贴发放频率，让雇主多承担一些津贴责任。鉴于经济危机的压力，1990 年 2 月，瑞典社民党政府提出了一系列紧缩津贴的方案，将疾病津贴的补偿率从前三天的 90% 降至 65%，而 4~90 天的补偿率降到 80%。二是让地方政府承担起社会福利责任。瑞典社民党政府在 1983 年制定并于 1992 年正式生效的保健法中规定了瑞典各郡应当承担的社会福利责任，以提高社会服务资源利用率。三是推进社会福利制度私有化改革。80 年代，在公共服务部门引入竞争机制和实行私营健康保险业，降低政府公共支出，为人民提供更多的社会保障选择，同时提高保健服务质量。1980—1985 年，购买职业养老金的人数与保费收入均增长近 2 倍，职业养老金保单从 4 万份增加到 12 万份，参保人数从 62 万人增加到 182 万人，瑞典 1/10 的养老金领取者可以领取自己的职业养老金。

在对外政策方面。瑞典社民党政府依旧采取积极的中立政策。帕尔梅在第二个任期内积极支持第三世界国家的民族解放斗争，反对军备竞赛，主张裁军，呼吁世界和平。卡尔松执政时期则致力于维护国家的国土安全与主权完整,加强与欧洲、苏联以及中国的良好关系,并倡议五大洲无核化。

(2) 改良成效与问题

回顾帕尔梅—卡尔松政府两次下野经历,一个重要原因在于世界性经济危机对瑞典经济造成严重影响,瑞典社民党的无力政策使选民对政府充满抱怨,导致瑞典社民党的执政之路变得坎坷。在实施了上述多种政策后,瑞典经济有了明显好转。1983—1988 年,瑞典的 GDP 以每年 2.7% 的速度增长,失业率从 3.5% 降到了 2.0%,弥补了在资产阶级政党执政期间出现的高达 GDP 的 13% 的巨额财政赤字。虽然在经济发展方面有一定的成效,但是瑞典社民党在政策执行期间也引发了一些危机。实施降低边际所得税税率以缩小税收极差降低人们负担的政策实际上对中、高收入阶层有利,对低收入阶层并没有什么好处。因此,1989 年至 1990 年初,瑞典社民党失去了大约 10% 的支持者,其中大部分是工人。1983 年,在瑞典社民党制定讨论"雇员投资基金计划"时,以资本家、经济学家、企业雇主为代表的资产阶级进行了大规模的游行抗议。同时,促使雇主对工人运动采取了反攻的战略,他们利用高额利润的一部分为某些熟练工人或者管理人员提高工资,拉大工会工资差距,破坏工人与工会之间的关系。20 世纪 80 年代,雇主集团成功破坏了全国性工资谈判制度。瑞典社民党为了保持高额利润有利的投资环境不得不对工会施加压力,压制工会会员提高工薪的要求。在充分就业的情况下,工会对不得不忍受低幅度增加工资产生了不满情绪,与瑞典社民党的关系变得非常紧张。在缩减福利支出方面,人们选择继续支付高额税金来维持现有的高福利水平,但是瑞典政府已经无力应付如此大的公共支出而不得不缩减福利,说明瑞典福利制度已经难以为继、陷入危机。此外,其他政党的崛起使瑞典社民党的执政地位岌岌可危。在 80 年代,瑞典的右翼政党进行了有效联合,渐渐发展成为一支强大的反对势力,其多次取代瑞典社民党执政;1988 年,主张环境保护的绿党以 5.5% 的选票率、20 个议席成为瑞典 70 年来第一个进入议会的新政党,并一跃成为欧洲第二大绿党。

15.3.4.2 佩尔松政府时期

1996 年,卡尔松辞职之后,由佩尔松继任首相。在佩尔松的领导下瑞典社民党在 1998 年、2002 年分别以 36.4%、39.9% 的得票率获得大选的胜利,实现了第二个执政"三连胜"①。2006年,由于瑞典社民党政府吸收了新自由主义的思想,大幅削减福利开支,失去了较多选民的支持而第三次下野。

(1) 佩尔松政府的改革

在经济方面,佩尔松政府提出了介于民主社会主义与新自由主义之间的道路——"第三条道路"。第一,在基础领域与公共部门政府保持一定控制力的条件下引入竞争机制,实行民营化,由私人进行投资经营与管理,但并不是全盘私有化,而是提高国有企业管理效率。第二,加大对科技创新的支持力度,集中力量发展尖端科技,带动国家经济实现新的增长方式。第三,注重环保,实现可持续发展。瑞典社民党政府提出运用现代生态技术开发新能源、节能减排。大力发展公共交通,加强资源的循环利用。第四,瑞典社民党政府鼓励本国企业参与国际竞争,为其创造良好的市场环境,清除贸易壁垒,降低关税保护,放松外汇管制,并于1995年加入欧盟并加大了对欧盟的投资支出。

在福利改革方面,采取激烈的改革措施以应对严峻的社会经济形势。首先,大幅度削减社会保障津贴,健康保险、失业保险和工伤保险的津贴从80%降低到75%;1997年减少住房补贴24亿克朗。其次,变革社会保障的筹资模式。1995年,瑞典社民党政府规定,社会保障基金由以前的国家和雇主缴纳变为增加个人缴纳,缴纳金额为其收入的2%,并在2007年逐渐提高到7%。最后,加大教育培训力度,鼓励人们在中小企业就业,降低失业率。瑞典社民党政府每年投资10亿克朗用于工人的业余教育与就业培训,并放宽了就业限制,简化了就业程序。

在对外政策方面,由于经济全球化日益加深,瑞典意识到自身力量的弱小,于是在1995年加入了欧盟,党内对此也产生较大分歧,而且在2000年关于是否加入欧元区进行了全民表决,但在2003年该决议被否决。

(2) 改革成效

对佩尔松政府这十年执政生涯的总结发现,在新"第三条道路"理论的指引下,瑞典社民党政府在一定程度上适应了国内外经济社会要求变革的形势,在福利调整方面也做出了改变。经过经济政策的调整,2001年,瑞典公共财政盈余占GDP的4.8%,为1991—2001年的最高记录;国债降至GDP的

---

① 汪洪溟. 基于经济效应分析的社会保障建设研究[D]. 大连:东北财经大学,2019.

32%，已恢复到 20 世纪 90 年代危机前的水平；但需要说明，瑞典社民党的意识形态仍然沿用了社会民主主义的改良传统，而且新"第三条道路"的理论政策并非完全科学，民众在摆脱经济危机的同时并未提升改革的获得感。进入 21 世纪以后，在经济全球化、新自由主义冲击下，瑞典原有的发展模式和发展道路将受到更大的冲击，瑞典社民党的改革任务依然严峻。

15.3.5 后金融危机时期（2006 年至今）

在 2006 年大选失败后，佩尔松正式退任，由莫娜·萨琳担任主席，她也是瑞典社民党历史上的第一任女主席。在 2010 年大选时，F. 赖因费尔特连任瑞典首相，瑞典社民党只获得了 43.5% 的选票。虽然执政联盟带领瑞典度过了 2008 年的国际金融危机，但是由于在减少失业、改善社会福利方面并没有出色的举措，于 2014 年大选中败给了由瑞典社民党和绿党组成的"红绿联盟"，自此，瑞典社民党从 2014 年执政至今，由斯蒂凡·勒夫文担任首相。

勒夫文上台后，在议会中并不占据优势，执政的根基并不稳固。与此同时，随着难民问题的加重，主张限制移民的右翼民粹主义政党——瑞典民主党的势力渐渐崛起，获得了 12.7% 的支持率，成为瑞典议会第三大政党，并在 2018 年 9 月的大选中获得了 17.6% 的支持率，这使其第三大政党的地位更加稳固。右翼民粹主义政党的崛起反映了资本主义危机的加重，瑞典政府一直对难民持有包容的态度，但是自 2015 年以来中东动荡、恐怖袭击事件的增多造成了欧洲难民危机，涌入瑞典的难民数量急剧增加，成为欧盟国家之首。难民问题对瑞典福利制度造成了极大压力并带来了社会治安问题，恶性犯罪事件不断出现，引起了瑞典人民的强烈不满。瑞典社民党的改良之路面临着更加严峻的深层次社会问题，在媒体日益强大的今天瑞典政府必须小心谨慎地解决这些问题。

15.4 改良的特征与实质

回顾瑞典社民党的改良历程，其所实施的各项政策都是在资本主义经济制度、议会制与多党执政的政治体制下实施的，由此决定了其改良有以下特征与实质。

15.4.1 特征

在经济方面，瑞典社民党的改良有以下两个特点。一是实行混合经济。自20世纪30年代资本主义经济危机以来，瑞典社民党的经济改革就大力建设公共工程，建立国有部门，实行国家干预，弥补资本主义运行缺陷。二是瑞典社民党从再分配角度通过高税收对资本进行再分配，以缩小收入差距，提高人民生活质量，进而缓和社会矛盾。

在政治方面，瑞典一直实行议会多党制。20世纪以来，瑞典社民党一直是瑞典议会第一大党，但是其多次与其他政党组成联盟，实行阶级合作与政治协商和妥协，积极吸收其他政党的有用政策，化解矛盾与分歧，达成共识，形成了"共识政治"。但这种"共识政治"也体现了瑞典社民党的软弱性与妥协性，在危机面前只能通过与其他政党有条件地结盟保持执政地位，其所实施的政策必定夹杂着其他利益关系。

在外交方面，瑞典社民党始终站在不与大国强国结盟的立场，选择积极的中立政策。一方面，积极加强与世界其他国家的友好关系，开展多方面的交流与合作；另一方面，加强自身国防建设，实行武装中立，维护国家主权，保持独立。同时，瑞典政府不忘提升自己在国际社会中的声誉与影响力，对贫困国家提供援助，积极为联合国维和行动提供人力、物力。我们还应当注意到，瑞典政府对外政策的两面性。近年来，瑞典打着"捍卫人权"的旗号干扰别国内政，对别国妄加指责与批评，强行推行西方的民主价值观。

在社会建设方面，瑞典社民党政府通过建立大量公共部门实行再分配，建立与完善覆盖全民的高福利体系，构建了"从摇篮到坟墓"的全套保障性福利制度，削减贫富分化、性别差异、阶级差距，将瑞典建设成自由、平等、团结与互助的"人民之家"。

15.4.2 实质

通过上述分析，我们很容易看清瑞典社民党在民主社会主义理论指导下的改良表面上打着马克思主义的旗号，实际上却是百般维护资本主义制度，与科学社会主义背道而驰，本质上并没有改变瑞典资本主义国家的性质；虽然在资产阶级占统治地位的情况下，为工人阶级谋求一定的政治权利，但是并没有实现无产阶级推翻资产阶级，与现实社会主义根本对立。无论实行怎样的政策粉饰资本主义的弊端，结果都是无法实现社会主义。实现社会主义的唯一道路只有革命。革命是什么？革命就是被统治阶级推翻统治阶级的暴力行为。以马克思的观点来看，革命就是打破那些阻碍新的生产关系发生的陈旧的政治上层建筑。而在被马克思主义多次批判的伯恩施坦修正主义指导下的改良实际上是歪曲马克思主义，是对工人阶级的欺骗。马克思主义者又坚决地反对改良主义者，反对他们直接或间接地通过改良来限制工人阶级的意向和活动，不消灭资本的统治，工人就还是被雇佣的奴隶。

马克思主义认为，生产资料所有制是生产关系的基础，决定着生产关系的性质。从上述的特征我们知道，瑞典实际上实行的是资本主义的私人经济制度。研究资料显示，在瑞典，私人资本高度垄断了90%以上的生产资料，而大家族企业又控制了瑞典95%的经济，其中垄断寡头瓦伦堡家族控制着40多家银行和大公司，还有15个家族控制了瑞典1/3的工业。瑞典表面上实行混合制经济，实际上是利用少量的国有经济为改革增添民主社会主义的色彩。只要以"雇佣劳动"为标志的资本主义生产方式没有发生改变，瑞典社民党的改良就仍然在资本主义框架内。同时，瑞典社民党否定分配决定收入，绕开所有制单纯地用再分配方式建立社会福利制度实现民主社会主义社会，这完全是本末倒置，是庸俗社会主义的观点。尽管福利制度对改善工人生活环境有一定的作用，但是不能从根本上消除贫富差距与不平等。因为劳动生产条件带来的巨大差距仍然存在于生活的各个方面，如居住环境、教育、工资、健康等。不从根本上解决所有制问题，就不能实现真正的分配公平。

此外，瑞典实行的是与其他资本主义国家没有差别的议会制度与多党轮流执政制度。尽管瑞典社民党在成立之初代表着工人阶级的利益，但是随着资本主义的侵浸，为了获得大批新兴中间阶层的支持，瑞典社民党不得不向其靠拢，瑞典社民党的阶级基础也因此变得模糊。瑞典社民党从工人党到"人民党"口号的转变表明它不再代表工人阶级的利益，更别提实现社会主义了。

15.5 瑞典资本主义改良对中国的启示与借鉴

高福利的瑞典模式虽然获得了一定的成就，深受世界瞩目，但它本质上是披着民主社会主义外衣的资本主义，与中国特色社会主义有质的区别。因此，在借鉴瑞典模式成功之处的时候不能照搬照抄，全盘模仿，要辩证地看待瑞典模式，看清中国特色社会主义道路与瑞典模式的本质区别。区别具体表现在以下四个方面。

(1) 理论基础不同

瑞典模式是在民主社会主义的框架内实现的，而民主社会主义虽然有"社会主义"四个字，但并不是马克思主义理论指导下的社会主义。它抛弃了马克思主义的指导地位，由人道主义、基督教学说、伯恩施坦修正主义与凯恩斯主义经济学等多元理论思想组成。

中国特色社会主义以马克思主义为思想基础，以毛泽东思想、邓小平理论、"三个代表"重要思想、科学发展观、习近平新时代中国特色社会主义思想为指导，是马克思主义与中国实践相结合的产物。

(2) 根本目标不同

瑞典模式是改良的资本主义替代社会主义的产物，在承认资本主义制度的前提下进行国家干预以实现社会平稳运行。它认为，"社会化"只是一种手段，而不是最终目的，通过改良的方式也能实现"自由、平等、民主、团结"的社会。因此，它的根本目标就是维护资本主义。

中国特色社会主义认为，资本主义尽管有历史进步性，但其无法规避解决其制度运行中的根本矛盾而最终走向灭亡的趋势。只有在社会主义制度基础上建立的社会并经过长期不懈努力才会达到共产主义社会的最高目标。

(3) 政治基础不同

瑞典模式是在资本主义制度下的议会制与多党轮流执政的条件下产生的。民主社会主义反对一党执政与民主集中制，主张在党内实行无条件的民主原则。

中国特色社会主义坚持中国共产党的领导，坚持多党合作制度与政治协商制度，中国共产党是执政党，各民主党派是参政党。

(4) 经济基础不同

瑞典模式是在不改变生产资料私有制的资本主义制度下的产物。它认为应该绕过生产资料公有制，通过再分配的手段实现社会公平。它实行的是在维持私有制为主体的基础上，发展国有经济，个人、企业及其他经济成分的混合制经济，实行按资分配为主体的分配制度。

中国特色社会主义实行以公有制经济为主体、多种所有制经济并存的经济制度，实行以按劳分配为主体、多种分配方式并存的分配制度。

不过瑞典模式对中国仍然具有借鉴意义。瑞典社民党作为一个工人阶级政党，在120年的发展历程中，之所以在多党激烈竞争的体制下保持了70年的执政地位，并且作为百年老党依然焕发活力，根源就在于不断革新自身理论、组织方式、政党形象，不断完善决策机制，始终保持自身廉洁。瑞典社民党以大约90%的廉洁度高居世界第五位，之所以能够保持权力的规范运作，关键在于知法、守法、护法，严格按照法律法规和制度要求办事。例如，在法律方面，瑞典《反贿赂法》对政府和公职人员的廉政行为做出了严格规定，《瑞典公职法》对公务员的职业操守也做了严格要求。在宪法和法律法规的双重保障下，瑞典社民党在执政过程中有法可依。我们党要大力培养造就一批善于治国理政的人才，以忧患意识推动作风建设，进一步完善国家法律和党内法规制度体系，一体推进不敢腐、不能腐、不想腐，营造风清气正的良好的政治生态和发展环境。我们党要以实用理性的态度，在比较借鉴中不断探索适合中国国情的治国理论、发展道路和治理方式，不断加强党的思想建设、组织建设、作风建设、制度建设和反腐倡廉建设，推动国家治理体系和治理能力迈向一个更加现代化的阶段。

15.6 结语

通过对瑞典社民党改良历程的研究与分析，我们能够清楚地认识到瑞典社民党的改革是在资本主义国家框架下的修补，无论它把资本主义运行中出现的问题掩盖、修缮得多好，都无法从根本上解决不断出现的社会矛盾。瑞典模式也是特定时期的瑞典出现的特定产物，我们应当认清中国特色社会主义道路与瑞典模式的区别，不能照抄照搬，坚持马克思主义理论同中国实际相结合，坚持走中国特色社会主义道路，坚持"四个自信"，为实现中华民族伟大复兴的中国梦而奋斗。

参考文献

[1]LAMB PETER,DOCHERTY JAMES C. Historical Dictionary of Socialism (Second ed.)[M]. Scarecrow Press,2006.

[2]拉什,厄里．组织化资本主义的终结[M]．南京:江苏人民出版社,2001.

[3]敬东．北欧五国简史[M]．北京:商务印书馆,1987.

[4]奇波拉．欧洲经济史:第4卷[M]．台北:商务印书馆,1991.

[5]奇波拉．欧洲经济史:第3卷[M]．台北:商务印书馆,1991.

[6]中共中央马恩列斯著作编译局,编译．列宁选集:第2卷[M]．上海:人民出版社,1995.

[7]刘成,马约生．欧洲社会民主主义的缘起与演进[M]．重庆:重庆出版社,2006.

[8]怀曼．瑞典与"第三条道路":一种宏观经济学的评价[M]．刘庸安,译．重庆:重庆出版社,2008.

[9]陈华山．论瑞典经济模式[J]．求是学刊,1994(6):45-50.

[10]范惠娟．瑞典社会民主党"社会团结"理论与实践研究[D]．太原:山西大学,2011.

[11]克莫雷．西欧社会主义:一代人的经历[M]．王宏周,译．上海:东方出版社,1992．

[12]LARS MAGNUSSON. An Economic History of Sweden[M]. NewYork:New York Press,2000.

[13]谭鹏．论战后瑞典社会民主党长期执政的成就、经验、启示[J]．中国浦东干部学院学报,2013,7(5):81-86.

[14]陈华山．独特的瑞典经济模式[J]．国际观察,1994(3):21-25.

[15]张契尼,潘其昌．当代西欧社会民主党[M]．北京:东方出版社,1987.

[16]杨来发．瑞典税收制度考察及启示[J]．中国财经信息资料,2008(3):21-24.

[17]刘丽伟,高迪．当代瑞典社会保障制度改革特征与启示[J]．世纪桥,2014(6):75-76,88.

[18]郭灵凤．瑞典社保署的透明性原则应用:以工作激励政策为例[J]．中国社会保障,2019(4):32-33.

[19]姜跃．瑞典社会民主党的理论创新与政策调整[J]．中共珠海市委党校珠海市行政学院学报,2008(3):24-27,32.

[20]鲁小晔. 政党力量与欧洲民粹主义的兴起[D]. 上海:华东政法大学,2020.

[21]安德森. 转变中的福利国家[M]. 重庆:重庆出版社,2003.

[22]汪洪溟. 基于经济效应分析的社会保障建设研究[D]. 大连:东北财经大学,2019.

[23]梁燕君. 北欧诸国的科技发展与体制创新[J]. 科技与经济,2005(5):58-59.

[24]兴衰之路:外国不同类型政党建设的经验与教训[M]. 北京:当代世界出版社,中共中央党校出版社,2002.

[25]中共中央马恩列斯著作编译局,编译. 列宁选集:第24卷[M]. 北京:人民出版社,1994.

[26]徐则荣. 瑞典经济模式和瑞典学派[J]. 山东社会科学,2008(7):98-100.

16 挪威

16.1 引言

20世纪90年代,因福利国家自身的消极因素和欧洲经济的衰退,就连昔日被人们津津乐道的北欧各国的福利体系也陷入了进退维谷的境地:丹麦从70年代开始就对持续的高失业率束手无策;瑞典的肩上也压着经济萧条和失业两座大山,在财政重负下艰难前行。

反观为建设福利国家在政治、经济与社会等方面做出"多管齐下"努力的挪威,依然健康、慷慨地运行着全民福利体系。不论是受到20世纪70年代石油危机的冲击,还是在90年代中期以来经济危机的席卷下,挪威都是北欧乃至整个欧洲世界中表现最佳者。70年代以后,挪威经济进入持续高速发展时期,发展速度较快;80年代,挪威经济随着世界经济形势有所波动,但始终是经济发展最快的发达国家。1970—1990年,挪威经济虽然在世界经济形势影响下经常出现短期的震荡或波动,但总体来看一直处于高速发展状态。20年间,GDP增长了将近8倍。90年代初,外贸顺差大幅增加,1990—2000年,挪威GDP又在较高水平上增长了1倍多。进入21世纪后,由于石油连年高产,挪威出口获得巨额收益,经济持续稳定增长。1998年以来,挪威的人均GDP(见表16-1),在经合组织国家中一直名列榜首,成为最富裕的发达工业化国家。

表16-1 1970—2005年挪威GDP的增长情况　　　　　单位:亿克朗

年份	1970	1980	1990	2000	2003	2005
国内生产总值	911.00	3143.63	7267.99	14690.75	15767.45	19038.41

资料来源:挪威官方统计网站,http://www.ssb.no/English/yearbook。

然而，表面的繁荣不能使我们放弃理智的思考，这一模式是否真的使资本主义枯木逢春，是否具有持续发展的潜力？为了从理论视角更加科学深刻地评价挪威资本主义改良成果，我们需要以马克思主义理论为指导去一探究竟。

16.2 挪威福利国家的构建

在整个20世纪20年代，挪威工党仍然坚持其传统的革命式反议会策略，对资产阶级政府的一切福利改革采取抵制态度；同时，积极倡导经济社会化。直至30年代早期，挪威工党最终对其党纲和政治策略做了调整。1935年，挪威工党上台时的情景与瑞典社会民主党极为相似，先前的资产阶级政府在福利立法方面并未做出任何显著的成就，当时挪威未建立起任何养老保险体制，也没有像样的医疗保险、事故保险等，已有的民间自愿性失业保险计划远远无法满足经济危机中失业人口特别是农村无产者的需求。1936年，在资产阶级政党的支持下，工党政府依据瑞典模式提出了挪威第一个养老保险计划。之后，一项残疾人保险计划也很快获得通过。1938年，斯堪的纳维亚国家唯一的强制性失业保险计划也在挪威获得通过。挪威工党之所以在执政期间着重强调社会福利体制的普遍性和强制性，很大程度上是出于巩固该党在农村地区选民基础的政治需要。因为，后者无法向城市工人那样被纳入工会联合会的福利计划。二战结束后，在所有政党的一致支持下，挪威工党政府还制订了一项庞大的人民保障计划。该计划宣称：①取消公共救济；②确保所有人的生活水平；③实现更高程度的平等；④保证充分就业。尽管这些努力并非出于工党政治上的精心策划，但确实为战后挪威福利国家奠定了政策上的基础。

16.2.1 挪威福利国家的发展阶段及特点

总的来说，挪威福利国家的发展大概可以归纳为两个阶段：第一阶段是二战结束后到20世纪50年代后期，这一时期的主要目标在于建立广泛而平等的社会保障体系；第二阶段是在1960年之后，这一时期社会福利的重心开始转向确保较高的福利受益标准，享受福利方面的平等以及预防性的社会政策，更加强调享受基本福利保障的公民权利，从而打破了在西方国家处于主流地位的自由主义福利模式，建立了社会民主主义的福利国家。

挪威以其福利涉及面广、配额更平等的保障计划在西方众多福利国家中独树一帜。它的福利国家模式主要包含以下特点。

第一,通过政治机制代替市场机制来满足民众的个人物质需求。社会治理由公共机构主导,这些公共机构承担着主要的社会责任,而市场机制只起到边缘性或辅助性作用。在这种国家强制性模式下,无论是基础的生活保障,还是科教事业、研发创新都得到了大力扶持。这与美国的自由主义模式形成了鲜明的对比。在美国,市场在社会福利的分配中起主导作用,政府只作为辅助和补充,且福利开支大多由私人部门承担,这使其福利制度的覆盖范围无法与挪威相提并论。

第二,挪威的社会福利政策涵盖了人们需求的方方面面,远超其他西方福利国家的传统界限,人们从无所不包的福利政策和社会服务水平中获得相当多的利益。作为最早建立福利国家的英国,福利内容包括了健康医疗服务、教育服务以及各种保险服务,但其存在社会福利与工资分配悬殊的差距;后来居上的挪威则把工人阶级补偿、老人和遗嘱保险、医疗保险、生育保险、儿童津贴、义务教育、社会失业救济金等全都纳入,为消除社会贫困、实现充分就业、扩大市场消费需求和经济持续增长做出了突出贡献。

第三,挪威的福利开支在 GDP 中占有很大的比重,福利体系的健康运作由政府充足的公共开支来维系(见表 16-2)。

表 16-2　1980—2010 年部分西方国家的社会福利开支 GDP 占比　　　　(%)

国家	1980 年	1985 年	1990 年	1995 年	2000 年	2010 年
美国	13.3	13.0	13.4	15.4	14.2	21.0
英国	17.9	21.1	19.5	23.0	21.7	25.9
挪威	17.9	19.1	24.7	26.0	23.0	33.2

资料来源:经合组织. 社会开支资料库 [M]. 巴黎:经合组织出版社。

由表 16-2 可以看出,挪威的社会福利开支明显高于英国和美国,尤其是从 20 世纪 90 年代起,长期高出美国 10% 左右。

16.2.2　高福利背后的欺骗性

表面上看,挪威的高福利体制十分诱人,而且众多社会安全体系是直接针对和服务于无产阶级的。但我们应当清醒地认识到,其初衷并非出于对劳动者的同情,而是资本主义为顺应时代的历史潮流做出的让步和调整。社会安全保障体系建立的出发点是巩固和维护资本秩序,享有国家福利救助的是那些领薪受雇,安分守己,近年来积极寻找工作且能提供证明的人。他们对资本主义秩序俯首称臣,对该秩序下的生存无能为力,需要福利政策作为补偿和抚慰。就拿失业保障方案来说,其缓和了弱势群体因生存困境绝望而产生的反抗心理;但失业救助需要经过严格的审查,只有非自由性失业、有工作能力和工作意愿的雇员或海员,积极争取就业机会并在就业过程中表现出较高的配合度,才有权获得失业救助。而这份兜底保险,在一定程度上鼓舞了劳动者的士气,对扩大生产和提高利润具有积极的促进作用。换言之,直观上看,社会安全体系是为了维护劳动阶层的安全,但深层次原因则是维护资本主义社会秩序的安全,变相用国家行政力量来监管被排挤出资本体系的社会成员,同时,也用工人的工资及其社会福利保障为资本主义和企业买了一份保险。

从科技进步与社会化大生产的角度来看,当机器大工业时代来临时,资本家对工人阶层的剥削已经到了无以复加的程度。随着生产方式的改进和机器的大规模使用,劳动力应该得到了解放才对,但事实是资本主义制度下机器的使用,会促使劳动力贬值,原先成年男性劳动力的价值可以负担整个家庭的生活开销,如今可能需要全家参与劳动才能获得和之前一样的费用。如此一来,不仅成年男性劳工的工作强度加大,妇女和儿童也不得不投身于雇佣劳动者的队伍。资本的剥削范围扩大,剥削程度提高,在给劳动力的再生产和持续性供给带来沉痛打击的同时,也激化了社会矛盾,煽动了工人阶级的斗争情绪,这对资本主义的统治而言是极为不利的。为了解决资本主义不计后果、自毁根基的盲目性,修正其无限制使用劳动力的野蛮行径,保障劳动力的再生产,国家对于年龄、时长、环境等工作条件的立法势在必行。这是资本逻辑的自我调整,也是生产力的发展迫使生产方式和生产关系做出的改变。

从城市化的视角来看,伴随着资本主义的发展,大量的工业生产、商业中心纷纷在城市聚集,越来越多的劳动力从农村流向城市,导致对工作岗位、住房、基础设施、公共卫生环境等方面的需求大幅增加。这些需求要靠国家资本和政策来满足,私人资本主义是无法解决的。应垄断资本拓展的要求,国家积极主导城郊开发与城市项目建设,为资本积累开辟了新的利润空间。

上述主要趋势伴随着资本主义的发展根植于资本主义的生产方式中,当资本发展到特定阶段就会产生诸如此类的、无法从资本自身来寻求解决策略的功能性需要，唯有依靠国家这个强大的外部力量来实现。所有看似直接保护和服务于无产阶级的福利政策，实质上都暗含资本主义发展的功能性要求。

16.2.3 挪威福利国家的经济依托

建立和发展社会福利制度必须有经济层面的依托，需要政府对经济领域的强势渗透。起初，在自由主义思潮的倡导下，依靠市场的力量来和平解决各方面问题被资本主义国家奉为金科玉律。然而随着资本主义日趋"瘫痪"，劳动者失业、资本寻不到投资的出路等问题接踵而至，市场无法自发地维系交换关系的顺利进行，大量的资本和劳动力被驱逐出市场，难以实现交换关系和自身商品价值。市场失灵威胁到了资本主义的生存，这使国家干预成为必然。国家权力不得不介入私人经济，其实质是用福利国家的保障战略来替代自由主义。

（1）挪威的混合所有制经济

在挪威的混合所有制经济体制下，私营经济与国营经济并行不悖。国家垄断的触手在17—18世纪时就已经伸向了电力、煤气、邮政、广播事业、酒类、谷物等经营领域。

二战以后，挪威政府开始不断强化国家在混合所有制经济中的作用。国家直接经营的范围在国民经济中不断扩张，涵盖冶金、电信、电力、邮政、军工、港口、机场、铁路和公路等部门，远超传统上挪威工党主张的国家所有制的范围。从20世纪70年代开始，在凯恩斯经济理论的指导下，挪威实行增加投资与消费来刺激经济、缓和危机的方案，国家率先增加投资，且国家投资的增加快于私人投资的增加。1968—1979年，在企业固定资本形成总额中，国有占比从16.5%增长到32.8%，私有占比由58.0%下降至36.0%。直到80年代以后，私有化风靡全球，国有企业占比增长的势头才逐步放缓。

国有部门在挪威国民经济中的战略地位至关重要。在农业、林业、渔业这些充沛的自然资源领域，以及制造业和就业占比最高的服务行业中，所有制形式基本都为私人所有。而GDP占比最高、战略地位最突出的石油工业，关乎民生根本的医疗卫生，以及涉及国家百年大计的教育行业，则为国家所有。至于交通与通信及金融部门，为国家和私人混合所有（见表16-3）。国家对于国民经济的各个部门并非大包大揽，而是"抓大放小"，就业占比最高，最能激发国民经济活力的部门基本集中在私人领域，较好地保护了市场竞争。

表16-3 挪威的混合所有制经济结构　　　　　　　　　　　　　　（％）

行业	GDP占比	就业占比	主要所有制形式
农业、林业、渔业	1.00	2.75	私有
石油工业	23.50	1.05	国有
除石油以外的工业	17.50	18.05	私有
制造业	9.50	11.00	私有
服务行业	58.00	77.00	私有
商贸	7.00	14.00	公共
教育	3.50	7.05	公共
交通与通信	5.75	8.00	私有/国有
金融	3.00	2.00	1/2国有

资料来源：张慧君. 福利国家向何处去：挪威经验及启示[J]. 科学社会主义, 2011 (4).

在欧洲小国中，挪威的国家直接经营虽然不是最发达的，与其他欧洲小国相比，只能算中等水平，但是其经营方式令人称道：为了克服国家所有制存在的弊端，政企分开的原则贯彻始终。国家虽然在企业中持有大量股份，且国家所有制的比例在国民经济中不断扩大，但国家并不直接介入企业的生产经营活动，而是在企业内部进行管理革命，让它们按照私人公司的治理体制进行运作，妥善处理政府与企业的关系。

（2）建立于石油经济基础上的全球养老基金

相比于众多发达西欧国家占GDP近5%的财政赤字，挪威近年的财政盈余能稳定保持在GDP总额的3%～4%，幸运地避开了大多数福利国家难以为继的财政困境，很大程度上归因于挪威建立在石油经济上的政府全球养老基金。挪威这一资本主义改良中最具特色的经济行为，为其高收入、高福利提供了物质保障（见表16-4）。

表16-4 挪威建立于石油经济基础上的全球养老基金发展历程

年份	简介
1969	挪威在北海发现第一个油田，并于1971年开始开采石油
1990	设立政府石油基金，定期注入石油收入
1996	第一次注资，全部投资于政府债券
1997	基金的40%未来可投资股票
1998	挪威央行投资公司代管基金，基金资产的40%投资股票

续表

年份	简介
2000	5个新兴市场加入基金的股票基金组合
2000—2008	油价飙升,政府将大量石油收益转入,该基金迅速成长
2002	公司债及证券化产品被加入基金的固定收益基准组合
2004	确立基金管理的道德规范
2007	将股权投资上限从40%提高到60%
2008	将房地产投资纳入基金投资组合,上限为5%
2009	基金的股权投资比例达到60%,收益率达25.6%
2012	挪威政府全球养老基金的规模达到了37845亿挪威克朗(约合6706亿美元),成为全球排名第一的主权财富基金

资料来源:挪威:资源支持建立养老储备全球第二大主权基金[N].养老金市场化投资专刊·加拿大 挪威·证券日报,2014-09-24(T08)。

挪威拥有丰富的石油资源,是全球第七大石油出口国。但挪威并未像传统的石油大国那样依靠出口石油的收益保证国家经济支出,而是将收入转化为基金。不可再生的石油终有枯竭之日,但基金收益为挪威经济社会的可持续发展提供了可能,体现了维系代际公平、持续造福于民众的思想。

1971年,北海海上油田的开采标志着挪威进入石油经济时代。此后,石油开采量的提高和全球油价的攀升为挪威带来了大量财富。1990年,挪威议会通过法案,设立了石油基金,并于2006年将其改组为全球养老基金以应对未来养老金缺口。为了获得更多的财政收入与回报,以更加主动开放的姿态来谋求更大的经济收益,基金的多元化投资被提上日程,多元化投资组合的领域以及投资比例都在提升,最终于2012年12月,挪威政府全球养老基金在全球主权财富基金的排名中位列榜首。

主权基金蕴藏着长久性的发展眼光,为挪威的社会保障系统提供了强有力的支撑,也加强了政府的宏观调控能力,既防范挪威因石油资源的枯竭而走向崩溃,也在调整国内经济结构方面发挥着至关重要的作用。

(3)挪威经济战略的缺陷

纵观挪威的经济发展历程,国家始终作为不可或缺的力量,在经济运行中发挥着关键作用。但挪威式的国家干预经济模式也并非完美无瑕。

资本主义社会的经济运行依赖于资本所有者的投资愿望,但从国家直接干预的角度来看，私人资本会越来越依赖于国家的投资政策，而非依靠市场的交换关系，这会导致资本家缺乏私人投资动力，私人投资的积极性受到抑制。这种做法对资本主义商品交换关系中的自由竞争意识产生了威胁。当资本家的成功与否更多地依赖于国家发展计划和税收政策而非自由竞争时，在意识形态层面就会令"资本主义商品社会在规范和道德品质上出现结构性的缺陷"①。

全球养老基金这一经济行为固然是出于可持续发展和代际公平的考虑，但它是建立在挪威的石油经济基础上的。挪威的石油开采现状很好地印证了依赖资源消耗获得经济增长绝非长久之计——油气资源的开采量自2001年起一直持续走低，石油的日均产量严重下滑，如今北海油田已经面临枯竭，境况不容乐观。而海底石油资源的开采往往历时较长，且困难重重，获得开发许可需要5~10年。作为一个对石油收入依赖性极强的政府，光鲜的养老基金背后有着难以掩盖的焦虑。石油业一旦衰落，不只全球养老基金受到冲击，挪威的劳动力市场也会因此备受打击。挪威总人口的3%都受雇于石油行业，短期内其他任何行业都不具备如此庞大的吸纳能力。挪威真正的未来只能是：不能因幸运而故步自封，依靠资源但不依赖资源，凭借油气资源的收益，全力发展新能源，增加积极的劳动就业培训以及教育投资。挪威的未来，不能局限于石油工业。

16.3 挪威的政治改良

挪威福利国家的形成和发展与特定形式的政治改良密不可分，政治改良是现代福利国家的重要特征和合法性来源。在福利国家的机制下，政党竞争和政治冲突均有所缓解，又进一步推进了政治改良的历程。

16.3.1 "阶级政党"的式微

二战后崛起的那一代人，眼界并不局限于那些与个人直接物质福利紧密相关的领域，而是把注意力集中在更加广泛的，诸如女权政治、环境保护、社会救助、公共卫生、战争与和平等社会领域。这种思想观念上的革新促使了长期以某种意识形态为标杆的传统阶级政党给在新时代中应变能力较强的功利性政

---

① 财政部国际司调研组. 北欧福利国家如何保持经济活力[J]. 中国财政,2013(17):65-68.

党让位。

利斯塔乌格通过研究20世纪80年代挪威选民的政治投票行为发现，随着经济的发展、人民生活水平的提高以及福利国家社会的不断进步，阶级局限对选民的政治行为影响力受到了削弱。"当工人阶级受教育水平显著提高后，以阶级组合为基础的投票开始日渐削弱，那些受过教育的工人对传统工人阶级政党的忠诚度也开始减弱。"[1] 随着受教育水平的提高，大量无产者群体被新中产阶级力量所取代。

由表16-5我们能够看到，随着挪威社会阶级结构的转型和选民积极投票比例的下降，挪威政党的阶级构成在两个时期发生了转变。比较1957年和1989年挪威政党的阶级构成可以看出，政党在阶级构成上表现出了更强的抑制性。1957年，工人阶级在挪威工党中占有举足轻重的地位，该党70%的支持者来自工人阶级，但是到1989年只有逾半数的支持者来自工人阶级；相反，新中产阶级在该党支持者中的占比显著提升，从原来的5%提高到39%。1989年，以新中产阶级为主导力量的左翼社会党取代了原先工人阶级政党——共产党，成为挪威政坛左翼中不容小觑的力量。在资产阶级政党中，代表农产者利益的中间党所发生的改变尤其引人注意：1957年，该党有68%的支持者来自农场主；而到了1989年，农场主在该党支持者中的占比下滑到了35%。从两个时期各政党阶级构成的对比中可以发现，劳工选民的政治立场普遍右移。

表16-5 1957年和1989年挪威各主要政党的阶级构成对比　　　　（%）

	1957年					
	共产党	工党	自由党	基督教人民党	中间党	保守党
传统中产阶级	(0)	5	16	14	5	26
新中产阶级	(13)	5	33	25	6	49
劳工	(87)	70	31	42	21	19
农场主	(0)	20	21	19	68	6

---

[1] 任军锋. 后工业・后物质・政党：以北欧五国政治文化变迁为中心[J]. 欧洲研究,2003(6):45-62,155.

续表

1957 年						
	共产党	工党	自由党	基督教人民党	中间党	保守党
总计	(100)	100	101	100	100	100
(样本总量＝)	(15)	(67)	(101)	(115)	(100)	(165)
1989 年						
	左翼社会党	工党	自由党	基督教人民党	中间党	保守党	进步党
传统中产阶级	4	6	9	8	1	16	9
新中产阶级	60	39	61	51	29	61	40
劳工	35	53	27	33	34	22	48
农场主	2	3	3	8	35	2	3
总计	101	101	100	100	99	101	100
(样本总量＝)	(200)	(57)	(66)	(148)	(102)	(361)	(184)

资料来源：任军锋．超越左与右：北欧五国政党政治比较研究[M]．上海：上海三联书店，2015：37。

阶级政党式微的背后，潜藏着福利国家在政治意识形态领域的钳制作用。工人阶级通过对社会秩序的遵循和对官僚机构的服从，得到了社会救助，改善了生活条件。针对其遭遇的不幸，福利国家不断用社会保险、教育培训、政府救助等方式进行事后补偿，加之资本主义经济的发展本身就为工人工作环境和生活条件的改善提供了充分的物质保障，故而雇佣工人难以认识到自己身处不幸的制度结构中，连贯政治观的形成受到了阻碍，削弱了对自身阶级的忠诚度。

16.3.2　新时代政治语境的变迁

西方主要资本主义国家在 20 世纪六七十年代后，陆续进入后工业时代，社会结构以及主流社会的价值取向都发生了空前的转变。在政治领域，如果说先前主导政治生活的议程主要围绕经济增长、公共秩序、国家安全等所谓的政治议题展开，那么如今政治争论的焦点就是围绕诸如环境质量、公民自由、社会平等、人权、战争与和平这样的新政治议程展开。

政治议程的改变同时促使公民政治行为模式发生转变。在"新政治"中，成长于战后经济快速增长年代且接受过良好教育的年青一代，对自身独立的公民身份和公民权利更加重视，以期通过自觉的公民行动来实现自己的社会抱负。这些公民行动包括组织游行示威、联合抵制、立法创制，建立诸如旨在保护生态环境、生物多样性、妇女权利等民间组织，宣扬自己的主张并影响政府相关的政策规划。另外，从公民政治参与的动机方面看，"旧政治"与"新政治"也有差别：在"旧政治"背景下，公民的政治参与是在精英的主导下展开的，而"新政治"中的政治参与则集中表现为对精英式参与的挑战。"在'旧政治'时期，政治议程被政治精英们操控左右，他们通过等级组织以及形形色色的利益集团组织冲突。然而，随着'新政治'的崛起，公民不再满足于仅对精英们阶层的政治策略做出回应。他们会对其直接施加压力，力图使政治精英按照自己的愿望行事。此外，许多公民还采取组织化程度更低的自发行动开展新形式的社会运动"。

16.3.3 资本主义框架内竞争性政党的优劣

虽然在早期各党派之间存在明显对立，但是如今各政党在社会理解和政治理解上出现了越来越多的重合。问题的关键从是纯粹的市场经济还是纯粹的计划经济的争论，转向寻求一种混合的经济制度以及与它相适应的调控形式；从私人所有制和社会所有制这对立的二者中必择其一，转向探索对私人所有制进行约束的程度和形式，以及对社会所有制的民主监督；从是对通过教育来挑选和再生产精英分子，还是为所有人提供受教育机会的困惑，转向把平等分配受教育机会与奖励有天赋的人结合起来。如今党派之间已不再像从前那样首先表现为政治信仰领域的冲突，而是更多地表现为一种现实的斗争策略。

19世纪后期以来，挪威社会主义政党不但从一开始就具有坚实的群众基础，而且拥有一套严密的组织程序。其他资产阶级政党鉴于挪威社会主义政党在议会选举中的显著优势，纷纷效法其组织模式。那些先前仅代表少数权贵阶层的政党，也在普选权的推动下，以及和不同政党的相互竞争中，转向大众式政党。为攫取政权，争取尽可能多的选票，政党精英不得不将注意力投向普通大众，与民众接触，倾听他们的声音，使更多民众步入政治领域，以壮大本党的选民基础。因此，普选权不仅是推动政党走向大众化的动力，而且是政党之间竞争的结果。可以说，挪威现代民主体制下的政党，既是大众式的也是精英式的。

政党之间的相互竞争使普通民众跻身政治公共领域成为可能，人民大众皆能从这种竞争性的政党体制中受益。然而，不容忽视的是，挪威福利国家的民主政治与资本主义之间也存在矛盾。马克思主义者认为，民主政治将为被统治阶级提供政治权力的支撑，对统治阶级的支配权力构成挑战，使资产阶级统治受到冲击。由于民主与资本主义如此对立，故民主只是资产阶级麻痹和愚弄民众的幌子，统治阶层既不会将权力拱手相让，也不会建立反对自己的制度。那些在形式上似乎表现为执政党在大选中赢得足够的选票所获取的政治权力，掩盖的是通过资本剥削获得政治权力的本质。

响应社会、不断加强自身建设是现代议会民主体制下政党竞争的必由之路，可是这种迎合会为各政党带来损伤。结合上文挪威政党阶级构成随着时代的演变，可以得出，为了赢得选票而抛弃意识形态的狭隘和苛求，设法吸纳各种世界观的团体及人群，将更多的利益集团囊括其中，成为兼容性的政党势在必行。但这种趋同和中间化趋势会导致政党差异的消失，造成政党认同上的危机。

政党竞争的双重性质同样引发了人们的警示，竞争虽然使各政党相互监督，但因为既定的政策措施强化了民众在资本主义体系内讨价还价的能力和他们对政府的要求，超过60%的欧洲公民认为政府应对保证公民福利和消除社会不平等负有责任，而仅有20%美国人持有此种态度。民众的期望上升往往不是可以主观掌控的东西，尤其对于挪威的中老年人来说，他们大半生生活在一个高福利保障的社会，这让他们对高福利产生了不可退却的依赖，在未来只会成为更加坚决要求更高福利的选民群体，抱有更多无法实现的幻想。挪威政党唯恐得罪选民流失选票，对于使财政负担日益沉重的福利制度和一些明显不合理的社会政策往往缺乏勇气，不敢大刀阔斧地施行改革，致使政治效能低下和社会结构失衡，出现了国家无法承载这种期望上升，却又无力加强政治管制来缩减期望的矛盾。

16.4　挪威福利国家矛盾的根源：资本主义制度结构的危机

为了遏制资本主义自我瘫痪的趋势，经过长期探索和不懈努力，二战后的挪威逐步建立起一个协调社会各方力量，实现社会进步与利益相对均衡发展的模式，为战后的经济繁荣打下坚实的基础，成为资本主义改良的典范。但这种模式并未真正消除福利国家与资本主义的矛盾，只是在粉饰太平而已。我们不妨把资本主义社会拆解为经济子系统、政治子系统和社会子系统这三个既相互依赖又彼此区别的单元，来进行更抽象概括的理论分析（见图16-1）。

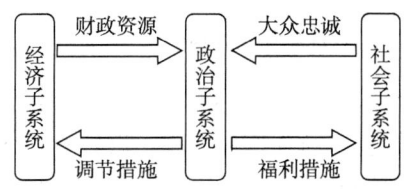

图16-1 福利国家各子系统之间的联系

经济子系统在三个子系统中起着支配作用，统筹着其余两个子系统的构建，并维护商品交换，为政治子系统的运行提供财政支持；政治子系统的功能是进行行政管理和保障社会稳定，一方面通过政府的调节干预来弥补经济子系统的固有缺陷，另一方面运用福利政策服务对社会子系统的需求进行响应；而社会子系统则致力于对社会个体需要的满足，向政治子系统回馈大众的忠诚和支持。

16.4.1 资本主义经济子系统的危机

商品化与非商品化之间的矛盾构成了福利国家的基本矛盾。挪威模式似乎权衡了经济效益与社会效益，去商品化所衍生出的社会价值观有助于弱化纯粹追逐财富的贪欲，对引导人们妥协互助、和谐生活有积极正面的作用。但去商品化的效果实际上却对资本主义造成了破坏性打击。

一方面，去商品化是出于以政治手段使资本、劳动力实现自己的商品形式及价值的目的而诞生的，是为了维系资本主义的商品交换关系，确保资本积累过程的顺利进行。另一方面，福利国家的政策会排斥商品交换关系，改变工人与资本的期望——种种福利保障造就了劳动力的去商品化，令其可以脱离市场交换关系而存在，即使不助长好逸恶劳之风，也无法逼迫他们像在完全的市场经济条件下那般高效地工作。对于投资者来说，资本的非商品化问题同样存在，资本所有者的市场经营方略取决于国家的发展计划及税收政策，其自由边际效应和投资积极性受到了剥夺与抑制。这与经济子系统的交换原则相悖，当工人和资本家均对福利体系形成依赖时，市场机制功能的发挥和资本积累受到遏制，整个社会经济系统的独立性和平衡性就会危险地衰退。

自由主义经济时期的社会价值观是"工作、个人责任、成就"，而福利国家的干预政策破坏了自由主义经济时期的自由竞争意识，福利国家的意识形态与资本主义自由竞争之间的矛盾，造成市场伦理与经济子系统的异变。

16.4.2 资本主义政治子系统的危机

政治子系统作为联结经济子系统和社会子系统的纽带，在构建整个资本主义制度结构、平衡整个社会系统中作用显著：既要把控政策方针，干预经济活动，保持行政管理服务与财政资源之间的平衡，又要将相当一部分财政收入转化为福利措施来巩固民众的忠诚。不过，这一看似维系系统平衡的枢纽却无法克服自身的危机，会给整个系统带来累进性自我破坏的风险。

当社会期望超过了政府满足的承载力时，国家要么加强驾驭和管理能力，缩减期望；要么在民主政体解决冲突能力消减的情况下，向非正式渠道延伸，从正式的国家民主解决机制向社会自发性团体演变。而在当今的资本主义社会中，经济与政治之间存在紧张关系，致使前一种思路的适用性受到局限，后一种思路又促使替代性的、功利性的、缺乏民主合法性的决策模式出现在政治理论体制之外，对正式民主机制的权威性构成威胁，导致其运作机制走向崩溃。这使资本主义的政治改良总是暴露在不可能管理的危机中。

资本主义体系内伴生的阶级剥削关系，并不会因为赢得普通的议会民主而发生改变。资本主义的竞争性政党组织存在"自我限制的倾向"，即便注入民主这一进步性原则，在调和资本主义与民众政治能力面前还是有心无力，其无法改变现存的秩序，更无法使整个国家的现存制度得到有效转变，其自身时刻存在着分裂和被其他政治实践形式所替代的风险。

16.4.3 资本主义社会子系统的危机

从社会福利支出的角度来看，福利国家的社会支出与资本利益之间存在不可避免的矛盾：社会需要的增长、人口老龄化问题以及相对成本上升都对国家提出了庞大的社会开支的要求。为了保障社会开支，需要向资本征收高额赋税，但是税收来自剩余价值，这改变了原有的资本使用范围，给企业带来了负担，削弱了资本的积累能力，导致当初为保障资本积累建立的福利国家，如今以抑制资本积累为代价成长。

资产阶级政府职能活动范围在福利国家的政策实践领域中持续拓展，原本寄希望于支撑系统平衡的政策理性效用愈来愈难以实现，再加上西方民粹主义的助推，政府对民众关于福利待遇的许诺已经超出其能力的负荷。作为调节和引导现实生活条件和机会的社会子系统面临艰难处境：如果满足民众的福利期望，保障社会开支，就意味着要背负更多的赤字或者增加赋税，这样会对经济子系统造成更大的压力，产生与经济子系统要求不相符合的"异质"功能，侵蚀经济子系统内部发展的动力机制。如果无法兑现这些承诺，那么当国家的许诺与结果之间产生鸿沟时，民众的忠诚感便会消退，对政府的执政能力、信任和支持度就会下降，从而使政治子系统良性运行的关键因素遭到破坏，其合法性前提也会备受质疑。

因此，资本主义的经济子系统、政治子系统和社会子系统之间充斥着对抗关系，彼此的功能性要求总是无法达成一致，三者之间的冲突难以平衡，政府往往是疲于应对，顾此而失彼。

16.5　结语：福利国家向何处去

很多学者认为，福利国家制造出的问题并不亚于它所能解决的问题，福利国家与资本主义体系之间有着积重难返的矛盾，高福利体制下隐藏着巨大的隐患和潜在的危机。不过这些学者也没有全盘否定福利国家，经过长期的实践，一些福利国家项目已经成为资本主义社会不可或缺的组成部分，如果贸然剔除必然会造成社会动荡。虽然长期来看，在资本主义框架下实行福利国家的改良不具有可持续性，但福利国家已经成为资本主义发展进程中不可逆转的趋势。在这样的局面下，不能彻底否定福利国家，而是要考虑对福利国家进行重组及其未来的发展问题。

高夫对此提出了"三边论"的观点，将资本主义社会中的劳工、资本，嵌入政府中，各参与方在努力控制各组织的基础上，协商各自利益，达成社会契约，构建组合主义国家。但是，资本主义的内在矛盾并不会因组合主义策略的实施而消除。恰恰相反，因为这种设计存在的基础是领导阶层能够高度控制和代表其领域的成员进行谈判和决策，三方领导层很有可能借助相互协商监督的契机，彼此之间达成默契，弃广大组织成员的利益诉求于不顾，竭力垄断自身的政治地位和既得利益,将国家政府推向专制与腐败的深渊。

欧费和奥菲则在新社会运动的兴起中看到了福利国家重构的契机。诸如,女权运动、反核运动、环保运动、和平运动等,并非处于被剥削地位的受压迫者想满足自身物质需要或夺取国家权力,而是受过高等教育的社会中上层人士,出于对社会秩序与结构的反思而发起的超越经济利益、政治权力的斗争。他们认为,这种非组织化、非制度化,直接介入社会的运动模式具有可观的前景,能够直指未来,直面现代资本主义社会的破坏性要素。但新社会运动缺少像共产主义社会那样对未来社会的宏观设计,没能从整体上去构想一个理想社会,致使多年以来,西方国家新社会运动的力量虽然在壮大,却始终处于边缘化位置,未能打破资本主义的运作模式。

由此可见,任何修修补补的重组政策在经济基础与上层建筑的基本矛盾面前,都是隔靴搔痒,起不到实质性作用,无法真正解决资本主义的危机。福利国家不是危机的根源而是其表面现象,资本主义中生产社会化与私人占有之间的结构性矛盾和无法被资本主义政治改良制度化的阶级矛盾才是危机的源头。随着社会经济的不断发展,资本主义将在相当长的时期内处于调整其生产力与生产关系的矛盾中。而这种矛盾的解决,只能依赖于在条件成熟的时候,通过无产阶级革命,把江河日下的资本主义中悄然孕育出的崭新社会形态——社会主义抽离出来,用新的生产方式取代资本主义生产方式,在社会结构层面上进行深刻变革。渐进的改良在为资本主义延寿的同时,也在为革命积蓄力量。但不论是采取革命的和平发展形式还是革命的暴力形式,都必须是革命而不能是改良。

参考文献

[1]任军锋.超越左与右:北欧五国政党政治比较研究[M].上海:上海三联书店,2015.

[2]韩君佩.挪威反法西斯抵抗运动(1940—1945)[D].西安:陕西师范大学,2018.

[3]田德文.列国志:挪威[M].北京:社会科学文献出版社,2007.

[4]王云龙,陈界,胡鹏.福利国家:欧洲再现代化的经历与经验[M].北

京:北京大学出版社,2010.

[5]赖克.超级资本主义[M].石冠兰,译.北京:当代中国出版社,2010.

[6]拉什.组织化资本主义的终结[M].征庚圣,译.南京:江苏人民出版社,2001.

[7]汤普森.社会民主主义的困境:思想意识、治理与全球化[M].贺和风,译.重庆:重庆出版社,2008.

[8]格林.新自由主义时代的社会民主主义:1980年以来的左翼和经济政策[M].刘庸安,译.重庆:重庆出版社,2010.

[9]多亚尔,高夫.人的需要理论[M].汪淳波,张宝莹,译.北京:商务印书馆,2008.

[10]哈拉尔.新资本主义[M].冯韵文,黄育馥,译.北京:社会科学文献出版社,1990.

[11]巴尔,怀恩斯.福利经济学前沿问题[M].北京:中国税务出版社,2000.

[12]张建刚.国家资本主义的模式及其发展状况[J].当代经济研究,2010(3):64-69.

[13]财政部国际司调研组.北欧福利国家如何保持经济活力[J].中国财政,2013(17):65-68.

[14]任军锋.后工业·后物质·政党:以北欧五国政治文化变迁为中心[J].欧洲研究,2003(6):45-62,155.

[15]张慧君.北欧福利国家向何处去:挪威经验及启示[J].科学社会主义,2011(4):154-157.

[16]舒建华.新马克思主义关于福利国家的功能主义诠释[J].云南社会科学,2015(1):30-34.

[17]张润森.战后国家垄断资本主义在挪威的发展[J].世界经济文汇,1994(1):34-38.

[18]陈炳辉.奥菲对现代福利国家矛盾和危机的分析[J].马克思主义与现实,2006(6):13-19.

[19]黄君.福利国家的"奥菲悖论"[J].河北学刊,2017,37(5):220-224.

[20] 舒建华. 从福利资本主义到福利社会主义:福利国家理论的新马克思主义视角[J]. 广西师范大学学报(哲学社会科学版),2017,53(2):25-30.

[21] 吴炜. 新马克思主义福利国家理论探析:兼谈对我国福利制度建设的启示[J]. 北京行政学院学报,2012(6):92-97.

[22] 舒建华. 现代资本主义福利国家的结构性矛盾:新马克思主义的福利国家批判理论[J]. 理论月刊,2015(4):176-181.

[23] 张严. 资本主义福利国家的当代困境与内在悖论[J]. 国外理论动态,2019(1):56-67.

[24] 郭忠华. 克劳斯·奥菲关于晚期资本主义国家矛盾的理论[D]. 厦门:厦门大学,2001.

17 芬兰

17.1 引言

由于芬兰独特的阶级基础以及社民党的推动,芬兰的资本主义改良很早就体现出诸多普遍主义的因素。在战后西方"黄金时代",芬兰建立了普惠式的福利制度、法团主义的谈判制度。与同时期的福利国家相比,芬兰的经济政策在追求经济发展方面符合实用主义。随着西方世界陷入了投资机会缩减带来的增长乏力,芬兰在20世纪90年代爆发了经济危机。为了缓解经济危机,芬兰的资本主义制度呈现出明显的"向右转"趋势,具体表现为:开放资本市场、改革税收政策、削减福利、更灵活的谈判制度以及国家创新体系的建设。转型后的芬兰福利国家一直保持高速的经济增长。但1991年和2008年的两次金融危机表明,芬兰资本主义依然存在不可调和的矛盾,其表现形式有:国内经济受到全球市场的剧烈影响,人口老龄化和普惠式社会福利制度导致了财政危机的风险,以及谈判制度的不可持续性。

17.2 芬兰独立初期的改良政策

中世纪时,芬兰一直作为瑞典的一个省份而存在。1808年瑞俄战争后,芬兰成为沙俄下属的一个大公国。19世纪中叶,芬兰开始了工业化进程。随之而来的是劳工运动的兴起。1872年,芬兰印刷工人协会举行了第一次有组织的罢工,但此时的工会是在资产阶级的控制下产生的。1899年,芬兰工党成立了,四年后工党更名为"社会民主党",自此工人开始以独立的身份出现在芬兰的政治舞台上。但与俄国布尔什维克的无产阶级专政不同,芬兰社会民主党(以下简称"芬兰社民党")追求的是人民平等的议会式民主。虽然此时芬兰尚未独立,议会也只对沙皇负责,但是其劳工运动取得了重要突破。早在一战前,就有好几项关于劳动保护、劳动关系和失业的法案在议会中获得通过(如1889年通过的《产业工人保护法》和1895年通过的《工人赔偿法》)。

随着俄国十月革命的胜利,芬兰获得了一次独立的机会。国内关于独立形式这一问题出现了两种倾向:一种倾向是芬兰社民党人希望列宁的布尔什维克政府承认芬兰的独立;另一种倾向是资产阶级想从西方国家寻求帮助,希望依赖德国实现独立。这为芬兰的内战埋下了伏笔。内战最终以白色芬兰的胜利而告终。内战以后,芬兰的政治进程在20世纪20年代初转向了和解和温和方向。这促使了芬兰20年代和30年代的一些社会改革。这种政治重新定位与民族国家建设密切相关,其目的是在不确定的情况下增强共同的民族意识。毕竟,直到20年代初,芬兰才被一些大国承认为主权国家。

随后的一些改革也可以看作内战前计划和部分执行政策的延续。在国家和地方迅速恢复议会民主,巩固了这些改革的执行。在国家一级,战败方大多数士兵的政治权利在短暂的间歇之后得到恢复。芬兰社民党很快被整合进政治体系,从而为工人阶级提供重要的权力资源。在地方一级,民主化进程平衡了传统的权力结构,为卫生、教育和一些社会服务的公共投资提供了坚实的政治基础。

从内战结束后到二战前,芬兰的制度建设蕴含着许多社会民主主义的因素。二战结束前,芬兰完成了一些早期的社会政策制定,如1917年通过的工伤保险项目,以及1937年建立的以个人账户和家计调查为基础、覆盖全民的养老保险,但该项目迟迟没有生效。此外,农业改革也促进了佃农的解放。1919—1935年的农业改革创造了大量的独立农民阶级,政府将无法得到有效耕作的土地强制出售,这在一定程度上防止了土地兼并的发生。

17.3 赶超战略下的资本主义改良(1940—1989年)

17.3.1 芬兰的经济赶超战略

直到20世纪40年代,芬兰仍是一个落后的资本主义国家。其产业结构仍然以农业为主,农业劳动力超过第二、第三产业劳动力总和,人均GDP也远远落后于邻国瑞典。同时,芬兰还背负着对苏联的巨额战争赔款。从经济发展程度看，芬兰的资产阶级似乎根本没有推行改良措施的必要，毕竟资本主义还没有在这里发展起来。然而，芬兰面临着十分特殊的地缘政治环境。社会民主主义正在其西边的邻国瑞典蓬勃发展，而其东边的领土则直接与苏联接壤，这意味着与欧洲的核心地区相比，芬兰的发展过程将更多地受到社会主义因素的影响。独特的政治经济环境使芬兰的资本主义改良在其资本的原始积累阶段就开始了，这不仅显著区别于英国等先发国家，甚至与北欧地区的其他国家相比也有很大的不同。鉴于芬兰资本主义改良与其经济赶超相伴生的特点，本章首先对芬兰的发展体制进行简要的介绍。

第一，政府需要凝聚共识。鉴于严峻的地缘政治环境，经济失败可能引发主权危机，发展是芬兰的首要目标。为此，芬兰国民，无论是政治家、企业家还是工人，都应该团结起来，以解决内部矛盾。此外，为了加快发展进程，国家干预也是必要的。这一国民共识集中体现在20世纪50年代总统吉科宁的小册子——《我们有耐心繁荣吗？》当中。

第二，由于工业化较晚以及森林所有者与森林工业之间的联系，农业部门仍然庞大而且强大，社会结构长期以农业和农村为主，因此所有的政治解决方案都需要很好地服务于农业利益，这体现在当局通过货币贬值来努力保证占主导地位的出口部门（森林工业）的竞争力。由于世界市场对森林产品的需求受到强大的周期性冲击，而芬兰的经济政策往往会加剧这些干扰，因此经济波动很大。

第三，在芬兰，农业利益和中央党的地位比其他北欧国家要大。工人在工会和工党中组织得很好，但芬兰左翼的分裂使其无法产生一个与瑞典社民党相当的、强大的支配性项目。一方面，中央党在政治联盟中的领导作用解释了出口部门的竞争力在经济政策中被高度优先考虑的原因，这已经成为一种占主导地位的方法。另一方面，芬兰产生了一个综合的利益调节制度，所有重要的利益集团和国家都参与其中，利益调节对于政治联盟维持决定性的阶级集团的支持是至关重要的。因此，调节和法团主义成为芬兰政治生活的特征。

第四，国家希望保证资本积累和经济增长的前提条件。政府必须尊重"经济需要"，并特别保障出口部门的绩效。经济政策的主要目标包括经济增长、高投资和有竞争力的出口部门。这些优先事项意味着，有必要忽略经济发展稳定等目标。当出口部门的盈利能力减弱时，政策会以收缩的方式做出反应。当通胀破坏了竞争力引起经常项目赤字时，汇率政策便用来重新恢复贸易部门的成本竞争力和利润率。由此可见，芬兰比较排斥凯恩斯主义的需求管理政策。虽然芬兰政府一直以来在积极干预国民经济，但是其始终保持财政盈余。商业和出口部门的游说集团也认为凯恩斯主义不能增强它们的竞争力，反而可能减弱经济下行时期的工资节制效应。

出于上述原因，芬兰资本主义的发展模式呈现出以下特点。①由高公共储蓄率支撑着高资本积累率，公共部门一直是经济中的重要净储蓄者。②制造业尤其是造纸、纸浆和金属加工等主要出口行业的高投资率。③低且刚性的利率和对某些商业投资领域的行政性信贷配给。在行政设定利率的情况下，一轮又一轮的高通胀导致债权人家庭向债务人企业转移资金。④平均增长率很高，但增长路径非常不稳定。在被称为凯恩斯主义的"黄金时代"，芬兰的经济周期却尤为严重。总而言之，为了实现经济赶超，芬兰对经济进行了大量国家干预。当然，芬兰法律十分尊重私人产权，也没有推行中央计划经济体制（国家干预并没有强加于资本家身上），因此资本主义特征仍然十分明显。

17.3.2 劳动力市场改良

芬兰发展模式的法团主义性质以及冷战时期国际紧张局势带来的挑战，意味着国家和资本家需要进行广泛的合作。然而，仅仅这样是不够的，发展模式要求资本家和工人阶级之间达成妥协。二战结束后，芬兰工会和左翼政党也如其他国家一样崛起，社会主义阵营则时刻准备着将革命带到芬兰。与此同时，纯粹的经济因素使营造一个更平静的劳资关系氛围变得有吸引力。芬兰经济正通过一系列贸易协定逐渐融入世界经济。这不仅带来了巨大的潜在利益，也要求经济政策保持国家的竞争力。资本很快意识到，与大型蓝领工会联合会打交道比与相互竞争的工会进行大量集体谈判更能降低工资。

工人阶级很快被政府和资本整合进法团主义的决策过程中，政府作为中间人要求工会和左翼政党限制工资的增长，作为条件，政府承诺压低牛奶等生活必需品的价格。显然，政府和资本无法一劳永逸地限制工资的增长。在谈判的一个合同期结束后，工会最终会要求更高的工资。因此，汇率贬值成为出口竞争力的另一个保障。汇率贬值通常每十年发生一次（1949年、1957年、1967年和1977—1980年），它们经常伴随着工资谈判的结算，这种结算在两三年内限制了工资的增长，因此贬值导致的盈利能力增强效应不会立即消失。随着这种名义工资成本控制机制的建立，适应汇率变化成为维护竞争力的有力工具。反复贬值集中体现了芬兰发展模式的矛盾，如果工人阶级被完全吸收并融入政治决策中心，就没有必要在价格和工资上涨后恢复出口盈利能力。

然而，"工资谈判+反复贬值"的组合仍然无法解决芬兰的内部矛盾，1956年的总罢工就是一起标志性政治事件，表明人们对收入的合理分配存在诸多分歧。不同的工会经常意见不一致，许多工会内部分为两个主要的左派政党：共产党和社会民主党。国民共识的重要性再次提醒芬兰要采取新的改良措施，推动福利国家的发展以换取进一步的工资节制。

17.3.3　福利国家制度的改良

一开始，芬兰福利政策的发展严格服从于发展的需要。因此，在经济增长的限度内增加公共开支是被允许的，但这种增加不得危及主要的政治目标，即出口部门的竞争力。芬兰公共支出在GDP中的份额一直低于其他北欧国家，这使其在经济衰退期间，总是需要减少社会支出。

这种思维方式在二战后和20世纪50年代尤为强烈，当时许多欧洲国家进行了社会福利改革。在当时的芬兰，工人意外保险几乎是唯一符合其发展模式框架的社会保险。出于经济和道德的原因，普遍失业救济被拒绝，失业者被分配到低薪的公共工程项目。1937年制定的养老保险在很长一段时间内都没有生效，直到60年代芬兰才采用公共疾病保险计划。

20世纪60年代初，欧洲一体化的第一波浪潮、快速的工业化和不断变化的政治格局给芬兰带来了引入全民社会保障体系的压力。于是，福利国家的突破终于发生了。职业养老金和疾病保险是在60年代初引入的，积极的劳动力市场政策是在60年代末开始实施的，公共卫生保健是在70年代扩大的。

在图17-1中，芬兰和英国的社会支出在GDP中所占的份额与三个群体，即欧洲大陆国家、外围欧洲国家（希腊、爱尔兰、葡萄牙、西班牙）和其他北欧国家的平均数进行了比较。20世纪六七十年代，芬兰的社会支出份额从较低水平逐渐上升，在其他北欧国家（特别是丹麦和瑞典）上升得更快。80年代中期，芬兰达到了西欧国家的平均水平。

甚至福利国家的扩大也是基于芬兰发展模式的运作。北欧福利国家的发展

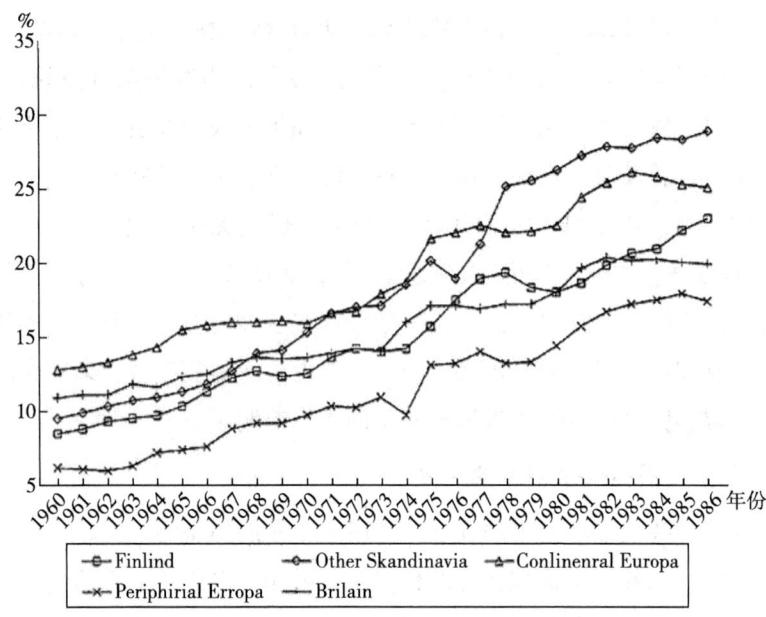

图 17-1　不同国家集团的社会支出份额

受到了社会民主党领导下"民主阶级斗争"① 的强烈影响，但芬兰的发展可以用中间党的立场来解释。中间党支持促进农业人口利益的普遍统一税率计划。社会民主党也能够促进其支持者的利益，但这是通过法团协调制度实现的，雇主利益组织也在其中发挥了重要作用。因此，芬兰的普遍社会保障安排与基于个人劳动力市场地位的安排交织在一起。

尽管有以上不同特点，芬兰的福利国家制度在20世纪七八十年代还是朝着北欧国家方向发展。社会支出在GDP中的份额从1960年的7%增加到80年代中期的22%~23%，达到西欧国家的平均水平。

20世纪80年代，芬兰已经具备了北欧模式的普惠性和再分配性，这可以从公共就业份额和社会保障筹资情况看出来。在北欧国家的普遍福利制度中，所有公民都享受基本服务和社会转移；在欧洲大陆国家，福利制度被更多地用于维持个人在劳动力市场和家庭中的地位。普惠型福利国家还提供公共服务的安全网，因此在北欧国家，公共就业相对于总就业的份额有所增加。在芬兰，

---

① 嵇明，万平. 芬兰、瑞典应对国际金融危机的财经政策及其借鉴[J]. 中国财政，2011(8)：74-77.

这种增长比欧洲大陆国家更快，但比其他北欧国家稍慢。公共卫生、日托和教育部门的就业在七八十年代有所增长。

芬兰的福利国家制度也具有相当的再分配性。1980年前后，芬兰的可支配收入分配比英国、德国和瑞士更加平等。北欧福利国家这种相对平均的收入分配可以用公共部门的再分配影响来解释。全民养老金（国民养老金）在这方面发挥着重要作用。贫困问题并未根除，但从20世纪60年代中期到80年代中期，这些国家的贫困率大幅下降。在这一过程中，芬兰遵循了瑞典和挪威的发展路线。根据一份基于1986—1988年北欧调查的报告，在北欧国家，物质标准的分布更加平等。体力劳动者和受薪雇员之间的标准差异在所有国家都有所减少，但挪威的差异比芬兰更大。这一趋势与这些国家生活水平的普遍提高不谋而合。

17.4 资本全球化下的资本主义改良变革（1990—2008年）

如上所述，芬兰的资本主义改良服务其发展模式。芬兰在20世纪40年代至80年代采取了严格的资本账户管制，这将芬兰与国际金融的发展隔离开来，从而允许芬兰采取影响深远的国内干预主义和针对性的货币政策以及财政政策。资本账户管制是中央银行根据政治优先次序决定利率、国内经济内部资本流动分布和规模的一堵墙。货币政策被用来补贴那些政府希望以低利率和充足的信贷供应支持的经济部门。在这个体系中，银行业几乎成为一个无风险的行业。由于名义利率被监管机构控制在低于市场结算的水平上，信贷需求仍然大于货币当局的可用供给。因此，除了那些通过政府获得资金的部门外，私营部门的家庭和公司仍然受到永久性信贷限制。由此可见，芬兰的经济发展绩效取决于其抵御国际环境干扰的能力，如果国际环境发生了根本性变化，芬兰的发展体制就不再促进经济增长，与之相伴生的资本主义改良政策也会遭遇挑战。

17.4.1 资本全球化与改良的矛盾

（1）国际金融体系变革对发展体制的影响

20世纪70年代初，国际金融一体化导致布雷顿森林体系崩溃。尽管如此，在布雷顿森林体系消亡之后，芬兰仍然实行资本账户管制以及内部金融管制。由于芬兰社民党和工会的强大政治地位，充分就业在70年代仍然是主要政策目标。面对两次石油危机，实现充分就业的目标有助于实施扩张性财政和货币政策，以维持总需求。1976—1982年，这种适应性政策导致了低失业率、高通货膨胀率和数次货币贬值。而货币贬值造成了70年代和80年代初维持充分就业所需的实际工资调整。

由于适应性政策，高通胀和高通胀预期在20世纪70年代和80年代初十分稳固。在名义利率、高通胀和允许大幅扣除借贷成本的税收制度的共同作用下，那些能够通过金融系统获得贷款的公司和个人实际税后利率变成负值。现行的名义利率管制制度、高通胀和高边际税率，导致私营部门产生了大量投资组合失衡现象。

随着时间的推移，严格的金融监管中出现了许多压力，金融监管使从银行获得贷款成为少数人的特权。从20世纪80年代开始，规避监管约束的行为变得越来越普遍，引发了那些不愿或不能轻易改变规则的家庭和企业的不满情绪。与此同时，科技的发展和国际化使许多参与者（尤其是大公司）对效率低下的国内信贷市场依赖性减弱。因此，监管的基本原理越来越受到质疑，芬兰在80年代初开始了逐步的金融自由化进程，而金融自由化从根本上影响了贷款人和借款人的动机。银行贷款在没有任何约束性监管限制的情况下扩大，银行为了争夺市场份额进行了激烈的竞争。贷款热潮开始，信贷流向资产市场，并主要流向房地产和股票市场，导致资产价格上涨，甚至比消费价格增长更快。不断增长的资产价格形成了抵押品价值不断上升的局面，在一个累积过程中进一步推动了信贷扩张。以前在信贷市场上受到严格配给的私营部门，将资产价格的增长作为吸收更多债务的抵押品。随着银行和其他金融机构发放本币和外币贷款，特别是用于购买房地产的贷款增加，银行贷款额占GDP的比例明显上升。在此过程中，通胀率和通胀预期进一步提高。经通胀预期调整后，企业和家庭的实际税后利率为负或接近于零，这提振了它们的贷款需求，金融体系经历了一个极度扩张的时期。新的激励结果是，芬兰的金融体系出现了过度独立性和过度放贷现象，这一点在后来变得尤为明显。

（2）东欧剧变引发的银行危机

金融自由化刺激了芬兰的金融泡沫急速膨胀，由此带来了实体经济的过热。这种经济过热被20世纪80年代末90年代初的东欧剧变叫停。由于德国统一后其货币政策转向更具收缩性，国际上实际利率上升，给芬兰的利率带来了强大的上行压力。此外，苏联解体带来了剧烈的贸易负向冲击。苏联在战后一直是芬兰最大的贸易伙伴，芬兰与苏联的贸易额占总额的1/5左右。苏联解体以来，这一贸易份额迅速减少。随着实际利率的上升导致芬兰资产价格下跌、出口利润下降和储蓄增加，经济繁荣在1990年结束。芬兰经济陷入异常严重的货币和银行危机。

疲软的出口表现加上相当大的经常账户赤字（约占GDP的5%），导致外汇市场的不确定性日益增加，引发针对马尔卡的投机性攻击。芬兰央行提高了利率以捍卫明显高估的汇率。1989—1992年，短期利率平均为13%。通货紧缩的速度比任何人预期得都快，较高的实际利率和资产价值缩水，抑制了芬兰国内需求。1990—1993年，芬兰的私人投资减少了50%，私人消费减少了10%。家庭可支配收入下降，储蓄率上升。

结果，1990—1993年，芬兰国内需求崩溃，GDP下降了13%。直到1996年，GDP才达到危机前的水平。负需求冲击影响了就业和失业以及公共财政。因此，20世纪90年代初见证了从几乎充分就业到芬兰历史上最大规模失业的根本变化。劳动力需求在4年内（1990—1993年）下降了近20%，失业率从3.5%上升到20%。私营部门对劳动力的需求下降最为强劲，但公共部门（主要是地方政府）也做出了"贡献"。在现代芬兰历史上，公共就业出现首次下降（1992—1994年下降了10%）。

17.4.2 迈向新熊彼特主义的改良倒退

在芬兰，银行危机构成了与范式转变相关的决定性时刻，因为银行危机被解释为"进入一个新世界的门槛"。在解释这场危机的原因时，政治精英和经济学家认为，公民在消费方面已经"疯了"，这场危机以及高失业率被认为是对社会的"健康"教训。在精英访谈中，芬兰福利国家和财政刺激的想法基本上不存在，取而代之的是熊彼特的创造性破坏思想，这意味着市场对低效经济做出了正确判断。由国家主导的财政政策被认为是过时的、无效的，甚至在道德上是腐败的。新世界的特点是，日益严格的市场效率纪律被视为理所应当的。芬兰将面临国际竞争，而那些没有在这种竞争中幸存下来的人理应被淘汰。最重要的是，在社会政策方面，创纪录的高失业率被政治精英视为该国的一个"积极教训"和"效率提高的迹象"。相比之下，在福利国家的范例中，高失业率被视为"浪费资源"。

事实证明，20世纪90年代银行危机是新议程的一扇机会之窗，它成为一个门槛或一个教训。在这之后，芬兰福利国家的理念被竞争力和市场效率的新理念所取代。90年代，熊彼特的思想被芬兰的政治决策者、官僚核心精英、经济学家、经济政策顾问所采纳。

对政策文件的分析也表明了范式的转变。"福利国家"的概念在1980—2010年的政府计划中只在2003年被提及过一次。相反，"竞争力"的概念蓬勃发展。在20世纪80年代，每个方案都相当少地使用了"竞争力"概念。90年代，"竞争力"概念使用量激增。到90年代末及进入21世纪后，几乎所有政治部门都适应了这一新的要求。2003年"竞争力"概念使用了31次；2007年"竞争力"概念使用了38次；2011年"竞争力"概念使用了49次，对"竞争力"概念的利用越来越多。为了显得可信，它们的政策被认为可以提高国家竞争力，这已经演变成一个共同的口号，由所有有关方面使用，以合法化和证明它们的行动。因此，自90年代以来，"竞争力"概念被用于政府计划，如农业、环境、文化和社会政策，而这些政策都旨在提高国家竞争力。

（1）劳动力市场去组织化

在劳动力市场政策中，新思想成为竞争力和效率这一新兴范例的核心要素。20世纪90年代，决策者开始重新思考战后国内劳动力市场政策的整个体系。对政客和政府官员的采访显示，在银行危机期间，劳动力市场政策发生了变化。失业是健康结构调整的标志，这已成为司空见惯的事。货币的贬值被推迟了，凯恩斯主义的财政刺激方案是不可能实现的。与此同时，资本家也开始讨论工资谈判制度的改革。21世纪，商业智库提议对工资制定领域进行具体改革。集中协调的工资设定应该被基于生产率的工资取代，因为工资差异可能有助于"为个人效率创造激励"。此外，"激励"的概念似乎随着一个人的劳动力市场地位发生改变。对高管的激励往往意味着奖金和股票期权，而对求职者的激励则意味着福利削减。实际上，这种新的激励理念意味着股东价值原则在芬兰开始流行。

于是，工资谈判制度开始向更灵活的分散化趋势转变。芬兰原本的工资谈判制度由三级构成：国家级、部门级和企业级。20世纪90年代中期以来，受到高失业率的影响，越来越多原属于部门级谈判的议题被移交至地方性谈判，以满足政府当局、企业的需要。最终制度演变为，部门级谈判的执行情况实际上取决于地方性的谈判,以满足特定工作场合的需要。这一谈判制度具有相当的灵活性。只要双方同意,就可以在集体协议的基础上实行加薪和减薪。在集体协议生效之后,工人必须承担工厂和平义务(Industrial Peace Obligation),即不能组织罢工寻求更改协议内容。只有在原协议过期而没有新协议签订的时期,工人才被允许罢工,企业主才可以闭厂。

(2) 福利国家的紧缩

在主要决策者心目中,战后的税收优惠制度不再是解决问题的方法,而是问题本身。累进税和慷慨的社会保障福利不再被视为再分配机制。相反,它们成为阻碍工作和就业增长的结构性障碍。激励机制的新理念取代了再分配和社会保险的理念,人们的注意力从劳动力市场的需求侧转移到了供给侧。结构性失业主要通过采取旨在增加劳动力供应的措施来解决。所以,改变求职者的行为成为当务之急。随之而来的是,社会政策朝着工作福利理念重新调整("为你的福利而工作")。失业保险的条件从1993年开始收紧,领取社会保障福利的人必须满足新条件,以保持他们获得现金福利的资格。1994年实行的基于收入审查的劳动力市场支助成为失业保险的主要形式。在收入支助系统中,1995年批准了不遵守福利管理员的规定。1997年,制裁变得更加严格:在不遵守制裁的情况下,减少的数额可高达收入支助水平的40%。此外,"搭便车"和滥用福利被视为潜在问题,并被认为是改革的正当理由。2001年,制裁进一步加强和细化,芬兰在通往工作福利的道路上越走越远。

上述社会政策改革旨在通过收紧领取社会保障福利的条件来增加劳动力供应和就业率,从而完善芬兰正在形成的竞争国家模式。北欧福利政策的传统理念被放弃,而经手段检验的福利在芬兰社会政策中产生了更突出的作用。基于收入审查的福利,特别是劳动力市场支持和收入支持,不再是福利制度中的最后手段,而是成为加强未就业者和劳动力市场边缘人群求职活动的机制。慷慨的福利被贴上"被动"的标签,目的是减少对它们的依赖。

这些改革体现了芬兰对工作福利观念的适应,旨在加强求职活动,增加或管理劳动力供应。实际上,工作福利理念在这一时期的发达国家普遍流行。在芬兰,工作福利表现为一种强烈的强制和严厉的制裁,加上对行政细节的集中监管,地方一级几乎没有自由裁量权。竞争国家改革持续了20年,在芬兰劳动力市场上形成了新的等级制度,从而破坏了北欧传统的团结与平等观念。

(3) 国家创新体系的建设

如前文所述，新的国际经济环境导致芬兰在战后"黄金时代"惯用的一些政策和制度逐渐失去作用，依赖于森林工业产品出口的发展模式弊端逐渐显露。失去了国家政策的屏障，芬兰意识到自己必须转变发展战略，从资源依赖、投资驱动转向创新驱动，为世界市场生产附加值更高的产品。

芬兰对于自身经济转型的讨论与探索早在20世纪70年代就开始了。在70年代末的大讨论中，政府加大了对教育和科技的投入。80年代中期，为了给国内的高技术企业提供融资机会，芬兰采取了金融自由化的政策以吸引国际资本。1990年，芬兰科技政策理事会的报告明确将国家创新体系的概念作为设计芬兰创新政策的理论基础，同时确立了"通过信息和通信关键技术领域的突破实现跨越"的赶超战略。在经济衰退期间，政府全面削减财政开支，唯独未降低研发投资，公共研发支持甚至有所提升。由于商业部门在创新活动中投入了大量经费，芬兰的总体研发密度增长迅速（见图17-2），到了21世纪初，芬兰的研发支出占GDP的比重已经走到了发达国家的前列。

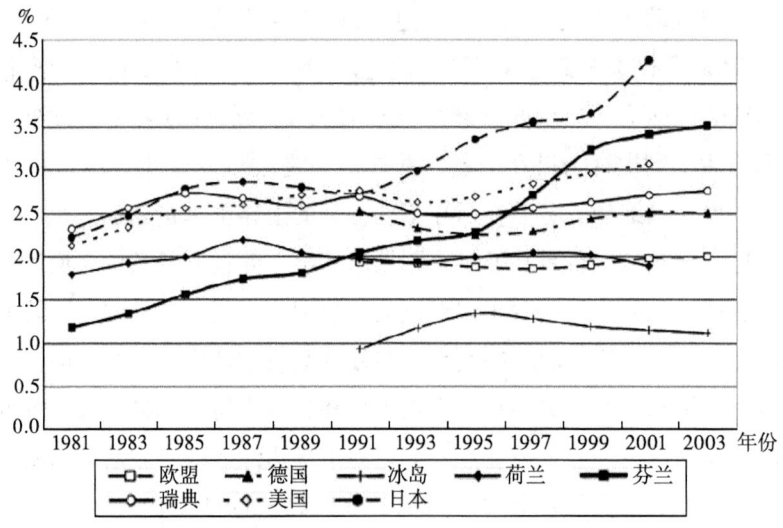

图17-2 1981—2003年芬兰研发支出所占份额的国际比较

20世纪末21世纪初，芬兰已经建立起多层次的国家创新体系（见图17-3）。这一国家创新体系整合了基础研发、应用型研发和实用技术研发三大领域，通过政策引导和资金配置调节，为创新型企业提供全过程指导与资助。

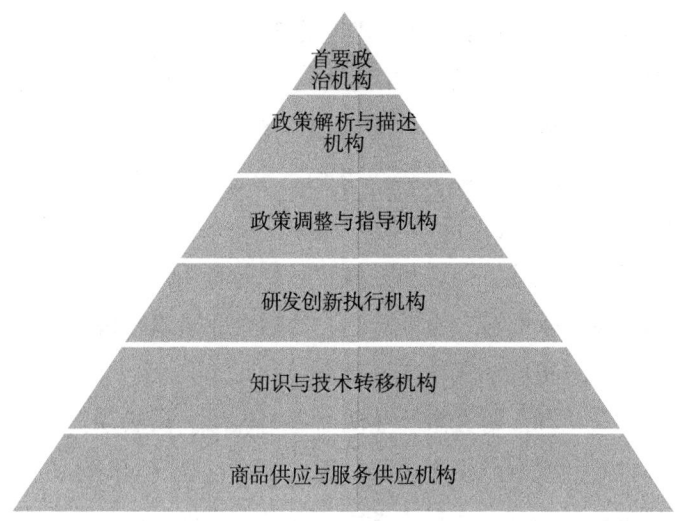

图 17-3 芬兰的国家创新体系

17.5 国际金融危机之后的发展趋势

17.5.1 芬兰的危机应对政策

2008 年，源自美国次贷危机的国际金融危机爆发，芬兰金融系统在此次危机中受到的影响并不大。因为自 20 世纪 90 年代以来，芬兰便加强了对金融系统的规范和监管，使金融系统抗风险能力大大增强。芬兰遭受的打击主要体现在国际贸易的低迷，2008 年第四季度，芬兰的 GDP 增长率只有 0.7%。为了应对国际金融危机，芬兰采取了一系列经济政策。

增加公共开支，减免税负。首先，增加基建投入。芬兰政府启动 3.3 亿欧元的项目投资计划，带动了规模达 17 亿欧元的各类项目建设，创造了近万个就业岗位，有效地解决了失业问题，同时拉动了国内需求，在一定程度上带动了经济发展。其次，加大促进就业投入。一方面，在人们失业时提供暂时的收入支持；另一方面，加强对劳动力的职业教育和培训，对维修、维护、家政服务等收入相对较低的行业进行补贴，并给予地方政府直接财政支持，帮助人们回归劳动力市场。芬兰政府拨款 2.3 亿欧元用于扶助失业人员、开展再就业培训以及实施可增加就业岗位的项目工程，从而促进国内就业。再次，加大科技研发投入。芬兰政府将科技与研发投入增加到占其 GDP 的 4%，其中 1.2% 来自公共部门,而欧盟的整体目标是 GDP 的 3%,其中 1% 来自公共部门。芬兰政府在近 10 年内进一步增加 7.6 亿欧元,主要用于支持企业的科技研发创新、资助大学促进基础研究以及支持地方研究基础设施建设和研究人员的职业发展。最后,实施减税政策。家庭方面,芬兰的低收入阶层收入税下降 1.4%,中收入阶层收入税下降 1.25%,高收入阶层收入税下降 1%,总减免金额达 8.7 亿欧元。企业方面,芬兰制订了保险费用减免计划,旨在帮助受危机影响而难以融资的企业减轻金融负担,困难企业可以申请保险金的减免以及金融借贷,企业可以更好地获得金融资金。

调整利率政策,加强对金融行业的监管与保障。虽然芬兰的金融系统未受到严重影响,但芬兰政府依然进一步加强了金融监管,同时加强了对金融行业的保障,以稳定金融系统,增加市场流动性,进而恢复投资者和消费者信心。

17.5.2 后金融危机时代的新变化

尽管金融系统受冲击不大,但是全球经济低迷导致的国际贸易下滑使芬兰经济增长陷入停滞。瑞典、德国和俄罗斯是芬兰的三大贸易伙伴。自 2015 年来,欧元对瑞典克朗急速升值,欧盟对俄罗斯的制裁,急剧打压了芬兰的出口。而芬兰不断攀升的劳动力成本,也使其对德国的出口竞争力不再。目前,芬兰正艰难地应对电子和森林行业的需求下降。

在社会方面,21 世纪的芬兰面临着严重的人口老龄化问题。其人口老龄化速度要快于大多数 OECD 国家。据预测,老龄人口与劳动年龄人口之比将从 2014 年的 30% 上升至 2030 年的 40%。[①] 这一趋势使芬兰目前的养老及医保体系变得不可持续。

在谈判制度方面,自 2007 年以来,雇主协会便明确拒绝参与全国性的工资协调谈判,这是北欧国家的总体趋势。在瑞典、挪威和丹麦,协调工资政策正日益被最小工资协定所取代,这会拉大工人之间的工资差距。

目前,芬兰的法团主义政治体系能否处理这些问题还有待观察。在法团主义的政治文化中,芬兰很难协调好代际冲突。为了确保长期稳定性,政府必须平衡好未来国民的长期利益与当前国民(特别是老年人和青壮年)之间的矛盾。

---

① 资料来源:http://www.oecd.org/finland/launch-of-oecd-2014-economic-survey-of-finland.htm。

以劳动力市场为例。2009 年，为平衡预算以及应对老龄化问题，芬兰政府宣布将退休年龄推迟两年。这一决议很快引起了将要退休者的抗议，甚至劳动力市场的双方都认为这是一种对游戏规则的违反。最终，芬兰政府撤销了这一决议。

17.6 芬兰资本主义改良实质评析

自二战以来，芬兰的资本主义改良经历了三个阶段：赶超战略下的改良、面向新熊彼特主义的改良倒退以及后金融危机时代的改良。芬兰的每次改革都取得了举世瞩目的成就，其在福利体制、产业政策方面的经验值得同为市场经济国家的中国学习。然而，我们也要看到，芬兰的制度演进尽管包含着阶级妥协、普遍主义等进步因素，但仍然是在资本主义框架下的改良，其本质是仅改变了资本主义基本矛盾的表现形式，而未从根本上解决资本主义基本矛盾。

在战后"黄金时代"，芬兰的劳工之所以能够享受高组织化的政治生活和高福利的经济生活，在一定程度上是迫于冷战的压力。20 世纪 90 年代以后，芬兰与主要发达国家的差距已经大幅度减小，加之苏联解体、资本主义迈向新自由主义时代，企业意识到不需要再过度迎合劳工的需求，因此工资谈判开始趋向于分散化，社会福利也被削减。福利国家一直被视为是对社会民主主义最大的贡献。然而，从本章的梳理中可以看到，这一体制根植于特定的历史环境，当劳动与资本的力量对比发生变化时，这 体制自然会被政府放弃。

参考文献

［1］JÄNTTI M, SAARI J, VARTIAINEN J. Growth and Equity in Finland［Z］. 2006.

［2］VARTIAINEN J. The Finnish Model of Economic and Social Policy – From Cold War Primitive Accumulation to Generational Conflicts?［M］. MJØSET L//Comparative Social Research. Emerald Group Publishing Limited, 2011: 53 – 87.

［3］JÄNTTI M, VARTIAINEN J. The Finnish Developmental State and Its Growth Regime［M］. AUGUSTIN K. FOSU//Development Success. Oxford University Press, 2012: 22 – 43.

［4］FLORA P. Growth to Limits: The Western European Welfare States Since

World War Ⅱ[M]. Walter de Gruyter, 1986.

[5] KOSONEN P. The Finnish Model and the Welfare State in Crisis[M]//The Nordic Welfare State as an Idea and as Reality. Renvall Institute Publications, 2002: 45-66.

[6] KORPI W. The Democratic Class Struggle[M]. Routledge, 2018.

[7] ALESTALO M, FLORA P, UUSITALO H. Structure and Politics in the Making of the Welfare State: Finland in Comparative Perspective[M]//Small States in Comparative Perspective, 1996.

[8] GUSTAFSSON B, UUSITALO H. The Welfare State and Poverty in Finland and Sweden from the mid-1960s to the mid-1980s[J]. Review of Income and Wealth, 1990, 36(3): 249-266.

[9] JONUNG L, KIANDER J, VARTIA P. The Great Financial Crisis in Finland and Sweden: The Nordic Experience of Financial Liberalization[M]. Cheltenham, UK: Northampton, MA: Edward Elgar, 2009.

[10] JONUNG L. Lessons from Financial Liberalisation in Scandinavia[J]. Comparative Economic Studies, 2008, 50(4): 564-598.

[11] OUTINEN S. From Steering Capitalism to Seeking Market Acceptance: Social Democrats and Employment in Finland, 1975-1998[J]. Scandinavian Journal of History, 2017, 42(4): 389-413.

[12] KANTOLA A, KANANEN J. Seize the Moment: Financial Crisis and the Making of the Finnish Competition State[J]. New Political Economy, 2013, 18(6): 811-826.

[13] ASPLUND R. Finland: Decentralisation Tendencies within a Collective Wage Bargaining System[J]. Discussion Papers, 2007.

[14] KANANEN J. Modern Societal Impulses and their Nordic Manifestations: On Emancipation and Constraint in Societal Development[D]. University of Helsinki, 2011.

[15] 陈洁. 国家创新体系构架与运行机制研究[M]. 上海: 上海交通大学出版社, 2010.

[16] 嵇明, 万平. 芬兰、瑞典应对国际金融危机的财经政策及其借鉴[J]. 中国财政, 2011(8): 74-77.

18 丹麦

18.1 引言

丹麦是一个发达的资本主义国家，拥有完善的社会福利制度。在这里，弱势群体的利益得到保证，可以受到同富人一样的尊重，享有同样的社会福利和教育。正因如此，有人称丹麦是一个"披着资本主义外衣的共产主义国家"。在丹麦，资本主义历史悠久，在经济危机、石油危机等外部冲击以及国内劳资矛盾的影响下，丹麦资本主义得以深入发展；并在社会民主党的主导下，较为平和地走向"中间道路"，采取一系列不触及资本主义制度根基的社会改革进行资本主义改良，来缓解工人阶级与资产阶级日益尖锐的矛盾，改善工人阶级的生产与生活条件，进而逐步建立起"从摇篮到坟墓"的无所不包的福利国家制度，在一定程度上缓解了社会矛盾。但是在现代化进程中丹麦面临着各种各样的挑战，福利国家制度的弊端日益显露。丹麦的资本主义改良实践验证了不触及资本主义根基的改良是无法从根本上解决资本主义基本矛盾的。本章对丹麦社会主义改良的一系列改革从起源到现今进行了较为完整的梳理，涵盖了政治、经济以及社会方面的内容，详细解说了丹麦不同历史阶段应对不同的发展变动，其资本主义是如何发展、如何进行改良，从而适应新的外部环境和缓解内部矛盾的，并利用马克思主义政治经济学对丹麦的资本主义改良实践做出评析。

18.2 丹麦改良主义的产生

随着丹麦现代工业化的发展，19世纪末在丹麦初步形成了工人阶级，这一由劳动者组成的阶级处于社会的最底层，在政治上没有选举权，在经济上没有生产资料，只能依靠出卖劳动力勉强维生。工人阶级生存条件的恶化，使其与资产阶级的矛盾日益尖锐。

19世纪70年代，马克思主义在世界范围内广泛传播，北欧国家工人运动随之兴起。1850年，《共产党宣言》译本在丹麦发行；1871年，第一国际丹麦国际工人支部宣告成立。第一国际丹麦国际工人支部从一开始就在国际的、革命的纲领基础上开展活动，最终目标是工人从社会内部夺取生产资料和政权；很多人将其看作丹麦社会民主党，同时也是丹麦第一个工人政党成立的标志。该支部创立的《社会主义者》周报在丹麦广泛流传。1872年春，在该支部的领导下，丹麦首都哥本哈根的建筑工人举行了一次大规模的罢工活动，该支部还准备举行一次公开集会，全面动员人民群众，呼吁当局进行社会改革。当局镇压了罢工运动，并取缔了集会，逮捕了活动领导人。1876年，丹麦社会民主党（以下简称"丹麦社民党"）进行改组，以德国社会主义工人党的《哥达纲领》为范本制定了自己的纲领，丹麦社民党开始将工人、农民的阶级斗争，引向议会斗争、合法斗争的轨道。1899年，在丹麦发生的第一次工人运动中出现了严重对抗。由于工人对工资和工作条件的普遍不满，罢工浪潮席卷全国，雇主用关闭工厂的方式进行回击，丹麦雇主联合会和丹麦工会联合会之间展开了一场较量，冲突给双方都带来了很大程度的打击，资源被大量耗费，最终"九月协定"的出现使冲突得以和平解决。这个协定是交战双方在没有政治干预的情况下协商达成的，对立的双方通过谈判来管理劳动力市场，解决劳资双方的冲突矛盾。

可以说，1899年的"九月协定"为工人通过谈判，不需要进行暴力斗争就可以提高工资和改善工作环境铺垫了道路，为丹麦工人运动走非革命的改良主义道路奠定了基础。"九月协定"对社会民主党也产生了深远影响，社会民主党渐渐远离了马克思主义观点，远离了革命的观点，走上了改良主义道路，认同可以通过温和的、渐进的改良主义道路而不需要开展革命来搞社会主义，即采取合法斗争方式，工人阶级通过选举取得政权，掌握国家机器，然后进行对工人有利的社会改革，他们放弃了原来国际主义的原则和终极目标，变成单纯的丹麦国内的一个政党，遵循议会制度的规则。

18.3 丹麦社民党走向改良主义道路的原因

丹麦民主的传统由来已久，一直在丹麦国民生活中发挥着重要作用。在工人运动兴起的早期阶段，北欧国家的资产阶级政府对工人运动进行过武力镇压，但是 19 世纪 80 年代以后，丹麦对工人运动采取了较为宽容的态度，工人的结社与集会，一定范围内的罢工、游行，包括后来一年一度的"五一"国际劳动大游行等，都被承认合法，这些斗争都取得了一定成果，工人阶级的状况有了明显改善，这种改良主义逐步上升为丹麦工人运动的主导思想。因此，社会主义、共产主义等远大目标就逐渐被抛弃了。

在丹麦社会民主斗争中，农民阶级扮演了最重要的角色，丹麦社民党只是农民阶级的同盟军。在这种情况下，丹麦社民党是不可能坚持自己独立的政治主张的。在丹麦，丹麦社民党 1884 年才进入议会，而且只有两个席位，这一情况直到 1901 年才有所改变；而自由农民党在 19 世纪中期就开始控制下议院的多数，1901 年通过议会民主制选举，以绝对多数席位获得执政党资格，在此后的 20 多年，自由农民党和后来从该党分离出来的、代表小农利益的激进自由党主导着丹麦。在这种情况下，丹麦社民党只能采取温和妥协的态度，不然任何激进的纲领都会把相当一部分选民推到农民政党那边。所以导致丹麦的工人运动一开始就带有强烈的改良主义色彩。

受国际工人运动中的修正主义思潮影响，1910 年在丹麦哥本哈根召开的第二国际第八次代表大会，对工人运动的改良主义道路进行了肯定。1916 年，丹麦社民党的领导者斯道宁出任了资产阶级政府的部长，意味着工人运动实际上已经接受第二国际的修正主义道路的思想指导。

作为丹麦工人运动的领导者，丹麦社民党中大多是基层工人群体，缺乏先进的知识分子，他们更看重眼前的直接利益，也不想采取暴力革命的方式争取工人阶级的利益，因而无产阶级解放斗争的远大目标被无限期搁置了。

这种改良主义，虽然改变不了工人阶级受压迫、受剥削的命运，但在一定程度上改善了工人的生活、工作条件，缓解了工人受压迫的状况；虽然不能消除资本主义的基本矛盾，但在一定的范围内缓和了这个矛盾，这为丹麦建立福利国家制度奠定了基础。

18.4 丹麦资本主义改良的实践

根据丹麦社会改革实践的发展历程，本节将分别论述世界经济大危机、第二次世界大战、石油危机以及进入21世纪以来这几个重大历史阶段中丹麦资本主义改良的发展情况。

18.4.1 1929—1933年世界经济大危机与丹麦社民党的社会改革

1929—1933年的这场世界经济大危机虽然对丹麦的打击比较晚，但是程度比较深，给农业和工业都带来了沉重的打击。经济危机爆发初期，西方市场上谷物价格暴跌，对于进口谷物的丹麦农民来说是个好消息，他们大量进口低价谷物，用以饲养更多的牲畜，扩大农畜产品的生产规模。然而，自1931年底以来，西方市场的畜产品价格开始大幅下跌，同时，丹麦畜产品的主要进口国英国和德国开始实施保护政策，提高进口关税，制定进口配额，导致大批丹麦农民贫困潦倒，宣告破产。另外，丹麦的工业也遭到破坏，经济危机爆发后，随着西方大批廉价的工业产品流入丹麦，丹麦当地落后的工业陷入困境，大量工厂倒闭，大批工人失业。1932年底，工人失业率高达44%。当时的现实情况是，以自由竞争为主要特征的资本主义制度在社会大生产的背景下暴露出的问题越来越多，"看不见的手"在这种情况下也失灵了。因此，改革势在必行，需要寻求新的出路。

在此背景下，丹麦社民党在第二国际修正主义指导思想的影响下，提倡改良主义的方案，在不触动资本主义制度根基的前提下，主张政府积极地干涉经济生活，改善工人阶级的福利待遇。1933年，为了应对经济危机，帮助国民经济摆脱困境，经过丹麦社民党与丹麦两个农民政党之间反复磋商、谈判，最终达成了"堪斯勒格协议"。在这一协议的指引下，丹麦社民党进行了一系列类似于美国"罗斯福新政"的政策变革，以克服经济危机，并在社会保障领域进行了一系列重要改革。丹麦由此奠定了福利国家制度的根基，走上了"中间道路"。在此阶段，丹麦从政治、经济、社会方面展开了如下改革措施。

(1) 政治篇

虽然丹麦社民党并不否认工人阶级贫困的根本原因在于资本主义制度，但是已取得政权的丹麦社民党人根本没打算利用国家政权的力量来改变生产资料所有制的形式,以推翻资本主义制度。在他们看来,无论是苏联的布尔什维克主义还是德国的法西斯主义,都违背社会主义原则。著名丹麦社会改革家、丹麦社民党的领袖人物斯顿克在谈到他们的方针政策时这样说:我们当然也要进行社会改革,但我们的方针是"激进与保守的必要折中,从而防范反动又防止布尔什维克主义"①。丹麦社民党认为最稳妥、最有效的建设途径是社会立法,实际上就是国家通过法律手段参与社会福利的分配,在一定程度上限制市场分配机制的作用,缓和市场机制必然导致的两极分化与各种社会矛盾,但这种方式从根本上来说,是对资本主义制度的维护。丹麦社民党支持改良主义道路。由于改良主义道路既可以缓解身处水深火热之中的工人阶级的困境,又没有触动资本主义的根基,所以丹麦社民党的改良主义,或者说在实践中建设"福利国家",在丹麦社会得到更多人的认可与支持。丹麦社民党与丹麦两个农民政党的谈判,虽然没有代表资产阶级利益的保守党参加,但是"堪斯勒格协议"所采取的改革措施并没有动摇资本主义的根基,也没有打破资本主义生产方式的基本秩序,所以丹麦的资产阶级也接受了这样的改良主义道路。

(2) 经济篇

丹麦社民党主张政府在应对危机的过程中,积极干预经济。在丹麦,社民党政府颁布了一系列积极的干预政策,为了挽救濒临破产和已经破产的工厂和农场,丹麦社民党先后颁布了延期支付到期债务、延缓拍卖破产企业等法令。这一时期形成的北欧学派,为丹麦社民党的改良主义道路做了经济理论上的论证。"堪斯勒格协议"授权政府对农产品生产实行配额管理,并对农业给予补贴,规定农民可以延期支付到期债务,还向农民提供低息贷款,以改善丹麦当时陷入危机的农业。为了促进农产品的出口,政府还对丹麦克朗做了较大幅度的贬值,对于必须进口的粮食的生产则采取了补贴制度。为了振兴丹麦的民族工业,丹麦社民党提出实行贸易保护政策,对工业进口也进行严格限制,对民族工业必需的原材料和生产资料给予优惠政策。

(3) 社会篇

从历史上看,早期丹麦的福利法令是受俾斯麦19世纪80年代的《社会法》影响。丹麦政府模仿这套制度,于1891年通过了老年退休金法,1892年

---

① 刘玉安. 北欧福利国家剖析[M]. 济南:山东大学出版社,1995:42.

通过了医疗保险法，1896年通过了意外事故保险法，后又逐渐公布了一些较小的法案，汇总成了丹麦巨大的社会保障网。1933年，社会民主党和社会自由党联合政府进行了一项工程浩大的社会改革，由许多法规合并成一部法典——《社会福利法典》，而这部法典就是现代福利国家的基础，其不仅大大扩充了福利制度，而且因为这部法典清楚说明为所有处于危难之中的成员提供帮助是社会的义务，依照一定的规则接受国家和政府提供的帮助是每个公民的权利。因此，旧社会福利立法中"慈善""腐蚀"色彩以及镇压职能就被摒弃了，也就是说享受社会保障再也不需要以牺牲政治权利和社会尊严为代价。

20世纪30年代初，丹麦社民党上台伊始，就颁布了关于住房问题的法令：任何房东都不得驱逐无论何种原因而缴不起房租的房客，从法律上保证了工人不至于露宿街头。

1929—1933年，虽然丹麦社民党的社会改良政策在一定程度上起到了缓解工人阶级痛苦的作用，但是没能从根本上消除工人阶级所受的苦难，在改良主义和第二国际修正主义思潮的影响下，丹麦社民党实际上已经放弃了社会主义的最终目标。

18.4.2 第二次世界大战与丹麦模式

在第二次世界大战中，丹麦沦为纳粹德国的占领国，其经济被纳入希特勒的统一战略计划。纳粹德国对经济进行军事化集中管理，在一定程度上为丹麦战后对其国民经济和劳动力市场的宏观调控提供了进一步的启示。

第二次世界大战之后，国际共产主义运动空前高涨，社会主义制度由苏联扩展到整个东欧。丹麦共产党凭借在反法西斯战争中的丰功伟绩赢得了更多人的信任；丹麦共产党在1945年大选中获得了12.5%的支持率，取得了突破性成功。丹麦的共产主义运动也达到了高潮，向一贯坚持改良主义的丹麦社民党提出了严峻的挑战。他们必须在社会改革上有新的突破，否则将丧失在工人运动中的主导地位。在丹麦社民党的倡导下，丹麦实行了更广泛的社会改革，政治影响力也越来越突出，丹麦模式逐步定型。

（1）政治篇

丹麦社民党在1947年重新执政后，制定了改革政策规划，仿照苏联在政府设立"计划委员会"。事实上，丹麦社民党尚未制订出具体的改革方案，丹麦社民党人政策宣言中的那些社会主义论调,只是表面文章,是说给共产党人听的,是为了同共产党人争取工人群众的选票而不得不做出的姿态。在他们的实际政策中,丹麦社民党人坚持的仍然是一条改良主义路线,其目标仍然是实现充分就业、提高生产效率、提高全体人民的生活水平、改善全体人民的福利条件等。但福利国家制度的基本目标是解决工人阶级的温饱问题,战后丹麦福利国家制度有了更高的目标,其基本目标在于实现社会平等。

建立福利国家制度是丹麦社民党的核心原则。早在1945年,社会民主党就在其宣言《丹麦之未来》中勾勒出了它的主要轮廓,1961年宣言又使其更为丰满。按1961年宣言,公共部门不只是承担缓解眼前需要的责任,还要保证每个公民获得医疗和教育。

(2) 经济篇

战后的第一个十年,是丹麦经济恢复期。由于低增长、高失业和欠发达的工业基础,丹麦经济处在一个相对停滞的阶段。1948年,丹麦接受马歇尔计划的援助后,取得良好成效,经济开始复苏,减轻了货币流通方面的困难,推动了丹麦农业和工业的现代化进程,为福利革命打下了基础,使丹麦经济维持了20年之久的繁荣发展,主要表现在三个方面:农业在经济中所占比重急剧下降、二次工业革命和服务业出现。

农业机械化和合理化使丹麦农业工人数量大幅减少,农业劳动力人口占比从1950年的25%下降至1960年的18%,直到1970年持续下降到10%左右。农业机械化发展使战后十年9000个独立农场消失了,农场开始规模化经营。农业合理化使生产效率大幅提高。第二次工业革命在20世纪五六十年代席卷丹麦,并因农业合理化释放出大量劳动力而加快步伐。工业工人数量大幅增加,从战后20万人增长到1972年的31.5万人,工业产品都是精加工的,专业性很强。工业生产力的提高,是通过生产设备自动化和现代生产设备投资实现的。工业发展的速度迫使公司吸收消化农业合理化解放出来的劳动力。1960年左右,丹麦的失业率从近10%下降到了个位数,略高于结构性失业的数字。60年代,多数妇女进入劳动力市场,10年里总劳动力人口增加了12%,这意味着大多数家庭有了两份收入,能够购买更多的消费品。丹麦由以前典型的短缺国家突然变成了实至名归的富国。战后丹麦经济与社会的变化对社会服务提出了全新要求,富裕社会的公民对公共服务要求日益提高,如建设关怀儿童的机构、提供更好的教育、对老弱病残提供更多的帮助等。

(3) 社会篇

战后，丹麦迎来了福利国家制度建设的"黄金时代"，在丹麦社民党的倡议下逐步形成了从"摇篮到坟墓"的社会民主主义国家制度。具体实践内容如下。

第一，劳动力市场政策。二战后，丹麦成立了隶属于议会，成员由中央政府任命，劳资双方代表组成的劳动力市场委员会。其中，工人方面的代表历来占据多数。该委员会的职责是对整个国民经济的运行进行调查、研究、预测，针对各种变化趋势和存在的问题提出解决方案和应对策略。该委员会虽不具有立法的职能，但它所提出的报告，对政府的各项具体经济政策的制定有着决定性影响。各地方特别是求职相对集中的大学，都设有就业服务办公室，免费为雇主、员工双方提供服务。任何雇主都必须向当地就业机构申报自己的招聘计划。国家通过劳动力市场政策对经济生活进行干预，尽量改变劳动力市场上不平等的交易条件。

第二，住房政策。作为人类生存的基本需要，住房也是每个社会必须解决的一个问题。二战后，为了给广大劳动人民提供住房保障，丹麦政府设立了建房基金，政府提供低息贷款，帮助人们建房、买房。另外，国家对住房的设计标准、建筑材料等方面统一了规定。在20世纪五六十年代，丹麦国内的新建筑大多数是由政府提供贷款并按照国家制定的标准建设的。到70年代末，收入在一般水平的体力工人中有50%拥有了自己的住房。

第三，全民教育。在现代社会中，一个人的受教育程度，往往影响其社会地位，如果受教育机会不均等，那么资产阶级思想家所鼓吹的"机会均等"就都是空话。随着科学技术和生产水平的提高，对教育的需求越来越大，一般家庭对更高的教育显然是负担不起的，于是丹麦在20世纪五六十年代实行了教育改革，将七年义务教育改为九年义务教育，并且规定教科书和其他学习必需品一律不收费，高等教育一律免费，全部大学生都可以得到政府奖学金。从那时起，教育始终是丹麦政府支出最大的一个项目。目前，丹麦每年的教育开支占政府全部开支的20%以上，相当于国防开支的2倍以上，确保了教育成为一项普遍的社会权利。

第四，全民社会保险。为了解除生、老、病、伤等灾难对人类的长期威胁，丹麦政府还建立了普遍的全民保险制度。丹麦社会实行普遍的社会医疗保险制度，即无须交纳保险金，所有公民都能享受公共医疗服务。公民如果生病了，就可以去当地开业医生那里获得免费诊治。如果需要住院，丹麦政府还将长期承担居民住院期间的全部费用，包括食宿费。为了保证患者的亲属生活不受太大影响，患者还可以得到相当于原工资90%的病假津贴。因此，任何疾病都不会因为缺钱而得不到诊治，任何家庭也不会因为看病而倾家荡产。丹麦的工伤保险费用主要由雇主来承担，并且比其他西方国家更强调保险的社会化管理，从而保险系数更大。首先，雇主必须为每一名雇员进行投保，并在国家的监督下执行统一的保险政策。其次，丹麦的工伤保险特别强调预防，所以丹麦制定了严格的工作环境法，还设立了相关机构——工厂视察委员会，以及规范的事故报告制度。这些防御措施都体现了丹麦对劳动者的高度负责。1956年，丹麦政府对养老制度进行了改革，实行全民范围的养老制度，每个满67岁的公民，都可以领取一笔同样数额的退休金。为了尊重每个人的意志自由，人们可以根据自己身体状况决定是否提前或延后退休，作为对积极工作者的鼓励，领取的基本养老金在数额上唯一的差别就是，提前退休者略少，延期退休者略高。

由于战争的巨大调节作用以及新的科学技术革命的出现，二战后的丹麦出现了新的经济繁荣，社会各阶级的生活水平也都有了明显提高。经过丹麦社民党推行更加广泛、更加深刻的社会改革，丹麦已经建成了西方评论家所说的"制度化的福利国家"。

18.4.3　20世纪70年代中期石油危机和丹麦福利国家的危机

丹麦福利模式从某些方面来看是一个美丽的乌托邦。从表面上看，这种社会制度既人道，又民主合理，貌似完美无缺；从深层次看，这种制度包含着一系列深刻的矛盾。

第一，这一制度与资本主义竞争机制之间存在尖锐的矛盾。自由竞争是资本主义生产方式运转的一种基本表现形式，福利国家制度的基本前提是不改变生产资料的私人占有制。丹麦的主要生产资料仍然掌握在私人企业家手中，这些私人企业家遵循资本主义的方式在不断的竞争中经营着自己的企业。随着科学技术日新月异的发展和生产社会化规模的日益扩大，这种竞争愈演愈烈，而竞争必然导致胜利和失败。在资本主义条件下,资本家的破产和工人的失业是极其自然的现象。资本主义竞争在无时无刻地加剧着社会的不平等。而福利国家的目标是消除社会不平等。丹麦的绝大多数政策都是为市场竞争中的失败者提供保障。这样,随着资本主义竞争越来越激烈,福利国家的负担会越来越大。在斯宾塞的批评中包含着这样一个事实:自由竞争必须以社会不平等为前提。反过来说,要实现社会平等就必须消除,至少是限制自由竞争。如此,福利国家制度就处在一个两难的境地,一方面要实现社会平等,另一方面要保护自由竞争机制。福利国家制度实际上是在为一个永远完成不了的任务努力着。

第二,福利国家制度的高福利与高税收之间的矛盾。在丹麦,政府很少有直接收入来源,营利性企业都掌握在私人手里。在这种情况下,庞大的福利政策开支就只能取之于民了。20世纪七八十年代,税收占丹麦GDP的40%多,在西方发达国家中遥遥领先。为了刺激投资,和其他西方国家一样,丹麦政府对用于投资的收入免交所得税,公司营业税比其他国家还要低。这样,丹麦公民的收入所得税占比比其他国家要大。在70年代中期,一个普通工人的直接税、间接税、边际税以及社会保险费四项相加,已经超过其总收入的50%,而税率还在年年增长。随着福利国家制度的发展和政府职能的扩大,丹麦公共部门也急剧膨胀,越来越多的人意识到大多数纳税人实际上要担负着越来越多的公共部门就业人员的工资和福利,造成付出的多于得到的,所以丹麦公民的不满情绪也在日益增长。

第三,从某种意义上来说,福利国家确实像一个大家庭,这个大家庭对于抵御社会灾难、建立稳定的社会秩序,有着非常积极的意义。但是其也有消极的一面,由于社会大家庭包揽了个人的一切事务,大大降低了个人对社会生活的责任感。这就造就了福利国家的又一矛盾——社会责任与个人责任之间的矛盾。由于享受社会福利已经成为一种普遍的权利,这必然会滋生一种逃避工作的心理,这种个人责任感的下降降低了人们的工作效率,阻碍了生产力的发展。

(1) 政治篇

丹麦福利模式是第二次世界大战后主导丹麦政治长达几十年的四个老党(丹麦社民党、自由党、社会自由党、保守党)达成广泛政治共识的结果。因此,它不仅是一个社会民主项目,而且是对目的与手段的广泛政治协议的一种表达。甚至可以这样说,完成这个项目的前提就是广泛的政治共识和一种崇尚协商民主、避免冲突的政治文化。然而，到了20世纪70年代，由于国际石油危机和经济萧条，情况发生了变化。对高税率和对政治家显然不能限制福利增长的不满情绪在议会中强烈地爆发出来。在被称作"压倒性胜利"的1973年大选中，四个老党（丹麦社民党、自由党、社会自由党、保守党）都失去了选票，对国家失去控制权。失望的选民用选票把许多抗议党送进了下议院。关键问题是减税和为房主提供更好的条件。"逃税党"（进步党），一跃成为议会里的第二大党，仅次于丹麦社民党。丹麦福利模式在这次政治大地震后陷入危机。为了在经济低增长情况下无限长时期的福利制度还能运转，就必须对整个福利制度进行"瘦身"。这个问题，也能挺过七八十年代的经济风暴，决定了20世纪其余时间里的政治日程——1973年以后几十年的温和改革、紧缩以及90年代对社会保障体系进行重组的混合时期。80年代，福利国家未能扩大，公共部门的发展也一度陷入停滞。不过，资产阶级政党的10年统治（1982—1992）并没有从根本上改变丹麦的社会保障制度，虽然政府中的各大党派的确受到国际新自由主义思想和榜样（里根、撒切尔）的极大影响。1973年至今这段时间可以被恰如其分地描述为重组或者对环境变化的适应。20世纪70年代和80年代的主要问题是现行结构中出现微小变化，以及各大政党中对非国家力量即"第三城"，提供社会福利的兴趣与日俱增。总的观点是，使社会福利的供应更加灵活，并减轻对公共机构的压力。沿着这一思路进一步发展，丹麦社民党从1992年起在社会领域引进了一些根本性变化。这所谓的"第四波社会改革"在社会政策方面始终遵循着一种"激活"和"自我赋权"的战略。一方面通过教育和培训赋予人民权利；另一方面通过收紧资格准则、缩短资助时间，将他们挤出社会保障体系。这一观念和改革适用于除养老金以外的所有保障项目。

（2）经济篇

20世纪70年代，国际石油危机沉重地打击了丹麦经济，将丹麦原本脆弱的经济抛入长期萧条中，造成无数公司破产和失业率飞升。不过事情并不全是阴暗，在丹麦开发北海石油和天然气变得有利可图。促使丹麦自1997年起实现了能源自给自足。

这一时期，丹麦对就业和税收进行了改革。对于就业而言，丹麦在"1997年劳动力市场改革"法案中将"灵活化"与权利有机地结合在一起，将失业的最大权利减少到 7 年。1997 年"社会救助法案"进一步规定，无业者无权接受公共津贴，仅能接受地方政府的安排。在税收方面，多年以来推行的公司所得税、个人所得税和工资税等税种的税率明显偏高，严重影响了公司、个人发展的积极性。1998 年，丹麦政府进行了税收改革，逐步降低低收入者的个人所得税税率，提高中等收入阶层的免税限额，降低公司税；与此同时，提高能源税和改变年金基金的纳税制度。

（3）社会篇

20 世纪 70 年代，在经历了国际石油危机和国内政治动荡之后，丹麦政府开始尝试对社会福利政策进行调整，强调对于社会福利的索取和付出应该是对等的，即权利和义务的统一。所以，传统的"消极的福利政策"将逐步转变为"积极的福利政策"。

社会福利体制结构方面，社会开支过大，财政负担十分严重，庞大的社会开支占用了生产资源，从而导致经济的衰退和高失业率，对福利结构的改革迫在眉睫，所以改革的第一步就是减少政府的社会性开支。

社会服务方面，致力于减少由于福利制度的漏洞而导致的资金浪费，使共享社会服务的各种条件更加严苛，从而避免很多人想通过不公平获得社会援助。每个人都要承担相应的社会责任，要从传统的"消极的福利政策"转变为"积极的福利政策"。

丹麦的福利国家改革实质是进一步调整福利国家的组织模式，改变国家行为和加强社会的政治自我调节，意在保持福利国家对整个社会机体的积极作用，同时修正其消极的一面。目标是减轻政府负担、激发企业活力、培养个人社会责任感，鼓励个人对自己的行为负责，以建立一个国家、企业、个人彼此协调负责、良性互动、充满创新和活力的福利国家。而在国家、企业、个人这三者的关系中，重点是培养和提升个人的社会责任感及就业能力。

从改革成效来看，经过 20 多年的努力，丹麦福利改革基本控制住了公共开支不断增长的势头。1995—2003 年，丹麦的社会支出占 GDP 的百分比从 32.2% 降到了 5.5%，福利改革已经取得了初步成果。

18.4.4　21 世纪以来丹麦福利国家制度面对的新挑战

2001 年以后，人们逐渐认识到，想保持丹麦福利国家一成不变是十分困难的。随着经济政治国际化和全球化进程的不断深入，一系列挑战开始浮出水面，尤其是人口老龄化将越发严重，这将对养老金和医疗卫生保障等福利服务带来越来越大的压力。考虑到选民的支持率问题，政府对是否进行重大改革持犹豫态度，不过也成立了一些委员会，其中就包括福利委员会，它们的任务是策划如何应对这些挑战。尽管这些委员会进行了精确的分析，提出了切实可行的建议，执政的多数党还是对是否贯彻这些综合介入手段犹豫不决。2008年，丹麦政府终于和丹麦社民党以及丹麦社会自由党达成协议，对提前退休养老金计划、养老金体制及福利国家政策的其他子领域进行有限的改革。

近年来，丹麦经济发展中的另一大问题就是福利国家的财政来源。丹麦的福利主要通过税收资助，并由地方当局实施管理。税收冻结和对个人所得税直接减免导致福利及公共部门总体上面临融资难问题，而民众越来越高的期望加剧了这一问题。在2007年的竞选运动中，丹麦政府关于减税和福利可以结合的断言遭到了反对党的挑战，他们认为减税将动摇福利国家的基础。右翼政府最终得以保持政权，但是有关"公共部门的削弱"——表现为陈旧的医院和学校以及遭到削减、不称职的社会救助部门的批判依然是公共辩论的重要议题，并对政府施加了越来越大的压力。从2001年起，政府在公共部门中实行了全面行政改革，但是民众依然认为问题越来越多。虽然整个政治集团和大多数丹麦人赞成基本维持现有的福利国家，但是由谁来做这件事，需要哪些改革加以确保的问题仍然未得到解决，尤其在国际金融危机波及丹麦的这一时刻更是如此。

世界正在变得越来越小。现代技术的进步意味着资源、商品和资本跨越国界的速度越来越快，成本变得比以往任何时候都低。这种经济一体化是福利社会的一个潜在金融威胁。是否有可能保持现有税收水平，并对日用品、服务和企业等流动性对象进行征税，还是说国家会加入财政竞争或者参与"竞次"中？近年来，在经济全球化的压力下，丹麦开始对福利国家制度和劳动力市场进行改革，并使用"工作福利国家"一词，以建设地方化、私有化和突出个人责任的社会救助体系为目标，标志着其福利政策意识上的转变。

18.5 对丹麦资本主义改良实践的评析

丹麦福利国家制度的建立和发展，并不是丹麦社民党人心血来潮的产物，它不仅有着悠久的社会历史渊源，而且有着深刻的、现实的阶级基础。从某种意义上可以说，福利国家制度是丹麦资本主义生产关系为适应丹麦社会化生产力的一种自发性调整，这种制度不仅能够为工人阶级带来一定的直接经济利益，而且在客观上促进了丹麦资本主义经济的发展。正如我们已经指出的，丹麦经济在一个很长时期保持了相当高的增长率，社会综合发展水平长时期居于世界领先地位，这些就是鼓励国家制度进步性的良好体现。

总的来说，丹麦社民党的民主社会主义道路是一种改良主义道路，旨在在资本主义制度框架下通过对社会的和平改良、对意识形态的调整，转而过渡到社会主义社会的模式。

从科学社会主义角度来看，福利国家制度还存在着严重的局限性，包含着一系列内在矛盾。但是，丹麦福利国家制度的发展受挫最直接的原因不是这一制度的局限性和内在矛盾，也不是这一制度的社会主义色彩，而是以国际石油危机为导火索的整个西方经济不景气。长时期的经济"滞胀"，丹麦社会"蛋糕"的萎缩，导致丹麦不能实现充分就业，丹麦也由此不能继续提高人民的生活水平。

从根本上来说，福利国家制度适应了丹麦社会生产力发展的客观要求。因此，虽然人们已经发现了这个制度所包含的许多内在矛盾和问题，且已经引起丹麦人民的普遍不满，但至少到目前为止，还没有找到一个比它更合适的替代制度。自1982年以来，丹麦政权被资产阶级保守党掌控了十年，但其福利国家制度的基本原则并没有发生改变，这也是福利国家制度合理性的一个很好证明。虽然丹麦资产阶级一直反对国家对社会经济生活的全面干预以及国家制度的社会主义倾向，但是资本主义的发展在客观上需要有一个相对安定的社会环境。说明以社会民主党为代表的福利国家制度在丹麦仍是现实的、合理的选择，短时间内实行了半个多世纪的福利国家制度不可能彻底荒废。

从长远的角度来看，丹麦不可能长期保持其福利国家制度。随着世界各国之间的政治、经济联系日益加强，特别是随着欧洲一体化进程的加快，丹麦最终将不得不放弃其地域性的福利国家制度。在这个意义上说,丹麦福利国家制度的直接发展的确不乐观。

参考文献

[1]刘玉安. 北欧福利国家剖析[M]. 济南:山东大学出版社,1995.

[2]克努特,耶斯佩森. 丹麦史[M]. 李明,张晓华,译. 上海:商务印书馆,2012.

[3]刘玉安. 国际环境与北欧模式:兼论北欧模式的发展前景[J]. 高校理论参考,1994(12):28-35.

[4]泥安儒. 北欧福利国家教育政策发展研究[D]. 保定:河北大学,2016.

[5]吴玲. 丹麦社会民主党民主社会主义的理论与实践研究[D]. 昆明:云南大学,2018.

[6]吴玲,赵建云. 丹麦福利社会主义模式的历史进程和经验教训[J]. 黑河学刊,2017(4):90-91,100.

[7]万江,余涵,吴茵. 国外养老模式比较研究:以美国、丹麦、日本为例[J]. 南方建筑,2013(2):77-81.

[8]肖爱民. 当代资本主义社会收入分配的福利化特点[J]. 湖南城市学院学报,2005(4):36-38.

[9]袁群,安晓敏. 北欧福利国家的改革及对我国的启示[J]. 经济问题探索,2006(11):139-142.

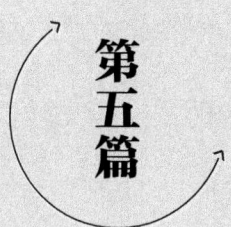

第五篇

东亚式协调资本主义的改良模式

19　模式总体特征

东亚国家（地区）在创造"东亚奇迹"之后，受到越来越多人的关注。由于地缘经济的相似性，以日本、韩国、新加坡和中国香港、中国台湾为代表的"东亚福利模式"也作为独特的福利体系呈现在众人面前。虽然东亚国家（地区）在普遍整合思想的基础上，集结了欧美福利国家所积累的发展经验，但是由于国家（地区）自身政治、经济、社会的独特性，东亚模式在实质上又独立于西方福利国家的福利体系，最终形成了以社会保险为中心，以社会救助项目为补充的社会保险型福利体制。鉴于此，本章以日本和新加坡为例，试概括东亚发达国家福利模式的制度变迁及面临的挑战，并分析在东亚福利制度背景下中国所处的位置。

19.1　引言

艾斯平·安德森在《福利资本主义的三个世界》一书中，以"去商品化"和"社会分层化"为主要分类依据，通过探索市场之外的因素和阶级地位对经济福利生活的作用效果，将西方资本主义国家福利制度分为以下三类：以美国为首的社会救助型福利制度，推崇自由主义福利模式；以欧洲大陆国家为代表的社会保险型福利制度，提倡保守主义福利模式；以北欧国家为代表的社会服务型福利制度，倡导社会民主主义福利模式。

20世纪末期，东亚经济高速增长，福利政策由"选择主义"向"普遍主义"转化，学者通过比较分析，试图把东亚福利作为独特的福利体系用以解读"东亚奇迹"。结果表明，无论是经济发展路径、政治体制，还是社会结构与观念，东亚各国的福利模式与西方资本主义国家有着较为明显的差异。这种差异主要体现在两大方面：一方面，东亚福利体制既是独一无二的，又带有模仿全球福利国家福利制度的成分；另一方面，自由主义、保守主义和社会民主主义福利模式并不是起源于东亚国家，因而东亚国家不像其他西方国家，社会主流意识形态和福利制度之间并无明显的关联性。于是，相关学者提出，东亚各国的福利制度不能简单地纳入这三种模式中，应归纳出独特的东亚模式，形成"福利国家的第四个世界"。霍利德将东亚不同地区的福利体制进行了比较，发现日本、韩国和中国台湾均有"发展—普遍"性的福利体制，国家（地区）作为市场支持的工具，提供普遍性的福利方案使福利项目有所发展，承诺有限的社会权利；新加坡属于"发展—特殊"性的福利体制，国家引导最低限度的社会权利，分层效应倾向于强化生产性要素；中国香港属于"辅助型"的福利政体，政府在提供福利服务时只承担最后责任。

19.2　东亚福利模式的典型特征

东亚各个国家和地区无论是经济政治体制，还是社会条件，都存在不同程度的差异，但是这种差异并非整体的分裂，因此在差异性中又显现出内在统一性。一些学者认为，东亚福利模式在制度发展阶段也呈现相似特性，主要表现为儒家文化、生产主义、国家中心等特点，这为我们研究东亚地区经济提供了必要性和可能性。

19.2.1　儒家文化深入人心

以儒家文化为核心的文化理念对东亚地区人们心理上的改造是根本且彻底的，而非法律制裁所能达到的。琼斯（Jones）提出了"儒教福利国家"的概念，强调儒教作为东亚福利体制的文化整合因素发挥的巨大作用。从文化角度来看，儒家文化是东亚福利模式普遍整合的价值基础，东亚国家人们的生产生活、所形成的社会结构长期以来深受儒家文化的影响。例如，儒家文化把"孝"的思想融入家庭生活中，进而形成"家庭中心主义"。这些国家和地区普遍注重以秩序、规律和集团等为基础的区域共同体的建设，把家庭作为福利供给的主体，家庭成员之间有相互提供经济支持和服务照顾的义务。因此，在面临困难时，更多的是向亲朋好友寻求帮助，渡过难关。由此可见，亲属关系已取代契约关系成为东亚地区福利模式的基础。尽管后来社会保险制度得到快速发展，传统救济方式还是发挥着核心作用。整体来说，儒家文化对东亚地区影响颇深，进而发展成与西方资本主义国家大相径庭的福利模式。

19.2.2 "生产主义"的战略导向

20世纪中叶以来，东亚地区迅速崛起，并创造了"东亚经济奇迹"。霍利德曾表明，东亚是以"生产主义"为特征的福利资本主义，因而东亚各个国家和地区采取的是以"生产主义"为战略导向的福利模式，更加关注国家层面经济战略目标的实现。在这种福利体制下，东亚的福利政策既与经济发展紧密联系，又从属于经济政策，最突出的特点表现为社会支出规模相对较小。这是因为东亚国家和地区倾向于将经济发展目标作为出发点，优先考虑经济发展，因此它们会将有限的资源首先用于发展经济，其次运用到福利体制方面。可以说，福利政策的改革和目标围绕经济发展的目标不断调整与变化，以期实现经济快速发展。因此，东亚地区"生产主义"的战略导向不同于西方的福利制度，进而成为东亚国家和地区福利体制的重要特征。

19.2.3 "国家中心主义"的特征

"国家中心主义"是指在国家福利政策或者社会保障制度的建设过程中，体现出的中央集权体制所处的特殊地位和影响力度。"国家中心主义"的一个显著特点表现为，东亚国家和地区采取的是政府控制的政治经济模式，因而社会保障制度一般由政府主导，公民的政治参与度相对较低。"国家中心主义"的另一个显著特点表现为"精英主义"。由于等级秩序的严格性，总有一部分人要优先享受福利政策。东亚国家和地区的公职人员受到多种社会福利政策的保护，既有较高的福利水平保证人员忠诚，又有一系列社会政策维持公务员的地位。这也决定了政府公职人员与普通公民相比，福利水平明显偏高，在某些方面也享有一定的特权。

总体来说，东亚福利制度水平在某些方面是低于西方资本主义国家的。由于东亚国家和地区社会服务项目以家庭为供给主体，因此以家庭为中心的福利制度成为东亚各个国家的共同点。部分学者将这样的特征看作与西方国家福利模式的主要区分点，也就是儒教主义福利模式的特征。同时，不仅东亚社会福利模式的焦点表现在传统文化思想的深入影响方面，国家扮演"剩余福利模式"的角色也同样受人关注，"福利混合"的体制成为东亚福利模式的主要关注对象。但应该注意到，本章提及的典型特征仅仅为东亚福利模式发展初期的特点。在"生产主义"的战略导向下，经济快速增长势必改变政治层面和社会层面，与之相伴随的福利制度也将发生相应变化。到目前为止，所提及的东亚国家和地区福利模式的典型特征并不具有稳定性，而是在发生着持续性变化。因此，本章将总结东亚福利模式在日本和新加坡等不同国家的体现，从而进一步分析出东亚福利模式面临的挑战及东亚福利制度背景下的中国福利制度模式。

19.3 东亚福利模式在不同国家的体现

19.3.1 日本福利制度分析

受中西方思想的双重影响，在第二次世界大战后日本经济恢复的过程中，日本社会福利体制开始同步发展，社会福利的立法和保障制度也在不断完善中。日本社会保障制度的演变过程可大体分为初创期、发展期和转换期三个阶段。战后初期是日本社会保障制度的初创期，《生活保护法》的制定标志着日本保障制度雏形的形成，该法律设立的目的是保证日本贫困人民的基本生活。20世纪50年代末至70年代是日本社会保障制度的发展期，随着日本经济进入高速增长时期，其社会保障制度得以快速发展并接近发达国家社会保障制度发展水平；70年代中后期，国际石油危机成为日本社会保障制度的转换节点，日本开始重新审视社会保障策略，调节社会保障制度的发展势头。

社会福利制度的相关立法为日本福利体系的运行和发展提供了外部保障。日本社会福利制度的特点是采用多元化管理多主体参与的形式，全民负担社会保障资金。由于深受儒家文化的影响，日本社会保障制度强调自我保护意识，个人实现社会生存发展的需要并不依靠政府的资助，而是主要依靠自身的努力和家庭的帮助。经济高速发展、充分就业是东亚福利制度正常运行的根本保障，而日本近年来经济持续低迷、老龄化现象日趋严重，这些状况推动日本政府进行一系列制度改革。

（1）养老金制度改革。人口老龄化日趋严重使日本发放养老金负担加重。因此，日本政府增加对养老金的发放比例，以减少企业养老金缴纳成本。除此以外，开源节流也成为改革的重点，如老年人口再就业、推迟养老金支付年龄以及降低养老金缴纳基数等。

（2）医疗保险制度改革。日本医疗保险制度改革的主要目的是维持收支平衡，扩大覆盖人员范围，细化医疗保险内容使其更加精准，提高保健服务的有效性。

（3）失业保险制度改革。保障就业始终是维持社会稳定、保证经济发展的重要因素，也是历届政府努力的方向。日本政府促成设立民间职业培训机构，对公民加强职业技能培训和就业指导，从而促进充分就业。

19.3.2 韩国福利制度分析

韩国社会保障制度以社会保险为中心，保障医疗和人民收入。同时，韩国还有公共救济制度。公共救济不需要民众缴纳保险费，而是用国库资金保障低收入群体的基本生活。

由于老龄化日趋严重，许多高福利国家随着社会保障支出大幅增加而陷入财政危机。因此，20世纪60年代，韩国积极探索并完善既符合均衡福利国家特点又符合韩国现实国情的社会福利体系。该福利体系遵从"优先生产，福利第二"八字方针，强调以经济增长为中心，社会政策为经济发展提供保障。在该时期，韩国为提高本国产品的国际竞争力，强制降低工人工资，吸引外商投资。韩国的社会保障制度重点在于帮扶贫困人群和实行社会救助。1993年，金泳三政府认为，这种忽视社会福利的做法是片面的，如果仅靠提高国民收入实现经济增长，那么有可能使努力工作的人处于贫困中，久而久之效率也会随之下降。

与西方国家传统的福利模式相比可以发现，西方国家福利模式是对那些遭受天灾人祸的福利接受者进行事后补偿。在这种模式下，社会福利和经济发展是割裂的两个概念，会对可支配收入产生消费性依赖。而韩国主张社会福利项目为社会生产投资服务，让社会政策服务于经济政策。

19.4 东亚福利模式面临的挑战

19.4.1 政府的福利态度消极保守

东亚国家和地区的福利制度建设相比于欧美国家较晚、发展历史短、福利水平低。

东亚国家和地区的政府主要扮演福利制度的学习者而不是引领者。在东亚国家和地区中，经济发展被置于首要地位，福利制度主要服务于经济发展，因而东亚国家和地区的福利制度普遍较为消极保守。这样以经济增长为中心的福利政策模式，使福利政策发展远落后于西方国家，新福利模式的推行步履维艰。

随着工业化、城市化进程的不断加快，在促进东亚国家和地区经济发展的同时，也带来了一系列问题。国内外社会环境变化日新月异，人口在各国和各地区之间频繁流动，贫困群体生存更加艰难。因此，东亚各国和地区虽然意识到社会福利和收入分配存在的问题，但是总体福利建设水平仍然滞后。

19.4.2 福利制度的建制结构有待改善

东亚国家和地区的平均社会福利性开支相对较少，以"补缺型"为主。在福利制度结构上，国家（地区）只承担最基本的公共责任，其余都是由各地方企业或民间组织承担，因此社会保障覆盖范围较小。21世纪初，日本、韩国、中国台湾开始加大政府对社会福利的支出比重，通过加大政府的干预力度，缩小贫富差距，缓和社会矛盾。但是无论从宏观还是从中观、微观政策层面看，民间非正式组织仍然是东亚各国和地区福利制度发展的主导力量。

19.5 东亚福利模式背景下的中国福利制度分析

19.5.1 福利文化基础的异质性

在东亚福利模式框架下，其建设走向无法阐释中国大陆地区的福利制度，由于中国大陆自身发展受到诸多因素的影响，因而与东亚福利模式存在显著异质性，呈现为独特类型。

新中国成立后，中国传统的社会结构和福利文化被彻底打破。中国福利文化从以毛泽东思想等为主导的理论意识形态，逐渐演变为多元化发展态势，其中既包含了作为基本指导思想的马克思主义社会福利观，也包含了现代西方福利国家思想和中国传统文化因素，儒家文化在一段时间内被忽视，对于社会生态几乎没有影响力。虽然中国人已经开始重视传统文化理念，但是现代社会福利观中的传统文化价值观与曾经儒家文化所强调的价值观大相径庭。儒家传统文化中强调宗族内部的封闭运行，以及个人和家庭，而现代中国人更渴望以社会公平公正、和谐、共同富裕为导向的国民收入再分配机制。

19.5.2 政府福利态度的异质性

与东亚其他国家和地区不同的是,中国的福利制度建设始终保持积极的态度。在新中国成立以前,华北和东北地区政局稳定,共产党政权开始在这些地方进行劳动保险的试运行。20世纪50年代,国内经济还处于百废待兴时期,《劳动保险条例》的发布标志着在全国范围内建立正式的社会保障制度。我国劳动保险制度成立时间相对较早,社会福利开支较高,因此挤压了一部分用于经济发展的资金,对经济复苏产生了不利影响。中国政府对福利制度的建设始终保持积极的态度,主动为广大人民群众寻求保障。

中国并没有将福利制度的覆盖对象局限于少数贫困群体,而是遵循一般工业国家的发展路径——政府是福利制度发展的主要推动者,这是与东亚福利模式的明显区别。

参考文献

[1] Gφsta ESPING - ANDERSEN. The Three Worlds of Welfare Capitalism [M]. Cambridge:Polity Press,1990.

[2] 科斯塔. 转变中的福利国家[M]. 重庆:重庆出版社,2003:23.

[3] 万国威,张潇. 东亚福利体制的理论共识与学术争议:基于30年间SSCI 与 CSSCI 论文的研究述评[J]. 中国公共政策评论,2016,10(1):42-60.

[4] Jones C. The Pacific Challenge: Confucian Welfare States, New Perspectives on the Welfare State in Europe [M]. London:Routledge,1993:25.

[5] 林闽钢,陈颖琪. 东亚福利体制研究争论及新议题[J]. 中国社会科学评价,2020(4):128-140,158.

[6] 郑秉文,史寒冰. 试论东亚地区福利国家的"国家中心主义"特征[J]. 中国社会科学院研究生院学报,2002(2):19-28,110.

[7] 金仑兑,尹丽花. 韩国发展型福利国家的衰退:面向新型福利国家[J]. 社会保障研究(北京),2015,21(1):66-77.

[8] 孟薇. 浅析战后日本"生活保护法"及社会保障制度[J]. 现代日本经济,1994(5):21-24.

[9]王春华.韩国福利保障制度对中国的启示[J].中国人力资源社会保障,2018(11):50-51.

[10]关博.中国大陆地区社会福利制度与东亚福利模式的异质性:多维度视角比较[J].宁波大学学报(人文科学版),2015,28(2):70-76.

20 日本

20.1 引言

第二次世界大战后,日本开始了艰难而又复杂的经济发展之路。无论是在短短二十多年里所创造出的高速增长的经济奇迹,还是泡沫经济突然破灭后的长期萧条,抑或是21世纪以来在复苏轨道上的缓慢前行,日本资本主义经济都在演变过程中表现出了一些新特征,这其中以资本的社会化为最主要特征。

目前的研究成果对于资本社会化概念并没有严格的界定,本章认为资本社会化即资本所有制实现形式的社会化,主要是指在资本主义私人占有不变的前提下,资本的组织形式和经营方式不再完全由单个资本家所掌控,在微观层面上则具体表现为资本所有权的分化和转移。纵观日本战后经济发展的历史进程不难看出,日本的资本社会化主要以股权的分散化、企业内员工持股和法人持股制的兴起、混合所有制企业和跨国公司的发展为主要表现。资本主义生产关系的调整和变革都是为了满足生产力社会化发展的要求而在不改变其根本属性的前提下进行的。

本章将回顾二战后日本资本主义从繁荣到衰落的曲折发展历程,以及着重分析在日本资本主义发展中的资本社会化问题,将日本的资本社会化问题置于马克思主义政治经济学的研究视域下,以马克思主义关于资本主义生产关系的研究作为理论基础,以日本战后资本主义新变化(资本社会化)的客观表现为现实依据,通过梳理和研究日本资本社会化的发展现实,分析其资本社会化运动的特点和实质,分析探讨当代日本资本主义发展进程中生产关系的新变化,探究其社会经济效应与实质,剖析当代资本主义社会自我调节和自我改善的局限性,从而更加深刻地认识资本主义经济的发展规律。

20.2 日本模式的发展历程

20.2.1 二战后形成的日本模式及其特征

二战之后，日本经济经过短暂调整后进入了高速增长阶段，创造了经济奇迹，形成了举世瞩目的日本模式。战后日本经济的惊人发展引起了各国的关注，大部分学者认为日本的战后改革是日本经济出现奇迹的重要原因，本节将探讨日本战后的改革、日本发展模式的特点，以及改革对经济高速增长的影响。

二战后，在不改变资本主义制度的前提下，日本在全国进行了广泛而深入的大规模体制改革。通过这次改革，日本彻底清除了封建主义色彩的各种枷锁，进一步解放了生产力。战后改革是在日本人民强烈期盼和美军占领当局的外部压力的双重作用下发生的。这场改革涉及整个日本社会各领域的全面体制改革，包括经济、政治、社会等方面，这些改革的措施对日本经济奇迹起到了推动作用。

社会经济方面的改革主要是经济民主化，包括三大任务：农地改革、解散财阀、劳动立法。

在日本资本主义发展过程中，基本上保存了以往的封建性农业生产关系，地主和农民之间的矛盾不断尖锐，于是在第一次世界大战后出现了农民运动的高潮，从而加剧了半封建性农业生产关系的矛盾。日本农村极端落后的地主制是引起佃农反抗地主斗争的根源，美国占领当局是作为民主化政策的一项重要内容来推行农地改革的。于是，农地改革就在广大农民的强烈要求，以及美国占领当局的强迫压力下，迅速而有成效地开展起来。经过改革，改革前80%的出租土地转到占农户总数3/4的农民手中，其结果使整个日本农村的生产关系发生了巨大变化。农地改革基本上消灭了战前作为天皇专制主义体制的社会基础——寄生地主阶级。这种农业生产关系的深刻变化，大大提高了农民的生产积极性。

解散财阀是日本战后初期经济体制改革的一个重要方面。二战后，日本资本主义经济发展过程中还保留了封建残余因素，主要表现在三井、三菱等大财阀家族操纵国家经济命脉，并受国家权力保护，同军国主义势力密切结合，对国家的政治局势有极大影响力，是法西斯军国主义体制的重要支柱。美国人也认为财阀是日本实行民主制度的障碍。虽然解散财阀使日本垄断资本在组织形式上发生了重大变化，但是并没有从根本上改变日本垄断资本主义的经济基础。所谓"经营者革命"只不过是在资本主义制度内部调整了生产关系，促进了资本主义制度下的生产力的发展。

劳动立法也是战后日本经济体制改革的重要组成部分。第二次世界大战爆发前，在日本军国主义体制下，资产阶级也采取了封建主义的方式来统治和剥削工人阶级。虽然工人阶级进行过不屈不挠的斗争，但未制定劳动法律，工人的劳动仍得不到法律的保护，工人群众毫无政治权利。战后初期，日本统治者为了缓和资产阶级同工人阶级之间的矛盾，根据美国占领当局的指令，制定了《工会法》等一系列法律，工人群众从此获得了自由组织工会的权利。劳动立法实施的结果是，把以往封建性的剥削方式变为近代资本主义的剥削方式，这种剥削方式和劳资关系的变化，是在资本主义生产方式内进行体制改革，借以调节封建落后的生产关系与资本主义先进生产力之间的矛盾，这种体制变革为促进资本主义经济的进一步发展提供了有利条件。

日本模式的主要特征表现在以下四个方面。

（1）生产力层面

日本企业注重通过技术创新和管理创新形成国际核心竞争力。战后的日本，一边积极学习欧美等国先进的技术和管理经验，一边结合当时的技术特点和社会需求不断创新，形成了具有日本特色的生产方式。20世纪70年代，日本的这些生产方式已经得到欧洲国家和美国等发达国家的认可。日本生产方式的总体特征是，不仅重视企业技术创新，而且对企业进行全方位、立体化的管理，在采用准时化和自动化生产方法的基础上，追求产品的高质量、低成本、小批量、多样化。

（2）生产关系层面

日本企业的劳资关系和企业之间的关系都有其独有特征。在劳资关系方面，企业内部实行终身雇佣、年功序列和企业内部工会制度。这三种制度保持了雇员与企业长期稳定的关系。对雇员而言企业更像一个合作性的整体。在企业之间的关系方面，日本企业强调以大企业为中心的合作关系，具体表现在两个方面。一是日本特有的企业集团化和系列化制度。日本公司的股权结构通常呈现出法人持股比例高和法人股东持股较稳定的特点。二是主银行制度。日本企业与银行之间关系密切，其中主银行的功能非常强大，不仅包括对企业的融资，还包括结算账户、股份持有、公司债权的发行和经营参与。这一特征导致大银行与大企业之间形成相互依赖的关系。

（3）政治体制和纲领方面

日本是资产阶级多党制政体。二战后至今，日本政坛多数是由自民党执政，该党派的总体政治倾向偏右。与自民党形成有力竞争的政党是民主党，这一党派总体政治倾向偏左。但不论哪个党派执政，都认可日本政府独特的"行政指导"功能。"行政指导"是政府行政机关以协商的办法诱导和劝告企业或个人按照政府认为可取的方式进行活动的一种行政行为，它使政府与企业之间形成相互依赖、相互妥协、较为稳定的长期关系。

（4）文化传统方面

日本是一个善于学习的国家，这在其文化方面也有所体现。日本的文化传统既有东方文化的底蕴，如讲究合作、诚信、集体主义等，也包含西方文化的元素，如强烈的竞争与创新意识、精明的理性算计等。可以说，日本模式中的文化特征是"中西合璧"的产物。

日本模式在 20 世纪五六十年代曾经创造过辉煌。20 世纪 70 年代国际石油危机过后，尽管日本经济也受到一定程度的影响，但是经过短暂调整后，经济逐渐恢复增长。1969—1970 年，日本 GDP 平均增长速度为 4.9%，而同时期的美国 GDP 平均增长速度为 3.1%，显然日本经济增长速度是最快的。同时，日本在社会保障制度方面，虽然没有瑞典等福利国家那样健全和完善，但是相对于美国等发达国家来说已经健全了许多。

总体来说，从二战结束到 20 世纪 80 年代，在日本模式背景下，日本的经济、社会发展迅猛，成绩举世瞩目。日本模式之所以能够成为一种有竞争力的市场经济模式，与其模式中包含的合理内核密不可分。这一模式的合理内核在于其通过一种特殊的社会结构，把市场经济纳入政府、企业、劳动者共同协作的创新与竞争模式中。日本企业的创新力和竞争力使人们认识到，合理的政府干预、团队精神下的创新与竞争比纯粹的个人主义竞争更符合现代社会复杂的生产体制，尤其适合后福特主义的生产体制。然而，80 年代后期以来，日本模式在面对经济全球化的挑战时并没有在坚持自身合理内核的基础上进行很好的调整,而是陷入新自由主义的旋涡之中不能自拔,致使日本经济被一次又一次地卷入危机中。

20.2.2　新自由主义兴起与日本模式的衰落

20 世纪 70 年代末 80 年代初,英国的撒切尔夫人上台和里根入主白宫,标志着新自由主义意识形态下的"新盎格鲁—撒克逊"模式拉开了序幕。他们大刀阔斧地在所有制领域实行私有化、在金融市场上去除管制、在国际贸易上主张自由化。这些政策主张被作为医治经济衰退的"灵丹妙药",迅速在日本推广,其结果是导致 90 年代日本陷入了泡沫经济。

最初,新自由主义作为临时行政改革路线被引入日本削减公务员定编,控制社会保险、医疗、教育等各项财政支出,取消各种财政补贴,实行国有企业民营化,对各个领域放松管制,等等。

在自由化理念的指导下,日本政府对金融市场采取去管制的政策,使利率自由化,银行准备金越来越少,对公司的债务限制门槛也不断降低。就银行业来说,日本银行在失去了"主银行"地位以后,开始给中小企业尤其是房地产企业贷款;而开拓消费信贷业务、增加家庭贷款也成为日本银行的重要发展方向,这催生了房地产行业的泡沫。就制造业来说,因为生产过剩导致利润率下降,大企业开始把资本投向金融领域,出现了企业金融化的趋势。

1985 年,日本在美欧国家的打压下,被迫签订"广场协议",同意金融自由化和日元升值,这进一步加剧了日本经济的泡沫化。一方面,"去管制"吸引了很多外国跨国公司来东京发展,尤其是对房地产的投资,进一步推动了日本房地产价格的升高。另一方面,日元升值使日本出口企业遭受了致命打击,迫使很多制造业企业走向了"金融化"之路。日本银行借贷占 GDP 的比例从 20 世纪 70 年代的 70% 上升到 1990 年的 108%,贷款的组合形式也发生了急剧变化,制造业部门贷款比例从 1977 年的 25% 下降为 80 年代的不足 15%。与此同时,房地产和金融公司的贷款比例却急剧增加。金融化和房地产泡沫在一定程度上催生了日本经济的高速增长。1986—1991 年,日本 GDP 实现了年均 4.8% 的增长率。

泡沫经济的破灭使日本经济在 20 世纪 90 年代的平均增长速度仅为 1.2%,为发达国家中最低水平,有些年度甚至出现了负增长。失业率从 1990 年的

2%上升到1998年的4%，2002年又进一步上升为5.7%，达到二战后的最高水平。这次金融危机后日本经济一蹶不振，被称为"失去的十年"。更严重的是，新自由主义政策给日本经济的各个层面带来了深刻影响，曾经辉煌一时的日本模式开始走向衰退。

20.2.3 泡沫经济与日本模式的局部调整

20世纪90年代初期，日本陷入了泡沫经济和泡沫经济衰退中，日本开始意识到新自由主义政策的局限性，并对其进行了局部调整，调整的总体方向是削弱新自由主义的政策主张，提出了一系列调整措施。

从效果上来看，日本政府的治理显然是失败的。日本对泡沫经济调整失败是多方面造成的，既有结构性问题，也有政策失误的原因，还有政治不稳定因素。但这些都不是根本原因，问题的根源就在于日本模式面对全球化浪潮和新自由主义思潮，没有在坚持自身模式合理内核的基础上进行及时调整；相反，却在新自由主义模式与日本模式之间摇摆不定。其结果导致日本模式的合理内核与新自由主义政策取向之间出现矛盾和冲突，产生政策不连续、政局不稳定、经济模式过时等问题。具体表现在，新自由主义政策取向破坏了日本企业的创新力和竞争力。20世纪80年代，日本经济以4.2%的平均速度增长，其中2%是由科技革新进步带来的，技术构成了日本经济发展的引擎。日本大企业利用信息技术通过自有资本或股票市场直接融资完成了技术革新，这的确对日本传统的"主银行制"提出了挑战。但这也恰恰为银行把贷款贷给中小企业提供了机会。然而，日本政府的"去管制"政策导向却使银行资本大量流向了房地产公司和个人消费信贷，迅速催生了经济泡沫。泡沫经济破裂后，日本银行业长期无法摆脱不良债权的困境，导致日本的银行"借贷"及中小企业面对"借贷难"的困境。泡沫经济破灭后，日本科研经费投入曾一度出现负增长的局面，日本错过了90年代新一轮技术创新的机遇，进而也失去了危机后经济复苏的生产力基础。90年代，世界经济结构发生了巨大变化，而日本在产业结构上没有实质性突破，日本政府没有坚持引导企业通过技术创新形成企业竞争力的日本模式内核，而是为了支撑原来的产业模式，采取宽松的货币政策和日元贬值政策。小泉政府看似是改革派，但其仍在利用低利率和日元贬值政策保护原有的产业结构。

新自由主义理念导致日本各政党在"大政府"与"小政府"的职能转换中不断错位。日本模式的一个重要特征就是政府干预使企业形成竞争力。日本政府产生问题的症结在于其在职能定位上徘徊于新自由主义和日本模式之间,导致政府职能错位并产生了诸多矛盾,从而把日本模式的劣势放大了。反映在政治上,就是党派之间互相争斗,政治局势不稳定;反映在政策上,就是政策制定缺乏及时性、连续性,很多政策之间矛盾重重,使日本长期以来不能摆脱金融危机后遗症。

20.3 日本资本社会化的表现分析

二战以后,第三次科技革命的出现为生产力及生产社会化水平的提高起到了极强的促进作用,加上美国的扶持带动,促使日本社会内部生产关系也进行了新的调整以满足生产力的发展要求,且这种变化趋势愈加明显,资本的占有形式从个人资本所有转变为股份所有,又从股份所有变化为法人所有和国家垄断所有。在全球化浪潮下,以三菱、三井为代表的跨国公司的经济活动则体现了国际垄断资本所有制的发展。日本经济社会的资本社会化程度以不断变化的资本形态为载体,通过资本所有权关系的分化和转移实现了资本所有制形式由低级到高级阶段的发展。日本资本社会化主要体现在股权分散、混合所有制企业的发展和资本运动的国际化趋势等方面。

20.3.1 股权分散

(1) 持股主体多元化

日本在战后初期按照经济民主化的基本方针,实施了一整套的改革措施,其中就包括解散财阀政策。财阀家族和控股公司手中的大量股票经"持股整理委员会"转售给了社会大众,这使日本个人持股比例一度高达69.1%。日本的股权结构开始呈现出以个人持股为主且股权较为分散的特点。从20世纪70年代开始,个人高度集中持股的现象有所缓解,除政府、金融机构、实业公司持股外,都市银行和外国投资者也开始参与日本大公司的股权投资,持股主体逐渐由单一化向多元化转变(见表20-1)。

表 20-1 日本上市公司的股权占比

年份	公司数/家	政府、地方公共团体/%	金融机构/%	都市银行/%	证券公司/%	实业公司/%	外国投资者/%	个人及其他/%
1949	—	2.8	9.9	—	12.6	5.6	—	69.1
1960	—	0.2	30.6	—	3.7	17.8	1.3	46.3
1970	1580	0.2	32.3	15.4	1.2	23.1	3.2	39.9
1980	1729	0.2	38.8	19.2	1.7	26.0	4.0	29.2
1990	2071	0.2	45.2	16.4	1.7	25.2	4.2	23.1
1995	2263	0.6	41.4	15.4	1.4	23.6	9.4	23.6
2000	2587	0.4	37.0	11.5	0.8	22.3	13.2	26.3
2005	2843	0.2	26.3	4.0	1.4	24.3	24.1	23.7
2008	2909	0.2	26.6	3.6	1.0	22.1	22.1	25.0

资料来源：全国证券取引所. 平成 20 年度株式分布状况调查结果 [Z]. 2009。

由表 20-1 可以看出，1960 年，日本上市公司的最大股东为个人及其他，持股比例为 46.3%；1990 年至今，金融机构始终是日本上市公司的最大股东群体，但其持股比例由 45.2% 持续下降，进入 21 世纪后降至 26.6%。尽管各持股主体的持股份额随社会发展情况的改变会产生不确定性的增减变化，但最大股东群体持有股票所占的比例始终保持不断减小的趋势，这直接反映了持股主体多样化后股权集中程度的降低。除此之外，日本股东人数的变化也可以作为非常直观的体现。1986 年，日本持股人数为 2210 万人左右，约占人口总数的 20%。

(2) 法人持股模式

日本企业的自有资金率较低，难以应对战后经济恢复所需要的巨大资金缺口，金融机构则以大股东的身份为企业提供资金保障，维护其经营的持续与稳定，这一做法使法人持股现象开始出现。除此之外，日本战后所实行的税制使高收入个人以及继承土地和股票等遗产的继承人也需要缴纳相当大比例的税额，这样一来，股份公司法人和私人之间在资本存量方面的差距被显著拉大，法人持股条件下资本能够存续以及增殖。20 世纪 50 年代以后，日本的法人持股模式得到了迅速发展。1950 年，日本的法人持股比例为 23.6%，到 1970 年这一比例已高达 54.0%。

与美国等西方资本主义国家相比,日本法人持股模式的独特性体现在法人间的相互持股。为了避免资本自由化之后外国企业通过大量购买股票实现对日本企业的控制,日本内部各大企业开始实施稳定股东的举措。在形成以银行为核心、以综合商社为纽带的环形持股结构的同时,出现了企业与企业之间的交叉相互持股现象,以维持横向协作过程中稳定的利益关系。三菱、三井、丰田汽车等企业集团在生产和资本高度集中的基础上联合起来,互相持有对方企业的大比例股份。值得注意的是,在日本的法人相互持股模式中,以商业银行为代表的金融机构持股规模最大。金融机构在日本企业股份占有的法人化过程中起到了核心作用。1949—1980 年,日本金融机构持股比例由 9.9% 增长至 38.8%。

无论是综合型企业集团内部的互相持股,还是金融机构和关系公司的相互持股,日本企业之间的法人互相持股都具有"政策性持股"的性质。与一般的股票投资者和机构投资者不同,日本的法人持股并不以获得可期的股票收益为主要目的,而是意在维护企业内部和各企业之间的关系。在这种情况下,各大企业的股权结构分散且稳定,但不可忽视的是法人持股对于股票市场上的股票价格短期波动并不敏感,因此并不会频繁地进行股票的买进和抛售,使股票的流动性变差,以致资本市场对经营者产生的约束力减弱。以法人大股东决定、政府保护为主要特征的模式虽然在一定程度上保证了企业股份结构的相对稳定,但是逐渐暴露出了内部经营腐败、风险意识淡薄、监管机制脆弱等多方面的问题,为应对危机所做出的资本所有制关系的局部调整转而又成为新经济危机产生的助推因素。20 世纪 90 年代以来,日本的法人互相持股模式随着经济的衰退而逐渐解体。

(3) 职工持股制度

职工持股制度是日本企业内部诸多制度之一,其形式因企业而异,大致有无组织的个人参与和设专门机构的集体参与两种方式。日本企业的职工持股制度产生于战后初期,同样属于强制解散财阀的产物。由于当时大量股权需要转移,销售给企业内部职工随即成为一种首选。当日本经济驶入高速发展的快车道时,企业规模的扩大需要持续且稳定的资金支持,而在仍不成熟的股票市场上公开募集大量资金难度较大,于是一些大企业率先开始向职工定向募集以增资扩股,但这种筹资方式尚未制度化。进入 21 世纪以来,出于稳定职工队伍、缓解企业劳资矛盾、促进企业绩效等方面的考虑,日本企业开始积极采用职工持股制度来实现稳定股东和稳定劳动力的双重目的。从结果来看,职工持股制度以报酬激励机制和产权激励机制的调整为切入点,使企业内部股权安排发生了改变,日本企业资本出现进一步社会化的趋势。

据日本证券业协会的统计,20世纪70年代中期,建立职工持股制度的企业约占上市公司总数的70%,到了80年代中期该比例已上升到约90%,80年代末90年代初这一比例则高达92%,1992年该占比已达到94.7%。由于日本职工持股制度具有非强制性特点,因此加入该制度的职工人数逐年增加也是该项制度发展的重要体现。70年代中期参与持股的职工数占上市公司职工总数的33%左右,80年代中期上升到45%左右,90年代初达到49%;持股会持股占上市公司对外发行股票的比例在80年代初期平均达到1.4%,1989年为0.88%;入会职工人均持有上市公司股票在1975年约为1000股,1985年约为2000股,1992年约为1600股。

20.3.2 混合所有制企业的发展

混合所有制企业,是指公有制资本与非公有制资本在企业内部相结合,从而组建成的一种新型企业形式。在混合所有制企业背景下,国有资本通过控制、参与股份等方式,与不同性质的资本相结合。国家作为国有资本的所有权主体,带有强烈的社会化性质,它是资本社会化的重要载体。如果单个资本家的个人资本与其相结合,就会在某种程度上体现出社会化的特点;如果已经具备社会化性质的股份资本或法人资本与其相结合,资本社会化的程度就会进一步加深。

日本混合所有制企业的发展突出表现为公共企业的民营化。20世纪末,随着日本经济走向成熟,公共企业提供公共服务的必要性日益弱化。民间资本实力的上升、社会投资融资能力的不断增强以及科学技术的创新和运用,在客观上使民营化成为可能。从1985年起,日本有计划地通过"分割式"模式对日本国有铁路、日本专卖公社和日本电信电话公社实施了股份公司改制,以期实现对企业所有权与经营权的分离:日本国有铁路按照地区性被分割为6家客运铁路公司和日本唯一的日本货运铁路股份公司(以下简称"JR"),并下设日本电讯股份公司、铁道信息系统股份公司以及铁道综合技术研究所等机构;

日本电信电话公社也通过股权的出售改组为上市股份公司株式会社（NTT），日本政府在短短的两年时间内对国有 NTT 股进行了六次减持行动。除此之外，日本政府还积极将私人资本与外国资本引入日本公共企业。日本政府对三家公共企业采取的混合所有制试点改革，有效缓解了维护公共利益与提高企业效率之间的矛盾。

日本混合所有制企业的发展使多种所有制经济相互补充、相互依赖，经济异常活跃。企业的所有权和经营权在经历了要素流动、产权分割和资本运营机制变化后也实现了进一步的分离，在客观上促进了企业经营效率和竞争力的提升。以国有铁路为例，JR 各公司在改革后的第二年就开始获利。1992 年，6 家 JR 客运公司的营业利润已达 8969 亿日元，是营业收入 41886 亿日元的 21.4%，已超过大型私铁的收益率。从宏观角度来看，混合所有制企业在日本的城市网建设和自治体兴办的福利事业等方面发挥了积极作用，减轻了日本政府因国有企业难以盈利而背负的沉重包袱和提供公共服务的压力，缓和了政府的财政危机。混合所有制企业的发展体现了日本资本社会化程度的进一步加深，目前作为国有企业社会性和私人企业社会性结合的重要企业组织形式仍广泛存在于日本社会中。

20.3.3　资本运动的国际化趋势

资本运动的国际化趋势，是指随着经济全球化，资本的运动范围不再局限于日本国内，而是不断向全球发散。资本的国际化在具体形态上并不独立于股份资本、金融资本和垄断资本等，它是上述多种资本所有制的实现形式在国际市场这一更大范围内的发展。跨国公司是资本国际化运动的核心载体，它们以雄厚的资金实力对外进行直接投资，包括直接在外设立企业、与当地合资创办企业、收购企业等，将全部或部分生产环节转移到世界各地。20 世纪七八十年代以来，经济全球化浪潮不断席卷世界各地，而此时日本国内市场却日渐饱和，日本政府开始大力扶持企业的"跨国公司化"，在立法上撤销了国家对私人企业与外资交易的相关限制，在金融体制上不断实现自由化，从而为日本资本涌向国际市场大开绿灯。日本的跨国公司开始在世界经济中产生持续性影响，日本的资本运动国际化日趋明显。

20 世纪 70 年代，在日本企业的海外投资中，以三菱、三井为代表的企业遥遥领先。80年代中期以后，日本跨国公司为了避免因出口商品价格较高而给扩大企业海外市场份额带来负面影响，并实现资本的稳定增殖，将对外直接投资方向转向了高附加值的部门，最著名的是汽车、电子和半导体等部门。1996年，作为日本最大的跨国公司，丰田已名列世界第三，所占市场份额达到9.4%。新日铁是日本最大的钢铁联合企业，其跨国经济活动的开展也体现了日本资本运动的国际化趋势。该企业在国外共有25个子公司和旁系公司。其中，在海外实现90%以上控股的公司就有三个：印度尼西亚日本钢铁建设公司（96.4%）、马来西亚日本钢铁建设公司（100%）、巴西电极公司（97.2%）。日本企业的一系列兼并收购行为，如日本三菱地产以14亿美元买下洛克菲勒中心大厦、索尼公司以34亿美元收购哥伦比亚电影公司等，甚至被东道国称为"经济珍珠港"。日本资本主义社会的资本所有权将进一步非个人化，资本社会化突破了民族国家的意义而进入更高的阶段，即具有国际化的运动趋势。

20.3.4 日本资本社会化的社会经济效应分析

（1）对日本经济增长的影响

第二次世界大战以后，日本实行了解散财阀的政策。而长期的对外军事战争使日本国内生产受到了严重影响，日本的企业大多规模不大且资本集中程度不高，企业的长远发展必须依托较为集中的资本来提供固定资产投资、技术创新和产品研发等方面的支持，从而向规模化、国际化发展。资本的社会化使日本企业在起步和迅速发展的过程中始终保持较大程度的内部资本积累，其资本积累在二战结束初期占GDP的近30%；而法人间的相互持股和职工持股制度使企业内部和企业之间维持着较为稳定的状态，企业内部劳资创新制度和企业间利益共同体的形成为战后初期日本企业整体发展提供了良性竞争环境，混合所有制企业特别是跨国公司的发展则将政府与企业紧密联系在一起，为日本经济的快速恢复和增长奇迹提供了制度基础。资本社会化所体现出的较为稳定的网络结构为日本的经济起飞提供了条件，使日本在战后的短时间内一跃成为经济大国和技术大国。

然而在20世纪90年代后期，日本的经济却陷入了低谷。泡沫经济的崩溃使日本经历了漫长的经济萧条期，直到进入21世纪依旧没能跳脱恶化的趋势。

这其中不乏政治、社会等多方面的因素，但日本的资本社会化对经济发展的负面作用是不可忽视的。在日本独特的法人相互持股模式中，企业双方会在互相持股的过程中默认出资额与被持股份的基本一致性，甚至出现全部认购的情况，资金的周转由此表现为虚拟的往来，产生的并非经营性资本而是虚假资本，这种带有垄断性质投机交易的积累直接导致了资本的空洞化。日本股权分散化中最突出的还有"主银行制"。作为机构投资者，银行与企业之间的连带关系过于紧密，当银行对企业的持股导致企业产生不良债权等问题时，只能徒增银行资本的风险，这种一损俱损的关系极易对日本经济社会形成负面的多米诺骨牌效应。总体来看，资本社会化的多种表现形态在战后初期为宏观经济增长提供资本条件后，依旧没能阻止经济危机的发生，而是在细枝末节中逐渐体现出资本主义社会基本矛盾的不可避免性。

（2）对日本社会内部阶级分化与阶级关系的影响

在整个资本社会化的过程中，无论是微观层面的股权分散，还是混合所有制企业的发展和资本运动的国际化，都表现为社会化的程度越深入，资本家的权力越发受限。资本家对于资本运作和资本流向的控制权必须与宏大的社会资本所有者分权，虽然在这一妥协的过程中，资本家的社会地位降低了，但是我们必须认识到，资产阶级在表面上所表现出的企业控制权的丧失并不能改变其食利的本质追求，反而为资本主义经济的发展带来了新的发展契机。

资本社会化使中产阶级迅速形成。如前文所分析，资本的社会化使日本的企业股份日益大众化，持股主体日益多元化。单个大股东在企业内部的淡出为企业的各级管理人员提供了更大的发展空间，其经济地位也得到了提高。资本的社会化带来的资本集中积累促进了日本从事科学技术创新的新兴企业的发展，并对企业内部的决策管理提出了更高的要求。这使拥有专业技术、专业技能的工作人员和企业各级各部门的专业管理人员成为日本社会发展不可或缺的中坚力量；并且日本对教育事业的重视也不断提高了普通劳动者的文化教育水平，一批专业人才脱颖而出。这些原因使日本社会内部逐渐形成了虽拥有一部分生产资料（往往表现为持有股票），但又受企业所雇佣，通过从事脑力技术劳动领取工资报酬的新型社会团体——中产阶级。中产阶级在薪酬等级、工作地位、工作中可行使的权力等级等方面都不同于普通劳动者，更贴切地讲，中产阶级既是劳动者也是投资者。

资产阶级地位的下降和中产阶级的兴起在一定程度上使日本资本主义社会内部的阶级关系出现了缓和。在微观领域，股份有限公司的发展特别是职工持股制度给各个阶级之间的分工协作提供了空间，中产阶级参与管理，无产阶级也以一定的方式表达诉求。从宏观上看，资产阶级和劳动者阶级以不断发展和壮大的企业为载体进行着密切配合，共同影响着经济的发展，这在一定程度上缓和了突出的阶级矛盾。但这并非意味着阶级对立的消失，资产阶级与无产阶级的合作与对立状态只是资本主义生产关系因社会发展趋势而体现的局部变化。

（3）对日本企业内部治理机制的影响

日本企业内部治理机制的发展和演变与资本的社会化发展是亦步亦趋的。在战后经济发展的过程中，日本资本占有形式的社会化与日本的企业内部治理有着密不可分的关系。股权的分散化是资本社会化的最原始表现，而股权是公司治理的重要基础。日本在战后初期所形成的较为分散的股权结构使企业里的中小股东能够参与企业的治理过程，较为公平地享有自身的股东权益，而法人持股制度的发展则使日本企业在面临国家战后复苏的经济环境中，保持相对稳定的发展。大小股东由此在企业内部治理结构中发挥着互为补充的作用。而在职工持股制度下，资本向企业员工手中的分散现象则改变了传统资本主义企业内部员工与企业治理的分割，将企业的治理与员工的切身利益联系了起来，员工通过工会对企业治理进行监督也适当减少了企业内部管理过程中产生的代理成本。由此，大小股东的相机约束机制和职工的牵制机制构成了日本企业内部在利益相关者基础上形成的共同治理机制。但这一企业治理机制逐渐暴露出过于稳定且持有主体不够明确的特点。在长期的自我治理和相机监督下，日本企业难以感知当前国际市场的竞争压力，使治理效率难以提高。

进入 21 世纪以来，随着日本法人互相持股比例的下降和资本运动的国际化趋势，通过大型混合所有制企业和跨国公司的发展，日本不断吸纳来自世界范围内的资本。外国投资者在日本企业中的影响力越来越大，并逐渐成为企业治理的主体。外国投资者追求的并非稳定，而是资本的回报率，因此更注重对企业活动的监督管理。所以日本企业经营管理绩效不再以销售增长为单一标准，而是更加注重资本的回报率。

20.4 日本资本社会化的实质评析

20.4.1 日本资本社会化是资本所有制实现形式社会化的过程

日本在第二次世界大战后所呈现出的资本社会化的一系列表现是资本主义社会经济发展到一定节点的必然产物，社会生产的集中化、规模化趋势要求生产资本社会化，从而不断吸纳整合社会资本。它的发展历程在客观上顺应了生产社会化发展的要求。资本的社会化涉及资本占有方式、资本分配方式和劳动组织形式等资本关系的多个方面，但资本所有方式的变化始终是其他方面变化的前提和基础，它决定了整个资本社会化趋势的形态表现和发展方向。因此，资本所有制实现形式的演化过程包含在资本社会化过程中。单个私人资本向股份资本的转化是日本乃至所有资本主义国家资本社会化的初级发展形态。股份资本的所有制关系催化了资本的所有权和资本经营管理权的分离，资本不再集中于单个资本家手中而是分散于社会中，这使股份资本的直接存在形式和股份制企业内部属性都体现出了对立于私人资本占有形式的社会化形态。法人间的互相持股则是日本经济社会中最具代表性的资本社会化形态。法人的资本都来源于个人资本，集中了个人资本的法人被股东化后，法人所有制企业秉持着只对法人股东负责的原则，又进一步剥离了资本的最初来源——单个私人资本与企业实体资本的直接经济关系。法人本身所代表的与自然人相对的"社会"意义使法人资本具有了社会化性质。国家资本和国际资本这两种资本形态在性质上与上述形式并没有根本差别。国家资本将资本所有制的实现形式扩大到了国家和地区的范围。国家占有资本本身就是一种社会占有资本的形态，带有明显的社会化性质。若是已经具备社会化性质的股份资本或法人资本与其结合，资本社会化的程度则会进一步加深。国际资本则将资本所有制关系的社会化从国内扩展到了国际。从国家持有资本到国家资本与私人资本的合作再到以跨国公司为载体的资本的国际流动，资本所有制的实现形式呈现出涉及范围不断扩大、形态由低级向高级演进的特点。

20.4.2 日本资本社会化是资本主义私人所有制辩证发展的过程

日本资本社会化对于资本主义私人占有制的作用是特殊的。一方面，资本社会化使资本的占有形式出现了新变化，私人资本的所有权关系表现出了不同以往的新特征，可以说资本主义的所有制关系由此发生了局部调整，这无疑是对资本主义私人占有制的一种否定。另一方面，资本的社会化从本质上并未摆脱私人对生产资料的最终索取权，而资本在不断扩大的范围内流动也为资本的进一步扩张创造了条件，进一步巩固了资本主义生产资料为私人占有这一根本制度。作为资本社会化的最初形态，股份资本的发展开始将资本从单个资本家手中分散出去，这对传统资本主义私人所有制显然具有变革性意义。然而值得注意的是，股份制的发展和股权的日益分散化使多数资本所有者将股权所代表的对企业经营所具有的各项权力简化为单纯的资本收益权，这就激发了资本所有者的逐利心，从而难以挣脱出资本家贪婪的本性。这也使资本家加强了对资本的控制力量，进一步巩固了资本主义私人所有制。在职工持股制度下，劳动者也成为企业生产资料的所有者，资本的所有权关系发生了重要变化，但这只能作为资本主义私人占有制的一种补充表现形式，企业的实际控制权仍掌握在少数资本家手中。企业职工虽然获得了一部分股份收益，但可能同时面临工资和股份权益双重损失的问题，劳动者被剥削的命运并没有改变。法人资本在资本运作上虽然具有专业性和稳定性，但其最终所有权仍是自然人，资本的私人所有制仍旧深藏于法人资本的社会性中，并且不断以集中垄断的方式强化寡头的私人所有权。国有资本与国际资本的发展同样没有改变上述情况所表现出的规律，资本社会化促进了资本所有权关系的分化和转移，在资本所有制的实现形式上对资本的私人性特征进行了否定，但其发展过程又难以掩盖对资本扩张的欲望和资本的逐利性本质，发展结果也直接表现为对资本主义私有制的巩固和加强。总体来说，资本社会化是对资本所有权的分化又集中，对资本主义根本经济制度局部否定又全面巩固的过程。

20.5 结论

无论是哪种资本主义市场经济模式，都只是资本主义生产关系的一种调节模式。随着社会生产力的迅速发展，资本主义生产关系越来越难以容纳高度发展的社会生产力，仅仅局限在资本主义生产关系范围内的调节空间变得越来越小，资本主义金融危机或经济危机会日益频繁，这是资本主义经济制度的局限性所导致的必然结果。如今，面对世界范围内的经济大危机，发达国家的普遍恐慌与中国模式的从容应对形成了鲜明对比,正如本·法因所指出的:"现在看来似乎该贬低的是资本主义而不是社会主义——资本主义在理论上非常完美,但是它在实践中无法运作。"①

参考文献

[1]田桓.日本战后改革与经济高速增长[J].日本研究,1985(4):49-54.

[2]刘容.日本企业劳资关系变迁研究[D].大连:东北财经大学,2018.

[3]刘凤义,沈文玮.当代资本主义多样性的政治经济学分析[J].教学与研究,2009(2).

[4]布伦特.繁荣与泡沫:全球视角中的美国经济[M].北京:经济科学出版社,2002.

[5]伊藤成.幻想破灭的资本主义[M].北京:社会科学文献出版社,2008.

[6]徐梅."平成萧条"与日本经济产业转型:对张玉来教授新著的评析与商榷[J].日本研究,2020(3):88-96.

[7]裴桂芬,赵翠.日本与德国交叉持股模式的演变及其影响[J].日本学刊,2012(3):72-86,159.

[8]姜璟晓璐.基于货币政策视角简析日本经济泡沫成因[J].市场周刊,2019(5):120-121.

[9]阮兴华.对于日本法人相互持股的质疑[J].外国经济与管理,1994(11):121-22,28.

[10]谢飞.日本法人资本所有制研究综述[J].重庆工商大学学报(社会科学版),2006(2):62-64.

[11]葛意生.日本职工持股制度考察[J].中南财经大学学报,1995(1):70-72.

[12]侯珺然,高英兰,张怡真.日本国有铁路民营化改革的绩效与经验[J].日本问题研究,2009,23(3):21-25.

[13]卫迎春.浅析日本跨国公司的发展及其对日本经济的影响[J].经济

---

① 裴桂芬,赵翠.日本与德国交叉持股模式的演变及其影响[J].日本学刊,2012(3):72-86,159.

师,2003(4):89-90.

[14]金泰相.日本垄断企业的海外投资与跨国公司的发展[J].现代日本经济,1985(6):16-19.

[15]李杨.浅谈影响跨境并购的主要因素和应规避的风险[J].智富时代,2018(3):142.

[16]高长春,丁溪.论战后日本经济发展中的税收效应[J].黑龙江财专学报,2001(3):23-27.

[17]刘凤义.新自由主义、金融危机与资本主义模式的调整:美国模式、日本模式和瑞典模式的比较[J].经济学家,2011(4):86-95.

21 新加坡

21.1 引言

20世纪30年代以来，人们相信资本主义能够通过自我改良实现完善与发展，这一时期产生了许多资本主义改良模式，如英国模式、德国模式、瑞典模式等。西方马克思主义研究也发展出改进主义，但是随着2008年国际金融危机的爆发，资本主义改良成果也受到质疑，马克思主义理论这一宝贵理论武器再次凸显其对于资本主义发展研究的重要性。

新加坡殖民历史久远，在马来亚时期，葡萄牙、荷兰、英国和日本就先后在此进行过殖民统治。葡萄牙和荷兰对马来亚的殖民虽然仅限于沿海城市，但长达300多年。1826年，英国开启了马来亚的英国殖民统治时代，但是英国并没有给其带来实质性的变化，马来亚沦为贸易的中转站。第二次世界大战爆发后，日本接管马来亚，在这期间马来亚社会发生了巨大变化，严重影响了社会发展的方向和节奏，打破了政治、经济的发展规律。1965年，新加坡脱离马来西亚，此时的新加坡直面经济发展落后、物质基础薄弱、启动资金匮乏和劳动力素质低下的现实情况。然而，短短30年时间，新加坡就成为"亚洲四小龙"之一，并享有"花园城市""亚洲最廉洁国家"等美誉。新加坡由一个东南亚岛国成功崛起，并形成了独特的发展经验，这与其结合自身国情对资本主义发展进行改良有密切关系。对新加坡资本主义改良问题进行研究，不仅有助于更好地了解新加坡发展状况，而且对我国的改革发展有很强的借鉴意义。

新加坡的发展特别是其取得的巨大成就，一直以来就受到极大关注。由于新加坡特殊的历史经历和地理位置，使其改革和发展与西方传统意义上的资本主义改良具有很大差别。许多学者对新加坡的改良进行了研究，研究涉及各个领域，不仅包括政治、经济等方面，还包括环境治理等方面，甚至水文发展也受到重视。由于中国和新加坡有着相似的文化背景，因此新加坡的发展经验成为中国可借鉴之选。国内对新加坡的发展研究有很多，甚至进行大胆实践，如高薪养廉等。但是在马克思主义政治经济学的视域下对新加坡发展进行的研究还较少。

新加坡有自身的特点，如地缘优势、国际平衡等，因此对其发展要辩证地看待。2008年后，由于国际金融危机和战略地位下降等，新加坡资本主义改良出现了危机。以马克思主义政治经济学作为理论武器，对新加坡资本主义改良问题进行研究，能够帮助我们透过现象看本质，认识新加坡资本主义改良的实质，更好地推进中国的政治经济体制改革。

21.2 新加坡福利模式的特点

新加坡采取的政治体制从其建国以来就一直引起学者之间的争议与讨论。与西方国家大行其道的"民主模式""党政模式"极为不同，新加坡先经济后民主的实用主义[①]，"威权政府"的色彩，"精英政治"的内阁以及一党执政的维稳都是对传统西方政治理念的挑战和适应性改良。

21.2.1 "精英治国"理念下的福利决策机制

新加坡是一个主张"精英治国"的国家，在新加坡威权政体的统治过程中，执政党认为，国家应当由少数的精英人士进行统治，要求他们德才兼备，具有多方面的才能，要求他们在商业、工业、工会组织、制造业等各方面都很出众，并且品德高尚，为人正直，有着为人民谋利益的高尚情怀，能得到新加坡社会大多数人民的拥护和支持，当然还要非常了解新加坡。

"精英主义"是新加坡的一大特色。政府认为，"精英治国"能让政府保持廉洁高效的运作，精英指定的各项政策，一定是切合新加坡政治、经济、社会的发展的，而且政府会将这种价值观不厌其烦地向国人灌输。在这种"精英治国"理念下，领导者即所谓的"政治精英"对于福利制度的制定、福利

---

① 实用主义，是指不以确切的对错标准作为评判体系和理念。会根据以往的一些事实经验，快速地得出对某件事情应该发生怎样的变化的一个判断。

决策的实施，有着很高的话语权，起着十分重要的作用。尽管从新加坡的政体结构上讲，新加坡是议会内阁制，执政党只是众多党派中的一个，但事实上新加坡是"一党独大"，对于公共福利政策具有实际的发言权，也就是说，在国家的公共决策里，执政党的党内决策与社会公共决策几乎合二为一。

21.2.2 效率优先与机会平等

在新加坡，政府对西方福利国家的福利政策主张并不赞同。新加坡政府认为，国家解决贫困问题的根本举措是大力发展经济，政府有责任让人民过上安定幸福的生活，有责任为人民提供更多的就业机会，提供良好的教育环境，营造良好的社会氛围，提高就业竞争力并获得财富。对人民来说，其有权利分享经济发展带来的成果。李光耀指出："如果从工作和进步中所取得的成就和利益，没有公平地让全体人民分享，我们就不会得到他们全心全意的合作和参与。"[①] 但是这种共享不是人民不劳而获就可以获得的。政府在财政上的拨款是一种投资行为，是对人民的教育、住房以及健康医疗等方面予以的投资，而不是对国民各种消费进行的补贴。虽然政府追求的是一种机会平等，即人人享有福利政策的机会，但这种机会是以人民参与经济建设、创造社会财富为前提的，而不是坐享其成。新加坡政府提倡的是一种机会的平等，而不是福利结果的平等。

当然，新加坡政府会在机会平等的基础上，尽量缩小贫富差距，运用政府职能缩小福利结果中的不公平，这体现了一种理性之外的人文关怀。新加坡是一个十分注重实用主义的国家，因此政府的福利政策也体现了实用理性的特点。政府着力倡导一种主流社会观念，即一个国家社会财富的积累主要是通过不断发展经济实现的，而不是根据社会财富的平均分配或者社会福利政策的增加实现的。为此，新加坡政府和社会必须寻找一种效率与公平、社会的凝聚力与社会的竞争力之间的平衡，使新加坡的福利制度模式具有效率优先、机会平等的特点。

一方面，新加坡政府倡导的这种主流价值观，加强了人民对政府经济发展和社会发展的信心，树立了人民自力更生、艰苦奋斗的理念。因为，新加坡实

---

① 吕元礼,陈家喜. 新加坡研究:2013卷[M]. 北京:社会科学文献出版社,2014:181.

行这样一种福利模式，使国家不再是福利供给的主体，雇主和个人变成了福利的主要提供者，即雇主和个人要在政府制度的指导下为自身的福利供给买单，这必然促使个人更加努力地工作，以获得更好的福利。另一方面，新加坡政府倡导的这种福利思维模式，也让政府开始运用国家职能缩小福利分配结果带来的不公平，照顾社会弱势群体，缓和社会矛盾，让人民拥有财富，实现社会的安定和团结。

新加坡社会保障的基本理念是"个人负责制"，强调自强自立，国家、家庭、社会组织予以配合和支持。实行强制性储蓄，建立中央公积金制度，成立中央公积金局，管理机构基本集中于中央公积金局。政府要求雇主和雇员共同缴纳公积金费用，其具有的强制性特点，使新加坡建立福利制度追求高效率，强调效率优先。效率是新加坡福利事业的指导原则，政府的责任相对有限，政府是福利制度的制定者和管理者，政府鼓励和支持社会组织、慈善团体和公益性质的社团，平衡三方关系，建立适合新加坡发展的社会福利模式。由于新加坡政府为了保持经济的持续增长，注重发挥市场作用，依赖市场竞争控制资本膨胀，政府以经济增长为首要目标，注重效率，尽量把社会支出、福利支出维持在较低水平。政府认为，福利过高会造成国家财政的负担，不利于经济的发展，所以政府主张个人负责、自力更生，靠自身和家庭乃至社会力量来解决社会问题，如养老、医疗、教育等福利支出。

这种独特的福利支出方式，一度获得西方国家的认同，称赞家庭、个人、社会在其中发挥的合作共生、相互依存的作用。新加坡这种效率优先、机会平等的福利模式特点，在一定意义上促进了新加坡政府福利制度的完善与发展，效率性减少了社会资源的浪费，公平性兼顾了社会各阶层、各团体，有利于促进社会的稳定。

21.2.3　多元的社会福利政策

新加坡的福利模式主要是以中央公积金制度为中心，同时兼顾社会弱势群体的房屋、教育和医疗等福利政策。这种福利政策，是比较典型的"生产主义福利政策"。具体来讲，新加坡的社会福利制度包含三个主要方面：一是储蓄养老，二是工作自食其力，三是多元合作。主要依赖三种政策：中央公积金制度、社会保险体系、社会救济制度。

(1) 中央公积金制度

1955年7月,新加坡政府建立了独具特色的中央公积金制度。运用一种强制性储蓄的方式,来解决社会中的养老、疾病等社会问题。政府成立中央公积金局,设立专门的执法机构和组织,通过这些执法机构和组织进行管理。中央公积金制度规定:社会中的每个雇员都是中央公积金局的一员,雇主和雇员要根据自己工作月工资的相对比例一同向雇员的公积金账户存入款项,这部分款项将被用于雇员将来退休之后的养老和生活保障,政府将根据法律规定对其进行管理和保护。中央公积金局建立之初,公积金会员只有18万人左右,但随着公积金制度的不断完善和发展,加上政府的宣传和政策鼓励,到1965年,公积金会员增加到了40多万人,而到了1992年的时候,会员人数突破200万人,达到210万人,其中大部分是工商企业人员,还有国家公务人员,以及10多万个体,涵盖了社会各个阶层和组织,而当时新加坡全国总人口是280万,所以基本实现全覆盖。

伴随新加坡政治、经济的发展,中央公积金制度得到不断完善。政府加大扶持力度,通过减免公积金缴费税、提高管理职能等措施,完善中央公积金制度的功能。例如,1960年,新加坡政府提出了"五年建屋计划"①,为民众提供平价住房,随后又提出了"居者有其屋"的国家住房计划,让人民可以购买政府廉价的房屋,解决社会弱势群体的住房问题。到了20世纪80年代,为了满足人民日益增长的福利需要,新加坡政府推进福利制度改革,允许会员对自有公积金进行投资,可以通过公积金的风险投资赚取投资收益和回报。这一阶段,公积金账户有三个户头:一是普通账户,主要是针对雇员家庭进行的投资,如教育支出、住房支出等;二是医疗账户,主要是用于民众医院或者其他医疗保障性费用支出;三是特别账户,主要是用于退休之后的养老、基本生活保障等,一般不能随意提取。但是,当公积金会员年龄达到55岁的时候,如果雇员的公积金账户达到政府的最低规定,会员就可以提取自己的部分储蓄了。所以,公积金制度发展至今,已经成为一种综合性社会保障制度,涉及会员生活的养老、医疗、住房等各个方面。

新加坡中央公积金制度的三大特点:一是雇员个人负责制,每个雇员以储

---

① 古德诺. 政治与行政:一个对政府的研究[M]. 王元,译. 上海:复旦大学出版社,2011:199.

蓄的形式设立自己的公积金账户，并根据使用范围的不同分为普通账户、医疗账户和特别账户，实现其公积金的最大效益化；二是公积金账户的"有法可依"，政府制定中央公积金法，对雇员的公积金账户和公积金款项予以法律规范和保护，而且公积金存款有一定比例的利息，可提高雇员缴纳公积金的积极性，而且公积金缴纳免税，具有继承的特点；三是缴费灵活，公积金的缴纳可以随着雇员收入的提高而增加，也可以根据家庭经济状况的改变进行合理调整，体现其灵活有序的特点。

（2）社会保险体系

新加坡福利模式最典型的特征是倡导合作主义，社会保险在制定过程中很好地体现了该原则。新加坡在实现独立后，伴随着经济的飞速发展，政府建立了比较完善的保险制度和相对发达的保险市场。社会保险制度是新加坡社会保障制度的重要组成部分，主要包括养老保险、意外伤害保险和人身保险。参加保险的人员有三类：一是公务员，其退休金是依据中央公积金制度的规定支付的，医疗保险由政府承担，如果超过了规定部分，则超出部分费用自行承担。二是普通雇员，《劳工法》规定雇主要为自己的雇员承担一定范围内的社保，除此之外，雇员可以用自己的中央公积金来购买社保。三是非工资收入人员，这部分人员的社保是由自己的储蓄能力决定的，不纳入公积金的保障范围。该政策是新加坡政府针对民众不劳而获，防止民众偷懒坐享其成而制定的。

（3）社会救济制度

社会救济，主要是新加坡政府为社会弱势群体，尤其是没有劳动能力或者没有能力获得劳动报酬的人提供的一种救济。目前，新加坡规定，家庭收入在1000新元以下的困难群体可以凭借当地政府的证明，到政府的社会发展部门领取规定的救济款项。具体标准是每月每人生活费最低为100新元，法定假日有另外规定的补贴。对于那些没有工资收入或工资收入低于贫困线以下的居民，由国家社会发展部负责给予救济或补贴。而他们的医疗保障费用，也可以根据相关规定给予报销。这样一来，既可以保障最低收入者的基本生活水平，也有利于社会的稳定。

21.3 新加坡资本主义改良的出发点和原则

21.3.1 先经济后民主

从实用主义出发,新加坡没有遵从传统的资本主义范式,而是始终立足于本国国情,建设本国当前最需要的项目。李光耀认为,新加坡在初期最需要的就是大力发展经济,提高新加坡公民的生活水平。没有像样生活基础上的所谓"民主",不是人民迫切需要的。多年来,人民行动党在历次大选中都有着压倒性优势,可见实际经济问题确实是老百姓最关心的问题,也是当前政府需要解决的主要矛盾。在2011年大选中,人民行动党的得票率跌至历史最低,国际社会普遍认为这是新加坡政治变革的标志,即已到了年青一代追求民主的时候。随后人民行动党也给出了积极的回应,提出"包容性社会",更加照顾中下层收入群体,2015年新加坡基尼系数(扣除政府转移支付和税收后)回落到0.409,成效显著。在2015年大选时,反对党也派出了超豪华阵容,所有选区均有人挑战,但出乎意料的是人民行动党以69.86%的压倒性得票率当选,可见与那些倡导民主"高调"的人相反,百姓对务实经济发展的需要及认可。

21.3.2 兼顾"左右"全面看

多年受殖民的影响,新加坡政治上西方化色彩浓厚,但是历史上特别是近现代,共产主义也对新加坡产生了极深的影响。因此面对"向左"还是"向右"这个政治治理长久不衰的话题,与西方政党遮遮掩掩不同,新加坡明确提出兼顾"左右"的思想,即寻找对立与统一的平衡点。

具体表现在三方面:①"包容政治"和"果断政府"的统一。一方面政府以开放的方式治理国家,包容多种声音的存在;另一方面政府能够在关键时刻进行利益抉择,做出战略决策。②"全球化"和"特色化"的统一。一方面,新加坡国土面积狭小,资源有限,需要吸引移民和国外投资,全球化十分重要。另一方面,新加坡国情复杂,经济发展难以直接照搬他国经验,需要有特色地发展经济,如新建组屋计划等。③"个人抱负"和"社会目标"的统一。新加坡政府兼顾东西方文化,倡导"国家至上,社会为先;家庭为根,社会为本;协商共识,避免冲突;种族宽容,宗教和谐"的"共同价值观"。

经济学中一直有争取"中间选民"之说,也就是说"中间策略"往往能够顾及最多数人的利益。新加坡政府"执两用中"的理政理念体现了其兼顾"左右"的实用主义思想。

21.4 新加坡资本主义政治改良的独特包容性

21.4.1 增强社会阶层流动性

对于新加坡是"行政国"还是"法治国",存在争议的原因可能在于新加坡奉行"精英政治",对人才的依赖性远远高于其他主要资本主义国家。传统资本主义国家强调"限权""制度"等,而新加坡则强调行政者才能的发挥,由此新加坡形成了自己独特的"精英政治"模式。

作为长期执政党的人民行动党一直将人才的选拔作为自己的重要任务,其倡导的理念是"有好领袖才有好的政府"。在选拔考核过程中,既有能力方面的考核也涉及心理测试,力求人才的完备性和可靠性。具有代表性的有人才选拔八步骤,可见其考核内容丰富多样,说明其在注重人才智商的同时也注重人才的潜在能力。

"精英政治"的核心在于人才的引进,新加坡形成了一套兼顾内外的人才战略,对内重视教育的普及和教育体制的改革,实行双语教学和分流培养的教育政策,在注重学术研究的同时强调职业教育,培养多种人才。对于人才的引进,政府给予较高的薪资待遇、住房福利、减免税收、可与新加坡人通婚,以及允许带入被赡养者等大量优惠条件。从政府内部行政体系给予精英人才很大的上升空间,由此形成了精英人才的可持续性发展。精英人才循环路径如图 21-1 所示。

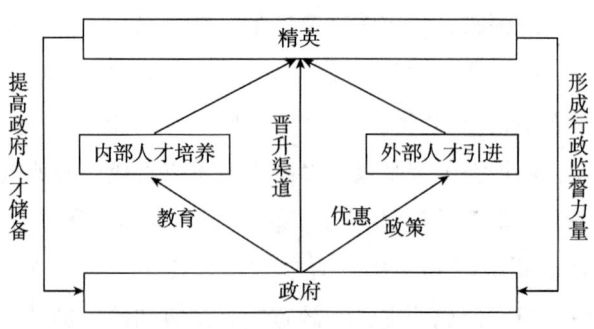

图 21-1　精英人才循环路径

21.4.2 "威权政府"减少内部摩擦

新加坡自成立以来就是人民行动党一党执政,虽在 2011 年选举中有动摇,但在 2015 年又以压倒性优势当选。该历史发展符合萧功秦所说的"选举威权主义",威权为其底色,纵有选举也洗之不去,高登·米恩斯(Gordon Means)将其定义为"软威权主义"①,蔡定剑认为新加坡是"民主机制下的威权体制"。威权主要用来对付敌对问题,为民主服务。无论如何,新加坡政治发展中"威权政府"色彩浓厚是不容置疑的。

在转轨时期,威权型政府往往比民主政府有更高的行政效率。新加坡从马来西亚独立出来后,国家缺乏经济基础,社会民族矛盾潜藏,且与周边国家关系恶化。如果想在这种不利的情况下发展,快速积累资金,合理有效地分配有限的资源,就必须集中力量,消除内部摩擦,提高效率,进行集中领导。虽然扩大政治参与和监督行使权力是有利的,但是存在缺乏权力相互制约和低效率的问题。因此,在这样的情况下,权力集中不仅可行,而且合理。

转轨时期的经济和社会典型特征是混乱,对比新加坡的历史发展,这种混乱主要表现为经济定位的混乱和社会矛盾的隐患频发。对于刚刚独立的新加坡来说,经济基础薄弱,市场狭小,国际地位尴尬,如何打破僵局成为难题。而对于其后发展中的新加坡来说,历史文化具有独特性,西方传统资本主义发展经验和亚洲国家发展模式都需要有辨别地进行借鉴,同时国内民族矛盾、当地人与外来人矛盾依然存在。面对这样的情况,"威权政府"相对民主政府更加高效,能够快速整合国内资源,使国家在混乱中维持稳定。新加坡一党执政的威权政府在实践中为新加坡转轨时期的经济发展提供了稳定的政治环境和有计划的渐进式分阶段发展的战略性指导。

但是威权主义的负面影响也是显而易见的,Gavin Peebles 和 Wilson 认为,"威权政府"带来的负面影响主要体现为新加坡的公民社会特征不鲜明,并未形成独立的行动组织,需要政府事事进行管控,公民不善于进行独立思考,企业发展也十分受限。李路曲提出,新加坡威权政治会降低政治参与,但是其指出相较于其他传统威权国家,新加坡政治参与度较高。陈祖洲指出,人民行动

---

① 吕元礼,陈家喜. 新加坡研究:2014 卷[M]. 北京:社会科学文献出版社,2014:177.

党在建立威权的过程中排斥左翼,建立了一党专政政体,政党与国家融为一体。

"威权政府"成功案例在历史上也屡见不鲜,如明治维新时期的日本政府。但是如何走好后威权主义却值得考量。2011年的大选危机已经表露出人民对于民主的新要求,新加坡政府也给予积极回应。这和新加坡长期以来的"精英政治"、人才战略有着密切关系,人才战略相较于党政建设等具有更大的灵活性和包容性。

21.4.3　廉政建设缓和社会矛盾

人民行动党的廉政理念——"治国先治吏,治吏廉为先",人民行动党在建党之初就极为重视廉政形象的树立和廉政理念的传播。在竞选中也用白色来宣传廉政形象,除此之外,学校教育大力号召国民做正人君子。这种执政党的理念直接影响了政坛风气。但新加坡并不是圣人理论的高唱者。由于政府官员也需要面对真实的生活成本,仅仅依赖道德修养的约束无法实现廉洁政府的建设。因此,人民行动党建议将部长、法官以及高级官员的工资与市场结合起来,并根据私营部门的声明自动调整工资,使政界人才的贡献和才能"物有所值",这就是新加坡政治中独特的"高薪养廉"理念。同时,新加坡也有严格的反腐司法制度,既有一般法律,如《刑法》和《刑事诉讼法》,也有具体法律,如预防腐败、查获腐败、贩毒和其他严重犯罪以及官方刑事程序。此外,人民行动党还专门成立了独立的反腐机构——新加坡贪腐调查办公室,以弥补党、国会、司法、在野党和媒体监控不力的缺陷,清理反腐死角。

新加坡廉政建设的影响十分明显。首先,增强了人民对政府的信任感。一直以来人民行动党都以压倒性优势获胜,表明了人民对政府的信任与认可。其次,有利于提高政府的行政效率。尽管近年来学界提出适度腐败有利于经济发展,但是如果将政府的信誉成本考虑进腐败的社会成本中,那么显然一个廉洁高效的政府是更理想的选择。最后,廉政建设有利于缓和社会矛盾,新加坡的基尼系数一直维持在中上水平,在2011年后下降趋势明显,这与政府提出的建设"包容性社会"、注重中下层收入群体有很大关系。

21.5 新加坡资本主义改良下的福利问题

作为马来半岛最南端的城市国家,新加坡虽然人口少且资源匮乏,但是从1965年建国来,其在面对诸多不利条件的情况下,在半个世纪里便取得了极为辉煌的经济成就。这与新加坡政府积极的发展战略和新加坡良好的社会条件息息相关。

收入差距扩大是一个全球性的问题,既存在于发达国家,也存在于发展中国家。全球化、科技进步等是收入差距扩大的重要因素。新加坡作为一个国际化程度很高、经济与移民政策非常开放的城市,尤其会受到不利影响。新加坡收入差距扩大的一个重要原因,是收入垫底的家庭难以从经济增长中获益,这些家庭的收入增长缓慢,不仅落后于新加坡平均水平,甚至落后于通货膨胀的速度。新加坡政府已经认识到这些家庭之所以面临困难,是因为他们没有合适的教育和技能,在经济转型升级之后找不到合适的工作。新加坡过去强调"个人责任",反对福利主义,这样的政治哲学在过去有其合理性,帮助新加坡在短短几十年的时间从一个第三世界国家发展成为一个第一世界国家。但是现在低收入家庭面临的困难来源于经济转型升级,已经超出了个人和家庭的能力范围,不再是简单的工作伦理和依赖文化的问题。新加坡政府于2013年提出建设一个包容性社会,迈出了建构新的政治哲学的第一步。虽然个人责任、勤奋、纪律等仍是新加坡的核心价值观,但是以包容性为导向的社会政策转型开始重塑新加坡的政治哲学,开始为低收入家庭提供更多的社会保护。2007—2017年新加坡基尼系数情况如图21-2所示。

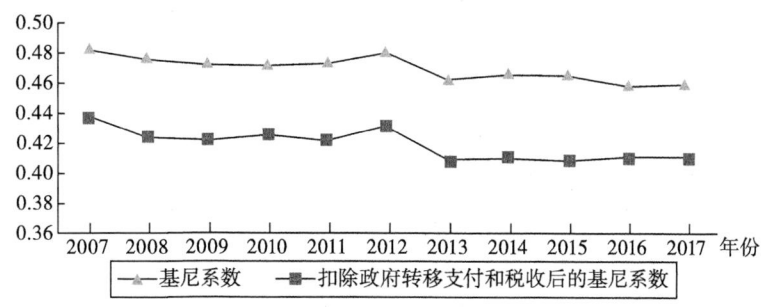

图21-2 2007—2017年新加坡基尼系数

资料来源:世界银行数据库。

基尼系数是国际上最常用的描述收入分布的指标，数值为 0 表示绝对的平等；为 1 表示绝对的不平等；基尼系数达到 0.4，则表明收入不平等已经达到了警戒线。由图 21-2 可知，新加坡收入水平差距一直较大，但在 2012 年之后收入差距呈缩小趋势。

虽然新加坡长久以来特别是 2012 年以前一直存在收入差距大的问题，但是一直没有成为新加坡社会发展的一大障碍。可能的原因有：①政府廉洁，腐败不是造成收入差距的主要原因，收入差距被看作竞争的结果；②之前经济增长速度较快，各阶层的人都从发展中受益，提高了社会对收入差距的忍耐力；③新加坡重视教育，人才流动性强，社会结构相对开放，部分抵消了收入差距扩大带来的不利影响。在 2011 年大选中，人民行动党得票率大幅下降，为了扭转这一不利局面，人民行动党上台后关注民生，努力缩小社会收入差距。具体表现为三方面：①对低收入家庭给予公共援助，主要通过社区关怀基金进行扶持。2011 财政年度社区关怀基金帮助了 6.7 万户家庭，总支出为 7000 万新元，长期公共援助对象不超过 3000 人。2013 年，对援助标准做了调整之后，援助对象预计会新增 1.5 万户，多支出 2000 万新元。②推行"工作福利"制度。2013 年，政府提高了就业入息补助的收入资格上限，从以前的 1700 新元增加到 1900 新元，受益人数预计增加 4 万多人，达到 48 万人，占到新加坡劳动人数的 30%，受惠人群范围扩大。③老年人口文化程度相对较低，收入能力有限，往往为了生活"退而不休"，继续从事一些年轻人不愿意做的工作。新加坡在政府转移支付方面向老年人倾斜，不仅通过公共援助项目对有需要的老年人进行帮助，还成立了一些帮助老年人生活的基金会；另外，新加坡独具特色的模式是通过变现老年人拥有的房产，帮助老年人养老。

21.6　新加坡资本主义改良面临的困境

新加坡资本主义改良成效如此显著与其特殊的历史背景有着密切关系。一方面，当时新加坡处于危难关头，国内民众有着很好的危机意识，愿意接受大的变革，奉献精神极强，客观上促进了改革的发展。另一方面，国内经济基础薄弱，政府抓住机遇，利用新加坡独特的地理优势，促使经济快速发展，凸显了改革成效。但是伴随着亚洲金融危机的冲击，新加坡经济增速放缓，年青一代危机意识减弱，个人独立意识增强，政治生态环境发生了很大变化，目前新加坡的资本主义改良遇到了挑战。

21.6.1 外向型经济脆弱性凸显

新加坡经济严重依赖全球经济发展，且进出口总额约为GDP的4倍。因此，新加坡的经济极易受到世界经济波动影响，见图21-3。

从图21-3中可以看出，新加坡经济波动很大，20世纪70年代石油危机和西方国家经济"滞胀"与80年代贸易主义的盛行使新加坡经济增长率急剧下降，而1998年的亚洲金融危机和2008年的国际金融危机使经济增长率更是呈断崖式下跌，由此可以看出依赖型经济模式的弊端。近年来国际形势出现新变化，美国的"孤立主义"内倾政策和英国"脱欧"，逆全球化浪潮初见端倪，各国贸易保护主义纷纷抬头。除此之外，受新技术革命的影响，国际油价一直下跌，与之伴随的是扼马六甲海峡的新加坡转口贸易的受损。面对这样的情况，新加坡应该更加积极地推动自身建设，培育自身优势产业，在国际贸易中占据优势地位，落实"智慧国家2025"计划。

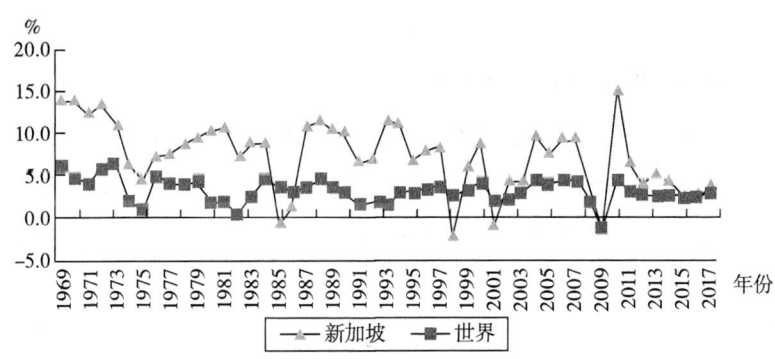

图21-3 1969—2017年新加坡和世界经济增长率

资料来源：新加坡统计局。

21.6.2 失业危机

失业会引发一系列严重的社会问题，如犯罪，造成社会不稳定、民众贫困，人民找不到工作引起的不满情绪也会波及社会秩序和政府管理，进而增加社会救助方面的社会支出，减少公积金收入来源，给政府造成很重的负担。20世纪70年代，新加坡基本解决了就业问题。到1987年，新加坡创造的就业机会有 7 万多个，1997 年增至 12 万个，当年的失业率仅为 1.8%，处于全民就业的良好状况。但是，受亚洲金融危机的影响，新加坡劳动力市场供不应求的现象不复存在，从 1997 年底开始，劳动力需求开始萎缩，不断有雇员被辞退，失业人数一直在增加，就业增长率明显下降，职位空缺越来越少，保持了近 30 年的良好就业形势面临严峻挑战。到 1998 年，新加坡失去就业机会近 2.5 万个，失业率呈增长趋势，全年有近 3 万人失去工作，这对新加坡造成极大的负面影响。

相比其他东南亚国家的失业情况，新加坡偏向于结构性失业。主要表现在，一方面新加坡在工业制造方面有大量的失业人员；另一方面一些高精尖部门或高新技术行业急需人才，甚至要聘请国外优秀的技术人员补充人才队伍。这就出现了很矛盾的问题，一方面缺少人才，另一方面面临失业。加上新加坡是资源紧缺型国家，各种资源的价格在整个东南亚都是相对较高的，人工成本很高，土地价格很贵，新加坡政府考虑将劳动密集型产业向劳动力成本比较低的国家进行转移，就必然导致这些产业对本国劳动力需求的递减，从而引发部分人失业。

21.6.3 经济全球化背景下的劳动力竞争

经济全球化主要是指随着经济的发展，市场不断扩张，国家、企业、区域的经济行为或者与世界其他国家、企业、区域的相互联系和依存发展到了一个新水平，成为整个世界经济体不可缺少的一部分。全球经济一体化，也就意味着当参与全球化的国家越多时，全球经济的范围就越大，影响就越深，一体化越是不断加强，国家经济体之间越是互相影响、共同进步。经济全球化的不断发展，使世界各国在政治、经济、文化等方面的联系和依存度不断加强。新加坡作为东南亚经济发展中的典型国家，一方面促进了经济的发展和福利事业的进步，另一方面不可避免地受到冲击。英国沃威克大学政治学教授苏珊·斯特兰奇将经济全球化导致主权国家职能的消失归结为三个方面：一是国家的防务职能，二是国家的金融经济职能，三是国家的社会再分配职能。经济全球化带来的最直接影响是加剧了跨国间的竞争，使商品、资金、技术打破了国际界限，不利于保护本国市场，这对新加坡来说是一个很大的挑战。新加坡是一个出口增长型国家，经济的发展依赖于国际市场，全球化使新加坡原先极具市场竞争力的出口产品遭遇竞争和挑战。

作为积极参与经济全球化、最先进入发达国家行列的新加坡，在经济飞速发展的同时，也使这种经济增长充满了波动性和同步性。国家的经济安全，如经济开放和金融开放也受到了负面影响，尤其是 20 世纪 90 年代亚洲金融危机的爆发，同样波及了新加坡，新加坡开始出现经济增长放缓、就业水平下降等问题。在经济全球化的背景下，每个参与国家在享受其带来的好处的同时，也不可避免地出现了经济全球化带来的问题，所以新加坡政府应对其进行准确判断，并提出解决方案，不断增强本国的综合国力和国际竞争力，掌握新加坡政府实施对外开放政策的主动权，以保障本国的经济安全，应对国内和国际各种风险。

21.7 新加坡资本主义改良的具体政策措施

21.7.1 创新福利管理方式、加强"双层发展管理"体制

新加坡目前实行的是个人负责制福利发展模式，这种福利发展模式既有其合理性，也存在政府责任有限、福利水平个体差异较大、受经济发展水平影响较大（如果经济发展快，人民收入增加，公积金缴纳多，福利水平就高；反之，如果经济出现下降，人民收入减少，公积金缴纳低，福利水平就低）等缺陷。对于可能出现的问题，新加坡政府可以创新福利管理方式，加强"双层合作管理"发展模式，充分发挥地方政府和地方组织的管理职能和作用。

具体来说就是，由国家负担普遍性福利，地方政府提供必需的社会救助。普遍性福利由政府在全国范围内予以福利给付，实现福利的普惠与公平。当地政府供给社会服务，可以使福利方式和内容更加符合民众的需要。政府给予和地方供给两者并不矛盾，可以相互补充，各自权衡，促进福利事业的多元化发展。国家应赋予地方政府在地方福利问题上的决策权，福利经费应由国家和地方政府共同负担，地方政府承担过半的责任。虽然各地区的地方政府经济发展、财政状况不完全相同，但是因为有国家层面的支持，这种差距会日渐缩小。

21.7.2 优化福利结构、转变经济发展方式、寻找新的经济增长点

针对全球化带来的福利制度的发展冲击以及不确定因素带来的风险，新加坡政府应立足本国国情，着力发展本国新的经济增长点，提高政府、社会和个人抵御风险的能力。

国家可从以下几方面入手。一是建立和完善多元化福利体制，发挥国家、企业、个人以及各种民间非营利组织在福利体系建设中的作用，合作共生，权利明确，各司其职；同时，要规范中央公积金的投资渠道和投资方式，鼓励雇员进行福利投资行为，增加政府收益。简而言之，就是要多方参与、共同决策。二是注重引进外资、吸引人才，转变以往不利于外来移民或者投资者的福利政策；应调整社会福利缴纳范围和受益人群，如应允许外来移民或者在新加坡工作时间较长的人员参与到中央公积金制度中，可以选择自愿缴纳费用，以享受应有的福利服务。这一方面扩大了中央公积金的收入来源，另一方面有利于人才的吸收和引进。三是转变经济发展方式，提高国内产品在国际市场上的竞争力，尤其在高精尖技术方面注重学习和引进，大力发展本国经济，并适当刺激国内消费，保持经济发展的活力，不断增强新加坡的综合实力和国际竞争力，应对全球化带来的各种挑战。

21.7.3 新加坡资本主义改良的实质

如果把一国的成效与特定历史时期的政治和经济环境间的关联、某一历史时期资本主义经济的外在表象绝对化当作某种制度结构的必然结果，就忽视了资本主义生产体制的内在发展变化动力，以及资本增殖法则对生产力发展和劳动者收入增长的限制作用，也就不能揭示一般经济形势变化与制度变革间的相互作用关系。

马克思主义政治经济学认为，生产资料的劳动产品私人占有是资本主义的本质属性，也是资本主义的根本所在。资本主义社会生产具有社会性，以工业生产为主，生产规模不断扩大，分工日益精细。然而，生产资料集聚在少数人的手中，这样一来，生产的产品便不属于那些真正使用生产资料与生产产品的广大劳动者，而是归资本家所占有。资本家对财富追求的欲望驱使其在竞争中逐渐提高生产力，致使生产的资本与过程更社会化，生产过程对整个社会的触及面更广阔，社会分工更细致，相互依赖和联系更紧密。新加坡资本主义改良

前期受其地缘优势和国际形势的影响，成效显著，但是并没有改变其始终代表资产阶级利益的本质。

尽管新加坡正在实施人才战略，社会流动性增强，但是大量中产阶级已经出现。这类阶级包括业主、自由职业者、付费研究人员、工程师、教师、销售人员、广告商和小企业经理。中产阶级大量出现的部分原因是筹集资金的作用，工人的共同收入已成为增加国民储蓄的主要来源，很多员工的年收入已经达到了社会中等甚至中产阶级水平。看似阶级界限被模糊，实际上资本家始终是资本的代言人，资本主义的矛盾不会消失。所以，随着新加坡地缘优势逐渐减弱，其战略地位开始下降，经济增速放缓，社会矛盾凸显。

从马克思主义政治经济学出发，资本主义的福利政策是一种更加隐蔽的剥削，它是资本主义国家出于整个资本主义经济发展的需要，而采取的保护工人阶级的一种措施，从而缓解了资产阶级与工人阶级之间的矛盾，麻痹了工人阶级的阶级意识，有效地避免了阶级斗争的发生，为资本主义生产所需的劳动力提供源源不断的动力，更好地维护了资产阶级的统治。新加坡政府提倡"包容性"社会，增加社会福利，也只是为了缩小收入差距，缓解社会矛盾，甚至是争取选票的暂时性手段，并不能改变新加坡资本主义改良的实质，不能从根本上解决资本主义的矛盾。

21.8　总结

本章以新加坡资本主义改良的历史背景和改革历程为重要经验资料，分别从政治、经济、社会等角度研究新加坡资本主义改良的理论建设和实践经验，对改良问题进行了深入研究。通过对新加坡资本主义中的政治发展进行研究，本章有如下发现。

第一，新加坡在资本主义政治改良中一直以实用主义作为先行理念，代表性的实践行为有"先经济后民主"和"兼顾'左右'全面看"等。同时，"精英政治下法制""威权主义色彩浓厚""廉政建设成效显著"等也使新加坡的资本主义政治改良包容性增强。除此之外，本章还发现新加坡资本主义政治改良虽然成效显著，但是现阶段面临着如何维持经济与社会的长久可持续发展，高效威权政府如何面对民主化诉求等挑战。

第二,经济发展是新加坡资本主义改良的重中之重。新加坡经济发展到现在共经历了4个发展时期,虽然在不同时期经济改良政策也随之进行调整,但是都没有触及资本主义本质。因此,虽然新加坡经济能够快速发展,但是这与其自身具有的独特优势(如地缘优势)和良好的社会理念等也有很大关系。随着新加坡外向型经济脆弱性凸显,战略地位下降,这种优势开始减弱,新加坡经济发展面临困境。

第三,在新加坡资本主义发展过程中,新加坡政府极为重视生态环境的建设,不仅有长期整体的环境规划,还建立了多方面的法律保障体系,并且运用了大量智慧化的现代科技手段。因此,新加坡不仅经济飞速发展,而且有"花园城市"的美誉。收入差距问题也是新加坡改良中面临的重大问题,但新加坡一直以来收入差距较大却没有引发较大的社会问题,并且近年来新加坡的收入差距有逐渐缩小的态势,这与新加坡独特的国情和政府近年来接连出台调整措施有很大关系。由此可以看出,福利政策始终是矛盾的缓和剂,并不能从根本上解决矛盾。

参考文献

[1]陈鸿瑜. 新加坡史[M]. 台北:商务印书馆,2011.

[2]吕元礼. 新加坡研究:2016卷[M]. 北京:社会科学文献出版社,2017.

[3]吕元礼,陈家喜. 新加坡研究:2013卷[M]. 北京:社会科学文献出版社,2014.

[4]李路曲. 新加坡现代化之路:进程、模式与文化选择[M]. 北京:新华出版社,1996.

[5]林闽钢,陈颖琪. 东亚福利体制研究争论及新议题[J]. 中国社会科学评价,2020(4):128 - 140,158.

[6]董克用,肖金喜. 人口老龄化背景下新加坡中央公积金养老金制度改革研究与启示[J]. 东岳论丛,2021,42(3):97 - 108,191 - 192.

[7]古德诺. 政治与行政:一个对政府的研究[M]. 王元,译. 上海:复旦大学出版社,2011.

[8]MAUZY D K, MILNE R S. Singapore Politics Under the People's Action

Party[M]. Singapore Politics Under the People's Action Party. Routledge,2002.

[9]孙景峰,刘佳宝.新加坡政治发展的动力机制探析[J].理论与改革,2018(2):122-130.

[10]米尔斯.权力精英[M].许荣,王崑,译.南京:南京大学出版社,2004.

[11]Sonny Yap,Richard Lim,Leong Weng Kam. Men in White:The Untold Story of Singapore's Ruling Political Party.[J]. Singapore Press Holdings Limited,2009.

[12]吕元礼.新加坡为什么能[M].南昌:江西人民出版社,2007.

[13]MEANS GORDON P. Soft Authoritarianism in Malaysia and Singapore[J]. Journal of Democracy,1996.

[14]蔡定剑.新加坡民主机制下的威权政治[J].中国社会导刊,2006(5):48-50.

[15]PEEBLES G,WILSON P. Economic Growth and Development in Singapore[M]. Edward Elgar Publishing,2002.

[16]吕元礼,陈家喜.新加坡研究:2014卷[M].北京:社会科学文献出版社,2014.

[17]陈祖洲.新加坡:"权威型"政治下的现代化[M].成都:四川人民出版社,2011.

[18]孙景峰.新加坡人民行动党执政形态研究[M].北京:人民出版社,2005.

[19]汪朝霞,史巍.新加坡政府的社会救助计划[J].国外社会科学,2009(3):71-76.

[20]KANG S H,LEONG C H. Singapore Perspectives [M]. World Scientific Publishing Company,2010.

[21]马克思.资本论:第三卷[M].北京:人民出版社,1966.

[22]AMIN S. The Trajectory of Historical Capitalism and Marxism's Tricontinental Vocation[J]. Monthly Review An Independent Socialist Magazine,2011,62(9):1.

[23]陈云娣.新加坡的福利模式研究[D].上海:上海师范大学,2017.

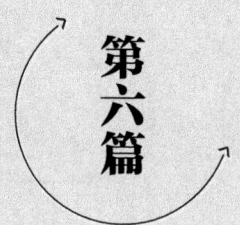

启示与结论

22　资本主义改良对中国促进社会和谐发展的启示

22.1　有关资本主义国家改良的比较分析

在自由主义类型福利国家中，经济调查式的社会救助和少量普救型转移支付或发挥有限作用的社会保险计划相结合。受助者主要为低收入、依靠国家救助生活的工人阶级。此类国家福利改革的边界就是福利取代工作的边际倾向，不仅资格审核严格，而且没有考虑公民的尊严，转移支付的金额也十分有限。这导致了这种福利体制较低的非商品化，有效抑制了社会权利的扩张，并有助于构建分层化秩序。

在保守主义类型的福利国家中，政策当局致力于对现有阶级分化的保护，自然，公民权利便与其社会阶层和地位挂钩，即用国家政策完全取代市场的一种行为。因此，私人部门的保险金在其福利体制中被边缘化，影响微乎其微，并且对社会分层的重视也在很大程度上影响了再分配的调节作用。

社会民主主义类型福利国家则提倡普救主义原则并对社会权利进行了扩展，涵盖到了新中产阶级。公民间能够享受的权利逐渐平等，只是给付水平会受到个人收入水平的影响而有所差异，这种模式既完全取代了市场在社会福利中的地位，又建立起了具有普遍责任的福利国家。

由于本章旨在通过对具体环境下各种福利制度模式的特征分析和成效分析来获得对中国福利制度的建立与发展有借鉴作用的结论。所以本书在艾斯平-安德森的分类基础上增加了对东亚模式的研究，试图探究在地缘经济相似的前提下，对福利制度造成的影响。

在东亚类型的福利国家中，以儒家文化为核心的文化理念对人们心理上的改造是根本且彻底的，而非法律制裁所能达到的。并且，东亚各个国家和地区采取的是以"生产主义"为战略导向的福利模式，更加关注国家层面经济战略目标的实现。所以，东亚国家和地区采取的是政府控制的政治经济模式，即社会保障制度一般由政府主导，公民的政治参与度相对较低。

  社会民主主义对个人独立性的强调和对家庭依赖的弱化是自由主义与社会民主主义间的独特融合。但与保守主义对妇女工作的反对和自由主义对妇女权利的忽视不同的是，这种类型的福利国家承诺充分就业，在一定程度上尊重了妇女选择工作的权利。而东亚模式则是在整合了西方福利制度理论的基础上，结合了欧美福利国家所积累的自身发展经验所形成的。但是由于国家自身政治、经济、社会的独特性，东亚模式在实质上又独立于西方福利国家的思想。

  在对西方资本主义国家改良理论与实践进行梳理后，我们发现，虽然各国的改良在具体实践方式与发展历程上会有所不同，但大体上都经历了从战后由民主社会主义政党的凯恩斯需求管理理论指导的管制型经济体制，到20世纪70年代末期新保守主义政党的新自由主义理论指导的自由放任型经济体制，再到2008年国际金融危机以后重回国家管制的经济体制趋势的转变。其中，欧洲一些国家在90年代还经历了社会民主主义变革，如以英国工党"第三条道路"（在德国称为"新中间"）为代表的超越"左"与"右"的新道路。"第三条道路"指出，社会民主主义转型的目标是要超越"左""右"两分传统政治思维框架，既不走老左派"僵化的国家干预主义"的老路，也反对新右派完全自由放任的新自由主义政策，而是在继承社会民主主义自由、公正、互助的传统价值上吸收新自由主义市场原则的积极成分，找到既能实现社会公正，又能让经济富有生机的新路径。但在具体的经济、社会政策实践中，"第三条道路"基本上还是沿用了新自由主义。

  从前期对西方资本主义各国改良的具体理论以及实践成效分析可以看出，资本主义改良与科学社会主义是有着本质区别的，资本主义改良始终是在资本主义制度框架内进行的，其局部的调整不可能克服资本主义固有的深层矛盾，20世纪70年代的"滞胀"危机、"福利国家危机"以及2008年的国际金融危机、欧债危机等都深刻地印证了这一点。但在认识改良主义本质的基础上，我们也应该看到这种改良在资本主义发展中的重要性。它使资本主义制度不断得到完善，健全的社会保障体系也不断缓和着资本主义的内在矛盾，从而为经济发展创造了良好的环境。

所谓"他山之石,可以攻玉"。资本主义改良理论在战后长达近一个世纪的发展历程中,有许多经验教训是值得我们总结和借鉴的。它们的社会福利政策发展,对于在市场经济条件下如何处理好效率与公平之间的关系、如何做到既推动经济发展又促进社会和谐提供了不少的经验。另外,改良理论在资本主义发展中,能根据内外部条件的变化,不断进行自我调整以适应社会环境变化的能力、对其他社会思潮中有价值的思想拥有兼收并蓄的能力,在实践中能不断地总结经验、提高学习能力,这对于中国促进社会和谐发展都是值得借鉴的。

在改革开放初期,邓小平同志对如何促进中国特色社会主义事业建设提出"要赢得与资本主义相比较的优势,就必须大胆吸收和借鉴人类社会创造的一切文明成果,吸收和借鉴当今世界各国包括资本主义发达国家的一切反映现代化生产规律的先进经营方式、管理方法"[①]。而今天,在习近平总书记的带领下,中国特色社会主义进入了新时代,并且面临全球化以及后金融危机时期世界经济格局变化的挑战,我们应该与时俱进,不断吸收各方先进的成果,避免其发展中的弊端,从而促进中国社会和谐发展。

22.2 坚定中国特色社会主义的政治立场

从资本主义国家的政党政治改良来看,大多数国家主张各党派通过议会选举的方式来赢取民众支持,轮流执政,以保证国家政治生活井然有序。然而,政党政治在实际发展过程中,各党派为了赢得选票从而掌握执政权,经常会出现政党政策趋同现象,甚至背弃最初的价值理念。例如,英国工党,在民主社会主义改良阶段,坚持以公有制、凯恩斯需求管理以及福利国家等措施来使资本主义过渡到社会主义,但最终的"滞胀"危机与"福利国家危机"使其失去了执政地位。随后撒切尔保守党主张新自由主义而走上执政舞台,放松国家控制、大力推进私有化、限制工会权力以及削减社会福利,对英国社会进行了大刀阔斧的改革,而此时工党则经历了两次大选的失败。为了重新回到执政地

---

① 邓小平. 邓小平文选:第三卷[M]. 北京:人民出版社,1993:373.

位，当时的金诺克工党对党内政策进行了反思，政治主张开始"右转"，直到布莱尔政府重新执政后，提出"第三条道路"理论，改民主社会主义为社会民主主义，更加强调民主而不是社会，并不再将"社会主义"视为最终目标，更加注重对资本主义的管理与治理，经济、社会政策上基本沿用了新自由主义，这使很多工人阶级不再相信工党是代表自己的政党，从而导致工党在2010年大选时比2005年直接减少了近400万的工人阶层选票。而在后金融危机时代，保守党重新执政，此时工党的政党理念逐渐出现"左转"，但依然未赢得选民信任。从工党的政治理念演变来看，一方面，它在社会主义观上越来越偏离最初的目标，与马克思主义的联系也越来越少；另一方面，它逐渐远离工人阶级，回到对资本主义的维护中。

中国的政党政治是中国共产党领导的多党合作与政治协商制度，这既不是一党制，也不像西方国家的多党制，而是中国共产党作为执政党，其他各党派作为参政党，在共产党的领导下参与国家事务管理。虽然我们不存在多党轮流执政所带来的一些问题，但从西方社会民主党的发展中应该认识到，一个成功的执政党，必须在发展过程中始终坚持自己特有的价值理念，一切的理论变革也必须是以自身的价值理念为基础。

中国共产党始终坚持将马克思主义的基本原理与中国历史实践有机结合，从实际出发，找到适合中国的社会主义建设路径。首先，中国特色社会主义是不同于英国民主社会主义的，民主社会主义从本质上不同于马克思科学社会主义，并反对把马克思主义作为唯一的指导思想，从其社会观的发展来看，也是彻底放弃社会主义对资本主义的整体替代方案。因此，在这一点上我们应该坚决抵制民主社会主义思潮通过各种手段对中国特色社会主义理念的渗透。其次，中国特色社会主义制度不是一成不变的，"马克思主义具有与时俱进的理论品质，如果不顾历史条件和现实情况的变化，拘泥于马克思主义经典作家在特定历史条件下、针对具体情况做出某些个别论断和具体行动纲领，我们就会因为思想脱离实际而不能顺利前进，甚至发生失误"[①]。因此，中国共产党应坚持在实践中发展理论，在实践中坚持和完善现有制度，及时制定新的制度，构建系统完备、科学规范、运行有效的制度体系，强调根据时代变化要求不断

---

① 江泽民. 江泽民在庆祝建党八十周年大会上的讲话[J]. 支部建设, 2001(7): 4–15.

推进马克思主义的中国化。可见,坚定中国特色社会主义才是党长期执政的重要政治保证。

22.3 坚持以人民为中心的中国特色社会主义市场经济发展

20世纪30年代至今,资本主义国家经济政策改良经历了从公有制到私有制再到混合经济的演变。公有制体现在战后的国有化浪潮中,曾一度使战后资本主义国家经济进入一个"黄金时代"。但进入70年代以后,政企不分、政府负担过重、企业创新能力下降等诸多弊端不断暴露出来,政府的过多干预成为经济发展的障碍,过分追求公平严重阻碍了经济效率的提高。私有制发生在新自由主义时期,执政党宣称"自由市场可以解决任何问题",并极力强调市场竞争。在当时,这一经济政策大大提高了劳动生产率,改善了企业的经济效益,但这种劳动生产率的提高并没有带来工资的提高,而是伴随着大规模失业与极端的收入不平等。随着两种经济政策弊端的暴露,西方国家认识到,单纯的国家干预与自由放任是行不通的,于是当时兴起的"第三条道路"理论试图建立一种混合经济模式,用一种平衡的目光来看待国家与市场。"第三条道路"理论放弃了"市场是恶的"伦理判断,认为市场是中性的,是配置社会资源的有效手段,但市场也不是万能的,对市场的放任是危险的,所以要对市场进行一定的控制,市场与国家都是经济运行必要的调控手段,关键在于找到一种制度安排,把两者有机地结合起来。这种思想充分体现了资本主义改良具有不断进行自我调整以适应社会环境变化的能力,对中国构建社会主义市场经济有很大的借鉴意义。但资本主义的这种混合经济在具体实践过程中仍然具有"偏右"倾向,体现出为资产阶级服务的本性,最终无法改变贫富差距扩大的后果。

对中国来讲,应该吸收资本主义经济政策改良过程中的先进成果,也要避免其在资本主义运行过程中出现的问题。这就要求我们首先坚定不移地走中国特色社会主义市场经济道路,它是以公有制为主体多种所有制共同发展的一种经济制度。而这种以公有制为主导地位的经济制度决定了整个社会发展的最终目的是服务于人民。

从历史唯物主义出发,一切社会形态的实践主体都是人,是人的活动产生新的生产方式，促进生产力发展。但在资本主义社会，人的这种作用被忽视，以资本确立社会的统治地位，资本追求利润则是资本主义发展的趋势，人则是作为资本的一个附属品，受雇于资本家，靠出卖劳动来维持自己生活，从而使资本主义社会经常因为资产阶级与工人阶级之间的各种矛盾而爆发经济危机。因此，在社会主义市场经济中，虽然允许并鼓励资本的存在与发展，但一切都应该先以服务人民和满足人民需求为出发点。2016年11月24日，习近平总书记在中央政治局的第二十八次集体学习时也提道："要坚持以人民为中心的发展思想，这是马克思主义政治经济学的根本立场"。人民是经济发展的主要力量，在经济发展中起决定作用，无论是科技发展、管理创新还是"大众创业、万众创新"等都离不开人的掌控。以人民为中心，发展依靠人民，就是肯定人民是经济发展的最大动力，在生产力发展中起主要作用。只要充分鼓励人民进行发展，社会主义市场经济就能保持良好运行和稳定进步的动力。

因此，坚持以人民为中心的中国特色社会主义市场经济发展是社会主义生产回归本源的方式，并且有利于指导社会生产，使人民共享由经济发展所带来的丰硕果实，而并非像在资本主义社会制度下，使生产成为资本追逐利润的手段。

22.4 加快转变经济发展方式

资本主义改良之所以能够使资本主义不断向前发展，主要是因为它具有不断进行自我调整以适应社会环境变化的能力。对于中国来说，在后金融危机时代面临着经济增速放缓、西方贸易保护主义盛行等各种挑战，我们应该及时调整经济发展方式来适应这些挑战，从而实现中国经济更好更快发展，提高经济抵御风险能力，占领国际竞争制高点，促进社会和谐发展。

第一，从突出速度的高速经济增长向更加注重提高经济增长质量和效益的持续稳定适度增长转变，即粗放式向集约式转变。面对近年来中国经济增速的放缓，一些快速增长时期的问题逐渐显露，如环境污染、资源衰竭和发展失调等。而金融危机的出现，使世界经济处于一个缓慢复苏的状态，使中国获得了转向适度高速经济增长的契机。在采取措施抑制了经济增速放缓的趋势以后，应更加明确地立足中长期持续稳定发展，将经济发展的推动力转向更加注重提高经济增长质量和效益，从而保证国内的经济健康可持续发展。

第二，扩大内需与供给侧结构性改革并重。金融危机后全球贸易保护主义盛行，严重威胁了国际贸易与投资自由，据统计，2008 年 11 月到 2017 年 6 月，20 国集团中的 19 个成员国总计出台了 6616 项贸易和投资限制措施，而贸易和投资自由化措施仅为 2254 项。贸易保护政策的落实，必然会在短期内对中国造成重大损失，在这种情况下，扩大内需就成为加快转变经济发展方式的首要任务。未来一段时间，需要加大力度支持消费升级转型，并促进供给侧结构性改革，使供给能满足广大人民日益增长和不断升级的各种需求，着力解决消费领域的供需错配问题，以内需来减弱外部冲击。

第三，深化科技体制改革，提高中国企业的自主创新能力。金融危机以来，西方国家在世界上的霸权地位虽然已经减弱，但其强大的科技优势依然可观，我们应该清楚地认识到差距的存在，加快突破在新一代信息通信、新能源、航空航天、新材料、智能制造等核心技术领域的创新与应用，从而提高核心竞争力。首先，应大力提高企业自主创新能力，建立以企业为主，市场为导向，产学研相结合的创新体系。这是企业生存与发展的根本路径，也是建设创新型国家的必然要求。其次，要完善和落实激励企业自主创新的相关政策，并加大对企业技术创新的支持力度，加强企业的研发条件与人才队伍建设。最后，改革科技体制与教育体制，由国家主导进行一些大规模的科技研发、空间探索、海底搜索等项目，从而促进科技进步，提高投资收益率与资源利用率。

22.5　实施更加积极主动的开放战略，加强与发展中国家的合作

西方发达资本主义国家的外交观点大多经历了由民主社会主义的合作互助、反对霸权、使用民主方式解决国际问题，到为了维护本国利益，而追随美国脚步，以"维护民主"和"适应全球化"为借口，干涉他国内政，要求其他国家同样奉行它们所认为的具有普世性的自由、民主等传统价值观念。最典型的例子就是英国"第三条道路"理论中所提出的"新国际主义立场"。而在普世观的全球推广中，西方发达国家采取政治、经济等施压手段，迫使发展中国家实行对外贸易自由化、放弃资源国内保护政策、开放价格、放松国家对劳动力市场的控制、开放金融市场等以自由放任市场经济为特征的新自由主义措施。然而，从近年来由美国主导的新自由主义全球化经济体制的衰落就可以看

出,西方国家这种对外政策是不可持续的,并且使世界经济秩序发生了一定程度的改变。

新自由主义全球化积累体制在接连不断的金融危机中开始走向衰落,随着发展中国家技术不断积累、合作的加强以及对本国经济控制权的迫切收回,美国对这些国家的资源掠夺与经济霸权具有不可持续性。同时,美国也面临国内实体经济"空心化"、失业率上升以及收入差距拉大等各种问题,特朗普上台后,逐渐减少了对联合国、国际货币基金组织以及世界贸易组织等的控制与支持,对内通过大规模减税来减少企业负担,从而吸引制造业回流、改善就业现状,对外则实施一系列的产业保护政策,来提高国内企业的国际竞争力。短期内这种资金回流与贸易保护所带来的美国经济状况改善都是建立在损害其他国家利益的基础上,以往亲密的盟友开始意识到调节旧有发展模式的必要性。不仅德国、加拿大正在寻求一种保障来抵御美国这种"全球后撤"所带来的风险,澳大利亚、法国、墨西哥等国家也正在寻求自己的发展模式与全球定位。

新自由主义全球化积累体制的衰落也给许多被剥削已久的发展中国家很大的政策调整空间,他们普遍对新自由主义模式产生怀疑,将目光投入了东亚和东南亚的一些新兴工业化国家。这些国家既没有奉行新自由主义模式,也没有实施结构调整计划,而在危机中保持了令西方国家羡慕的平稳增长趋势。其中被关注最多的就是"中国模式"的字眼。根据1993—2015年各国人均GDP年均增长率统计,排名前四的分别为中国、越南、柬埔寨、老挝,这些国家都深受中国发展模式影响。中国在这场全球化浪潮中,输出的是技术与模式,服务的则是当地人民,这就是与全球霸主美国所引领的潮流的区别。

另外,近年来,部分国家为应对金融危机,开始反思全球化的意义,并放缓加入世界性、区域性的贸易组织。从英国脱欧,到特朗普宣布退出TPP,反对NAFTA(北美自由贸易协定)和WTO等国际及区域自由贸易体制,以及高举"美国优先"的理念大旗,都反映了一种反全球化的趋势。但社会生产率提高与科技进步意味着全球化趋势不可逆转,西方国家反全球化的情绪主要来自全球化带来的内部矛盾以及负面影响的加深。

可见,新自由主义危机在很大程度上会影响未来世界经济秩序变化,美国的全球霸主地位受到动摇,一些新兴国家市场的力量正在不断增强。而在这场变化中,中国必定会起到举足轻重的作用。习近平主席在2017年1月达沃斯论坛上的讲话，勾勒出了一种新的全球化道路：建立创新驱动的动态增长模式；通过协调良好、互联互通的方式，建立开放互惠的合作模式；建立均衡、公正和包容的发展模式。在这种发展模式下，所有国家，不论其实力大小，都有平等的参与机会，并通过贸易交流和投资合作分享全球化的积极成果，实现共赢。

因此，对于中国来说，用更加积极主动的开放战略来推动这种新全球化模式的运行，对中国以及世界各国必将是一个双赢的结果。另外，应加强与发展中国家之间的合作，这种合作所带来的整体实力的增强，必然改变西方发达国家与发展中国家间的关系，促进更加平等、互利和法制化的世界经济新秩序的建立。只关注本国利益，通过竞争性贬值和贸易壁垒等方式，以牺牲他国利益来保护本国经济结构，是过时的心态，与当今全球经济形势格格不入。

22.6　不断完善社会保障制度

虽然中国与西方资本主义国家在社会制度以及意识形态方面有很大的不同，资本主义国家的社会福利政策本质上是在资本主义制度框架内进行的，是为了维护资本主义制度不断发展的社会政策改良，但西方国家社会保障制度改革在一定程度上孕育着社会主义因素，并在二战后制度日趋完善，提高了人民的生活水平，在一定程度上缓和了社会矛盾，促进了社会的稳定发展。而中国的社会保障体系起步较晚，发展仍旧很不完善，若是抛开意识形态因素，借鉴国外健全的社会保障体系经验，克服其弊端，将为推动中国社会保障事业发展产生积极作用。

22.7　加快社会保障立法工作

社会保障制度中公民权利与义务的关系，各阶层的利益协调问题，公民对社会保障决策和执行的监管都是以社会保障法为依据的。社会保障法既是社会生产力发展到一定阶段的产物，也是社会得以向前发展的一项重要制度；既是社会进步和闻名的重要标志，也是社会发展的"稳定器"、经济运行的"减震器"和实现公平的"调节器"。社会保障立法越是健全的国家，社会公民的社会保障权利就越得到全面体现，而社会公民的全面发展又进一步推动着社会保障立法及其社会的全面发展。通过对西方国家社会保障制度的建立和发展研究，及其立法先行的特征，可知公民社会保障权利的全面实现也是法律强制实施的一种结果。

从中国目前社会保障的现状来看，社会保障制度发展与社会保障立法并没有同步，立法存在很大的滞后性。现行的一些有关社会保障的法律条规，大多是一些内容宽泛且不详细的条例，且各种条例之间存在零散、无序的情况，缺少必要的衔接，不能形成一套完整有序的法律体系。这就使司法机关在处理社会保障案件时，往往由于没有一套完整具体的法律而无法做出准确的判断；也使地方立法缺少必要的行为准则。以中国社会养老保险制度为例，国家制定以保险为保障的大方针，地方则按照自己的标准制定出了一系列不同的方案，导致各地方在保险费率、报销比例等方面存在较大差异，未形成全国统一的养老保险制度。从社会保障的发展来看，中国正处于对社会保障制度改革进行总体规划和推动的重要阶段，这就要求我们不断完善社会保障立法体系。一方面，要提高社会保障立法的层次性，以全国统一立法取代之前的地方立法，突出国家责任；另一方面，要加强立法的综合性和立法项目的全面性。

22.8　社会保障制度建设应与经济发展相适应

从二战后资本主义国家社会保障制度改革来看，大多数国家建立了比较完善的社会保障体系，实行全民性质的保障项目，以期恢复战后国家经济社会等各方面的发展水平。事实上，在社会保障制度改革开始阶段人民福利大幅提高，生活有所改善，失业率显著下降，但随着财政支出逐年增加，其增速逐渐超越国内 GDP 水平。这一方面造成庞大的福利支出同整个经济发展争夺资金，进而影响到私人垄断组织的资本积累和技术更新投入，削弱了扩大再生产的基础，严重阻碍了经济发展；另一方面高福利支出使各国政府在 20 世纪六七十年代遭遇了严重的财政危机，导致经济与社会保障之间陷入恶性循环。70 年代以后，受新右派思潮影响，以抑制通货膨胀、发展经济为主要目的，各国家开始大幅削减社会福利支出，这样的方式在一定程度上缓解了政府的财政危机，但引发了严重的不平等现象，使阶级矛盾恶化。

可见，国家在制定与实施社会保障政策时，应该充分考虑到国家经济发展现状，以及最大的承受能力，过于开放与过于保守的社会保障都会阻碍社会发展。只有社会保障与国家经济发展相匹配，社会保障才能发挥应有的作用，国家经济发展才具有可持续性。中国目前正处于社会保障制度建设的关键时期，已在医疗、养老、教育等方面取得了显著成绩，但相比西方发达国家，目前的社会保障财政支出占 GDP 的比例仍然较低。近年来，国家加强了对民生的关注，社会保障支出比例有所上升，但随着国家经济发展进入新常态，未来经济增长将放缓。因此，我们应该认识到国家社会保障发展与经济发展的现状，避免低保障与高比例的弊端，制定与经济发展相匹配的社会保障政策，从而进一步完善社会保障体系。

22.8.1 重视市场机制的作用

从现阶段西方福利制度的改革方向来看，它们越来越注重市场的作用，并强调个人权利与义务的统一性，这在很大程度上缓解了政府的财政压力，提高了社会保障效率，并增强了人民的就业积极性。这对于中国社会保障引入市场机制有很大的借鉴意义。

目前，中国社会保障市场化程度较低，还是以政府为主体。而从国外社会保障发展历史来看，我们应认识到，政府在分配社会资源上存在滞后性和效率低下，引入市场机制可以很好地弥补这些弊端。首先，社会保障是社会成员应该享受的基本权利，但在市场经济条件下，只有当劳动者履行一定的义务时才能有相应的权利，这样可以有效避免由社会保障福利等滋生的"依保赖保"现象，还能在一定程度上刺激就业。其次，市场机制在交易中更能准确把握社会保障需求，并将社会资源更有效地合理分配，从而有助于社会保障的社会化与产业化。因此，中国政府应该将社会各种非政府部门力量充分集中起来，共同应对社会各个群体的不同社会保障需求，从而不断完善社会保障体系。

22.8.2 加大人力资源投资

进入 21 世纪后，信息技术的发展推动了产业结构的变革，国际竞争的核心已演变为知识的竞争，在这样的背景下失业问题日益严重，这类问题既无法通过国家提供的福利救济来解决，也不能任由失业者被信奉新自由主义的市场所摆布。因此，西方国家提出建设"社会投资型"国家的理念，进而提出加大人力资源投资，目的在于通过普及教育和培训的方式来提高国家民众的就业能力与整体就业率。

从中国社会发展来看，一方面，科技型工作比例正在逐步上升，普通劳动者在很多岗位上缺乏技术性；另一方面，当前正处于全面建成小康社会的重要阶段，经济发展压力大，那种投入量大、效率低下的救济型社会保障制度不适合中国经济与社会保障体系的发展要求。因此，西方国家的人力资本投资型社会保障模式应该引起我们的注意与思考。从国家的长远发展来看，人力资本投资有助于提高全民的教育素质，减少失业率，提高劳动生产率，进而保证国家可持续发展。而相比于西方发达国家，中国的人力资源投资则远远不够，所以在未来的社会保障体系中应更加注重人力资本的投资，普及教育提高全民素质，加大职业培训，使劳动者掌握更丰富的劳动技能，从而有能力立足于社会。

22.9 结论

在第一篇中，本书对当代资本主义改良理论进行了考察。首先，将当代西方马克思主义经济学与经典马克思主义政治经济学进行了比较。研究发现，西方马克思主义经济学对西方资本主义兴衰演变的解释不是内生的，而马克思的资本积累理论则能内生地解释这一发展过程。可见，经典马克思主义经济学是分析西方资本主义改良的有力工具。其次，对指导当代资本主义改良实践的理论进行了批判性考察，从理论层面揭示了资本主义改良取得短期成效但不可长期持续的原因。接下来，本研究考察了分布于欧洲、北美洲、亚洲和大洋洲的15个发达资本主义国家（地区）的改良实践，分析了它们的共性和个性，将各个国家（地区）的改良实践归纳为四种模式：自由资本主义、保守式协调资本主义、社会民主式协调资本主义和东亚式协调资本主义。

在第二篇中，本书考察了自由资本主义改良模式的特征及其相应国家的改良成效。首先，自由资本主义的发展可大致分为两个阶段。在20世纪五六十年代，自由资本主义改良的形态是"嵌入式自由主义"，即尽管自由市场充分地发挥作用，但是它的作用被深深地嵌入政府与社会，因此存在多方面的改良。但70年代后自由资本主义进入新自由主义阶段，诸多改良措施被拆除。

我们发现，自由资本主义改良弱化的根本原因是资本家在劳动过程中的权力得以加强，工人在历史的发展中逐渐失去了争取改良的联盟和力量。其次，本篇具体考察了美国等五个自由资本主义国家的改良实践。五国的具体实践基本上符合自由资本主义的特征，且它们的改良都在短期内有效地抑制了矛盾的发展，但最终仍然没有避免矛盾的爆发。

在第三篇中，本书考察了保守式协调资本主义改良模式的特征及其相应国家的改良成效。在这个模式下，改良的主要思想来源是基督教民主主义。改良模式的特征是合作主义、国家主义。和其他模式相比，改良产生了适中的非商品化效应，但同时促进了等级主义的社会分层体系。研究发现，由于去工业化、女性角色转变、全球化和人口老龄化，保守式协调资本主义改良在20世纪70年代后期陷入困境。为了应对这一系列变化，此类国家调整了工资政策并减弱了福利制度的救济属性。接下来，本篇从不同的侧面分别考察了采取这种模式的德国等国家的改良实践。

在第四篇中，本书考察了社会民主式协调资本主义改良模式的特征及其相应国家的改良成效。高给付、高税率和普遍主义原则是社会民主主义国家的显著特点。该模式在20世纪50年代以后对社会民主主义国家的经济增长、稳定就业和公民生活水平的提高、生活方式的改变发挥了显著的作用。研究表明，从80年代开始，社会民主主义国家的改良进程处于停滞阶段。接下来，本篇对以挪威为代表的社会民主主义国家的各项制度的变迁及影响进行了分析。

在第五篇中，本书考察了东亚式协调资本主义改良模式的特征及其相应国家的改良成效。该模式主要由东亚各发达国家所采用，本篇考察的国家包括日本和新加坡。该模式主要特点为儒家文化深入人心、生产主义的战略导向和国家中心主义。目前，东亚福利模式面临着政府福利态度消极保守和建制结构有待改善的挑战。研究发现，尽管20世纪的改良实践各具特色且在一定时期内成效显著，但在不改变资本主义属性生产方式的前提下，任何局部制度变革都没能克服体制整体的深层次矛盾，从而无法保障民众收入和福利的普遍、持续增长。

在第六篇中，本书将自由资本主义改良模式、保守式协调资本主义改良模式、社会民主式协调资本主义改良模式和东亚式协调资本主义改良模式做了比较分析,并且将全文的落脚点回归到对中国的启示。社会民主主义等改良主义与科学社会主义存在本质区别,这些改良具有很大局限性,不可能克服资本主义的固有矛盾。但在认识改良主义本质的基础上,我们也应该看到这种改良在经济发展中的重要性。本书得出如下启示:坚持中国特色社会主义的政治立场;坚持以人民为中心;加快转变经济发展方式;实施更加积极主动的开放战略,加强与发展中国家的合作;不断完善社会保障制度。

参考文献

[1]汤普森. 社会民主主义的困境[M]. 贺和风,朱艳圣,译. 重庆:重庆出版集团,2008.

[2]邓小平. 邓小平文选:第三卷[M]. 北京:人民出版社,1993.

[3]吴韵曦. 从"科尔宾现象"看英国工党的变革与面临的挑战[J]. 当代世界与社会主义,2017(2):139-144.

[4]江泽民. 江泽民在庆祝建党八十周年大会上的讲话[J]. 支部建设,2001(7):4-15.

[5]徐觉哉. 当代社会民主党及其"第三条道路"[J]. 上海社会科学院学术季刊,2001(3):53-61.

[6]韩东. 坚持以人民为中心是社会主义市场经济发展的必然要求[J]. 改革与战略,2017,33(1):6-10.

[7]徐秀军. 全球经济显复苏迹象,仍面临"逆全球化"侵蚀[J]. 环球,2017(26).

[8]金卫星. 中美经贸关系的历史轨迹(1979—2016)[J]. 美国研究,2018,32(4):6,34-50.

[9]谢富胜,吴越. 新自由主义的危机与特朗普经济学[J]. 国外理论动态,2017(6):66-74.

[10]费洛,约翰斯顿. 新自由主义:批判读本[M]. 陈刚,译. 南京:江苏人民出版社,2006.

[11]王晓军,李慧莲. 后危机时代的中国与世界[M]. 北京:中国发展出版社,2011.

[12]孙洁. 英国的政党政治与福利制度[M]. 北京:商务印书馆,2008.

[13]毛锐. 撒切尔政府经济与社会政策研究[M]. 济南:山东人民出版社,2012.

[14]杨凤. 社会保障支出对城镇居民消费的影响研究[D]. 重庆:西南大学,2015.

索 引

B

边际递减规律　209

边际资本收益率　209

补缺型福利制度　41

布尔什维克主义　333

布雷顿森林体系　28

C

财政赤字　18

财政政策　18

产能闲置率　16

产业结构　4

超额剩余价值　14

超级经理人　210

储蓄率　209

D

第三条道路　57

F

法团主义　44

非商品化　156

费边社会主义　26

福利国家　3

福利制度　3

G

改良主义　2

根特体系　258

工会密度　5

工联主义　26

工人阶级　1

工资补充基金　169

工资刚性　90

工资离差　5

公共福利　6

公司霸权　205

供给侧结构性改革　7

共识机制　217

共识政治　85

古典自由主义　27

寡头垄断市场　11

国家中心主义　6

H

合作制经济　72

合作主义　4

宏观调控　2

华盛顿共识　29

回波效应　210

货币政策　1

J

积累的社会结构　77

基督教民主主义　39

基尔特社会主义　156

基尼系数　113

集体谈判制度　31

集体协议　5

计划经济　83

技能替代型技术　53

渐进社会主义　26

讲坛社会主义　26

结构—功能主义　15

结构性缺口　117

结构性失业　323

金本位制　31

金融化　34

金融投机　12

经济剩余　11

经济危机　3

经济增长率　97

精英政治　374

精英主义　349

绝缘主义　139

K

凯恩斯主义　26

扩散效应　210

L

劳动力市场结构　4

劳动密集型　159

劳动生产率　4

量化宽松　76

垄断资本主义　15

罗斯福新政　31

M

马克思主义社会福利观　6

马克思主义政治经济学　2

马歇尔计划　335

民主集中制　291

名义利率　319

Q

期限错配　70

去工业化　4

去商品化　22

去组织化　22

全民国家政党　99

R

人民之家　278

儒教福利国家　348

S

撒切尔主义　46

社会分层化　157

社会民主党　23

社会民主主义模式　39

社会投资国家　95

生产性体制　210

生产主义　6

剩余产品　21

剩余价值　14

实用主义　274

市场个人主义　90

市场原教旨主义　34

收入再分配制度　145

T

特惠贸易协定　125

调节主义　2

W

威权政府　374

乌托邦社会主义　80

X

小政府理念　90

新自由主义　1

信贷民主化　68

修正主义　23

虚拟经济　74

虚拟资本　196

需求体制　210

循环累积因果论　210

Y

养老金制度　5

庸俗进化论　80

Z

再商品化　22

债务存量结构　110

真实资本　207

中国特色社会主义　7

中间道路　189

中期金融战略　91

转移支付　55

资本积累　1

资本流动　12

资本收益率　209

资本外逃　12

资本增殖　2

资本主义改良　1

资本主义私有制　60

资产专用性　48
资源配置效率　192
自由竞争　4

自由资本主义　3
自愿主义传统　44
最低工资制度　26

后　记

历史一直在发展，时代也总是在进步。用马克思主义的立场、观点和方法分析当代资本主义的改良和实践已成为一个具有现实意义和理论价值的重大课题。

2013 以来，石高宏、李灵燕老师就着手研究这一课题。直到 2016 年这一课题的研究内容和框架已基本形成。甘海侠、张馨月、杨佳琦、杜大鹏等不同程度地参与了一些早期的初步研究工作。2017—2018 年，毛宇、李梦园、冯喆、张晓菲等参与确定了新的研究框架和基本内容。从 2019 年下半年至 2021 上半年，夏鑫雨、李晓凡、李钺霆、王瑜琦、巨珂瑞等参与了进一步的完善研究框架、内容修改和文字校对等方面的工作。王晓丹也参与了大约 100 千字的相关文字校对工作，刘西蕊参与了整个行文规范的校对工作。

本书是在石高宏老师和李灵燕老师带领下的学术团队一起努力下认真完成的。它主要包括导论和六篇（共 22 章）内容，具体分工如下：导论，石高宏；第一章，李灵燕；第二章，夏鑫雨、毛宇、石高宏；第三章，夏鑫雨、石高宏；第四章，刘兰蕙、夏鑫雨、张昊、李灵燕；第五章，李梦园、石高宏；第六章，张晓菲、石高宏；第七章，冯喆、石高宏；第八章，刘蒲宇、石高宏；第 9 章，巨珂瑞；第 10 章，毛宇、石高宏；第 11 章，曹恬心、石高宏；第 12 章，薛雅方、李灵燕；第 13 章，李晓凡、石高宏；第 14 章，王瑜琦；第 15 章，万乐、李灵燕；第 16 章，刘诗皓、石高宏；第 17 章，夏鑫雨、石高宏；第 18 章，李钺霆、石高宏；第 19 章，冯喆、石高宏；第 20 章，张鸽、石高宏；第 21 章，曹恬心、石高宏；第 22 章，李梦园、石高宏。

特别需要说明的是，巨珂瑞撰写了第三篇第 9 章，并参与了第 8 章、第 11 章的改稿润色工作，字数共计 32 千字。王瑜琦撰写了第四篇第 14 章，并参与了第 15 章、第 16 章及第 21 章的改稿润色工作，字数共计 40 千字。她们俩在最后书稿的要件补充、校对修改和索引整理等方面做了大量的工作。

  本书在撰写过程中参阅了国内外已有的一些相关文献，在此向这些文献的作者们致谢！由于我们自己的研究水平有限，错误和问题在所难免，恳请读者提出宝贵意见，以便我们不断提高！

石高宏

2022 年 3 月 8 日下午于古城西安